职业教育·道路运输类专业教材

道路建筑材料

姜小磊 陈晓明 李 何 唐友山 主 编
徐远明 主 审

人民交通出版社
北京

内 容 提 要

本教材为职业教育道路运输类专业教材。本教材从道路试验检测岗位需求和教学实践出发,将道路结构各层位(土基、垫层、基层、面层)所用材料分解归类,以较常用的道路建筑材料作为学习重点,依据学习重点设计项目内容,再从工作任务角度设计任务内容和检测指标,强调教师引导、学生自主学习,实现"学、做、教"一体化。本教材共分为 8 个部分,分别是:绪论、土工与土工合成材料、集料、水泥、水泥混凝土、沥青、沥青混合料、钢材。

本教材为道路与桥梁工程相关专业核心课程教材,既可供职业院校教学使用,也可作为公路水运工程试验检测人员岗位培训用书、考试用书和学习参考书。

本书配有课件和教案,并以二维码形式配有数字资源。教师可通过加入职教路桥教学研讨群(QQ 群:561416324)获取课件和教案。

图书在版编目(CIP)数据

道路建筑材料 / 姜小磊等主编. — 北京:人民交通出版社股份有限公司,2025.1
ISBN 978-7-114-19144-2

Ⅰ.①道… Ⅱ.①姜… Ⅲ.①道路工程—建筑材料—高等职业教育—教材 Ⅳ.①U414

中国国家版本馆 CIP 数据核字(2023)第 234197 号

书　　名:**道路建筑材料**
著 作 者:姜小磊　陈晓明　李　何　唐友山
责任编辑:李　瑞
责任校对:赵媛媛　魏佳宁
责任印制:张　凯
出版发行:人民交通出版社
地　　址:(100011)北京市朝阳区安定门外外馆斜街 3 号
网　　址:http://www.ccpcl.com.cn
销售电话:(010)85285911
总 经 销:人民交通出版社发行部
经　　销:各地新华书店
印　　刷:北京印匠彩色印刷有限公司
开　　本:787×1092　1/16
印　　张:31.75
字　　数:753 千
版　　次:2025 年 1 月　第 1 版
印　　次:2025 年 1 月　第 1 次印刷
书　　号:ISBN 978-7-114-19144-2
定　　价:60.00 元(含主教材和配套学习指导手册)

(有印刷、装订质量问题的图书,由本社负责调换)

前言

编写背景

为适应公路工程行业的快速发展,贯彻落实《国家职业教育改革实施方案》(国发〔2019〕4号)等文件精神,推进现代学徒制、"岗课赛证"综合育人等人才培养模式改革,编者与江西省公路工程检测中心、江西省天驰高速科技发展有限公司、中交第二公路工程局有限公司、贵州省交通科学研究院股份有限公司及辽宁省高速公路发展有限责任公司等多家路桥企业沟通交流,总结十余年职业教育教学改革、职业教材编写和企业培训经验,重构道路建筑材料相关教学资源,编写了"理实结合+学练一体"的活页式教材。本教材以学生为中心,设计职业知识体系和实训任务,达到切实提高学生核心职业能力——道路工程材料检测能力的目标。

编写特点

1. 校企合作,融入企业岗位标准

在本教材编写过程中,作者团队调研了江西、贵州、四川、辽宁等多地公路工程施工与检测企业,融入行业企业最新的岗位标准及职业规范,课程内容与职业标准对接,行业企业专家全程参与教材大纲制订、教学内容审定等工作,实现了真正意义上的校企合作。

2. 践行职业教育教学改革理念,采用"活页式"教材编写模式

为适应职业教育现代学徒制、"岗课赛证"综合育人等人才培养模式改革,本书从道路试验检测岗位需求和教学实践出发,以道路施工顺序为主线,将道路工程材料的典型工作任务转化为教学单元,强调学生自主学习、教师引导,实现"学、做、教"一体化教学。

以学生为中心进行教学设计与实施,设置"理论知识准备+技能工作页"两大教学模块。理论知识准备包括学习情境描述、学习目标、工作实施、引导问题、知识拓展五个部分;技能工作页包含检测报告和原始记录表两个部分。其中:

"**引导问题**"部分依照知识的学习发生顺序,针对学生应掌握的知识点设计了大量引导问题,引导学生自主学习,提升其阅读理解、分析计算、团队合作等非专业能力,为后续实训实操奠定理论基础。

"**知识拓展**""**检测报告**""**原始记录表**"为学生提供参考规范、报告模板、空白表格等,使教学内容更贴近企业需求、检测过程更规范标准,培养学生精益求精、一丝不苟、追求卓越的工匠精神,达到道路试验检测工程师执业水平要求。

3. 对标专业教学标准及道路检测工程师职业技能要求

编者结合国家专业教学标准、实训教学建设标准及道路建筑材料检测工程师职业技能要求,将国家专业教学标准融入职业技能要求,确定"道路建筑材料"课程与其他核心课程的合理边界,围绕道路建筑材料检测工程师核心职业能力设计教学项目,有效避免了教材间教学内容的重复交叉。

4. 教学设计、教材内容力求教师"方便教"、学生"方便学"

编者结合十余年的课程教学经验和改革实践,将道路工程材料检测典型工作任务转化为7个教学项目。针对过程复杂、不易理解的试验,设计了图片+视频+引导问题;针对结果处理不规范的试验,设计了工程数据处理案例;针对参考规范多、不易查找的问题,提供了当前试验规范规程;以上资源均可通过本教材对应的数字教材查看。为了使学生数据填写方式统一、教师查阅便捷,配套了学习指导手册集中提供试验表格。

编写分工

本教材由姜小磊(江西交通职业技术学院)、陈晓明(江西交通职业技术学院)、李何(贵州交通职业技术大学)、唐友山(江西交通职业技术学院)担任主编。具体编写分工如下:姜小磊编写项目1、6、7;陈晓明编写项目3、4;唐友山编写项目5、6;李何编写项目2。姜小磊负责教材提纲的编制和全书统稿工作。全书由江西省交通运输综合行政执法监督管理局徐远明审定。感谢以下单位工程人员在成书过程中的支持:江西省高速公路投资集团王斯倩等;江西省公路工程检测中心余春、兰致远、刘元亮、丁彭剑等。

致谢

  本书编写过程中引用了大量规程、规范,以及江西、贵州、辽宁等省道路检测企业的运营资料和相关文献,在此谨向有关专家及单位表达衷心感谢。感谢人民交通出版社股份有限公司编辑的大力支持和鼓励!

  由于编者水平有限,书中不足之处敬请读者批评指正。

作 者
2024 年 8 月

数字资源索引

序号	资源名称	页码
1-1	土工布取样及制备	26
1-2	土工布单位面积质量试验	27
1-3	土工布厚度试验	28
1-4	土工格栅网格尺寸试验	30
1-5	土工布宽条拉伸试验	31
1-6	土工布 CBR 顶破强力试验	34
2-1	粗集料筛分试验	54
2-2	粗集料密度及吸水率试验（网篮法）	59
2-3	粗集料堆积密度试验	65
2-4	粗集料颗粒形状试验	70
2-5	粗集料压碎值试验	73
2-6	粗集料冲击值试验	77
2-7	粗集料磨耗试验（洛杉矶法）	77
2-8	组合破碎工艺流程	77
2-9	细集料筛分试验	78
2-10	细集料表观密度试验	78
3-1	水泥细度试验	104
3-2	水泥标准稠度用水量测定	108
3-3	水泥凝结时间测定	114
3-4	水泥安定性试验	117
3-5	水泥胶砂强度试验	121
4-2	坍落度试验	135
4-3	维勃稠度试验	139
4-1	无机结合料稳定材料配合比设计	130
4-4	水泥混凝土拌合物表观密度测定	143
4-5	水泥混凝土抗压强度试验	150
4-6	水泥混凝土抗弯拉强度试验（小梁弯曲）	156
4-7	无机结合料稳定材料无侧限抗压强度试验	159

续上表

序号	资源名称	页码
4-8	普通水泥混凝土组成设计	166
5-1	沥青取样	217
5-2	沥青试验准备	219
5-3	沥青密度试验(液体沥青)	224
5-4	沥青密度试验(黏稠沥青)	227
5-5	沥青针入度试验	229
5-6	沥青延度试验	235
5-7	沥青软化点试验	240
5-8	乳化沥青微粒离子电荷试验	246
5-9	乳化沥青筛上剩余量试验	250
6-1	沥青混合料取样与试件制作	267
6-2	沥青混合料密度测定(水中重法)	278
6-3	沥青混合料试件密度测定(蜡封法)	278
6-4	沥青混合料试件密度测定(真空法)	280
6-5	沥青混合料马歇尔试验	284
6-6	沥青混合料冻融劈裂试验	290
6-7	沥青混合料车辙试验	294
6-8	热拌沥青混合料配合比组成设计	297
7-1	钢绞线拉伸	326
7-2	钢绞线松弛	326
7-3	钢筋拉伸	326
7-4	钢筋弯曲	326

目 录
Contents

绪论	001
项目 1 / 土工与土工合成材料	005
任务 1-1　岩石的概念与技术性质	007
任务 1-2　认识土及其技术性质	015
任务 1-3　认识土工合成材料	019
任务 1-4　公路工程土工合成材料试验	026
项目 2 / 集料	038
任务 2-1　认识集料及其技术性质	040
任务 2-2　粗集料筛分试验	054
任务 2-3　粗集料密度及吸水率试验(网篮法)	058
任务 2-4　粗集料堆积密度及空隙率试验	065
任务 2-5　粗集料针、片状颗粒含量试验	070
任务 2-6　粗集料压碎值试验	073
任务 2-7　细集料表观密度试验(容量瓶法)	078
任务 2-8　细集料堆积密度及空隙率试验	081
任务 2-9　矿质混合料组成设计	085
项目 3 / 水泥	096
任务 3-1　认识水泥的技术性质与技术要求	097
任务 3-2　水泥细度试验	104
任务 3-3　水泥标准稠度用水量测定	108
任务 3-4　水泥凝结时间测定	113
任务 3-5　水泥安定性试验	116

　　　　任务 3-6　水泥胶砂强度试验 …………………………………… 121

项目 4 / 水泥混凝土 ………………………………………………………… 128
　　　　任务 4-1　认识水泥混凝土的技术性质 ………………………… 129
　　　　任务 4-2　坍落度试验 …………………………………………… 135
　　　　任务 4-3　维勃稠度试验 ………………………………………… 139
　　　　任务 4-4　水泥混凝土拌合物表观密度试验 …………………… 142
　　　　任务 4-5　水泥混凝土拌合物凝结时间测定 …………………… 146
　　　　任务 4-6　水泥混凝土抗压度试验 ……………………………… 150
　　　　任务 4-7　水泥混凝土弯拉强度试验 …………………………… 155
　　　　任务 4-8　无机结合料稳定材料无侧限抗压强度
　　　　　　　　 试验方法 ……………………………………………… 158
　　　　任务 4-9　普通水泥混凝土组成设计 …………………………… 166
　　　　任务 4-10　面层水泥混凝土组成设计 ………………………… 183
　　　　任务 4-11　无机结合料稳定材料配合比组成设计 …………… 193

项目 5 / 沥青 ……………………………………………………………………… 199
　　　　任务 5-1　认识沥青的技术性质与技术要求 …………………… 200
　　　　任务 5-2　认识其他品种沥青 …………………………………… 208
　　　　任务 5-3　沥青试样准备 ………………………………………… 217
　　　　任务 5-4　沥青密度与相对密度试验 …………………………… 222
　　　　任务 5-5　沥青针入度试验 ……………………………………… 228
　　　　任务 5-6　沥青延度试验 ………………………………………… 234
　　　　任务 5-7　沥青软化点试验 ……………………………………… 239
　　　　任务 5-8　乳化沥青微粒离子电荷试验 ………………………… 245
　　　　任务 5-9　乳化沥青筛上剩余量 ………………………………… 249

项目 6 / 沥青混合料 …………………………………………………………… 253
　　　　任务 6-1　认识沥青混合料的技术性质与技术要求 …………… 255
　　　　任务 6-2　沥青混合料取样与试件制作 ………………………… 266
　　　　任务 6-3　沥青混合料试件密度测定 …………………………… 275
　　　　任务 6-4　沥青混合料马歇尔试验 ……………………………… 284
　　　　任务 6-5　沥青混合料冻融劈裂试验 …………………………… 289
　　　　任务 6-6　沥青混合料车辙试验 ………………………………… 293

任务 6-7　热拌沥青混合料配合比组成设计 ············ 297
项目 7 / 钢材 ············ 304
　　　任务 7-1　认识钢材及了解钢材性能 ············ 304
　　　任务 7-2　认识桥梁用钢材制品及其技术性质 ············ 310
参考文献 ············ 327

绪论

"道路建筑材料"是一门掌握道路用材料的组成、性能和应用等的课程。

道路建筑材料是用于道路建筑物各个部位的各种构件和结构体并最终构成道路的材料,它是工程结构物的物质基础,其质量好坏直接决定工程质量的等级。正确认识、鉴别、评判和使用道路建筑材料是道路工程建设和养护过程中重要的一环。

一 本课程包含的主要内容

1. 土工与土工合成材料

(1)介绍土的形成过程和典型特征;土的三相组成与各自特点;土的技术性质要求,不同施工条件下土的检测项目,包括土的液塑限试验、土的标准击实试验、土的密度试验等。

(2)介绍土工合成材料的分类;土工织物、土工膜、土工复合材料和土工特种材料四种土工合成材料的用途及主要性能指标和性能要求。

(3)介绍土工合成材料的取样与试样准备,单位面积质量、厚度、土工格栅网格尺寸、宽条拉伸强度、CBR顶破试验等。

2. 集料

(1)介绍集料的概念、分类;细集料技术性能(包括物理性能,例如颗粒级配和粗度等);粗集料技术性能(主要是指物理性能和力学性能,其中物理性能包括物理常数、级配和坚固性等,力学性能包括抗压碎的能力、抗磨耗损失的能力、表面抗磨光的能力、抗冲击的性能等)。

(2)介绍粗集料筛分试验、粗集料密度及吸水率试验(网篮法)、粗集料堆积密度试验、粗集料颗粒形状试验、粗集料压碎值试验、细集料筛分试验、细集料表观密度试验、细集料堆积密度试验。

(3)介绍矿质混合料的概念;矿质混合料组成设计的基本要求;矿质混合料级配的分类;富勒理论和泰波公式;级配曲线范围的绘制方法;矿质混合料的组成设计方法(主要是试算法和图解法)。

3. 水泥

(1)介绍水泥品种、水泥的生产工艺、水泥中掺入的混合材料及矿物成分;水泥的技术性能,包括物理性能、力学性能、化学性能;通用硅酸盐水泥的技术指标要求。

(2)介绍水泥细度试验、水泥标准稠度用水量测定、水泥凝结时间测定、水泥安定性试验、水泥胶砂强度试验。

4. 水泥混凝土

(1)介绍新拌水泥混凝土工作性和硬化后水泥混凝土力学性能的检测方法;影响混凝土工作性和力学性能的因素。

(2)介绍坍落度试验、维勃稠度试验、水泥混凝土拌合物表观密度测定、水泥混凝土拌合物凝结时间测定、水泥混凝土抗压强度试验、水泥混凝土抗弯拉强度试验。

(3)介绍普通水泥混凝土组成材料的技术要求、混凝土配合比设计的基本概念以及配合比设计方法;普通水泥混凝土组成设计。

(4)介绍面层水泥混凝土技术要求及组成材料的技术要求,面层水泥混凝土配合比设计的基本步骤。

5.沥青

(1)介绍沥青的分类、沥青的化学组分,沥青的主要技术性能,包括黏滞性、延性、感温性、黏附性和耐久性以及道路石油沥青技术要求。

(2)介绍了其他品种沥青,包括乳化沥青、再生沥青、改性沥青。

(3)介绍沥青试验准备过程用到的设备、准备方法与步骤、数据处理及注意问题。

(4)介绍沥青密度与相对密度试验、沥青针入度试验、沥青延度试验、沥青软化点试验、乳化沥青筛上剩余量试验、乳化沥青微粒离子电荷试验。

(5)介绍其他沥青试验:六个选做试验,分别是沥青薄膜加热试验、沥青旋转薄膜加热试验、沥青标准黏度试验、沥青恩格拉黏度试验、乳化沥青蒸发残留物含量试验、乳化沥青与粗集料的黏附性试验。

6.沥青混合料

(1)介绍沥青混合料的分类与特点、沥青混合料结构类型;沥青混合料路用技术性能,包括高温稳定性、低温抗裂性、耐久性、抗滑性和施工和易性;热拌沥青混合料的技术要求、沥青混合料组成材料的技术要求。

(2)介绍沥青混合料取样设备、样品保存、取样标记等;沥青混合料试件制作常用方法,包括击实法和轮碾法。

(3)介绍沥青混合料试件密度测定、沥青混合料马歇尔试验、沥青混合料冻融劈裂试验、沥青混合料车辙试验。

(4)介绍热拌沥青混合料配合比设计的五个主要过程:分别是确定工程设计级配范围、材料选择与矿料配合比设计、马歇尔试验、确定最佳沥青用量、配合比设计检验。

7.钢材

(1)介绍钢材的分类及建筑钢材的类属;建筑钢材的技术性质。

(2)介绍桥梁建筑用钢的技术要求;桥梁建筑常用钢材的牌号、性能和应用;钢筋混凝土和预应力用钢筋和钢丝的常用产品及其各自力学性能、弯曲性能和其他检验项目。

二 道路建筑材料在路桥工程中应具备的性能

道路与桥梁都是承受交通动荷载反复作用的结构,同时无遮盖、裸露于大自然,它不仅受到车辆复杂的力系作用,同时又受到各种自然因素的不利影响。所以,用于修筑道路与桥梁结构的材料,不仅需要具有抵抗复杂应力作用的综合力学性能;同时,还要保证在各种自然因素的长期影响下,综合力学性能不产生明显衰减,即所谓持久稳定性。

为了保证道路与桥梁用建筑材料的综合力学强度和稳定性,道路建筑材料应具备下列四个方面的性能。

1. 力学性能

力学性能是材料抵抗车辆荷载复杂力系综合作用的性能。目前对建筑材料力学性质的测定,主要是测定各种静态强度,如抗压、抗拉、抗弯、抗剪等;或者某些特殊设计的经验指标,如磨耗、冲击等使用力学性能。

2. 物理性能

材料的力学强度随着环境条件改变而改变。影响材料力学性能的物理因素主要是温度和湿度。材料的强度随着温度的升高或含水率的增加而显著降低,通常用热稳定性或水稳定性等指标来表征其强度变化的程度。对于优质材料,其强度受环境条件变化的影响较小。

一些物理常数,如密度、实积率、孔隙率等,是材料内部组成结构的反映,并与力学性能之间存在一定的相依性,可用于表征力学性能。

3. 化学性能

化学性能是材料抵抗周围环境对其产生化学作用的性能,道路与桥梁用材料除了受到周围介质(如桥墩在工业污水中)或者其他侵蚀外,通常还受到大气因素(如气温的交替变化、日光中紫外线、空气中氧以及水等)的综合作用影响,从而引起材料的"老化",特别是各种有机材料(如沥青材料等)所受影响更为显著。

4. 工艺性能

工艺性能是材料适于按照一定工艺流程加工的性能。例如,水泥混凝土在硬化以前要求有一定的流动性,以便制成一定形状的结构或构件。但是加工工艺不同,对工艺性能的要求亦不同。

三 道路建筑材料技术标准

道路建筑材料应具备的性能必须通过适当的测试手段进行检验。检验道路用材料在实际结构物中的性能,通常可采用试验室室内原材料性能检验、室内模拟结构检验以及现场足尺结构物性能测定等方法。而本教材主要介绍试验室室内原材料的性能检验。检验必须遵循一定的技术标准,我国技术标准分类和道路建筑材料检验的主要标准介绍如下。

1. 技术标准分类

目前我国标准分为国家标准、行业标准、地方标准、团体标准、企业标准。国家标准分为强制性标准和推荐性标准。

强制性国家标准由国务院批准发布或者授权批准发布;推荐性国家标准由国务院标准化行政主管部门制定;行业标准由国务院有关行政主管部门制定,报国务院标准化行政主管部门备案;地方标准由省、自治区、直辖市人民政府标准化行政主管部门报国务院标准化行政主管部门备案。

推荐性国家标准、行业标准、地方标准、团体标准、企业标准的技术要求不得低于强制性国家标准的相关技术要求,国家鼓励社会团体、企业制定高于推荐性标准相关技术要求的团体标准和企业标准。

> **扩展**

国际上有影响的标准化组织有：

国际标准化组织(ISO)，它是世界上规模最大、最具影响力的国际标准化机构，成立于1947年2月23日，总部设在瑞士日内瓦。

国际电工委员会(IEC)，它是世界上成立最早的国际性电工标准化机构，负责有关电气工程和电子工程领域中的国际标准化工作。国际电工委员会的总部最初位于伦敦，1948年搬迁至瑞士日内瓦。

国际电信联盟(ITU)，它划分全球的无线电频谱和卫星轨道，制定技术标准以确保网络和技术的无缝互联，并努力为世界欠发达社区提供ICT接入。ITU致力于连通世界各国人民，保护并支持每个人的基本通信权利。

一般，我们将ISO、IEC和ITU称为"三大国际标准化组织"。

2.道路建筑材料检验的主要技术标准

道路建筑材料检验的技术标准，包括规程、规范和标准。技术标准分为两大类：一类是方法标准，是试验检测的依据，试验规程、测试规程均属于方法标准；另一类是产品标准，是质量评定的依据，规范、标准均属于产品标准。

（1）常用标准主要有：《公路工程技术标准》(JTG B01—2014)、《公路工程质量检验评定标准 第一册 土建工程》(JTG F80/1—2017)、《公路技术状况评定标准》(JTG 5210—2018)、《公路桥梁技术状况评定标准》(JTG/T H21—2011)以及一些通用材料的国家及相关行业产品标准等。

（2）常用规范主要有：《公路路基施工技术规范》(JTG/T 3610—2019)、《公路沥青路面施工技术规范》(JTG F40—2004)等。

（3）常用规程主要有：《公路土工试验规程》(JTG 3430—2020)、《公路工程沥青及沥青混合料试验规程》(JTG E20—2011)、《公路工程水泥及水泥混凝土试验规程》(JTG 3420—2020)、《公路工程无机结合料稳定材料试验规程》(JTG 3441—2024)、《公路工程集料试验规程》(JTG 3432—2024)以及国家及相关行业试验检测方法标准等。

通过标准化活动，按照规定的程序经协商一致制定，为各种活动或其结果提供规则、指南或特性，供共同使用和重复使用的文件，称为标准。规定产品、过程或服务应满足的技术要求的文件，称为规范。为产品、过程或服务全生命周期的有关阶段推荐良好惯例或程序的文件，称为规程。摘自《标准化工作指南 第1部分：标准化和相关活动的通用术语》(GB/T 20000.1—2014)。

如：本课程涉及的道路建筑材料性能检验主要是依据规程类技术标准，材料在施工过程中使用的技术标准主要是规范类技术标准，材料在形成工程实体后的质量检验与评定主要依据标准类技术标准。

土工与土工合成材料

项目1

一、项目任务概述

1. 今接到某矿业开发公司的岩石委托检验单,检测项目为岩石的单轴抗压强度(饱和状态)、密度、含水率、吸水率、毛体积密度和抗冻性。为保证试验结果的公正、准确、有效,委托方与检测中心签订项目委托检测合同,要求试验依照《公路工程岩石试验规程》(JTG 3431—2024)中的"T0202—2024 含水率试验""T0205—2024 吸水性试验""T0221—2024 单轴抗压强度试验""T0204—2024 块体密度试验""T0241—2024 抗冻性试验"执行。

检测中心根据委托合同,下发检测任务单(表1-0-1)至材料检测部,具体检测任务单如下。

CXWJ7.1-1-JLWJ-3

××××××××检测中心
检测任务单(内检)

任务单编号:SN-2024-M7-B250492　　　　　　　　　　　　　　　　　　表1-0-1

样品名称	岩石	检测类别	委托检测
样品编号	2024B2511-B25023-1~12	规格型号	70mm×70mm,12个
样品描述	完整		
检测项目	单轴抗压强度(饱和状态)、密度、含水率、吸水率、毛体积密度和抗冻性		
检测依据/标准	《公路工程岩石试验规程》(JTG 3431—2024)		
检后样品处理	√舍弃　□取回　□留样(　)天		
发样人		接样人	

2. 依照设计文件,某一级重交通公路新建项目位于江西赣州,工程所在地土质初判为中高液限红黏土。为确定该土是否可用于土基上路床,确定路床土的最佳施工含水率及压实后的土方量,需要确定该土样的液塑限、土的最佳含水率及土的密度。

检测中心根据委托合同,下发检测任务单(表1-0-2)至材料检测部,具体检测任务单如下。

CXWJ4.5.4-1-JLWJ-3

××××××××检测中心
检测任务单(内检)

任务单编号:SN-2022-05-0166　　　　　　　　　　　　　　　　　　表1-0-2

样品名称	土	检测类别	送样检测
样品编号	2022TGJ05-027	规格型号	土
样品描述	棕红色		

续上表

样品名称	土	检测类别	送样检测
检测项目	液塑限试验、最大干密度和最佳含水率、土的密度		
检测依据/标准	《公路土工试验规程》(JTG 3430—2020) 《公路路基施工技术规范》(JTG/T 3610—2019)		
检后样品处理	√舍弃　□取回　□留样(　)天		
发样人		接样人	

3.依照设计文件,某一级重交通公路新建项目位于江西赣州,土基上路床填挖交接处采用无纺土工布铺设措施,以减少路基反射裂缝。

检测中心根据委托合同,下发检测任务单(表1-0-3)至材料检测部,具体检测任务单如下。

CXWJ4.5.18-1-JLWJ-10

××××××××检测中心
检测任务单(内检)

任务单编号:SN-2022-07-0170　　　　　　　　　　　　　　　　　　表1-0-3

样品名称	土工布	检测类别	送样检测
样品编号	2022A405-A401201	规格型号	400g/m²
样品描述	卷状、白色、洁净、无折痕		
检测项目	单位面积质量、厚度、宽条拉伸强度、CBR强度		
检测依据/标准	《公路工程土工合成材料试验规程》(JTG E50—2006) 《土工合成材料应用技术规范》(GB/T 50290—2014)		
检后样品处理	√舍弃　□取回　□留样(　)天		
发样人		接样人	

二 学习目标

(1)了解:岩石的形成;土的形成过程和典型特征;土工合成材料的分类、主要土工合成材料的性能要求;土工布单位面积质量、厚度、土工格栅网格尺寸、宽条拉伸强度、CBR顶破试验设备。

(2)熟悉:岩石的分类;土的技术性质要求、土的液塑限试验、土的标准击实试验、土的密度试验;四种土工合成材料的主要性能指标。

(3)掌握:岩石的技术性质;道路和桥涵用岩石制口;土的三相组成与各自特点;土工织物、土工膜、土工复合材料和土工特种材料四种土工合成材料的用途;土工合成材料的取样与试样准备。

(4)能根据不同施工条件确定土和土工合成材料的检测项目;能独立操作每个试验。

(5)会分析每个试验的试验结果,并出具检测报告。

任务 1-1　岩石的概念与技术性质

任务描述

为完成检测任务单表 1-0-1 工作任务,需要掌握岩石的基本概念及其技术性质,并学习相关试验内容。

相关知识

岩石是在各种地质作用下,按一定方式结合而成的矿物集合体,它是构成地壳和地幔的主要物质。在公路工程中,岩石主要应用于公路工程地基、围岩、边坡以及砌体工程、混凝土集料等。

一　岩石的形成与分类

在道路工程中,常用的岩石类型主要包括火成岩、沉积岩、变质岩等,每种岩石具有不同的特性和适用场景。

1. 火成岩(岩浆岩)

火成岩包括花岗岩、玄武岩和辉绿岩。

花岗岩由岩浆冷却凝固而成,具有高密度(约 2.6~2.8g/cm³)和高强度,耐化学侵蚀性好,但由于其较高的密度和硬度,加工较为困难。花岗岩常用于基础、桥墩、路面等,因其高抗压强度,非常适合用于高负荷区域。

玄武岩作为喷出岩,玄武岩通常具有高强度和良好的耐久性,适合用于需要抵抗交通负载和恶劣环境的道路基础。

辉绿岩是一种基性浅成侵入岩。它主要由辉石和基性斜长石组成,通常呈灰黑色,并具有辉绿结构。辉绿岩的形成深度较浅,通常呈岩脉、岩墙、岩床等形式产出,有时也会单独出现在造山带。此外,辉绿岩也被用作铸石的主要原料,具有高耐磨性和耐腐蚀性。

2. 沉积岩

沉积岩包括砂岩和石灰岩。

砂岩由沉积物压实而成,具有较好的透水性,适用于排水层或轻负载道路。砂岩的硬度较低,加工容易,但不如火成岩耐用。

石灰岩含有丰富的碳酸钙,可用于制作低等级公路集料或混凝土填料,具有较高的抗压强度和良好的耐久性,但在某些环境中可能会受到化学侵蚀。

3. 变质岩

变质岩包括大理岩、片麻岩。

大理岩由石灰岩变质而成,常用于装饰材料,如路面板材,具有较高的美观性和一定的耐用性,但变质过程中可能改变其物理力学性质。

片麻岩具有较高的强度和耐久性,由于其结构特性,适用于需要高强度和耐久性的路面结构。

在选择岩石类型时,应考虑道路的具体需求,如承载能力、耐久性、环境条件等因素。不同岩石的特性不同,适用于不同的工程环境和功能要求。如辉绿岩以较高的强度、较丰富的来源、经济性好等优点,而成为最佳的道路用集料岩石。

二 岩石的技术性质

岩石的技术性质,主要从物理性质、力学性质和化学性质三方面进行评价。

(一) 物理性质

岩石的物理性质包括物理常数(如颗粒密度、块体密度等)、吸水性(如吸水率、饱水率等)和耐候性(耐冻性、坚固性等)。

1. 物理常数

为了反映岩石的组成结构以及它与物理、力学性质间的关系,通常采用一些物理常数来表征它。在路桥工程用块状岩石中,最常用的物理常数是颗粒密度、块体密度等。通过这些物理常数可以间接预测岩石的有关物理性质和力学性质。

(1)颗粒密度

岩石的颗粒密度是岩石烘干状态下的固体矿物颗粒部分的质量与其体积的比值,为评价岩体稳定性、确定围岩压力等必需的参数。采用比重瓶法,适用于各类岩石。

岩石颗粒密度的测定方法,按《公路工程岩石试验规程》(JTG 3431—2024)(T0203—2024 颗粒密度试验)进行,试验步骤如下:

①将代表性岩石试样用手锤敲成约5mm的角砾,再放入粉碎机内粉碎成岩粉,并使岩粉全部通过0.25mm筛孔,用磁铁吸去岩粉中铁屑。将制备好的0.25mm筛孔以下岩粉放在瓷皿中,置于温度为105~110℃的烘箱中烘至恒量,烘干时间应不少于6h,然后置于干燥器中冷却至室温。

②用四分法取岩粉两份,每份岩粉质量约15g。将称量后的岩粉装入烘干的比重瓶内,注入排除气体的试液(蒸馏水或煤油)至比重瓶容积的一半处,摇动比重瓶,使岩粉分散。对含有可溶盐、亲水性黏土矿物、有机质的岩石,应使用煤油作试液;其他岩石可使用蒸馏水作试液。

注:用蒸馏水作试液时,可采用煮沸法或真空抽气法排除气体;用煤油作试液时,必须用真空抽气法排除气体。采用煮沸法排除气体时,煮沸后加热时间不应少于1h;采用真空抽气法排除气体时,真空压力表读数宜为当地大气压力,抽气应抽至无气泡逸出为止,但抽气时间不得少于1h。

③将经过排除气体的试液注入比重瓶中近满,然后置于恒温水槽内,使瓶内温度保持稳定,上部悬液澄清。塞好瓶塞,使多余的试液自瓶塞毛细孔中溢出,擦干瓶外壁,称比重瓶、试液和岩粉总质量m_3,并测定瓶内悬液的温度,准确至0.5℃。

④洗净比重瓶,注入经排除气体并与试验同温度的试液于比重瓶内,按③的规定称比重瓶和试液的总质量m_2。

⑤计算岩石颗粒密度值：

$$\rho_s = \frac{m_1}{m_1 + m_2 - m_3}\rho_{WT} \tag{1-1-1}$$

式中：ρ_s——岩石颗粒密度，g/cm³；

m_1——烘干岩粉质量，g；

m_2——比重瓶与试液的总质量，g；

m_3——比重瓶、试液与岩粉的总质量，g；

ρ_{WT}——与试验同温度的试液密度，g/cm³。

⑥计算值精确至 0.01g/cm³。颗粒密度试验应进行两次平行测定，并以两次试验结果的算术平均值作为测定值。两次试验结果之差大于 0.02g/cm³ 时，应重新取样进行试验。

（2）块体密度

岩石试件质量与其体积的比值。岩石块体密度根据岩石含水状态可分为烘干块体密度、饱和块体密度和天然块体密度。

岩石块体密度试验方法可分为量积法、水中称量法和蜡封法。量积法适用于能制备成规则试件的各类岩石；水中称量法适用于除遇水崩解、溶解和干缩湿胀外的其他各类致密型岩石；蜡封法适用于不能用量积法或直接在水中称量进行试验的岩石，如膨胀土等。

①量积法

量测试件的直径或边长：用游标卡尺量测试件两端和中间三个断面上互相垂直的两个方向的直径或边长，按平均值计算截面积。

量测试件的高度：用游标卡尺量测试件两端面周边对称四点和中心点的五个高度，计算高度平均值。

测定干密度时，应将加工好的试件放入烘箱内，控制在 105～110℃温度下烘 24h 后，取出放入干燥器内冷却至室温，称试件烘干后的质量 m_d。测定饱和密度时，应将加工好的试件预先强制饱和，再取出并擦去表面水分，称量试件强制饱和后的质量 m_{sa}。试件强制饱和可采用煮沸法或真空抽气法。

长度量测准确至 0.02mm，称量准确至 0.01g。

②水中称量法

依照量积法检测完试件烘干后的质量 m_d 和试件强制饱和后的质量 m_{sa} 后，将经煮沸法或真空抽气法饱和的试件置于水中称量装置上，在试验用水中称量 m_w。称量准确至 0.01g。

③蜡封法

依照量积法检测完试件烘干后的质量 m_d 和试件强制饱和后的质量 m_{sa} 后，将试件系上细线，置于温度为 60℃左右的熔蜡中约 1～2s，使试件表面均匀涂上一层蜡膜，其厚度约 1mm。待冷却后称蜡封试件质量 m_1。将蜡封试件置于试验用水中称量 m_2。取出试件，应擦干表面水分后再次称量。

④试验结果计算

量积法岩石块体密度按下列公式计算：

$$\rho_0 = \frac{m_0}{AH} \tag{1-1-2}$$

$$\rho_{sa} = \frac{m_{sa}}{AH} \qquad (1\text{-}1\text{-}3)$$

$$\rho_{d} = \frac{m_{d}}{AH} \qquad (1\text{-}1\text{-}4)$$

式中：ρ_0——天然密度，g/cm³；

ρ_{sa}——饱和密度，g/cm³；

ρ_{d}——干密度，g/cm³；

m_0——试件烘干前的质量，g；

m_{sa}——试件强制饱和后的质量，g；

m_{d}——试件烘干后的质量，g；

A——试件截面积，cm²；

H——试件高度，cm。

水中称量法岩石块体密度按下列公式计算：

$$\rho_0 = \frac{m_0}{m_{sa} - m_w} \times \rho_w \qquad (1\text{-}1\text{-}5)$$

$$\rho_{sa} = \frac{m_{sa}}{m_{sa} - m_w} \times \rho_w \qquad (1\text{-}1\text{-}6)$$

$$\rho_{d} = \frac{m_{d}}{m_{sa} - m_w} \times \rho \qquad (1\text{-}1\text{-}7)$$

式中：m_w——试件强制饱和后在试验用水中的称量，g；

ρ_w——试验用水的密度，可取 1g/cm³。

2. 吸水性

吸水性是岩石在规定的条件下吸水的能力。岩石与水作用后，水很快湿润岩石的表面并填充了岩石的孔隙，因此水对岩石的破坏作用的大小，主要取决于岩石造岩矿物性质及其组织结构状态（即孔隙分布情况和孔隙率大小）。

岩石的吸水性用吸水率和饱和吸水率表示。岩石的吸水率和饱和吸水率能有效反映岩石微裂隙的发育程度，可用来判断岩石的抗冻和抗风化等性能。

岩石吸水率采用自由吸水法测定，饱和吸水率采用煮沸法或真空抽气法测定。《公路工程岩石试验规程》（JTG 3431—2024）中（T0205—2024 吸水性试验）适用于不干缩湿胀和遇水不崩解、不溶解的岩石。

（1）岩石吸水率是指在室内常温（20±2℃）和大气压条件下，岩石试件最大的吸水质量占烘干（105±5℃干燥至恒量）岩石试件质量的百分率。

岩石吸水率按式（1-1-8）计算：

$$w_a = \frac{m_1 - m}{m} \times 100 \qquad (1\text{-}1\text{-}8)$$

式中：w_a——岩石吸水率，%；

m——岩石试件烘干至恒量时的质量，g；

m_1——岩石试件吸水至恒量时的质量,g。

岩石吸水率采用自由吸水法测定。自由吸水法是将称量后的试件置于盛水容器内,先注水至试件高度的1/4处,以后每隔2h分别注水至试件高度的1/2和3/4处,6h后将水加至高出试件顶面20mm,以利于试件内空气逸出。试件全部被水淹没后再自由吸水48h,并应保证浸水过程中水面始终高于试件顶面。之后取出浸水试件,用拧干的湿纱布擦去试件表面水分,立即称其质量m_1。

(2)饱和吸水率 岩石饱和吸水率是在室内常温(20℃±2℃)和真空抽气(抽至真空度为残压2.67kPa)后的条件下,岩石试件最大吸水的质量占烘干岩石试件质量的百分率。

饱和吸水率采用煮沸法或真空抽气法测定。

因为当真空抽气后占据岩石孔隙内部的空气被排出,当恢复常压时,水即进入具有稀薄残压的岩石孔隙中,此时水分几乎充满开口孔隙的全部体积,所以,饱和吸水率大于吸水率。饱和吸水率的计算方法与吸水率相同。

(3)吸水率、饱和吸水率、饱水系数计算公式为式(1-1-9)、式(1-1-10)、式(1-1-11),计算结果精确至0.01%:

$$w_a = \frac{m_1 - m_d}{m_d} \times 100 \tag{1-1-9}$$

$$w_{sa} = \frac{m_2 - m_d}{m_d} \times 100 \tag{1-1-10}$$

$$K_w = \frac{w_a}{w_{sa}} \tag{1-1-11}$$

式中:w_{sa}——岩石饱和吸水率,%;

m_d——烘至恒量时的试件质量,g;

m_1——吸水48h时的试件质量,g;

m_2——试件经强制饱和后的质量,g;

K_w——饱水系数。

3.耐久性

道路与桥梁都是暴露于大自然中无遮盖的建筑物,经常受到各种自然因素的影响,用于道路与桥梁建筑的岩石抵抗大气自然因素作用的性能称为耐久性。目前对道路与桥梁用岩石,在某些气候条件下,必须考虑其抗冻融耐久性(简称抗冻性)。具体试验方法参考《公路工程岩石试验规程》(JTG 3431—2024)(T0241—2024 抗冻性试验)。

岩石的抗冻性是用来评估岩石在饱和状态下经受规定次数的冻融循环后抵抗破坏的能力,岩石抗冻性对于不同的工程环境气候有不同的要求。

我国现行抗冻性的试验方法是采用直接冻融法,适用于能制成规则试件的各类岩石。该方法是将岩石加工为规则的块状试样,在常温条件下(20℃±5℃),采用逐渐浸水的方法,使开口孔隙吸饱水分,然后置于负温(-20℃±2℃)的冰箱中冻结4h,20℃±2℃的恒温水中融解4h,如此反复冻融至规定次数为止。冻融循环次数应根据工程需要而定,严寒地区(最冷月的月平均气温低于-15℃)为25次;寒冷地区(最冷月的月平均气温低于-15~-5℃)为15次。

采用经过规定冻融循环后的质量损失百分率表征其抗冻性。

质量损失率按式(1-1-12)计算：

$$L = \frac{m_s - m_f}{m_s} \times 100 \quad (1\text{-}1\text{-}12)$$

式中：L——冻融后的质量损失率，%；

m_s——试验前烘干试件的质量，g；

m_f——试验后烘干试件的质量，g。

此外，抗冻性亦可采用未经冻融的岩石试件抗压强度与冻融循环后的岩石试件抗压强度比值(称为冻融系数)表示。冻融系数按式(1-1-13)计算：

$$K_f = \frac{R_f}{R_s} \quad (1\text{-}1\text{-}13)$$

式中：K_f——冻融系数；

R_s——未经冻融试验的试件饱水抗压强度，MPa；

R_f——经若干次冻融试验后的试件饱水抗压强度，MPa。

水在结冰时，体积约增大9%左右，对孔壁产生可达100MPa的压力，在压力的反复作用下，使孔壁开裂。所以当岩石吸收水分体积占开口孔隙体积90%以下时，岩石不因冻结而产生破坏。因此对岩石抗冻性要求，要根据岩石本身吸水率大小及所处的环境和气候条件来考虑。一般要求在寒冷地区，冬季月平均气温低于－15℃的重要工程，岩石吸水率大于0.5%时，都需要对岩石进行抗冻性试验(因岩石本身毛细孔中的水，在此温度下才结冰)。

(二) 力学性质

公路与桥梁工程结构物中用岩石，除受上述物理性质影响外，还受到外力的作用，所以岩石还应具备一定的力学性质。除了一般材料力学所述及的抗压强度、抗拉强度、抗剪、抗弯、弹性模量等纯粹力学性质外，还有一些路用性能要求的力学指标，如抗磨光、抗冲击和抗磨耗等。由于道路建筑用岩石多轧制成集料使用，故抗磨光、抗冲击和抗磨耗等性能将在粗集料力学性质中讨论。

道路建筑用岩石的单轴抗压强度是指在单轴受压并按规定的加载条件下，达到极限破坏时，单位承压面积的强度，按式(1-1-14)计算：

$$R = \frac{P}{A} \quad (1\text{-}1\text{-}14)$$

式中：R——岩石的抗压强度，MPa；

P——极限破坏时的荷载，N；

A——试件的截面积，mm²。

岩石的单轴抗压强度是岩石力学性质中最重要的一项指标。岩石的抗压强度值，取决于岩石的组成结构(如矿物组成，岩石的结构和构造、裂隙的分布等)，同时也取决于试验的条件(如试件尺寸和形状、加载速度、试验状态温度和湿度等)。

(三)化学性质

早年的研究认为矿质集料是一种惰性材料,它在混合料(各种矿质集料与水泥和沥青组成)中起着物理作用。随着科学发展,科学家们根据物化-力学的研究,认为矿质集料在混合料中与结合料起着物理-化学作用。岩石的化学性质将影响着混合料的物理-力学性质。

根据试验研究的结果,按 SiO_2 的含量多少将岩石划分为酸性、碱性及中性。按克罗斯的分类法,岩石化学组成中 SiO_2 含量大于65%的岩石称为酸性岩石;SiO_2 含量在52%~65%的岩石称为中性岩石;SiO_2 含量小于52%的岩石称为碱性岩石。所以在选择与沥青结合的岩石时,应考虑岩石的酸碱性对沥青与岩石黏结的影响。

三 道路和桥涵用岩石制品

(一)道路路面建筑用岩石制品

道路路面建筑用岩石制品,包括直接铺砌路面面层用的整齐块石、半整齐块石和不整齐块石三类;用作路面基层用的锥形块石、片石等。各种岩石制品的技术要求和规格简要分述如下。

1. 路面铺砌用整齐块石

由高强、硬质、耐磨的岩石经精凿加工而成,其加工费用昂贵,这种块石铺筑的路面,需以水泥混凝土为底层,并且用水泥砂浆灌缝找平,所以这种路面造价很高,只有在特殊要求的路面,如特重交通以及履带车等行驶的路面使用。尺寸一般可按设计要求确定。大方块石为 $300mm \times 300mm \times (120 \sim 150)mm$,小方块石为 $120mm \times 120mm \times 250mm$。用于加工路面铺砌用的岩石,抗压强度不低于100MPa,洛杉矶磨耗率不大于5%。

2. 路面铺砌用半整齐块石

经粗凿而成立方体的方块石或长方体的条石,顶面与底面平行,顶面积与底面积之比不小于40%~75%。半整齐块石宜用硬质岩石制成,为修凿方便,常采用花岗岩。顶面不进行加工,因此顶面平整性较差,一般只在特殊地段使用,如土基尚未沉实稳定的桥头引道及干道,铁轮履带车经常通过的地段等。

3. 铺砌用不整齐块石

又称拳石,它是由粗打加工而得到的块石,要求顶面为一平面,底面与顶面基本平行,顶面积与底面积之比大于40%~60%。其优点是造价不高,经久耐用,其缺点是不平整行车震动大,故目前应用较少。

4. 锥形块石

又称"大块石",用于路面底基层,是由片石进一步加工而得的粗打集料,要求上小下大,接近截锥形,其底面积不宜小于 $100cm^2$,以便砌摆稳定。高度一般有 $(160 \pm 20)mm$、$(200 \pm 20)mm$、$(250 \pm 20)mm$ 等,通常底基层厚度应为石块高的1.1~1.4倍。除特殊情况外,一般不采用大石块基层。

（二）桥梁建筑用主要岩石制品

桥梁建筑所用岩石主要制品有：片石、块石、方块石、粗料石、镶面石等。

1. 片石

由打眼放炮采得，其形状不受限制，但薄片状不得使用。一般片石其中部最小尺寸应不小于 15cm，体积不小于 0.01cm³，每块质量一般在 3kg 以上。用于圬工工程主体的片石，其极限抗压强度应不小于 30MPa；用于附属圬工工程的片石，其极限抗压强度应不小于 20MPa。

2. 块石

由成层岩中打眼放炮开采获得，或用锲子打入成层岩的明缝或暗缝中劈出的岩石。块石形状大致方正，无尖角，有两个较大的平行面，边角可不加工。其厚度应不小于 20cm，宽度为厚度的 1.5～2.0 倍，长度为厚度的 1.5～3 倍。砌缝宽度一般不大于 20mm，个别边角砌缝宽度可达 30～35mm。岩石极限抗压强度应符合设计文件的规定。

3. 方块石

在块石中选择形状比较整齐者稍加修整，使岩石大致方正，厚度不小于 20cm，宽度为厚度的 1.5～2 倍，长度为厚度的 1.5～4 倍。砌缝宽度不大于 20mm。岩石极限抗压强度应符合设计文件的规定。

4. 粗料石

形状尺寸和极限抗压强度应符合设计文件规定，其表面凹凸相差不大于 10mm，砌缝宽度小于 20mm。

5. 细料石

形状尺寸和极限抗压强度应符合设计文件规定，其表面凹凸不大于 5mm，砌缝宽度小于 15mm。

6. 镶面石

镶面石受气候因素——晴、雨、冻融的影响，损坏较快，一般应选用较好的、较坚硬的岩石。岩石的外露面可沿四周琢成 2cm 的边，中间部分仍保持原来的天然石面。岩石上、下和两侧均加工粗琢成刹口，刹口宽度不得小于 10cm，琢面应垂直于外露面。

四 石料选用原则

1. 适用性原则

主要考虑石料的技术性能是否能满足使用要求。根据道路桥梁中的用途和部位，选用其主要技术性能满足要求的石料。

2. 经济性原则

天然石料密度大，不宜长途运输，应综合考虑地方资源，尽可能做到就地取材。

任务实施

完成配套学习指导手册任务 1-1 的内容。

任务1-2　认识土及其技术性质

任务描述

为完成编号为表1-0-2检测任务单工作内容,需要掌握土的形成、土的三相组成、土的技术性质指标及部分指标的检测方法。

相关知识

因前述土力学课程中对土的特点和技术性质已作了介绍,本书仅作概括性介绍。

一、土的形成

土是由地壳表面的岩石经过物理风化、化学风化和生物风化作用之后的产物。经过风化作用所形成的矿物颗粒堆积在一起,与其间贯穿的孔隙,孔隙间存在的水以及空气等集合体组成了土。

土广泛分布在地球表面,具有分散性、复杂性和易变性的特征。土中固、液、气分散共存,土颗粒间联结弱,表现为分散性;土是受不同自然力作用且于不同的环境下沉积形成的,其构成与性质复杂,表现为多变性;土的分散性和多变性受外界温湿度影响大,表现为复杂性。因土是由固体颗粒和孔隙及存在于孔隙中的水和气体组成的分散体系,土颗粒之间没有或只有很弱的联结,因而土的强度低且易变形。它的性质在受到外界温度和湿度变化的影响时极易发生变化,这些特征无疑都将反映到它的物理、化学和力学性质中。

在工程建设中,土往往因其用途不同而具有不同的功能。如在建筑工程中(房屋、桥梁、道路、堤坝),土作为地基,用来支承建筑物传来的荷载;在路堤、土坝等工程中,土被用作建筑材料;在隧道、涵洞及地下建筑工程中,土则成为建筑物周围的介质或环境。土由于用途不同对其性质要求也有所不同,相应的试验检测内容亦有所不同。

二、土的三相组成

土是由土颗粒(固相)、水(液相)及气体(气相)三种物质组成的集合体。

1. 固相

土的固相物质分为无机矿物颗粒和有机质,是土体的骨架物质。其中,无机矿物颗粒又分为原生矿物和次生矿物两大类。

原生矿物是指岩浆在冷凝过程中形成的矿物,如石英、长石、云母等。次生矿物则是由原生矿物经化学风化作用后形成的新矿物,如三氧化二铁、三氧化二铝、次生二氧化硅、黏土矿物及盐类等。次生矿物按其与水相互作用的程度,可分为溶于水与不溶于水两种。溶于水的次生矿物按其溶解的难易度,可分为易溶、中等溶解和难溶三种。次生矿物的成分和性质比较复杂,对土的工程性质影响较大。

土在风化过程中,因微生物的参与,会产生有机质成分。有机质成分分解完善的土,称为腐殖质土;有机质成分分解不完善、尚存有残余物的土称为泥炭。有机质成分对土的工程性质具有不利影响,在公路工程中不应采用有机质土。

2. 液相

土的液相是指土孔隙中存在的水。一般这种水与自由水类似,是无色、无味、无嗅的中性液体,在标准大气压下,4℃条件下水的密度为$1g/cm^3$,重度为$9.81kN/m^3$;水在0℃时冻结,在100℃时沸腾。但实质上,土中水是成分复杂的电解水溶液,它与土粒间有着复杂的相互作用。

水在土中以三种状态存在:固态、液态和气态。

(1)气态水

土孔隙中任何时候都存在水汽,它与空气形成气态混合物。在大多数情况下,土中空气被水汽饱和达100%时,土中水的含量约为0.001%。

(2)液态水

液态水可分为存在于矿物颗粒内部的水——化学结构水和化学结晶水,以及存在于矿物颗粒表面的水——结合水和自由水。

①化学结构水:以H^+、OH^-离子的形式存在于次生黏土矿物结晶格中,成为土颗粒结构的组成部分。这种水只有在165~175℃温度作用下才能被释放,对某些矿物如氢氧化铝、氢氧化硅之类,甚至要在温度达500℃以上时才能被释放出来。

②化学结晶水:是以H_2O水分子的形式存在于一些盐类矿物中,如石膏($CaSO_4 \cdot 2H_2O$),芒硝($Na_2SO_4 \cdot 10H_2O$)等。化学结晶水对盐渍土性能有较大影响。带有大量结晶水的盐分含量在盐渍土中可达2%~5%,甚至达到20%~30%。这种情况下,土中含有较大数量的结晶水。含有不同盐类的盐渍土,其化学结晶水可在不同的温度下被分离出,如含有结晶水的石膏在60~65℃时,其结晶水即开始逸出。

③结合水:通过土颗粒表面静电引力所吸附的表面水。水分子极易牢固地被土颗粒表面吸附,形成水的定向水膜。当被吸附水分子紧靠土颗粒表面时,其定向排列程度和固着强度最大,随着被吸附水分子远离颗粒表面,此种定向排列程度和固着强度则逐渐减弱。

结合水根据被吸附的程度又可分为两种形态的结合水:强结合水和弱结合水。

ⓐ强结合水:土在风干状态下,都含有一定数量的强结合水,这种水是由处于干燥土颗粒吸附孔隙中的水汽形成的。它受到1万~2万个大气压力,吸附于土粒表面,其密度达到$1.5~1.8g/cm^3$。强结合水只有转变为气态,才能移动。这种转变依赖于温度和湿度的变化,在105~110℃时才可完全被释放。强结合水以若干分子层组成的薄膜包裹着土粒,因而减小了土孔隙的容积。且强结合水没有溶解能力,不能使盐分发生迁移。

强结合水的含量决定于土的矿物成分和粒度成分,土颗粒越细或含有黏土矿物和腐殖质时,强结合水含量可能会更高。

ⓑ弱结合水:在强结合水外一定范围内的水分子,受到1~10个大气压力,被吸附在土粒表面。弱结合水呈现黏滞的液体形态,密度大于$1g/cm^3$,它能够由水膜厚处向水膜薄处移动,但移动的速度特别慢,它同时具有溶解和移动盐分的能力。特别是向蒸发点移动的同时,弱结合水可以把土中的盐分在水平方向或垂直方向移动4~6m。弱结合水难冻结,其冻结温度

为 $-80 \sim -70$℃。土中含有弱结合水因而具有可塑性。

结合水体积有时占据土体内部孔隙和毛细管体积的比重很大,因而减少了内部孔隙和毛细管的断面(有时减少可达20%~40%)。在高黏粒含量的土中,结合水完全能够充满细小孔隙,这使土具有不透水性。

④自由水:包括毛细水和重力水。

ⓐ毛细水:水与土内部孔隙管壁接触时,由于湿润和静电引力作用,使毛细管中形成弯液面。毛细管的直径越细,弯液面的曲率越大,负毛细管压力使水在毛细管孔隙中上升。毛细水能够溶解盐分并使之发生迁移;在季节冰冻地区,若地下水位较高,毛细水可成为不断补充已冻土层中弱结合水的水源,使冻土层中的聚冰体膨胀,从而破坏道路结构层。

ⓑ重力水:重力水是液体状态,在重力作用下倾向于垂直下行(或侧向沿地面坡度)运动,具有很强的溶解作用,能够以溶液状态转运盐分、胶体溶液和很细的悬浮体等。在地下水位埋藏很深的情况下,重力水在下行移动的过程中逐渐扩散,同时转变为毛细水和弱结合水的状态。

(3)固态水——冰

固态水即处于固态的晶体状态中的水,是自由水的一个特殊类型。土中水以冰的形态呈季节性出现,称为季节性冻结,在我国北方广大地区冬季可见。除此之外,在我国东北及西北的部分地区,还存在有多年冻结土层及永久性冻结土层。

3.气相

土的气相主要指土内孔隙中充填的气体。土中含气量与含水率有密切关系,其中,土体内是气体体积占比大还是水的体积占比大,对土的性质会有很大的影响。

土中气体成分与大气成分相比较,主要的区别在于 CO_2、O_2 及 N_2 的含量不同。一般土中气体含有 CO_2 最多,N_2 次之,O_2 较少。土中气体与自然界气体的交换越困难,两者成分的差别就越大。

土中气体可分为两类:与大气相连通的自由气体和与大气隔绝的封闭气体(气泡)。在受到外力作用时,自由气体能很快地从孔隙中被挤出,一般不影响土的工程性质。而封闭气体在受到外力作用时,随着压力的增大,气泡可被压缩或溶解于水中,当压力减少时,气泡又会恢复原状或重新游离出来。气泡的存在使土体的弹性增加,渗透性降低。这种含气体的土称为非饱和土,不含气体的土称为饱和土。

三 土的技术性质指标

组成土的固体颗粒、水和气体在体积上和重力(或质量)上的比例关系不同,则土的物理状态也会不同。土中孔隙体积大,土就松;土中水分多,土就软。所以研究土的状态,首先需分析土的三相比例关系,而土的三相在体积上和重力(质量)上的相对比值,也可作为衡量土的基本物理性质的指标。

在公路工程中,为适应各类工程需要测定土的基本工程性质,可将土的技术性质指标试验分为四类。

1.物理性质试验

包括天然含水率、天然密度、相对密度(比重)、颗粒分析等试验。

2. 水理性质试验

包括界限含水率、稠度、膨胀和毛细水上升高度等试验。

3. 力学性质试验

包括渗透性、击实性、压缩性、黄土湿陷性、直接剪切、三轴剪切、无侧限抗剪、土基承载比及回弹模量等试验。

4. 化学性质试验

包括酸碱度、烧失量、有机质含量,可溶盐含量、阳离子交换量和矿物成分等试验。

应根据土的不同用途而选择不同试验项目,见表1-2-1。

土的物理力学试验项目选择参考表　　　表1-2-1

试验项目	桥涵		房建			隧道		挡墙			路基				黄土及黄土状土
											深挖	松软基底	高填方	沼泽	
土的类别	砂类土	黏质土	砂类土	黏质土	黄土状土	黏质土	黄土	砂类土	黏质土	黄土状土	黏质土	黏质土	黏质土	黏质土	
天然含水率		※		※	※	※	※		※	※	※	※	※	※	※
天然密度		※		※	※	※	※		※	※	※	※	※	※	※
相对密度		※		※	※	※	※		※	※	※	※		※	※
天然孔隙比		※		※	※	※	※		※	※	※	※		※	※
孔隙率		※		※											
饱和度															
界限含水率		※		※	※	※			※	※	※	※	※	※	※
稠度											※		※		
相对密度	※		※				※								
颗粒分析	※		※		※	※		※							※
毛管水上升高度											※		※		
渗透系数		※						※				※			
膨胀试验						※					※				

注:表中※代表推荐检测指标。

完成配套学习指导手册任务1-2的内容。

任务 1-3　认识土工合成材料

任务描述

为完成编号为表 1-0-3 检测任务单的工作内容,需要先掌握土工合成材料的概念与分类、用途、性能与性能要求等知识。

土工合成材料在道路工程中发挥过滤、防渗、隔离、排水、加筋和防护等作用,以达到加强和保护路基路面结构功能的目的。同时,它的物理性能(密度、厚度、单位面积质量等)、力学性能(拉伸、握持拉伸、撕裂、顶破等)、水力学性能(垂直渗透系数、平面渗透系数等)及耐久性能(抗紫外线能力、化学稳定性和生物稳定性、蠕变性等)等指标都影响着试验结果和实际应用。认识土工合成材料,对于学习试验过程及理解材料用途具有很好的引导作用。

相关知识

一、土工合成材料的概念与分类

1. 概念

土工合成材料是在岩土工程和土木工程中与土壤和(或)其他材料相接触使用的一类产品的总称。在道路工程中通常将土工合成材料置于路基内部、边坡表面、隧道内部或路基路面结构层之间,发挥过滤、防渗、隔离、排水、加筋和防护等作用,达到加强和保护路基路面结构功能的目的。

土工合成材料的应用和相关试验应符合《土工合成材料应用技术规范》(GB/T 50290—2014)、《公路土工合成材料应用技术规范》(JTG/T D32—2012)、《公路工程土工合成材料试验规程》(JTG E50—2006)等的规定。

2. 分类

土工合成材料可分为土工织物、土工膜、土工复合材料和土工特种材料四大类,每一大类又有若干不同亚类和品种,见表 1-3-1。部分土工合成材料如图 1-3-1 所示。

土工合成材料类型　　　　　　　　　　　　　　　　　　　　表 1-3-1

大类	亚类	典型品种
土工织物	有纺(织造,woven)	机织(含编织)、针织等
	无纺(非织造,non-woven)	针刺、热粘、化粘等
土工膜	聚合物土工膜	
土工复合材料	复合土工膜	一布一膜、两布一膜等
	复合土工织物	
	复合防排水材料	排水板(带)、长丝热粘排水体、排水管、防水卷材、防水板等

续上表

大类	亚类	典型品种
土工特种材料	土工格栅	塑料土工格栅(单向、双向、三向土工格栅)、经编土工格栅、黏结(焊接)土工格栅等
	土工带	塑料土工加筋带、钢塑土工加筋带等
	土工格室	有孔型、无孔型
	土工网	平面土工网、三维土工网(土工网垫)等
	土工模袋	机织模袋、针织模袋等
	超轻型合成材料	如泡沫聚苯乙烯板块(EPS)
	土工织物膨润土垫(GCL)	—
	植生袋	—

a)土工织物：织土工布

b)土工织物：针刺土工布

c)土工膜：聚合物土工膜

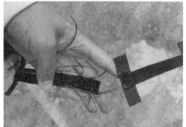

d)土工特种材料：塑料土工加筋带

e)土工特种材料：有孔型土工格室

f)土工复合材料：复合土工膜

g)土工复合材料：防水卷材

图 1-3-1 土工合成材料

二 土工合成材料在公路工程中的应用与性能指标

1.在公路工程中的应用

土工合成材料可应用于公路路基防排水、路基防护、路基不均匀沉降防治、路面裂缝防治、特殊土和特殊路基处治、地基处理、隧道防水等工程中。不同类型的土工合成材料适用于不同的场合,具体如下。

(1)土工织物(又称为土工布),可用于两种介质间的隔离,例如,路基防排水、防沙固沙、构筑物表面防腐、路面裂缝防治等场合;高强度的土工织物可用于加筋。又如,它可作为土层分离的过滤材料,水库、矿山选矿的排水材料,江河堤坝、护坡的防冲刷材料,沥青路面的防裂材料等,主要起到隔离、过滤、排水、加筋、防护、防穿刺等作用。在具体的应用方面,土工布可以用来作挡土墙回填中的加筋、道碴与路基之间的隔离层等。

(2)复合土工膜可用于路基防水、盐渍土隔离等场合。

(3)复合排水材料可用于地基处理和路基排水等场合,其中:排水带可用于插入软弱地基中进行固结排水;排水板和长丝热粘排水体可用于路侧、路基内部、支挡结构墙后排水;缠绕式排水管可用于路基内部排水;透水软管可用于边坡仰斜排水,路基内部、支挡结构墙后排水;透水硬管可用于路基内部、支挡结构墙后排水。

(4)土工格栅可用于路基加筋、路基不均匀沉降防治、特殊土路基处治、地基处理等场合。玻璃纤维格栅可用于路面裂缝防治。

(5)土工带可用于有面板的加筋土挡墙。

(6)土工格室可用于路基加筋、防沙固沙、路基防护等场合。

(7)土工网和植生袋可用于边坡生态防护。

(8)土工模袋可用于路基冲刷防护等场合。

(9)泡沫聚苯乙烯板块(EPS)可用于桥头或软基路段,以及需要减载的场合。

2. 土工合成材料的性能指标要求

土工合成材料的性能指标一般可分为物理性能指标、力学性能指标、水力学性能指标、土工合成材料与土相互作用指标及耐久性指标等。

物理性能指标:材料密度、厚度(及其与法向压力的关系)、单位面积质量、等效孔径等。

力学性能指标:拉伸、握持拉伸、撕裂、顶破、CBR顶破、刺破、胀破等强度和直剪摩擦、拉拔摩擦等。

水力学性能指标:垂直渗透系数(透水率)、平面渗透系数(导水率)、梯度比等。

耐久性能指标:抗紫外线能力、化学稳定性和生物稳定性、蠕变性等。

三 土工合成材料的质量要求

土工合成材料在公路工程中应用于不同场合时,按照其用途不同应具有不同的质量要求。

1. 用于路基加筋时

路基加筋宜采用整体性和耐久性好、强度高、变形小的土工格栅,高强土工织物,土工格室等土工合成材料。加筋材料的设计计算抗拉强度、加筋材料与土接触的界面阻力系数是加筋路堤设计的重要参数。

用于路基加筋的土工合成材料需要设计计算抗拉强度,对试验确定的加筋材料进行抗拉强度蠕变折减、抗拉强度老化折减(微生物、化学、热气化等影响)以及施工损伤折减后的抗拉强度检测。

加筋材料与土接触的界面阻力系数,可采用拉拔试验或直接摩擦方法,按筋土界面实际条件试验确定。

2. 用于路基防排水时

独立用于排水、隔离的无纺土工织物,单位面积质量宜为 $300\sim500\mathrm{g/m^2}$,在通常环境条件下其强度应达到的要求见表1-3-2。

无纺土工织物强度的基本强度要求　　表1-3-2

测试项目	单位	伸长率<50%	伸长率≥50%
握持强度	N	≥1100	≥700
撕裂强度	N	≥400	≥250
CBR顶破强度	N	≥2750	≥1350

注：表列数值指卷材沿强度最弱方向测试的最低平均值。

排水用土工合成材料的强度应满足《公路工程土工合成材料 第4部分：排水材料》(JT/T 1432.4—2023)的要求。在实际荷载作用下,土工合成材料排水截面最大压缩率应小于15%。

防渗采用的土工合成材料,其规格和强度应满足《公路工程土工合成材料 防水材料》(JT/T 1124.1—2017)要求,通常采用的"两布一膜"的规格为织物质量/膜厚/织物质量 = $200\mathrm{g}/(0.5\sim1\mathrm{mm})/200\mathrm{g}$。

防渗隔离层采用的复合土工膜等复合防水材料,一般工程土工膜厚度应大于0.3mm,重要工程土工膜厚度应大于0.5mm。

3. 用于路基防护时

对一般护坡工程,土工格室焊距宜为 $40\sim68\mathrm{cm}$,格室高度宜为 $8\sim20\mathrm{cm}$,格室壁厚宜为1.2mm左右；平面土工网极限抗拉强度应大于5kN/m,土工格栅极限抗拉强度应大于25kN/m。

用于坡面生态防护的土工合成材料,其性能应满足表1-3-3和表1-3-4的要求。

坡面生态防护三维土工网性能要求　　表1-3-3

单位面积质量 ($\mathrm{g/m^2}$)	厚度 (mm)	极限抗拉强度(kN/m)	
		纵向	横向
≥400	≥16	≥3.2	≥3.2

坡面生态防护土工格室性能要求　　表1-3-4

项目		单位	聚丙烯土工格室	聚乙烯土工格室
外观		—	格室片应平整、无气泡、无沟痕	
格室片的极限抗拉强度		MPa	≥23	≥20
焊接处极限抗拉强度		kN/m	≥20	≥20
格室组间连接处抗拉强度	格室片边缘	kN/m	≥20	≥20
	格室片中间	kN/m	≥20	≥20

用于路基冲刷防护的土工织物软体沉排材料可采用编织型土工织物,其等效孔径应满足要求。土工模袋材料应满足表1-3-5的要求。

土工模袋材料要求 表1-3-5

强度(N)	渗透系数 SC(10^{-3}cm/s)	等效孔径 O_{95}(mm)	延伸率(%)
≥1500	0.86~10.0	0.07~0.15	≤15

当需要考虑紫外线影响时,应进行土工合成材料抗老化性能检测,在室内紫外线(辐射强度为550W/m^2)照射150h后,强度保持率应大于80%。

4. 用于路基不均匀沉降防治时

防治路基不均匀沉降宜采用整体性和耐久性好、强度高、变形小的土工合成材料,其性能应满足表1-3-6的要求。

防治路基不均匀沉降土工合成材料要求 表1-3-6

材料	要求
土工格栅、高强土工织物	极限抗拉强度≥50kN/m,2%伸长率时的抗拉强度≥20kN/m
EPS块	密度在20~30kg/m^3之间,抗压强度≥100kPa
土工格室	格室片极限抗拉强度≥20MPa,焊接处极限抗拉强度≥20kN/m,高度≥10cm,宜用于软弱地基顶部形成垫层

5. 用于路面裂缝防治时

用于路面裂缝防治的土工合成材料可采用玻璃纤维格栅、聚酯玻纤土工织物、无纺土工织物等,用于沥青路面裂缝防治的玻璃纤维格栅应满足表1-3-7的要求,其余技术指标应满足《玻璃纤维土工格栅》(GB/T 21825—2008)的规定。

用于路面裂缝防治的玻璃纤维格栅要求 表1-3-7

技术指标	技术要求
原材料	无碱玻璃纤维,碱金属氧化物含量应不大于0.8%
网孔形状与尺寸	矩形,孔径宜为其上铺筑的沥青面层材料最大粒径的0.5~1.0倍
极限抗拉强度	≥50kN/m
极限伸长率	≤4%
热老化后断裂强度	经170℃,1h热处理后,其经向和纬向拉伸断裂强度应不小于原强度90%

用于沥青路面裂缝防治的聚酯玻纤无纺土工织物应满足表1-3-8的要求。

用于路面裂缝防治的聚酯玻纤无纺土工织物技术要求 表1-3-8

单位面积质量 (g/m^2)	抗拉强度 (kN/m)	极限抗拉强度纵、横比	极限延伸率 (纵、横向)(%)	CBR顶破强度 (kN)
125~200	≥8.0	1.00~1.20	≤5	≥0.55

用于沥青路面裂缝防治的长丝防粘针刺非织造土工织物应满足表1-3-9的要求,应单面烧毛,其余技术指标应满足《土工合成材料长丝纺粘针刺非织造土工布》(GB/T 17639—2023)的规定。

用于路面裂缝防治的长丝纺粘针刺非织造土工织物技术要求　　　　表1-3-9

单位面积质量	极限抗拉强度	CBR顶破强度	纵、横向撕破强度	沥青浸油量
≤200g/m²	≥7.5kN/m	≥1.4kN	≥0.21kN	≥1.2kg/m²

施工单位工地试验室应配备相应的检测仪具,能进行表1-3-10所列的土工合成材料基本试验,能满足现场施工质量控制和检验的需要。

土工合成材料工地试验项目　　　　表1-3-10

试验项目	加筋		排水	过滤	防渗/隔离		坡面防护		冲刷防护		防治差异沉降		路面防裂		频度
	土工织物	土工格栅/格室	排水材料	土工织物	土工膜	土工网	土工格栅/格室	土工织物	土工模袋	土工织物	土工织物	土工格栅/格室	土工织物	玻璃纤维格栅	
单位面积质量	☆	△	☆	☆	☆	☆	△	☆	☆	☆	△	☆	△		1次/批
厚度	△	△	☆	△	☆	☆	△	△	△	△	△	△	△		
孔径	☆	☆	△	△	×	×	×	☆	×	☆	×	×	☆		
几何尺寸	☆	☆	☆	☆	☆	☆	☆	☆	☆	☆	☆	☆	☆		
拉伸强度	☆	☆	△	△	×	△	☆	△	×	☆	☆	☆	☆		

注:1. ☆为必做试验项;△为选做试验项;×为不做试验项。
　　2. 工地试验频度按所购材料的批次进行,如每批次大于5000m²,为一批。

表1-3-10所列试验项目应按《公路工程土工合成材料试验规程》(JTG E50—2006)的规定及其他试验规程的规定进行。

四　土工合成材料工程质量检验项目要求

对满足基本要求的土工合成材料应用工程,应按表1-3-11~表1-3-15规定的实测项目进行质量检验。

土工合成材料与地基质量检验实测项目　　　　表1-3-11

项目	序号	检查项目	允许值	检查方法
主控项目	1	土工合成材料强度(%)	≤5	拉伸试验(结果与设计标准相比)
	2	土工合成材料延伸率	符合设计要求	拉伸试验(结果与设计标准相比)
	3	地基承载力	符合设计要求	按规定方法

续上表

项目	序号	检查项目	允许值	检查方法
一般项目	1	土工合成材料搭接长度(mm)	+50,0	用钢尺量
	2	土石料有机质含量	符合设计要求	焙烧法
	3	层面平整度(mm)	≤20	用2m靠尺
	4	每层铺设厚度(mm)	±25	水准仪

不均匀沉降防治工程土工合成材料实测项目　　　　表1-3-12

项次	检查项目	规定值或允许偏差	检查方法和频率
1	铺设范围	不小于设计值	每200m检查4处
2	下承层平整度、拱度	符合设计要求	每200m检查4处
3	搭接宽度(mm)	+50,0	抽查2%
4	搭接缝错开距离(mm)	符合设计要求	抽查2%
5	锚固(回折)长度(mm)	符合设计要求	抽查2%

加筋工程土工合成材料实测项目　　　　表1-3-13

项次	检查项目	规定值或允许偏差	检查方法和频率
1	下承层平整度、拱度	符合设计要求	每200m检查4处
2	搭接宽度(mm)	+50,0	抽查2%
3	搭接缝错开距离(mm)	符合设计要求	抽查2%
4	锚固(回折)长度(mm)	符合设计要求	抽查2%
5	铺设层数	符合设计要求	每200mm检查4处
6	铺设层间距(mm)	±50	每200mm检查4处
7	筋材连接处强度	符合设计要求	每200mm检查4处

隔离防水工程土工合成材料(土工膜)实测项目　　　　表1-3-14

项次	检查项目	规定值或允许偏差	检查方法和频率
1	下承层平整度、拱度	符合设计要求	每200m检查4处
2	搭接宽度(mm)	+50,0	抽查2%
3	搭接缝错开距离(mm)	符合设计要求	抽查2%
4	表面保护层厚度	符合设计要求	抽查2%

冲刷防护工程土工合成材料(土工模袋)实测项目　　　　表1-3-15

项次	检查项目	规定值或允许偏差	检查方法和频率
1	下承层平整度、拱度	符合设计要求	每200m检查4处
2	模袋厚度(mm)	+50,0	每100m检查4处
3	模袋混凝土坍落度(mm)	+20,-20	每100m³检查2次
4	填充料强度(mm)	符合设计要求	每100m³检查1组

土工合成材料分项工程以及所在分部和单位工程,其交工及竣工验收的质量检查评定,应按照《公路工程质量检验评定标准　第一册　土建工程》(JTG F80/1—2017)的有关规定进行。

任务实施

完成配套学习指导手册任务 1-3 的内容。

任务 1-4　公路工程土工合成材料试验

任务描述

为完成编号为表 1-0-3 检测任务单的工作内容,需要依据《公路工程土工合成材料试验规程》(JTG E50—2006)中的"T 1101—2006 取样与试样准备""T 1111—2006 单位面积质量测定""T 1112—2006 厚度测定""T 1114—2006 土工格栅、土工网网孔尺寸测定""T 1121—2006 宽条拉伸试验""T 1126—2006 CBR 顶破强力试验"要求进行试验。试验结果需满足《土工合成材料应用技术规范》(GBT 50290—2014)的规定。

相关知识

在进行土工合成材料试验时,首先应进行取样与试样准备工作。对于同类试验,取样和试样准备应采用相同的方法,这是各项试验应共同遵守的基本原则,也是减少争议的必要手段。

本任务介绍卷装土工合成材料的取样方法与试样准备方法;土工布单位面积质量、厚度测定;土工格栅、土工网网孔尺寸测定;土工布宽条拉伸、CBR 顶破强力试验等。其他类型的土工合成材料可参照执行。

一　取样与试样准备

1．取样程序

(1)取卷装样品

1-1　土工布取样及制备

取样的卷装数:一个批次的土工合成材料,外观检测抽取三卷,性能检测抽取一卷。所选卷装材料应无破损,卷装呈原封不动状。

(2)裁取样品

全部试验的试样应在同一样品中裁取。卷装材料的头两层不应取作样品(土工布、土工膜裁掉 0.5m,土工格栅裁掉 1.0m)。取样时应尽量避免污渍、折痕、孔洞或其他损伤部分,否则要加放足够数量。

(3)样品的标记

样品上应标明下列内容:商标、生产商、供应商、型号,取样日期,表示样品卷装长度方向的标记,如图 1-4-1 所示。

当样品两面有显著差异时,应在样品上加注标记,标明卷装材料的正面或反面。

如果暂不制备试样,应将样品保存在洁净、干燥、阴凉避光处,并且避开化学物品侵蚀和机械损伤。样品可以卷起,但不能折叠。

2. 试样准备

(1) 用于每次试验的试样,应从样品长度和宽度方向上均匀地裁取,但距样品幅边至少10cm。

(2) 试样不应包含影响试验结果的任何缺陷。

(3) 对同一项试验,应避免两个以上的试样处在相同的纵向或横向位置上。

(4) 试样应沿着卷装长度和宽度方向切割,需要时标出卷装的长度方向。除非试验有其他要求,样品上的标志必须标到试样上。

(5) 样品经调湿后,再制成规定尺寸的试样。

(6) 在切割结构型土工合成材料时,可制定相应的切割方案。

图1-4-1 土工格栅样品标识

(7) 如果制样造成材料破碎或发生损伤,可能影响试验结果,则将所有脱落的碎片和试样放到一起,用于备查。

3. 调湿和状态调节

(1) 土工织物。试样应在标准大气条件下调湿24h。标准大气条件:温度20℃±2℃、相对湿度65%±5%。

(2) 塑料土工合成材料。在温度23℃±2℃环境下,进行状态调节,时间不少于4h。

(3) 如果确认试样不受环境影响,则可省去调湿和状态调节的处理程序,但应在记录中注明试验时的温度和湿度。

二 物理性能试验

1. 单位面积质量测定

单位面积质量反映产品的原材料用量,及生产的均匀性和质量的稳定性,与产品性能密切相关。单位面积质量指单位面积的试样在标准大气条件下的质量。

1-2 土工布单位面积质量试验

本方法适用于土工织物、土工格栅,其他类型的土工合成材料可参照执行。

(1) 仪器设备及材料

剪刀或切刀;称量天平(感量为0.01g);钢尺(刻度至mm,精度为0.5mm)。

(2) 试验步骤

①试样制备。对于土工织物,用切刀或剪刀裁取面积为10000mm^2的试样10块,剪裁和测量精度为1mm,如图1-4-2和图1-4-3所示。对于土工格栅、土工网这类孔径较大的材料,试样尺寸应能代表该材料的全部结构。可放大试样尺寸,剪裁时应从肋间对称剪取,剪裁后应测量试样的实际面积。

图1-4-2 土工布单位面积质量裁片

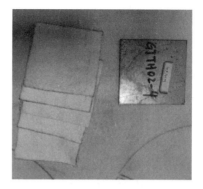
图1-4-3 土工布单位面积质量模具

②称量。称量天平清零(图1-4-4),将裁剪好的试样按编号顺序逐一在天平上称量,读数精确到0.01g(图1-4-5和图1-4-6)。

图1-4-4 称量天平清零

图1-4-5 称量天平参数

图1-4-6 逐一在天平上称量(2.60g)

(3)结果计算

①按式(1-3-1)计算每块试样的单位面积质量,保留小数一位。

$$G = \frac{m \times 10^6}{A} \tag{1-4-1}$$

式中：G——试样单位面积质量,g/m^2；

m——试样质量,g；

A——试样面积,mm^2。

②计算10块试样单位面积质量的平均值,精确到$0.1g/m^2$,同时计算出标准差和变异系数。

2. 厚度测定

土工合成材料的厚度是发挥其排水或渗水功能以及保温作用的基本保证。

1-3 土工布厚度试验

(1)土工织物厚度测定

本方法规定了在一定压力下测定土工织物和相关产品厚度的试验方法。本方法适用于土工织物及复合土工织物。

①厚度:土工织物在承受规定的压力下,正反两面之间的距离。

②常规厚度:在2kPa压力下测得的试样厚度。

(2)仪器设备及材料

①基准板:面积应大于2倍的压块面积。

②压块:圆形,表面光滑,面积为25cm²,重量为5N、50N、500N不等;其中,常规厚度的压块重量为5N,对试样施加2kPa±0.01kPa的压力。

③百分表:最小分度值0.01mm。

④秒表:最小分度值0.1s。

(3)试验步骤

①试样制备。取有代表性的试样10块,试样尺寸应不小于基准板的面积(图1-4-7)。

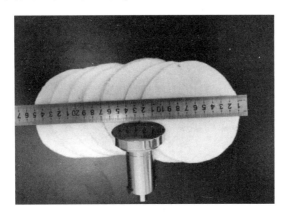

图1-4-7　10块裁片

②测定2kPa压力下的常规厚度。擦净基准板和5N的压块,压块放在准板上,调整百分表零点。向左侧抬起手柄,拿起5N的压块[图1-4-8a)],将试样放在基准板与压块之间,轻轻放下压块,使试样受到的压力为2kPa±0.01kPa[图1-4-8b)];放下测量装置的百分表触头,接触后开始计时,30s时读数,精确至0.01mm[图1-4-8c)]。

a)

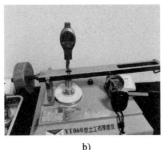
b)

c)

图1-4-8　测量土工布厚度试验过程

重复上述步骤,完成10块试样的测试。

③根据需要选用不同的压块,使压力为20kPa±0.1kPa,重复步骤②,测定20kPa±0.1kPa压力下的试样厚度。

④根据需要选用不同的压块,使压力为200kPa±1kPa,重复步骤②,测定200kPa±1kPa压力下的试样厚度。

(4)试验结果

计算在同一压力下所测定的10块试样厚度的算术平均值,准确至0.01mm。

3.土工格栅、土工网网孔尺寸测定

本方法适用于各类孔径较大的土工格栅、土工网,其他相同型的土工合成材料可参照执行。

土工格栅、土工网等大孔径的土工合成材料,不规则尺寸是通过换算折合成与其面积相当的圆形孔的孔径来表示的,称为当量孔径。

(1)仪器设备及材料

游标卡尺:量程200mm,精度0.02mm。

(2)试验步骤

1-4 土工格栅网格尺寸试验

①试样制备。每块试样应至少包括10个完整的有代表性的网孔。

②测试方法。如图1-4-9所示,对较规则网孔的试样,当网孔为矩形或偶数多边形时,测量相互平行的两边之间的距离;当网孔为三角形或奇数多边形时,测量顶点与对边的垂直距离。同一测点平行测定两次,两次测定误差应小于5%,取均值;每个网孔至少测3个测点,读数精确到0.1mm,取均值。

 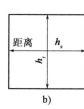 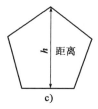 

图1-4-9 土工格栅、土工网网孔尺寸测试示意图

(3)结果计算

三角形网孔:
$$A = 0.5774h^2 \tag{1-4-2}$$

矩形网孔:
$$A = h_x h_y \tag{1-4-3}$$

五边形网孔:
$$A = 0.7265h^2 \tag{1-4-4}$$

六边形网孔:
$$A = 0.8860h^2 \tag{1-4-5}$$

以上式中:A——网孔面积,mm^2;

h——网孔高度,mm;

h_x、h_y——矩形网孔的边。

按式(1-4-6)计算网孔的当量孔径D_e,计算精确到0.1mm。

$$D_e = 2 \times \sqrt{A/\pi} \tag{1-4-6}$$

计算10个网孔当量孔径并取平均值,精确到1mm。

三、力学性能试验

1. 宽条拉伸试验

1-5 土工布宽条拉伸试验

土工合成材料的拉伸强度和最大负荷下伸长率是各项工程设计中最基本的技术指标,拉伸性能的好坏,可以通过拉伸试验进行测试。

宽条拉伸试验规定了用宽条试样测定土工织物及其有关产品的拉伸试验方法。宽条拉伸试验适用于大多数土工合成材料,包括土工织物及复合土工织物,也适用于土工格栅。其包括对调湿和浸湿两种试样拉伸性能的试验,检测指标包括单位宽度的最大负荷和最大负荷下的伸长率以及特定伸长率下的拉伸力。

(1) 仪器设备及材料

①拉伸试验机(图1-4-10):等速拉伸,拉伸速率可以设定,并能测读拉伸过程中试样的拉力和伸长量,记录拉力-伸长曲线。

②夹具(图1-4-11和图1-4-12):钳口表面应有足够宽度,至少应与试样200mm同宽,以保证能够夹持试样的全宽,并采用适当措施避免试样滑移和损伤。

图1-4-10 拉伸试验机

图1-4-11 夹具

图1-4-12 宽条拉伸单侧夹具(大样图)

注:对大多数材料宜使用压缩式夹具,但对那些使用压缩式夹具出现过多钳口断裂或滑移的材料,可采用绞盘式夹具。

③伸长计:能够测量试样上两个标记点之间的距离,对试样无任何损伤和滑移,能反映标记点的真实动程。伸长计包括力学伸长计、光学伸长计或电子形式的伸长计。伸长计的精度应不超过±1mm。

④蒸馏水:仅用于浸湿试样。

⑤非离子润湿剂:仅用于浸湿试样。

(2) 试样制备

①试样数量。纵向和横向各剪取至少5块试样。

②试样尺寸。

无纺类土工织物试样宽为200mm±1mm(不包括边缘)(图1-4-13),试样长度满足夹钳隔距100mm,(图1-4-14)。为控制滑移,可沿试样的整个宽度与试样长度方向垂直地画两条间隔100mm的标记线(不包含绞盘夹具)。

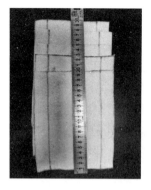
图1-4-13　土工织物试样宽为200mm±1mm

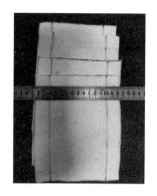
图1-4-14　夹具间距100mm

对于机织类土工织物,将试样剪至约220mm宽,然后从试样的两边拆去数目大致相等的边纱以得到200mm±1mm的名义试样宽度,这有助于保持试验中试样的完整性。

注:当试样的完整性不受影响时,则可直接剪切至最终宽度。

对于土工格栅,每个试样至少为200mm宽,试样长度至少包含3个交叉点,且不低于300mm。试样的夹持线在节点处,除被夹钳夹持住交叉点外,还应包含至少1排交叉点;对于横向节距大于或等于75mm的产品,其宽度方向上应包含至少4个完整的抗拉单元。

如使用伸长计,标记点应标在试样的中排抗拉肋条的中心线上,两个标记点之间应至少间隔60mm,并至少含有1个节点或1个交叉组织间隔。

对于针织、复合土工织物或其他织物,用刀或剪子截取试样可能会影响织物结构,此时允许采用热切,但应在试验报告中说明。

当需要测定湿态最大负荷和干态最大负荷时,剪取试样长度至少为通常要求的两倍。将每个试样编号后对折剪切成两块,一块用于测定干态最大负荷,另一块用于测定湿态最大负荷,这样使得每一对拉伸试验都是在含有同样纱线或相同肋的试样上进行的。

③试样调湿和状态调节。

土工织物:干态试验所用试样的调湿,按"取样与试样准备"规定进行;湿态试验所用试样应浸入温度为20℃±2℃的水中,浸润时间应足以使试样完全润湿或者至少浸润24h。为使试样完全湿润,也可以在水中加入不超过0.05%的非离子型润湿剂。

塑料土工格栅试样状态调节按"取样与试样准备"规定进行。

如确认试样不受环境影响,则可不进行调湿和状态调节,但应在报告中注明试验时的温度和湿度。

(3)试验步骤

①拉伸试验机的设定。

土工织物,试验前将两夹具间的隔距调至100mm±3mm;土工格栅按上述"试样尺寸"的有关规定进行。选择试验机的负荷量程,使抗拉力在满量程负荷的10%~90%之间。设定试验机的拉伸速度,使试样的拉伸速率为名义夹持长度的(20%±1%)mm/min。如使用绞盘夹具,在试验前应使绞盘中心间距保持最小,并且在试验报告中注明使用了绞盘夹具。

②夹持试样[图1-4-15a)]。

将试样在夹具中对中夹持,注意纵向和横向的试样长度应与拉伸力的方向平行。合适的方法是将预先画好的横贯试件宽度的两条标记线尽可能地与上下钳口的边缘重合。对湿态试样,从水中取出后3min内进行试验。

③试样预张。

仪表清零后[图1-4-15b)],对已夹持好的试件进行预张,预张力相当于最大负荷的1%,记录因预张试样产生的夹持长度的增加值[图1-4-15c)]。

 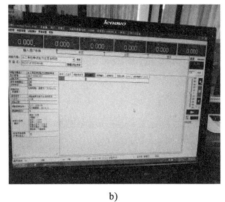 

a)　　　　　　　　　　　　b)　　　　　　　　　　　　c)

图1-4-15　拉伸前仪器设备准备

a. 使用伸长计时。在试样上相距60mm处分别设定标记点(分别距试样中心30mm),并安装伸长计,注意不能对试样有任何损伤,并确保试验中标记点无滑移。

b. 测定拉伸性能。开动试验机连续加荷直至试样断裂,停机并恢复至初始标距位置。试验过程见图1-4-16~图1-4-19。记录最大负荷,记录最大负荷下的伸长量ΔL,精确至小数点后一位。

 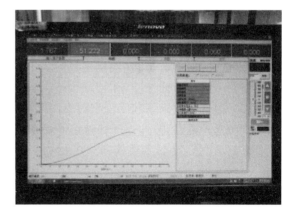

图1-4-16　拉伸试验过程　　　　　　　　图1-4-17　数据采集过程

如试样在距钳口5mm范围内断裂,结果应予剔除;纵横向每个方向至少试验5块有效试样。如试样在夹具中滑移,或者多于1/4的试样在钳口附近5mm范围内断裂,可采取在夹具内加衬垫、对夹在钳口内的试样加涂层、改进夹具钳口表面等措施来预防。无论采用何种措施,都应在试验报告中注明。

 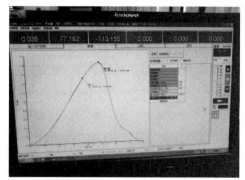

图 1-4-18　宽条拉伸断裂结束　　　　图 1-4-19　生成报告结果

测定特定伸长率下的拉伸力。使用合适的记录测量装置,测定在任一特定伸长率下的拉伸力,精确至满量程的 0.2%。

(4)结果计算

①拉伸强度。使用式(1-4-7)计算每个试样的拉伸强度。

$$\alpha_f = F_f C \tag{1-4-7}$$

式中:F_f——最大负荷,kN;

C——计算系数,对于机织土工布、土工网及土工复合材料等相关产品:

$$C = 1/B \tag{1-4-8}$$

式中:B——试样的名义宽度,m。

②最大负荷下的伸长率。

$$\varepsilon = \frac{\Delta L}{L_0 + L_0'} \times 100\% \tag{1-4-9}$$

式中:ε——伸长率,%;

ΔL——最大负荷下的伸长量,mm;

L_0——名义夹持长度(使用夹具时为 100mm,使用伸长计时为 60mm);

L_0'——预负荷伸长量,mm。

③平均值和变异系数。分别对纵向和横向两组试样的拉伸强度、最大负荷下伸长率计算平均值和变异系数,拉伸强度和特定伸长率下的拉伸力精确至 3 位有效数字,最大负荷下伸长率精确至 0.1%,变异系数精确至 0.1%。每组有效试样为 5 块。

2. CBR 顶破强力试验

1-6　土工布 CBR 顶破强力试验

CBR 顶破强力是指土工合成材料受顶压荷载直至破裂过程中测得的最大顶压力,反映了土工合成材料抵抗各种法向静态应力的能力。

CBR 顶破强力试验规定了测定土工织物顶破强力、顶破位移和变形率的试验方法,适用于土工织物、土工膜及其复合产品。

(1)仪器设备及材料

①试验机(图 1-4-20):应具有等速加荷功能,加荷速率可以设定,并能

测读加荷过程中的应力、应变量,记录应力-应变曲线。

②顶破夹具(图1-4-21):夹具夹持环底座高度须大于100mm,环形夹具内径为150mm±0.5mm,其中心必须在顶压杆的轴线上。

③顶压杆(图1-4-22):直径为50mm±0.5mm、高度为100mm的钢质圆柱体,顶端边缘倒成2.5mm±0.2mm半径的圆弧。

图1-4-20 试验机

图1-4-21 顶破夹具

图1-4-22 顶压杆+顶破夹具

(2)试样制备

裁取300mm的圆形试样5块(图1-4-23),试样上不得有影响试验结果的可见疵点。在每块试样离外圈50mm处均等开6条8mm宽的槽,如图1-4-24所示。

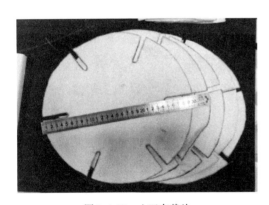
图1-4-23 土工布裁片

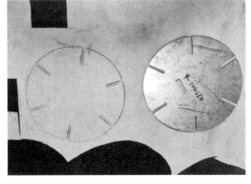
图1-4-24 土工布裁片+模具

(3)试验步骤

①试样夹持(图1-4-25):将试样放入环形夹具内,使试样处于自然状态,拧紧夹具以避免试样在顶压过程中滑动或破损。

②将夹持好试样的环形夹具对中放于试验机上,设定试验机满量程范围,使试样最大顶破强力在满量程负荷的30%~90%范围内,设定顶压杆的下降速度为50mm/min±5mm/min。

③启动试验机,直到试样完全被顶破为止,观察和记录顶破情况,记录顶破强力(N)和顶破位移值(mm)。如土工织物在夹具中有明显滑动,则应剔除此次试验数据,并补做试验(至少完成5块试样)。土工布CBR顶破试验过程如图1-4-26所示。

a)取下顶破夹具上压环　　　　b)放好上压环，试样在自然状态　　　　c)拧紧夹具螺丝，装好试样

图 1-4-25　试样夹持

a)试验机压头刚好碰到试件中心　　b)数据采集系统清零　　c)试验过程中（Ⅰ）

 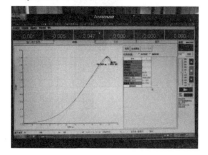 

d)试验过程中（Ⅱ）　　e)试验结束生成报告结果　　f)试验结束后的试验

图 1-4-26　土工布 CBR 顶破试验过程图示

（4）结果计算

①分别计算 5 块试样的顶破强力（N）、顶破位移（mm）的平均值和变异系数。

②变形率按式(1-4-10)计算。

$$\varepsilon = \frac{L_1 - L_0}{L_0} \times 100\% \tag{1-4-10}$$

$$L_1 = \sqrt{h^2 + L_0^2} \tag{1-4-11}$$

上述式中：h——顶压杆位移距离，mm，如图1-4-27b）所示；
L_0——试验前夹具内侧到顶压杆顶端边缘的距离，mm，如图1-4-27a）和b）所示；
L_1——试验后夹具内侧到顶压杆顶端边缘的距离，mm，如图1-4-27b）和c）所示；
ε——变形率，%。

a)
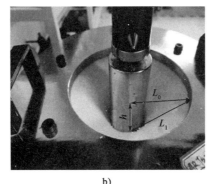
b)

c)

图1-4-27 土工布 CBR 顶破试验计算尺寸图示

完成配套学习指导手册任务1-4的内容，并完成项目1的检测报告。

项目 2 集料

一、项目任务概述

某重交通一级公路项目中面层(AC-20C)改性沥青混合料所用集料为辉绿岩,粒径范围分别是 0~4.75mm、4.75~9.5mm、9.5~16mm。为检验该三档集料的技术性能指标是否符合《公路沥青路面施工技术规范》(JTG F40—2004)中关于粗集料和细集料的技术要求,并为下一步沥青混合料配合比设计提供基础数据,项目施工方与检测中心签订项目委托检测合同,检测中心根据委托合同,下发检测任务单至材料检测部。具体检测任务单见表2-0-1、表2-0-2,质量要求见表2-0-3、表2-0-4。

CXWJ4.5.4-1-JLWJ-3

××××××××检测中心
检测任务单(内检)

任务单编号:SN-2020-N2-A40132　　　　　　　　　　　　　　　　　表 2-0-1

样品名称	辉绿岩细集料	检测类别	送样检测
样品编号	2020XJL11-004-MN	规格型号	0~4.75mm
样品描述	干燥、洁净、无杂质		
检测项目	筛分试验、表观密度、堆积密度		
检测依据/标准	《公路工程集料试验规程》(JTG 3432—2024)《公路沥青路面施工技术规范》(JTG F40—2004)		
检后样品处理	√舍弃　□取回　□留样(　)天		
发样人		接样人	

CXWJ4.5.4-1-JLWJ-3

××××××××检测中心
检测任务单(内检)

任务单编号:SN-2020-N2-A40133　　　　　　　　　　　　　　　　　表 2-0-2

样品名称	辉绿岩粗集料	检测类别	送样检测
样品编号	2020CJL11-004-MN	规格型号	4.75~9.5mm;9.5~16mm
样品描述	干燥、颗粒状		
检测项目	粗集料筛分、密度与吸水率、堆积密度、颗粒形状、压碎值		
检测依据/标准	《公路工程集料试验规程》(JTG 3432—2024)《公路沥青路面施工技术规范》(JTG F40—2004)		
检后样品处理	√舍弃　□取回　□留样(　)天		
发样人		接样人	

沥青混合料用细集料质量要求　　　　　　　　　　　　　　　　表 2-0-3

项目	单位	高速公路、一级公路	其他等级公路	试验方法
表观相对密度,不小于	—	2.50	2.45	T 0328
坚固性(>0.3mm 部分),不小于	%	12	—	T 0340
含泥量(小于 0.075mm 的含量),不大于	%	3	5	T 0333
砂当量,不小于	%	60	50	T 0334
亚甲蓝值,不大于	g/kg	25	—	T 0349
棱角性(流动时间),不小于	s	30	—	T 0345

注:1. 坚固性试验可根据需要进行。
　　2. 本表格摘自《公路沥青路面施工技术规范》(JTG F40—2004),试验方法参考《公路工程集料试验规程》(JTG 3432—2024)。

沥青混合料用粗集料质量技术要求　　　　　　　　　　　　　　表 2-0-4

指标	单位	高速公路及一级公路		其他等级公路	试验方法
		表面层	其他层次		
石料压碎值,不大于	%	26	28	30	T 0316
洛杉矶磨耗损失,不大于	%	28	30	35	T 0317
表观相对密度,不小于	t/m³	2.60	2.50	2.45	T 0304
吸水率,不大于	%	2.0	3.0	3.0	T 0304
坚固性,不大于	%	12	12	—	T 0314
针片状颗粒含量(混合料),不大于 其中粒径大于 9.5mm,不大于 其中粒径小于 9.5mm,不大于	% % %	15 12 18	18 15 20	20 — —	T 0312
水洗法<0.075mm 颗粒含量,不大于	%	1	1	1	T 0310
软石含量,不大于	%	3	5	5	T 0320

注:1. 坚固性试验可根据需要进行。
　　2. 用于高速公路、一级公路时,多孔玄武岩的视密度可放宽至 2.45t/m³,吸水率可放宽至 3%,但必须得到建设单位的批准,且不得用于 SMA 路面。
　　3. 对 S14 即 3~5mm 规格的粗集料,针片状颗粒含量可不予要求,<0.075mm 含量可放宽到 3%。
　　4. 本表格摘自《公路沥青路面施工技术规范》(JTG F40—2004),试验方法参考《公路工程集料试验规程》(JTG 3432—2024)。

二 学习目标

(1) 了解:集料的概念与每个试验(粗集料筛分、粗集料密度与吸水率、粗集料堆积密度与空隙率、粗集料针片状颗粒含量、粗集料压碎值、细集料表观密度、细集料堆积密度)的试验目的。

(2) 熟悉:每个试验的试验设备与试验过程。

(3) 掌握:细集料技术性质(物理性质、颗粒级配和粗度)等;粗集料的物理性质和力学性质,物理性质包括物理常数(表观密度、毛体积密度、堆积密度和空隙率)、级配和坚固性等,路用粗集料的力学性质参数包括压碎值、磨耗值、磨光值、抗冲击值等。

(4) 能独立完成每个试验。

(5) 会对每个试验的试验结果进行分析计算并出具检测报告。

任务 2-1　认识集料及其技术性质

集料为颗粒状的矿质材料,是组成道路基层和面层的主要原材料之一。集料在水泥混凝土和沥青混合料中起骨架和填充作用,集料的材质、强度、颗粒级配、公称最大粒径、含泥量、砂率、外观形状、用量比例等都会对水泥混凝土和沥青混合料的性能产生不同程度的影响。因此,全面了解和掌握集料的技术性质和技术要求,是集料应用中的一项重要工作。

本任务的学习框架如下:

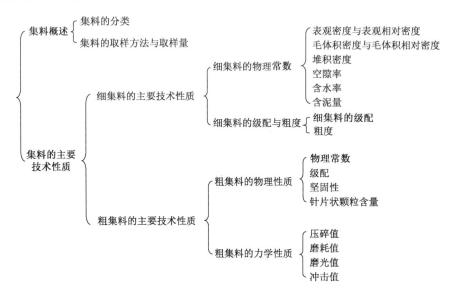

一、集料概述

1. 集料的分类

集料是指混合料中起骨架或填充作用的粒料,包括碎石、砾石、机制砂、石屑、砂等。

(1)集料根据来源不同分为天然集料和人工集料。

天然集料包括岩石天然风化而成的砾石(卵石)和砂;人工集料是由岩石经人工轧制所得的各种尺寸的碎石、机制砂、石屑或工业废弃的煤渣、矿渣等。

(2)集料根据粒径不同分为粗集料和细集料。

①粗集料包括碎石、卵石、砾石、砂砾等。

碎石是指符合工程要求的岩石,经开采并按一定尺寸加工而成的有棱角的粒料。卵石、砾石、砂砾是岩石经自然风化、水流冲刷而成的无棱角或有少量棱角的粒料。

用于沥青混合料(除 SMA 沥青混合料)时,粗集料是指粒径大于 2.36mm 的碎石、破碎砾石、筛选砾石和矿渣等。

用于水泥混凝土和路面基层材料时,粗集料是指粒径大于 4.75mm 的碎石、砾石和破碎砾石等。

②细集料包括天然砂、人工砂(机制砂)和石屑等,前两者如图 2-1-1 所示。

a)天然砂　　　　　　b)人工砂(机制砂)

图 2-1-1　天然砂与机制砂图示

天然砂是由自然风化、水流冲刷和堆积等活动形成的粒径小于 4.75mm 的岩石颗粒。根据产源不同可分为河砂、山砂和海砂。河砂表面光滑,洁净,质地较好,产源广;山砂表面粗糙有棱角,含泥量和含有机杂质较多;海砂具有河砂的特点,但常混有贝壳碎片和盐分等有害杂质。工程上多使用河砂,在缺乏河砂的地区,也可使用山砂或海砂。

人工砂是指集料加工过程中采取真空抽吸等方法除去大部分土和细粉,或将石屑水洗得到的洁净的细集料。机制砂从广义上讲属于人工砂。机制砂是由碎石及砾石经制砂机反复破碎加工至粒径小于 2.36mm 的细集料。

石屑是采石场加工碎石时通过最小筛孔[通常为 2.36mm(用于沥青混凝土时)或 4.75mm(用于水泥混凝土时)]的筛下部分。机制砂和石屑表面多棱角,较洁净。机制砂造价较高,如无特殊情况,一般不使用机制砂。

用于沥青混合料(除 SMA 沥青混合料)时,细集料是指粒径小于 2.36mm 的天然砂、人工砂(机制砂)及石屑。

用于水泥混凝土和路面基层材料时,细集料是指粒径小于 4.75mm 的天然砂、人工砂。

SMA 沥青混合料粗细粒径划分随该混合料中粗集料的粒径大小,采用不同粗细划分界限。其中,SMA-10 的划分界限是 2.36mm,而 SMA-13、SMA-16 和 SMA-20 的划分界限则为 4.75mm。

按照细度模数的不同,砂分为粗砂(3.1-3.7)、中砂(2.3-3.0)、细砂(1.6-2.2)。

工程上按照 0.6mm 筛上的累计筛余百分率不同,将砂分为Ⅰ区砂、Ⅱ区砂、Ⅲ区砂。

(3)集料根据化学成分中 SiO_2 含量不同,分为酸性集料、中性集料、碱性集料。

集料化学成分中 SiO_2 含量大于 65% 的集料为酸性集料;SiO_2 含量为 52%~65% 的集料为中性集料;SiO_2 含量小于 52% 的集料为碱性集料。

矿质集料在混合料中与结合料起着复杂的物理-化学作用,集料的化学性质将影响着混合料的物理-力学性质。例如,偏碱性的石灰岩集料与沥青之间有更好的黏附效果,这将有助于发挥沥青混合料的水稳定性,在沥青混合料中应优先选用碱性石料;而偏酸性的花岗岩集料往往具有更好的力学性能表现。

2. 集料的取样方法与取样量

(1)集料取样方法及试样的缩分

通过皮带运输机的材料,如采石场的生产线、沥青拌和楼的冷料输送带、无机结合料稳定集料、级配碎石混合料等,应从皮带运输机上采集样品。在料堆上取样时,应提前确定取样方案,视堆料方式、料堆形状和大小、材料规格及离析情况确定具体的取样方法和取样数量,应清除表面部分材料后从内部取料。从火车、汽车、货船上取样时,应从不同部位和深度处,抽取大致相等的试样若干份,组成一组试样。从沥青拌和楼的热料仓取样时,应在放料口的全断面上取样。通常宜将一开始按正式生产的配比投料拌和的几锅(至少5锅以上)废弃,然后分别将每个热料仓放出至装载机上,倒在水泥地上,适当拌和,从3处以上的位置取样,拌和均匀,取要求数量的试样。总之,所取的试样要有代表性。

以从料堆取样为例,说明如下:

①对于分层堆积成扁平状的料堆,在顶部选择均匀分布的3处位置(图2-1-2)进行取样。每处位置取样时,用铁锹或装载机等开挖一定深度的料槽,其深、宽应不小于30cm(对于钢渣、重矿渣、再生集料,其槽深应不小于100cm);槽底应水平。沿每个槽底选择等间距的3个点用铁锹或料铲取3份等量材料,共取至少9份等量材料组成一份样品。每处取样深度应不同。

②对于锥体状料堆,没有装载机时,可选择均匀分布的至少3个坡面进行人工取样(图2-1-3)。在每个坡面的上方1/3、中部1/3和下方1/3的三个区域分别选点取样,在各区取样点数,细集料为1、1、2,粗集料为1、2、3。取样时,应在取样点稍上位置用木板或金属盘等垂直插入料堆,以减少堆料表面滚落;清除表面材料(厚度不小于集料公称最大粒径2倍)后,在取样点底部用铁铲垂直插入料堆,快速取一份材料。按照此法在所有选定坡面各点上取样,并取至少12份(粗集料至少18份)等量材料组成一份样品。

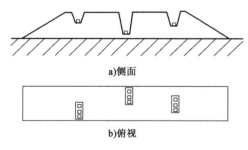

图2-1-2 扁平装料堆取样位置示意图

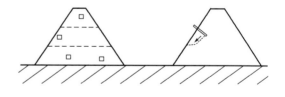

图2-1-3 椎体状细集料料堆人工取样示意图

试样的缩分方法通常有分料器法和四分法两种。分料器法是将试样拌匀后过分料器(分料器的作用是使集料更加均匀),之后分为大致相等的两份,再取其中的一份,继续分成两份,缩分至需要的数量为止。分料器法流程见图2-1-4。四分法是将所取试样置于平板上,在自然状态下拌和均匀,大致摊平,然后沿互相垂直的两个方向,把试样由中间向边摊开,分成大致相等的四份,取其对角的两份重新拌匀,重复上述过程,直至缩分后的材料量略多于进行试验所必需的量。

a)准备好的集料　　　　　b)放入分料器　　　　　c)分好的试样

图 2-1-4　分料器法流程图

（2）集料取样量及试验用量

集料取样量的多少依据集料将要进行的试验项目和集料公称粒径的大小决定。当试验项目数量越多，集料公称粒径越大时，要求的取样量就越大；试验用量的多少依据具体试验项目要求和公称粒径的大小决定，不同试验项目需要不同的试验数量，同时随公称粒径的增加，相应的试验项目所需的集料用量随之加大。

二　集料的主要技术性质

1.细集料的主要技术性质

细集料技术性质主要包括物理常数、颗粒级配、粗度等。

（1）细集料的物理常数

细集料的物理常数主要有表观密度与表观相对密度、毛体积密度与毛体积相对密度、堆积密度、颗粒级配、空隙率、含水率和含泥量等。

在检测集料的物理常数时，不仅要考虑集料中的孔隙，还要考虑颗粒间的空隙。集料体积与质量关系如图 2-1-5 所示。

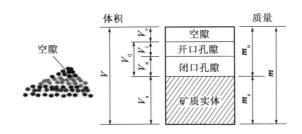

图 2-1-5　集料体积与质量关系示意图

①表观密度与表观相对密度

细集料的表观密度是指在规定条件下（105℃±5℃烘干至恒重）下，单位表观体积（包括矿物实体体积和闭口孔隙体积）物质颗粒的干质量。集料的表观密度计算见式（2-1-1）。

$$\rho_a = \frac{m_s}{V_s + V_n} \tag{2-1-1}$$

式中:ρ_a——集料的表观密度,g/cm^3;
$\quad m_s$——矿质实体质量,g;
$\quad V_s$——矿质实体体积,cm^3;
$\quad V_n$——矿质实体闭口孔隙体积,cm^3。

细集料的表观相对密度是指表观密度与同温度水的密度的比值,用 γ_a 表示,无量纲。

砂的表观密度是衡量砂质量主要技术指标之一,其大小主要取决于砂的种类和风化程度,一般在 $2.6\sim2.7g/cm^3$ 之间。

②毛体积密度与毛体积相对密度

集料的毛体积密度是指在规定的条件下,单位毛体积(包括矿物实体体积和闭口孔隙、开口孔隙等颗粒表面轮廓线所包围的体积)物质颗粒的干质量。集料的毛体积密度计算见式(2-1-2)。

$$\rho_b = \frac{m_s}{V_s + V_n + V_i} \tag{2-1-2}$$

式中:ρ_b——集料的毛体积密度,g/cm^3;
$\quad V_i$——开口孔隙体积,cm^3;
$\quad V_n$——闭口孔隙体积,cm^3;
$\quad V_s$——矿质实体体积,cm^3。

集料的毛体积相对密度是指集料的毛体积密度与同温度水的密度的比值,用 γ_b 表示,无量纲。

③堆积密度

集料的堆积密度是指单位体积(含物质颗粒固体及其闭口、开口孔隙体积和颗粒间空隙体积)物质颗粒的质量,用 ρ 表示,有干堆积密度和湿堆积密度之分。根据集料堆积方式不同,细集料的堆积密度分为自然堆积密度和紧装堆积密度。

集料的堆积密度一般为 $1350\sim1650kg/m^3$,紧装密度一般为 $1600\sim1700kg/m^3$,其大小通过分层装填颠击后求得。

④空隙率

集料的空隙率是指集料试样颗粒之间的空隙体积占总体积的百分率。

集料空隙率的计算见式(2-1-3)。

$$n = \left(1 - \frac{\rho}{\rho_a}\right) \times 100 \tag{2-1-3}$$

式中:n——集料的空隙率,%;
$\quad \rho_a$——集料的表观密度,g/cm^3;
$\quad \rho$——集料的堆积或紧装密度,g/cm^3。

⑤含水率

集料的含水率是指集料中所含水的质量占干集料质量的百分率。

集料从干到湿有四种含水状态(图2-1-6):完全干燥状态(烘干状态),它是在105℃±5℃温度下烘干后的状态;气干状态(风干状态);饱和面干状态(表干状态),是在颗粒表面干燥,内部孔隙吸水饱和时的状态;湿润状态(潮湿状态),颗粒内部吸水饱和,表面附有吸水的状态。

a)干燥状态 b)气干状态 c)饱和面干状态 d)湿润状态

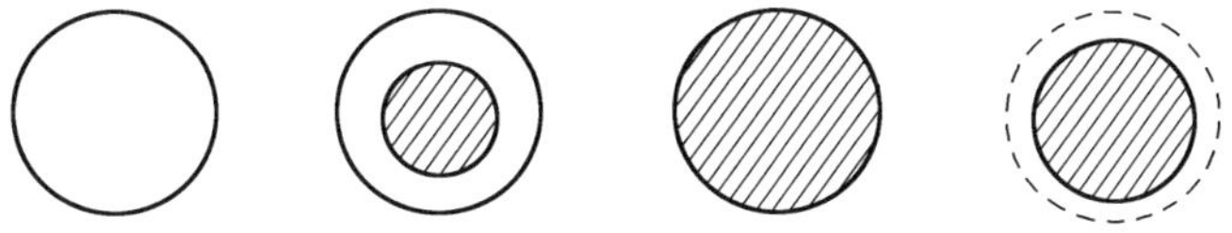

图 2-1-6 集料含水状态

⑥含泥量

存在于集料中或包裹在集料颗粒表面的泥土会降低水泥的水化反应速度,也会妨碍集料与水泥或沥青间的黏结力,显著影响混合料的整体强度与耐久性,应对其含量加以限制。

含泥量是指天然砂中粒径小于 0.075mm 的颗粒含量,石粉含量是指人工砂中粒径小于 0.075mm 的颗粒含量。

细集料的含泥量可采用水洗法筛分试验确定。将烘干的细集料试样称取 400g(m_0),置于洁净容器中注入洁净水搅拌、浸泡、淘洗,过 1.18mm、0.075mm 套筛;重复水洗、过筛过程,直至容器中洗出的水清澈为止。再将两筛上的颗粒烘干,称其质量(m_1),按照式(2-1-4)计算含泥量。

$$Q_n = \frac{m_0 - m_1}{m_0} \times 100 \tag{2-1-4}$$

式中:Q_n——细集料的含泥量,%;

  m_0——试验前烘干集料试样的质量,g;

  m_1——经筛洗后烘干集料试样的质量,g。

严格地讲,含泥量应是集料中的泥土含量,筛洗法洗去的粒径小于 0.075mm 的颗粒中实际上包含了矿粉、细砂与黏土,而筛洗法很难将这些成分加以区别。将通过 0.075mm 颗粒部分全都当作泥土的做法是不正确的。因此,应尽可能采用细集料砂当量试验来测定其中所含的黏性土或杂质的含量,以评定细集料的洁净程度。

细集料砂当量试验是将通过 4.75mm 筛的颗粒(干燥试样 120g)装入透明、有刻度线的圆柱形试筒中,用配制的冲洗液(氯化钙、甘油、甲醛等)按规定的方法使矿粉、细砂与黏土分层沉淀。砂当量是指矿粉、细砂沉淀物的高度与絮凝物和沉淀物总高度的百分比,用 SE 表示。砂当量越大,细集料越洁净。

国际上还通行一种称为亚甲蓝的试验方法,用于测定细集料中是否存在膨胀性黏土矿物,并测定其含量,以评定细集料的洁净程度。

(2)集料粒径与标准筛

①集料粒径

集料最大粒径是指集料颗粒能够 100% 通过的最小标准筛筛孔尺寸。

集料公称最大粒径是指集料全部通过或者允许有少量筛余(筛余量不超过 10%)的最小标准筛筛孔尺寸。

通常集料最大粒径比公称最大粒径要大一个粒级。

②标准筛

集料颗粒大小、粗细粒径的划分以及进行相应筛分试验操作都要用到标准筛。标准筛由一组多个不同孔径的筛子组成。根据交通行业现行规范的规定，集料所用标准筛共由 17 个不同孔径筛子组成，筛孔形状为正方形（方孔筛），相应的筛孔尺寸由小到大依次为 0.075mm、0.15mm、0.3mm、0.6mm、1.18mm、2.36mm、4.75mm、9.5mm、13.2mm、16mm、19mm、26.5mm、31.5mm、37.5mm、53mm、63mm 和 75mm。

(3) 细集料的级配与粗度

① 细集料的级配

集料的颗粒级配是指集料中大小颗粒相互搭配的比例情况，见图 2-1-7。当采用相同粒径砂时，集料的空隙率最大；当两种不同粒径搭配时，空隙率减小；当两种以上粒径搭配时，空隙率更小。不同颗粒根据其粒径逐级按一定比例相互搭配填充空隙，可使砂的空隙率达到最小。

图 2-1-7　颗粒级配示意图

一个良好的级配，要求空隙率较小，总表面积也不大，前者的目的是要使集料本身最为紧密，后者的目的是要使掺加料最为节约。

细集料（天然砂、人工砂、石屑）的级配和粗细程度通过筛分试验的方法确定。对于水泥混凝土用细集料可采用干筛法筛分，如果需要也可采用水洗法筛分；对于沥青混合料及基层用细集料必须采用水洗法筛分。

干筛法筛分试验是将预先通过 9.5mm 孔径的干集料试样，称取 500g（m）置于一套孔径分别为 4.75mm、2.36mm、1.18mm、0.6mm、0.3mm、0.15mm、0.075mm 的标准筛（方孔筛）上，摇筛后分别求出试样存留在各筛上的质量，然后计算其级配有关参数。

水洗法筛分试验是将预先通过 9.5mm 孔径（水泥混凝土用天然砂）或 4.75mm 孔径（沥青混合料及基层用天然砂、人工砂、石屑）的细集料干试样，称取 500g（m）置于洁净容器中用洁净水冲洗，洗去粒径小于 0.075mm 的颗粒后再将试样烘干称其质量（m_1），最后置于一套孔径分别为 4.75mm、2.36mm、1.18mm、0.6mm、0.3mm、0.15mm 的标准筛（方孔筛）上，摇筛后分别求出试样存留在各筛上的质量。

a. 分计筛余百分率

某号筛上的筛余质量占试样总质量的百分率，按式（2-1-5）计算：

$$a_i = \frac{m_i}{m} \times 100 \tag{2-1-5}$$

式中：a_i——某号筛上的分计筛余百分率（简称分计筛余），%；

m_i——存留在某号筛上的质量，g；

m——试样的总质量，g。

b. 累计筛余百分率

某号筛的分计筛余百分率和大于该号筛的各号筛的分计筛余百分率之总和，可按式（2-1-6）计算：

$$A_i = a_1 + a_2 + \cdots + a_i \tag{2-1-6}$$

式中： A_i——累计筛余百分率（简称累计筛余），%；

a_1、a_2、…、a_i——4.75mm、2.36mm…至计算的某号筛的分计筛余，%。

c.通过百分率

通过某号筛的试样质量占试样总质量的百分率，即100与某号筛累计筛余之差，按式(2-1-7)计算：

$$P_i = 100 - A_i \qquad (2\text{-}1\text{-}7)$$

式中：P_i——通过百分率，%；

A_i——累计筛余，%。

综上所述，分计筛余、累计筛余和通过百分率的关系见表2-1-1。

分计筛余、累计筛余和通过百分率关系表 表2-1-1

筛孔直径 （mm）	存留质量 m_i （g）	分计筛余 a_i （%）	累计筛余 A_i （%）	通过百分率 P_i （%）
4.75	$m_{4.75}$	$a_{4.75}$	$A_{4.75} = a_{4.75}$	$p_{4.75} = 100 - A_{4.75}$
2.36	$m_{2.36}$	$a_{2.36}$	$A_{2.36} = a_{4.75} + a_{2.36}$	$p_{2.36} = 100 - A_{2.36}$
1.18	$m_{1.18}$	$a_{1.18}$	$A_{1.18} = a_{4.75} + a_{2.36} + a_{1.18}$	$p_{1.18} = 100 - A_{1.18}$
0.60	$m_{0.60}$	$a_{0.60}$	$A_{0.60} = a_{4.75} + a_{2.36} + a_{1.18} + a_{0.60}$	$p_{0.60} = 100 - A_{0.60}$
0.30	$m_{0.30}$	$a_{0.30}$	$A_{0.30} = a_{4.75} + a_{2.36} + a_{1.18} + a_{0.60} + a_{0.30}$	$p_{0.30} = 100 - A_{0.30}$
0.15	$m_{0.15}$	$a_{0.15}$	$A_{0.15} = a_{4.75} + a_{2.36} + a_{1.18} + a_{0.60} + a_{0.30} + a_{0.15}$	$p_{0.15} = 100 - A_{0.15}$
<0.15	$m_{<0.15}$	$a_{<0.15}$	$A_{<0.15} = a_{4.75} + a_{2.36} + a_{1.18} + a_{0.60} + a_{0.30} + a_{0.15} + a_{<0.15}$	
	$\sum m_i = M$	$\sum a_i = 100$		

②粗度

细集料的粗细程度是指不同粒径砂总体的粗细程度。

粗度是评价细集料粗细程度的一种指标，通常用细度模数表示，亦称细度模量。可按式(2-1-8)计算细度模数，准确至0.01。

$$M_x = \frac{(A_{0.15} + A_{0.3} + A_{0.6} + A_{1.18} + A_{2.36}) - 5A_{4.75}}{100 - A_{4.75}} \qquad (2\text{-}1\text{-}8)$$

式中：M_x——细度模数；

$A_{0.15}$、$A_{0.30}$、…、$A_{4.75}$——分别为0.15mm、0.30mm、…、4.75mm各筛的累计筛余百分率，%。

细度模数愈大，表示细集料愈粗。

水泥混凝土用细集料（砂），按细度模数可分为下列三级：

$M_x = 3.7 \sim 3.1$ 为粗砂；$M_x = 3.0 \sim 2.3$ 为中砂；$M_x = 2.2 \sim 1.6$ 为细砂。

粗细程度与总表面积有关，为了获得比较小的总表面积，应尽量采用较粗的颗粒。在拌制混凝土时，由于过粗的颗粒会使细集料空隙率增大而使混凝土拌合物产生泌水，影响和易性，所以在拌制时，应同时考虑砂的粗细程度和颗粒级配。

【例题1】 从某一级公路桥梁工程施工现场，取回烘干砂样500g做筛分试验，筛分结果见表2-1-2。请分别计算该砂分计筛余百分率、累计筛余百分率、通过百分率和该砂的细度模数,评定砂的粗细。

筛分试验结果　　　　　表2-1-2

筛孔尺寸(mm)	9.5	4.75	2.36	1.18	0.6	0.3	0.15	筛底
筛余质量(g)	0	10.0	25.5	45.0	93.5	135.0	155.0	35.0
分计筛余(%)	0	2.0	5.1	9.0	18.7	27.0	31.0	7.0
累计筛余(%)	0	2.0	7.1	16.1	34.8	61.8	92.8	99.8
通过百分率(%)	100.0	98.0	92.9	83.9	65.2	38.2	7.2	—

解：将0.15~4.75mm累计筛余百分率代入式(2-1-8)，得该砂的细度模数为：

$$M_x = \frac{(7.1+16.1+34.8+61.8+92.8)-5\times 2.0}{100-2.0}=2.07$$

由计算结果判断,该砂属于细砂。

细度模数虽能表示砂的粗细程度,但不能完全反映出砂的颗粒级配情况,因为相同细度模数的砂可有不同的颗粒级配。因此,要全面说明砂的颗粒性质,必须同时使用细度模数和级配两个指标。

细集料的技术性质指标还有吸水率、有机质含量、云母含量、坚固性、三氧化硫含量、压碎性等。

2.粗集料的主要技术性质

粗集料的技术性质主要是指物理性质和力学性质。其物理性质包括物理常数(表观密度、毛体积密度、堆积密度和空隙率)、级配和坚固性、针片状颗粒含量等。粗集料的力学性质参数包括压碎值、磨耗值、抗磨值、抗冲击值等。

(1)粗集料的物理性质

①物理常数

粗集料的物理性质主要有表观密度、毛体积密度、堆积密度和空隙率等,其含义与细集料完全相同,详见"细集料的物理常数"。

粗集料表观密度和毛体积密度的测定采用网篮法或容量瓶法。

根据集料堆积方式不同,粗集料的堆积密度分为自然堆积密度、振实堆积密度和捣实堆积密度。

②级配

粗集料的级配是通过筛分试验确定的。粗集料的筛分试验是将粗集料通过一套规定筛孔尺寸的标准筛(75、63、53、37.5、31.5、26.5、19、16、13.2、9.5、4.75,单位:mm),测定出存留在各个筛上的集料质量,根据集料试样的质量与存留在各筛孔上的集料质量,计算分计筛余百分率、累计筛余百分率和通过百分率等级配参数。计算方法与细集料筛分试验基本相同。

粗集料的筛分试验方法又分为干筛法和湿筛法。

③坚固性

粗集料的坚固性是指集料在气候、环境变化或其他物理因素作用下抵抗碎裂的能力。除前述的将原岩石加工成规则试块进行抗冻性和坚固性试验外,对已轧制成的碎石或天然的卵石,亦可采用规定级配的各粒级集料,按现行《公路工程集料试验规程》(JTG 3432)规定选取数量,分别装在金属网篮中,再浸入饱和硫酸钠溶液中进行干湿循环试验。经一定的循环次数后,观察其表面破坏情况,并用质量损失百分率来计算其坚固性。

④针片状颗粒含量

形状接近于立方体的各种粒径的粗集料组成的矿质混合料,经过碾压或击实稳定后,粗集料之间的相互嵌挤、锁结作用显著,矿质混合料能够获得较大的抗压强度和抗剪强度。粗集料中细长的针状颗粒与扁平的片状颗粒对矿质混合料抗压强度和抗剪强度的形成是不利的,因此应限制其含量。

针片状颗粒含量是指粗集料中细长的针状颗粒与扁平的片状颗粒质量占试样总质量的百分率,用 Q_e 表示。

一般情况下,对于水泥混凝土用的粗集料(用规准仪法检测),针状颗粒是指最大长度与该颗粒相应粒级的平均粒径之比大于 2.4 的颗粒,片状颗粒是指最大厚度与该颗粒相应粒级的平均粒径之比小于 0.4 的颗粒。对于沥青混合料用的粗集料(用游标卡尺法检测),颗粒的最大长度(或宽度)方向与最小厚度(或直径)方向的尺寸之比大于 3 的颗粒为针片状颗粒。

粗集料的物理性质指标还有含水率、吸水率、有机物含量等。

(2)粗集料的力学性质

道路路面建筑用粗集料的力学性质涉及的主要指标是压碎值和磨耗值,其次是抗滑表层用集料的力学指标,即磨光值和冲击值等。

①压碎值

压碎值是指按规定的方法测得的石料抵抗压碎的能力,以压碎试验后粒径小于 2.36mm 石料的质量百分率表示。

碎石的压碎值可按式(2-1-9)进行计算:

$$ACV = \frac{m_2}{m_1 + m_2} \times 100 \qquad (2-1-9)$$

式中:ACV——试样的压碎值,%;

m_1——试样 2.36mm 筛上质量,g;

m_2——试样 2.36mm 筛下质量,g。

②磨耗值

磨耗值是指按规定的方法测得的石料抵抗磨耗作用的能力,其测定方法有洛杉矶法、道瑞法和狄法尔法。磨耗性是岩石抵抗撞击、剪切和摩擦等综合作用的性能。

a. 洛杉矶法磨耗试验。

洛杉矶法磨耗试验又称搁板式磨耗试验,是测定标准条件下粗集料抵抗摩擦、撞击的能力。试验机是由一个内径为 710mm、内侧长为 510mm 的圆筒和筒中的一个搁板所组成。试验用的试样是按一定规格组成的级配碎石,试样加入磨耗筒的同时,按试验规程加入若干个钢球,磨耗筒以 30~33r/min 的转速旋转。在旋转时,由于搁板的作用,可将碎石和钢球带到高处落下。旋转 500 次后,将碎石试样取出,用边长 1.7mm 的方孔筛筛去试样中的细屑后,用水洗净留在筛上的试样,烘至恒重并称其质量。粗集料的洛杉矶磨耗损失按式(2-1-10)计算:

$$LA = \frac{m_1 - m_2}{m_1} \times 100 \qquad (2-1-10)$$

式中:LA——粗集料的洛杉矶磨耗,%;
m_1——试验前的试样总质量,g;
m_2——试验后在1.7mm筛上洗净烘干的试样质量,g。

b. 道瑞法磨耗试验。

道瑞法磨耗试验用于评定公路路面表面层所用粗集料抵抗车轮撞击及磨耗的能力。

道瑞法磨耗试验是将9.5~13.2mm的集料颗粒按单层紧密排列在试模中,集料颗粒不得少于24粒,用环氧树脂砂浆填模成型,经养生后脱模制成试件。同种集料2个试件为一组。试件用金属托盘固定于道瑞磨耗试验机的圆平板上,按28~30r/min转速旋转100圈,旋转的同时连续不断地向磨盘上均匀撒布规定细度的石英砂。停机后取下试件,观察有无异常现象,然后按相同方法再磨400圈,可分为4个100圈重复4次磨完,也可1次磨完。停机后,称取试件质量。每块试件的集料道瑞磨耗值按式(2-1-11)计算:

$$AAV = \frac{3(m_1 - m_2)}{\rho_s} \tag{2-1-11}$$

式中:AAV——集料的道瑞磨耗值;
m_1——磨耗前试样的质量,g;
m_2——磨耗后试样的质量,g;
ρ_s——集料的表干密度,g/cm³。

集料磨耗值愈高,表示集料耐磨性愈差。

c. 狄法尔法磨耗试验。

狄法尔法磨耗试验也称为双筒式磨耗试验,是将岩石加工成一定块数(100块)的单粒级(50~70mm)试样2份,分别放在磨耗机的两个筒中,以30~33r/min转速旋转10000次,由于岩石相互摩擦冲击,会使岩石试样产生磨耗。计算方法同前述洛杉矶法磨耗试验。

③磨光值

磨光值是指按规定试验方法测得的石料抵抗轮胎磨光作用的能力,即石料被磨光后用摆式摩擦系数测定仪测得的摩擦系数,用PSV表示。

石料的磨光值愈高,表示其抗滑性愈好。用高磨光值的岩石来铺筑道路路面表层,可以提高路表的抗滑能力,保障车辆安全行驶。

④冲击值

粗集料冲击值是指按规定试验方法测得的石料抵抗冲击荷载的能力,以击碎试验后粒径小于2.36mm的石料质量百分率表示。

冲击值反映岩石抵抗多次连续重复冲击荷载作用的能力。由于路表集料直接承受车轮荷载的冲击作用,这一指标对道路表面层用集料非常重要。

集料冲击值按式(2-1-12)计算:

$$AIV = \frac{m_2}{m_1 + m_2} \times 100 \tag{2-1-12}$$

式中:AIV——集料的冲击值,%。
m_1——试验后2.36mm筛上颗粒质量,g;
m_2——试验后2.36mm筛下颗粒质量,g。

三 集料的技术要求

不同行业标准对集料的技术要求也不同。粗集料常用技术标准列于表2-1-3~表2-1-7。在实际参考技术标准、试验检测结果评定时,要根据不同要求,选择相应的技术标准进行判断。

粗集料技术要求[摘自《建设用卵石、碎石》(GB/T 14685—2022)]　　　表2-1-3

项目	技术要求		
	Ⅰ类	Ⅱ类	Ⅲ类
碎石压碎指标(%)	≤10	≤20	≤30
卵石压碎指标(%)	≤12	≤14	≤16
针片状颗粒含量(%)	≤5	≤8	≤15
含泥量(%)	≤0.5	≤1.0	≤1.5
泥块含量(%)	≤0.1	≤0.2	≤0.7
有机物含量(比色法)	合格	合格	合格
硫化物及硫酸盐含量(以SO_3质量计)	≤0.5	≤1.0	≤1.0
坚固性指标:质量损失率(%)	≤5	≤8	≤12
连续级配松散堆积空隙率(%)	≤43	≤45	≤47
吸水率(%)	≤1.0	≤2.0	≤2.5
表观密度(kg/m^3)	≥2600		
碱骨料反应	当需方提出要求时,应出示膨胀率实测值及碱活性评定结果		

粗集料技术指标[摘自《公路桥涵施工技术规范》(JTG/T 3650—2020)]　　　表2-1-4

项目		技术要求		
		Ⅰ类	Ⅱ类	Ⅲ类
碎石压碎指标(%)		≤10	≤20	≤30
卵石压碎指标(%)		≤12	≤14	≤16
坚固性(硫酸钠溶液法试验质量损失值,%)		≤5	≤8	≤12
吸水率(%)		≤1.0	≤2.0	
针片状颗粒总含量(按质量计,%)		≤5	≤10	≤15
含泥量(按质量计,%)		≤0.5	≤1.0	≤1.5
泥块含量(按质量计,%)		0	≤0.2	≤0.5
连续级配松散堆积空隙率(%)		≤43	≤45	≤47
有害物质限量	有机物	合格		
	硫化物及硫酸盐(按SO_3质量计)	≤0.5	≤1.0	
岩石抗压强度(水饱和状态,MPa)		火成岩≥80;变质岩≥60;水成岩≥30		
表观密度(kg/m^3)		≥2600		
碱集料反应		经碱集料反应试验后,试件应无裂缝、酥裂、胶体外溢等现象,在规定的试验龄期测得的膨胀率应小于0.10%		

粗集料技术要求[摘自《公路水泥混凝土路面施工技术细则》(JTG/T F30—2014)] 表2-1-5

项目		Ⅰ类	Ⅱ类	Ⅲ类
碎石压碎值(%) ≤		18.0	25.0	30.0
卵石压碎值(%) ≤		21.0	23.0	26.0
坚固性(按质量损失计,%) ≤		5.0	8.0	12.0
针片状颗粒含量(按质量计,%) ≤		8.0	15.0	20.0
含泥量(按质量计,%) ≤		0.5	1.0	2.0
泥块含量(按质量计,%) ≤		0.2	0.5	0.7
吸水率①(按质量计,%) ≤		1.0	2.0	3.0
硫化物及硫酸盐含量②(按SO_3质量计,%) ≤		0.5	1.0	1.0
洛杉矶磨耗损失③(%) ≤		28.0	32.0	35.0
有机物含量(比色法)		合格	合格	合格
岩石抗压强度(MPa)② ≥	岩浆岩	100		
	变质岩	80		
	沉积岩	60		
表观密度(kg/m^3) ≥		2500		
松散堆积密度(kg/m^3) ≥		1350		
空隙率(%) ≤		47		
磨光值③(%) ≥		35.0		
碱活性反应②		不得有碱活性反应或疑似碱活性反应		

注：①有抗冰冻、抗盐冻要求时,应检验粗集料吸水率。
②硫化物及硫酸盐含量、碱活性反应、岩石抗压强度在粗集料使用前应至少检验一次。
③洛杉矶磨耗损失、磨光值仅在要求制作露石水泥混凝土面层时检测。

沥青混合料用粗集料质量技术要求[摘自《公路沥青路面施工技术规范》(JTG F40—2004)]

表2-1-6

指标		单位	高速公路及一级公路		其他等级公路
			表面层	其他层次	
石料压碎值 ≤		%	26	28	30
洛杉矶磨耗损失 ≤		%	28	30	35
表观相对密度 ≥		t/m^3	2.60	2.50	2.45
吸水率 ≤		%	2.0	3.0	3.0
坚固性 ≤		%	12	12	—
针片状颗粒含量(混合料) ≤		%	15	18	20	—

续上表

指标		单位	高速公路及一级公路		其他等级公路
			表面层	其他层次	
其中粒径大于 9.5mm	≤	%	12	15	—
其中粒径小于 9.5mm	≤	%	18	20	—
水洗法 <0.075mm 颗粒含量	≤	%	1	1	1
软石含量	≤	%	3	5	5

细集料技术指标[摘自《公路桥涵施工技术规范》(JTG T 3650—2020)] 表 2-1-7

项目			技术要求		
			Ⅰ类	Ⅱ类	Ⅲ类
有害物质含量		云母(按质量计,%)	≤1.0	≤2.0	
		轻物质(按质量计,%)	≤1.0		
		有机物	合格		
		硫化物及硫酸盐(按 SO₃ 质量计,%)	≤0.5		
		氯化物(以氯离子质量计,%)	≤0.01	≤0.02	≤0.06
天然砂		含泥量(按质量计,%)	≤1.0	≤3.0	≤5.0
		泥块含量(按质量计,%)	0	≤1.0	≤2.0
机制砂	MB 值≤1.4 或快速法试验合格	MB 值	≤0.5	≤1.0	≤1.4 或合格
		石粉含量(按质量计,%)	≤10.0		
		泥块含量(按质量计,%)	0	≤1.0	≤2.0
	MB 值>1.4 或快速法试验不合格	石粉含量(按质量计,%)	≤1.0	≤3.0	≤5.0
		泥块含量(按质量计,%)	0	≤1.0	≤2.0
坚固性		硫酸钠溶液法试验,砂的质量损失(%)	≤8	≤8	≤10
		机制砂单级最大压碎指标(%)	≤20	≤25	≤30
表观密度(kg/m³)			≥2500		
松散堆积密度(kg/m³)			≥1400		
空隙率(%)			≤44		
碱集料反应			经碱集料反应试验后,试件应无裂缝、酥裂、胶体外溢等现象,在规定的试验龄期的膨胀率应小于0.10%		

完成配套学习指导手册任务 2-1 的内容。

任务 2-2　粗集料筛分试验

任务描述

为获得表 2-0-2 检测任务单中"4.75～9.5mm"辉绿岩粗集料的颗粒级配,为后续的 AC-20 沥青混合料配合比组成设计提供基础数据,需要完成水洗法粗集料筛分试验。

为确保试验结果的代表性和准确性,试验过程要符合《公路工程集料试验规程》(JTG E3432—2024)中的"T0302—2024 粗集料筛分试验"要求。

为完整介绍粗集料筛分试验,本任务内容分别介绍了干筛法(适用于水泥混凝土用粗集料)和水筛法(适用于沥青混合料及基层用粗集料)。

相关知识

1. 试验目的与适用范围

用于测定粗集料(碎石、砾石、矿渣等)的颗粒组成,确定粗集料的颗粒级配,为基层材料配合比设计、水泥混凝土配合比设计及沥青混合料配合比设计提供依据。

对于水泥混凝土用粗集料可采用干筛法筛分;对于沥青混合料及基层用粗集料必须采用水筛法筛分。本试验除适用于粗集料筛分外,还适用于同时含有粗集料、细集料、矿粉的集料混合料筛分,如未筛碎石、级配碎石、天然砂砾、级配砂砾、无机结合料稳定基层材料、沥青拌和楼的冷料混合料、热料仓

2-1　粗集料筛分试验

材料、沥青混合料经溶剂抽提后的矿料等。

通过粗集料筛分试验可得到以下结果:

(1)筛余质量。

(2)计算出分计筛余百分率。

(3)计算出累计筛余百分率。

(4)计算出通过百分率。

(5)画出级配曲线。

2. 试验仪器

(1)试验筛:方孔筛,根据需要选用规定的标准筛。

(2)摇筛机。

(3)天平:感量不大于称量质量的 0.1%。

(4)烘箱:能控制温度在 105℃±5℃,烘干能力不小于 26g/h。

(5)其他:水槽、搅棒、盘子、铲子、毛刷、温度计等。

3. 粗集料筛分试验过程(水泥混凝土用粗集料用干筛法)

(1)粗集料试样准备:用四分法缩分至表 2-2-1 要求的试样两份,取试样置于 105℃±5℃

烘箱中烘干至恒重,并冷却至室温,称取干燥集料试样的总质量(m_0),如图 2-2-1 所示。

粗集料筛分试验的试样质量　　　　　　　　表 2-2-1

公称最大粒径(mm)	4.75	9.5	13.2	16	19	26.5	31.5	37.5	53	63	75
一份试样的最小质量(kg)	0.5	1.0	1.0	1.5	2.0	4.0	5.0	6.5	11.0	17.0	25.0

a)四分法取试样

b)烘干试样

c)称取试样

图 2-2-1　试样准备

(2)筛分粗集料试样:将称好的试样放入摇筛机筛约 10min,试样经套筛筛分一定时间后,取下各号筛,加筛底和筛盖后再逐个进行人工补筛。人工补筛时,需使集料在筛面上同时有水平方向及向下方向的不停顿的运动,使小于筛孔的颗粒通过筛孔。将通过的颗粒并入下一号筛上,并和下一号筛中的试样一起过筛,顺序进行,直至各号筛全部筛完为止。如图 2-2-2 所示。

a)单个手筛

b)摇筛机套筛

c)单筛称试样质量

图 2-2-2　试样筛分过程

(3)人工补筛时应筛至每分钟各号筛的分计筛余量变化小于试样总质量的 0.1%,并按照以下方式确认:一只手拿着单个筛筛子(含筛底和筛盖),使筛面稍微倾斜;将筛子一侧斜向上猛力敲击另一只手的掌根,每分钟约 150 次;同时每 25 次旋转一次筛面,每次旋转约 60°。

(4)当筛余颗粒粒径大于 19mm 时,筛分过程中允许用手指拨动颗粒,但不得逐颗塞过筛孔。当筛上的颗粒粒径大于 37.5mm 时,可采用人工转动颗粒逐个确定其可通过的最小筛孔的方法,但不得逐颗塞过筛孔。

(5)称取每号筛的分计筛余量 m_i 和筛底质量 $m_\text{底}$。

4.干筛法数据处理

(1)计算筛分时的损耗

按式(2-2-1)计算各筛分计筛余量及筛底存量的总和与筛分前试样的干燥总质量 m_0 之

差,作为筛分时的损耗,并计算损耗率。若损耗率大于0.5%,应重新进行试验。

$$P_s = \frac{m_0 - \sum m_i - m_底}{m_0} \times 100 \qquad (2\text{-}2\text{-}1)$$

式中:P_s——试样的筛分损耗率,%;
$\quad m_0$——用于干筛的干燥集料总质量,g;
$\quad m_i$——各号筛上的分计筛余,g;
$\quad i$——依次为0.075mm、0.15mm…至集料最大粒径的排序;
$\quad m_底$——筛底(0.075mm以下的部分)集料质量,g。

(2)计算分计筛余百分率

干筛后各号筛上的分计筛余率P_i'按式(2-2-2)计算,精确至0.01%。

$$P_i' = \frac{m_i}{\sum m_i + m_底} \times 100 \qquad (2\text{-}2\text{-}2)$$

(3)计算累计筛余百分率

各号筛的累计筛余百分率A_i为该号筛及以上各号筛的分计筛余百分率之和,精确至0.1%。

(4)计算质量通过百分率

各号筛的质量通过百分率P_i为100.0%减去该号筛累计筛余百分率,精确至0.1%。

5.粗集料筛分试验过程(沥青混合料及基层用粗集料水洗法)

(1)取一份试样,将试样置105℃±5℃烘箱中烘干至恒重,称取干燥集料试样的总质量m_0。将试样移入盛水容器中摊平,加水至高处试样150mm。根据需要可将浸没试样静置一定时间,便于细粉从大颗粒表面分离。普通集料浸没水中不使用分散剂,若有特殊情况,如沥青混合料抽提得到的集料等可采用分散剂,但应在报告中说明。

注:恒重指相邻两次称量间隔时间大于3h(通常不少于6h)的情况下,前后两次称量之差小于该项试验所要求的称量精度。

(2)根据集料粒径选择4.75mm、0.075mm,或2.36mm、0.075mm组成一组套筛,其底部为0.075mm试验筛。试验前,两个筛子网面先用水浸湿。

(3)用搅棒充分搅动试样,使细粉完全脱离颗粒表面,悬浮在水中,但应注意试样不得破碎或溅出容器。搅动后立即将浑浊液缓缓倒入套筛上,滤去小于0.075mm的颗粒。倾倒时避免将粗颗粒一起倒出而损坏筛面。

(4)采用水冲洗等方法,将两只筛上颗粒并入容器中。再次加水于容器中,重复步骤(3),直至浸没的水目测清澈为止。

(5)将两只筛上及容器中的试样全部回收到一个金属盘中。当容器和筛上黏附有集料颗粒时,在容器中加水搅动,使细粉悬浮在水中,并快速全部倒入套筛上;再将筛子倒扣在金属盘上,用少量水并助以毛刷将颗粒刷落入金属盘中。待细粉沉淀后,泌去金属盘中的水,注意不要散失颗粒。

(6)将金属盘连同试样一起置于105℃±5℃烘箱中烘干至恒重,称取水洗后的干燥试样总质量$m_洗$。

注:此时的 $m_{洗}$ 是洗掉0.075mm微粒后的集料质量。

(7)将回收的干燥集料按3中干筛法步骤进行筛分,称取每号筛的分计筛余量 m_i 和筛底质量 $m_{底}$。

注:此时0.075mm筛下部分质量应为0,如果尚能筛出,则应将其并入水洗得到的0.075mm的筛下部分,且表示水洗得不干净。

6.水筛法数据处理

(1)试样的筛分损耗率按式(2-2-3)计算,精确至0.01%。

$$P_s = \frac{m_{洗} - m_{底} - \sum m_i}{m_{洗}} \tag{2-2-3}$$

式中:P_s——试样的筛分损耗率,%;
  $m_{洗}$——水洗后的干燥试样总质量,g;
  $m_{底}$——筛底质量,g;
  m_i——各号筛的分计筛余量,g;
  i——依次为0.075mm、0.15mm……至集料最大粒径的排序。

(2)试样的各号筛分计筛余率按式(2-2-4)计算,精确至0.01%。

$$P'_i = \frac{m_i}{m_0 - (m_{洗} - m_{底} - \sum m_i)} \tag{2-2-4}$$

式中:P'_i——试样的各号筛分计筛余率,%;
  m_0——筛分前的干燥试样总质量,g。

(3)试样的各号筛筛余率 A_i 为该号筛及以上各号筛的分计筛余率之和,精确至0.01%。试样的各号筛通过率 P_i 为100.0%与减去该号筛筛余率,精确至0.1%。

(4)取两份试样的各号筛通过率的算术平均值作为试验结果,精确至0.1%,试验结果样例如表2-2-2所示。

水筛法试验结果　　表2-2-2

项目		第1组				第2组				平均值
干燥试样总量 m_0(g)		3000				3000				
水洗后筛上总量 $m_{洗}$(g)		2879				2868				
	筛孔尺寸(mm)	分计筛余量 m_i(g)	分计筛余率(%)	筛余率(%)	通过率(%)	分计筛余量 m_i(g)	分计筛余率(%)	筛余率(%)	通过率(%)	通过率(%)
水洗后干筛法筛分	75	0	0	0	0	0	0	0	0	0
	63	0	0	0	0	0	0	0	0	0
	53	0	0	0	0	0	0	0	0	0
	37.5	0	0	0	0	0	0	0	0	0
	31.5	0	0	0	0	0	0	0	0	0
	26.5	0	0	0	0	0	0	0	0	0
	19	5	0.17	0.17	99.83	0	0.00	0.00	100.00	99.91
	16	696.3	24.19	24.37	75.63	680.4	23.74	23.74	76.26	75.94

续上表

项目		第1组				第2组				平均值
	筛孔尺寸(mm)	分计筛余量 m_i(g)	分计筛余率(%)	筛余率(%)	通过率(%)	分计筛余量 m_i(g)	分计筛余率(%)	筛余率(%)	通过率(%)	通过率(%)
水洗后干筛法筛分	13.2	882.3	30.66	55.02	44.98	839.2	29.29	53.03	46.97	45.97
	9.5	713.2	24.78	79.80	20.20	778.5	27.17	80.20	19.80	20.00
	4.75	343.4	11.93	91.73	8.27	348.7	12.17	92.36	7.64	7.95
	2.36	70.1	2.44	94.17	5.83	68.3	2.38	94.75	5.25	5.54
	1.18	87.5	3.04	97.21	2.79	79.1	2.76	97.51	2.49	2.64
	0.6	67.8	2.36	99.57	0.43	59.3	2.07	99.58	0.42	0.43
	0.3	4.6	0.16	99.73	0.27	4.3	0.15	99.73	0.27	0.27
	0.15	5.6	0.19	99.92	0.08	3.8	0.13	99.86	0.14	0.11
	0.075	2.3	0.08	100	0.00	4	0.14	100.00	0.00	0.00
筛底质量 $m_底$(g)		0				0				—
筛分后总量 $\sum m_i + m_洗$(g)		2878.1				2865.6				—
扣除损耗后试样总质量 $m_0 - (m_洗 - m_底 - \sum m_i)$(g)		2999.1				2997.6				—
损耗率(%)		0.03				0.08				—

完成配套学习指导手册任务2-2的内容,并完成项目2检测报告相应内容。

任务2-3 粗集料密度及吸水率试验(网篮法)

为获得表2-0-2检测任务单中"9.5~16mm"辉绿岩粗集料的表观相对密度和吸水率,检验该9.5~16mm辉绿岩粗集料的表观相对密度和吸水率是否符合规范要求,为后续的AC-20沥青混合料配合比组成设计提供基础数据,需要完成粗集料密度及吸水率试验。

为确保试验结果的代表性和准确性,试验过程要符合《公路工程集料试验规程》(JTG

3432—2024)中的"T0304—2024 粗集料密度及吸水率试验"要求。试验结果需要满足《公路沥青路面施工技术规范》(JTG F40—2004)中对高速公路其他层次沥青混合料用粗集料质量技术要求:表观相对密度不小于 2.50,吸水率不大于 3.0%。

1. 试验目的与适用范围

集料的相对密度可以用来确定质量与体积之间的关系,并用来计算与体积相关的量,如矿料间隙率(VMA)、沥青饱和度(VFA)。集料的吸水率作为集料耐久性的指标,也可以用来间接判定集料吸收沥青的量。

通过粗集料密度及吸水率试验,可以得到以下结果:
(1)计算出表观相对密度。
(2)计算出表观密度。
(3)计算出毛体积相对密度。
(4)计算出毛体积密度。
(5)计算出表干相对密度。
(6)计算出表干密度。
(7)计算出吸水率。

2-2 粗集料密度及吸水率试验(网篮法)

其中,集料的表观相对密度、毛体积相对密度、表干相对密度分别指集料表观密度、毛体积密度、表干密度与同温度水的密度的比值,无量纲。

表观密度:单位体积(含材料的实体矿物成分、闭口空隙和开口中尚未完全被水填充的孔隙体积)物质颗粒的干质量。

毛体积密度:单位体积(含材料的实体矿物成分及其闭口孔隙、开口孔隙等颗粒表面轮廓线所包围的全部毛体积)物质颗粒的干质量。

表干密度:饱和面干毛体积密度的简称,即单位体积(含材料的实体矿物成分及其闭口孔隙、开口孔隙等颗粒表面轮廓线所包围的全部毛体积)物质颗粒的饱和面干质量(含物质颗粒的干质量和开口孔隙吸收水的质量)。

2. 试验仪器

(1)**浸水天平**:可悬挂吊篮测定试样水中质量,感量不大于称量质量的 0.1%。
(2)**吊篮**:由耐锈蚀材料制成,直径、高度不小于 150mm 的网篮,四周及底部为 1 ~ 2mm 的筛网或密集孔眼;或者耐锈蚀材料制成,直径不小于 200mm、孔径不大于 1.18mm 的筛网。
(3)**溢流水槽**:有溢流孔,能够使水面保持恒定高度;耐锈蚀材料制成的水槽,容积应足够大;挂上吊篮、加水至溢流孔位置时,应保证吊篮底部与水槽底部、四周侧壁间距均不小于 50mm。
(4)**吊线**:耐锈蚀、不吸湿的细线,连接浸水天平和吊篮;线直径不大于 1mm,其长度应保证水槽加水至溢流孔位置时,吊篮顶部离水面距离不小于 50mm。
(5)**烘箱**:鼓风干燥箱,恒温 105℃ ±5℃。

图 2-3-1 水中称重装置
1-金属架;2-溢流槽;3-金属吊篮;4-浸水天平

(6)吸湿软布:纯棉制毛巾,或纯棉的汗衫布等。

(7)温度计:量程 0~50℃,分度值 0.1℃;量程 0~200℃,分度值 1℃。

(8)试验筛:孔径为 4.75mm、2.36mm 的方孔筛。

(9)盛水容器:浸泡试样用容器,如不锈钢盆。

(10)恒温水槽:恒温 23℃±2℃。

(11)试验用水:饮用水,使用之前煮沸后冷却至室温。

(12)其他:金属盘、刷子等。

水中称重装置,如图 2-3-1 所示。

3.粗集料密度试验准备

(1)将样品用 4.75mm 试验筛(对于 3~5mm、3~10mm 集料,采用 2.36mm 试验筛)充分过筛,取筛上颗粒缩分至表 2-3-2 要求质量的试样两份。试样制备过程如图 2-3-2 所示。

a)试样过筛

b)四分法

c)称量试样

图 2-3-2 试样制备过程

粗集料密度及吸水率(网篮法)试验的试样质量 表 2-3-2

公称最大粒径(mm)	4.75	9.5	13.2	16	19	26.5	31.5	37.5	53	63	75
每一份试样的最小质量(kg)	0.5	1.0	1.0	1.1	1.3	1.8	2.0	2.5	4.0	5.5	8.0

注:公称最大粒径与最大粒径的区别如下。

最大粒径:指集料 100% 通过的最小标准筛筛孔尺寸。这是集料颗粒能够完全通过筛孔的尺寸,常用于评估集料的最大尺寸。

公称最大粒径:指集料能全部通过或有少量不通过(筛余量不超过 10%)的最小标准筛筛孔尺寸。这个尺寸不仅考虑了集料的通过性,还考虑了筛余量,提供了更细致的分类。

例如:一种集料在 31.5mm 的筛孔中 100% 通过,而在 26.5mm 的筛孔中筛余量小于 10%,则最大粒径为 31.5mm,公称最大粒径为 26.5mm。

这种区分使得公称最大粒径在需要更精确控制材料适用性的场合中尤为重要,如道路工程和其他基础设施项目。正确的粒径选择可以确保材料的性能符合特定的工程标准,避免因粒径不当而导致的结构问题。

(2)将试样浸泡在水中,借助金属丝刷将试样颗粒表面洗刷干净,经多次漂洗至水清澈为止。清洗过程中不得散失颗粒。

(3)样品不得采用烘干处理。经过拌和楼等加热后的样品在试验之前,应在室温条件下放置不少于12h。饱和过程如图2-3-3所示。

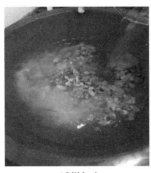
a)试样加水

b)饱和试样

图2-3-3 试样饱和

4.粗集料密度试验步骤

(1)将试样装入盛水容器中,注入洁净的水,水面应高出试样20mm;搅动试样,排除附着在试样上的气泡。浸水24h±0.5h(可在室温下浸水后,再移入23℃±2℃恒温水槽继续浸水。其中恒温水槽浸水不少于2h)。

(2)将吊篮用细线挂在天平的吊钩上,浸入溢流水槽中,向水槽中加水至吊篮完全浸没,吊篮顶部至水面距离不小于50mm。用上、下升降吊篮的方法排除气泡,吊篮每秒升降约一次,升降25次,升降高度约25mm,且吊篮不得露出水面。也可采用其他方法去除气泡。向水槽中加水至水位达到溢流孔位置;待天平读数稳定后,如图2-3-4所示,将天平调零。试验过程中水槽水温应稳定在23℃±2℃。

a)向溢流槽加水

b)放水

c)调零、测水温

图2-3-4 浸水天平调零

(3)将试样移入吊篮中,按照(2)所述的相同方法排除气泡。待水槽中水位达到溢流孔位置、天平读数稳定后,称取试样水中质量m_w,如图2-3-5所示。

(4)提起吊篮、稍沥干水后,将试样移至完全拧干的软布上,用另外一条软布在试样表面搓滚、吸走颗粒表面及颗粒之间的自由水,至颗粒表面自由水膜消失,看不到发亮的水迹,即为饱和面干状态。对较大粒径的粗集料,宜逐颗擦干颗粒表面自由水,此时拧湿毛巾时不要太过用力,防止拧得过干。

项目❷ 集料

a)放试样入水中　　　　　　b)液面保持同一高度　　　　　c)称试样水中重

图 2-3-5　试样水中称重

(5)擦拭时,既要将颗粒表面自由水擦掉,又不能至使颗粒内部水(开口孔隙中吸收的水)散失,因此对擦拭完成的试样,应立即称量饱和面干质量 m_f。如果擦拭过干,则放入水中浸泡约 30min,再次擦拭,如图 2-3-6 所示。

a)拧干的湿毛巾　　　　　　b)擦干试样表面　　　　　　c)称试样表干质量

图 2-3-6　试样表干质量检测

(6)将试样置于金属盘中,105℃±5℃温度条件下烘干至恒重,冷却至室温后称取试样烘干质量 m_a,如图 2-3-7 所示。

注:恒重是指相邻两次称量间隔时间大于 3h 的情况下,其前后两次称量之差小于该项试验要求的精密度,即 0.1%,一般在烘箱中的烘烤时间不得少于 4~6h。

a)试样放入烘箱　　　　　　b)烘干　　　　　　　　c)称试样烘干质量

图 2-3-7　试样烘干质量检测

(7)试验过程中不得丢失试样。

(8)当仅测定表观相对密度和表观密度时,可省去步骤(4)、(5)。

(9)当仅测定吸水率时,可省去步骤(2)、(3),按(1)中所述浸水24h±0.5h后,将试样从容器中取出稍沥干水,按照(1)~(7)要求试验。

(10)当一份试样较多时,可分成两小份或数小份,按照以上步骤分别试验,之后合并计算。

4. 数据处理

(1)试样的表观相对密度、表干相对密度和毛体积相对密度按式(2-3-1)~式(2-3-3)计算,精确至0.001。

$$\gamma_a = \frac{m_a}{m_a - m_b} \tag{2-3-1}$$

$$\gamma_s = \frac{m_f}{m_f - m_w} \tag{2-3-2}$$

$$\gamma_b = \frac{m_a}{m_f - m_w} \tag{2-3-3}$$

式中:γ_a——集料的表观相对密度,无量纲;

γ_s——集料的表干相对密度,无量纲;

γ_b——集料的毛体积相对密度,无量纲;

m_a——集料的烘干质量,g;

m_f——集料的表干质量,g;

m_w——集料的水中质量,g。

(2)试样的表观密度、表干密度和毛体积密度按式(2-3-4)~式(2-3-6)计算,精确至0.001g/cm³。

$$\rho_a = \gamma_a \times \rho_T \tag{2-3-4}$$

$$\rho_s = \gamma_s \times \rho_T \tag{2-3-5}$$

$$\rho_b = \gamma_b \times \rho_T \tag{2-3-6}$$

式中:ρ_a——试样的表观密度,g/cm³;

ρ_s——试样的表干密度,g/cm³;

ρ_b——试样的毛体积密度,g/cm³;

ρ_T——试验温度T时水的密度,g/cm³,其数据见表2-3-3。

不同水温时水的密度ρ_T及水的温度修正系数α_T 表2-3-3

水温(℃)	15	16	17	18	19	20
水的密度(g/cm³)	0.99913	0.99897	0.99880	0.99862	0.99843	0.99822
水温修正系数α_T	0.002	0.003	0.003	0.004	0.004	0.005
水温(℃)	21	22	23	24	25	
水的密度(g/cm³)	0.99802	0.99779	0.99756	0.99733	0.99702	
水温修正系数α_T	0.005	0.006	0.006	0.007	0.007	

(3)试样的吸水率按式(2-3-7)计算,精确至0.01%。

$$\omega_x = \frac{m_f - m_a}{m_a} \tag{2-3-7}$$

式中:ω_x——粗集料的吸水率,%。

(4)取两份试样测定值的算术平均值作为试验结果,相对密度精确至0.001,密度精确至0.001g/cm³,吸水率精确至0.01%。

(5)集料混合料的相对密度按式(2-3-8)计算,精确至0.001。

$$\gamma = \frac{100}{\dfrac{P_1}{\gamma_1} + \dfrac{P_2}{\gamma_2} + \cdots + \dfrac{P_n}{\gamma_n}} \tag{2-3-8}$$

式中:γ——集料混合料的相对密度,可以为表观相对密度、表干相对密度或毛体积相对密度;

P_1、P_2、$\cdots$、P_n——各档集料占合成集料混合料总质量的百分率,其和为100%;

γ_1、γ_2、$\cdots$、γ_n——各档集料的相对密度。

(6)集料混合料的密度按式(2-3-9)计算,精确至0.001g/cm³。

$$\rho = \frac{100}{\dfrac{P_1}{\rho_1} + \dfrac{P_2}{\rho_2} + \cdots + \dfrac{P_n}{\rho_n}} \tag{2-3-9}$$

式中:ρ——集料混合料的密度,可以为表观密度、表干密度或毛体积密度,g/cm³;

ρ_1、ρ_2、$\cdots$、ρ_n——各档集料的密度,g/cm³。

(7)集料混合料的吸水率按式(2-3-10)计算,精确至0.01%。

$$w_x = \frac{P_1 w_{x1}}{100} + \frac{P_2 w_{x2}}{100} + \cdots + \frac{P_n w_{xn}}{100} \tag{2-3-10}$$

式中:w_x——集料混合料的吸水率,%,;

w_{x1}、w_{x2}、$\cdots$、w_{xn}——各档集料的吸水率,%,。

(8)相对密度重复性试验的允许误差为0.020,吸水率重复性试验的允许误差为0.20%。

试验做法及对结果的影响　　　　　　　　表2-3-4

试验环节	正确做法	不当做法	对结果的影响
仪器选择与准备	试样质量在天平称量范围的20%~80%内。如称量2kg集料使用5kg量程的电子天平	称量2kg集料使用20kg或更大量程的电子天平	称量结果不精确,误差较大
仪器选择与准备	吊篮四周及底部用1~2mm的筛网编制或具有密集的孔眼	吊篮的筛网出现局部小破损	小颗粒集料可能从破损部位丢失,导致试样表干质量偏小
四分法取料	将集料拌和均匀后,用四分法取料,直至需要试验质量	随机在集料堆里取试样	集料因堆积不均匀产生离析,随机取样导致试样平均粒径偏大或偏小

续上表

试验环节	正确做法	不当做法	对结果的影响
粗集料试验漂洗饱和	将试样多次漂洗水完全清澈，清洗过程中不得散失集料颗粒	漂洗随意，仅用水冲洗集料即完成漂洗，没有达到清洗至清澈的要求	在后续试验中，集料表面的粉尘陆续被水洗落、被抹布擦落，导致整个试验过程中集料质量一直在变化
粗集料试验漂洗饱和	将试样多次漂洗至水完全清澈，清洗过程中不得散失集料颗粒	漂洗过程粗暴，导致不少集料因粗暴碰撞、摩擦而边角脱落	集料级配被改变，集料平均粒径发生变化
浸水天平调零；称量试样水中质量	打开溢流槽开关至水不再流出，将浸水天平显示数据调零；打开溢流槽开关至水不再流出，称取集料的水中质量	没有等待溢流槽开关的水不流出就让浸水天平清零	浸水体积由于人为因素偏大，随着后期水不断流出，导致最终浸水天平出现正值而非零值
使试样处于表干状态	用拧干的湿毛巾擦干集料表面至表面看不到发亮的水迹，即为饱和面干状态	过分拧干擦拭，在发亮水迹消失后继续拧干擦拭，导致颗粒内部水被吸出	表干质量偏小
烘干试样	将试样放入105℃±5℃烘箱中烘干至恒重	没有达到恒重，烘几个小时即结束烘干	无法确定是否烘干，称量的烘干质量不准确

完成配套学习指导手册任务2-3的内容，并完成项目2检测报告相应内容。

任务2-4 粗集料堆积密度及空隙率试验

为获得表2-0-2检测任务单中"4.75~9.5mm"辉绿岩粗集料的自然堆积密度和空隙率，为后续的AC-20沥青混合料配合比组成设计提供基础数据，需要完成粗集料堆积密度及空隙率试验。

为确保试验结果的代表性和准确性，试验过程要依据《公路工程集料试验规程》（JTG 3432—2024）中的"T0309—2005 粗集料堆积密度及空隙率试验"。

相关知识

1. 试验目的与适用范围

粗集料堆积密度及空隙率试验用于测定粗集料的松散堆积密度、振实堆积密度、捣实堆积密度以及空隙率。

粗集料的堆积密度是单位体积（包括矿质实体、闭口空隙和开口空隙及颗粒间空隙体积）物质颗粒的质量。空隙率是指粗集料颗粒之间空

2-3 粗集料堆积密度试验

隙体积占粗集料总体积的百分率。堆积密度按状态不同分为自然堆积状态、振实状态、捣实状态。

粗集料的堆积密度及空隙率为工程建设选用合适的粗集料提供依据。粗集料的堆积密度不能太小,空隙率不能太大。不同的工程对粗集料的最小堆积密度和最大空隙率都有要求。

粗集料的堆积密度不适用于测定公称最大粒径大于37.5mm粗集料的捣实堆积密度,此时可用振实堆积密度替代。

空隙率与孔隙率有何不同?

孔隙率通常指物体中的非固态物质的体积$V_{空}'$与物体总体积V的比值。空隙率通常指物体中非固态物质(含固态物质内部的孔隙)的体积$V_{空}'$与物体的总体积V的比值。公式可以表示为:空隙率 = $V_{空}'/V$,孔隙率 = $V_{空}/V$,且孔隙率 > 空隙率。在之后的学习中还会学习压实度的概念,孔隙率 = 1 - 压实度。

2.试验仪器

(1)天平或台秤:感量不大于称量的0.1%。

(2)容量筒(图2-4-1):耐腐蚀的金属圆筒,内表面光滑,顶部边缘光滑、水平,且与底部平行,其尺寸应符合表2-4-1的要求。

图2-4-1 10L容量筒

容量筒的尺寸要求　　表2-4-1

公称最大粒径 (mm)	容量筒容积 (L)	容量筒尺寸(mm)			筒壁厚度 (mm)
		内径	净高	底厚	
≤16	3	155 ± 2	160 ± 2	≥5.0	≥2.5
19 ~ 26.5	10	205 ± 2	305 ± 2	≥5.0	≥2.5
31.5 ~ 37.5	15	255 ± 5	295 ± 5	≥5.0	≥3.0
53、75	30	355 ± 5	305 ± 5	≥5.0	≥3.0

(3)平头铁锹。

(4)烘箱:能控温在105℃ ± 5℃。

(5)振动台:频率为3000次/min ± 200次/min,负荷下的振幅为0.35mm,空载时的振幅为

0.5mm。

(6)捣棒:直径16mm,长600mm,一端为圆头的钢棒。

(7)温度计:量程0~50℃,分度值0.1℃;量程0~200℃,分度值1℃。

(8)试验用水:饮用水,使用之前煮沸后冷却至室温。

(9)直尺、玻璃片及直径25mm的圆钢筋。

3.粗集料堆积密度试验步骤

(1)按规定方法取样、缩分,每一份试样的质量应填满容量筒所需质量的120%~150%,在105℃±5℃的烘箱中烘干,也可以摊在洁净的地面上风干,拌匀后分成两份备用。

注:粗集料骨架分界筛孔通常为4.75mm、2.36mm和1.18mm,如SMA-13、SMA-16、SMA-20混合料为4.75mm,SMA-10混合料为2.36mm,而SMA-5混合料为1.18mm。

(2)松散堆积密度:将容量筒在试验室平台上水平放置。取试样一份,用平头铁锹(或铲子)将试样从容量筒正上方50mm处徐徐倒入,让试样自由下落,当容量筒四周溢满时,即停止加料。用直尺将多余的试样沿筒口中心线向两个相反方向刮平,并以合适的颗粒填入凹陷空隙,使表面稍凸起部分和凹陷部分的体积大致相等。此时不应触动容量筒,且不得挤压容量筒表面集料。称取试样和容量筒总质量m_2。如图2-4-2~图2-4-4所示。

图2-4-2 称容量筒质量

a)松装试样

b)用钢筋刮平试样

c)整平试样

图2-4-3 松装试样流程

图2-4-4 称(容量筒+试样)质量

(3)振实堆积密度

①人工振实法

取试样一份,分三层装入容量筒。装完第一层后,在容量筒底垫放一根直径为25mm的钢筋,按住筒左右交替颠击地面各25下;然后装入第二层,用同样的方法振实(但容量筒底所垫钢筋的方向应与第一层放置方向垂直);再装入第三层,按照同样方法振实。待三层试样装填完毕后,按照上述步骤再加试样至容量筒四周溢满。用直尺等将多余的试样沿筒口中心线向两个相反方向刮平,并以合适的颗粒填入凹陷空隙,使表面稍凸起部分和凹陷部分的体积大致相等。此时不应触动容量筒,且不得挤压容量筒表面集料。称取试样和容量筒总质量 m_2。

②振动台振实法

按上述堆积密度试验步骤,将装满试样的容量筒放在振动台上,振动3min。按照同样方法加试样至容量筒四周溢满。用直尺等将多余的试样沿筒口中心线向两个相反方向刮平,并以合适的颗粒填入凹陷空隙,使表面稍凸起部分和凹陷部分的体积大致相等。此时不应触动容量筒,且不得挤压容量筒表面集料。称取试样和容量筒总质量 m_2。

(4)捣实堆积密度

①将容量筒在试验室平台上水平放置。取试样一份,分三层装入容量筒,每层装入高度约为容量筒1/3高度。装完第一层后,用捣棒由边至中均匀捣实25次。然后再装入第二层,用捣棒均匀地捣实25次。

②再装入第三层,装料时应至容量筒四周溢满,用同样方法捣实。每层捣实时,捣棒深度约至该层位的底部。在捣实第一层时,不应太过用力,可能致使捣棒敲击容量筒底部;捣实第二、三层时,用力可大一些,捣棒应贯入该层位的底部,但不要贯入下层中。

③第三层捣实完成后,按照步骤(4)①加试样至容量筒四周溢满。用直尺将多余的试样沿筒口中心线向两个相反方向刮平,并以合适的颗粒填入凹陷空隙,使表面稍凸起部分和凹陷部分的体积大致相等。此时不应触动容量筒,且不得挤压容量筒表面集料。称取试样和容量筒总质量 m_2。如图 2-4-5 所示。

  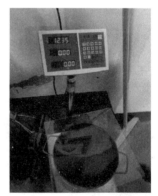

a)称(容量筒+玻片)质量　　b)容量筒装水　　c)称(容量筒+玻片+水)质量

图 2-4-5　容量筒容积标定

(5)容量筒容积的标定

①称取洁净、干燥的容量筒质量 m_0。

②在容量筒顶部边缘涂抹薄薄的油脂。称取洁净、干燥的容量筒和玻璃片的质量 m_1。

③用23℃±2.0℃水装满容量筒至稍微溢出,用玻璃片沿容量筒表面迅速滑行,紧贴上部边缘水面,玻璃片与水面之间不得有空隙。擦干玻璃片上部及容量筒外壁的水,称取容量筒、玻璃片和水的总质量 m_3。同时,快速测定容量筒中水的温度 T。

4. 结果整理

(1)容量筒的容积按式(2-4-1)计算,精确至 0.1cm^3。

$$V = \frac{m_3 - m_1}{\rho_T} \tag{2-4-1}$$

式中:V——容量筒的容积,cm^3,;

m_1——容量筒、玻璃片的质量,g;

m_3——容量筒、玻璃片与水的总质量,g;

ρ_T——温度 T 时水的密度,g/cm^3。

(2)试样的堆积密度(包括松散堆积密度、振实堆积密度和捣实堆积密度)按式(2-4-2)计算,精确至 0.001g/cm^3。

$$\rho_{bl} = \frac{m_2 - m_0}{V} \tag{2-4-2}$$

式中:ρ_{bl}——试样的堆积密度,g/cm^3;

m_0——容量筒的质量,g;

m_2——容量筒与试样的总质量,g。

(3)试样的空隙率按式(2-4-3)计算,精确至 0.1%。

$$V_c = \left(1 - \frac{\rho_{bl}}{\rho_a}\right) \times 100 \tag{2-4-3}$$

式中:V_c——试样的空隙率,%;

ρ_a——粗集料的表观密度,g/cm^3。

注:当粗集料用于沥青路面时,采用粗集料的毛体积密度计算。

(4)试样捣实状态下的粗集料骨架间隙率按式(2-4-4)计算,精确至 0.01%。

$$VCA_{DRC} = \left(1 - \frac{\rho_{bl}}{\rho_b}\right) \times 100 \tag{2-4-4}$$

式中:VCA_{DRC}——捣实状态下的粗集料骨架间隙率,%;

ρ_{bl}——粗集料骨架的捣实堆积密度,g/cm^3;

ρ_b——粗集料骨架的毛体积密度,g/cm^3。

(5)取两份试样测定值的算术平均值作为试验结果,堆积密度精确至 0.001,空隙率精确至 0.1%,粗集料骨架间隙率精确至 0.01%。堆积密度重复性试验的允许误差为 0.025g/cm^3。

在粗集料技术要求《建设用卵石、碎石》(GB/T 14685—2022)及粗集料技术指标《公路桥涵施工技术规范》(JTG/T 3650—2020)规范中,对粗集料的连续松散堆积空隙率按技术要求划分为Ⅰ类、Ⅱ类、Ⅲ类。Ⅰ类宜用于强度等级大于 C60 的混凝土;Ⅱ类宜用于强度等级 C30~C60 及有抗冻、抗渗或其他要求的混凝土;Ⅲ类宜用于强度等级小于 C30 的混凝土和砌筑砂浆。混凝土等级越高,所要求粗集料连续松散堆积空隙率越小。

任务实施

完成配套学习指导手册任务 2-4 的内容,并完成项目 2 检测报告相应内容。

任务 2-5　粗集料针、片状颗粒含量试验

任务描述

为获得表 2-0-2 检测任务单中"9.5～16mm"辉绿岩粗集料的针片状颗粒含量是否符合规范要求,为后续的 AC-20 沥青混合料配合比组成设计提供基础数据,需要完成粗集料针片状颗粒含量试验。

为确保试验结果的代表性和准确性,试验过程要依据《公路工程集料试验规程》(JTG 3432—2024)中的"T0312—2005 粗集料针片状颗粒含量试验(游标卡尺法)"。试验结果需要满足《公路沥青路面施工技术规范》(JTG F40—2004)中对高速公路其他层次沥青混合料用粗集料(粒径大于 9.5mm)质量技术要求:高速公路及一级公路其他层次不大于 15%。

同时,本节还介绍了水泥混凝土用粗集料针片状颗粒含量试验(规准仪法)。

相关知识

1. 试验目的与适用范围

一般情况下,对于水泥混凝土用粗集料,针状颗粒是指最大长度与该颗粒相应粒级的平均粒径之比大于 2.4 的颗粒,片状颗粒是指最大厚度与该颗粒相应粒级的平均粒径之比小于 0.4 的颗粒。对于沥青混合料用粗集料,颗粒的最大长度(或宽度)方向与最小厚度(或直径)方向的尺寸之比大于 3 的颗粒为针片状颗粒。

粗集料针片状颗粒含量试验检测包括两种方法:规准仪法及游标卡尺法。

规准仪法:适用于测定水泥混凝土使用的 4.75mm 以上粗集料的针状及片状颗粒含量。

2-4　粗集料颗粒形状试验

游标卡尺法:适用于测定沥青混合料、无结合料粒料材料和无机稳定材料用粗集料针、片状颗粒含量。

针片状颗粒含量指标反映集料加工特性,可用于评价集料的形状能力和抗压碎能力,进而评判石料生产厂的生产水平及该粗集料在工程中的适用性。针片状颗粒过于细长或扁平,在施工期间和交通荷载作用下容易断裂,使沥青混合料级配细化、强度降低,从而导致路面破坏,已经成为影响路面建设质量的重要隐患之一。

2. 试验仪器

(1)水泥混凝土集料针状规准仪、片状规准仪如图 2-5-1 和图 2-5-2 所示。

图 2-5-1 针状规准仪

图 2-5-2 片状规准仪

（2）天平或台秤：感量不大于称量值的 0.1%。

（3）标准筛：孔径分别为 4.75mm、9.5mm、16mm、19mm、26.5mm、31.5mm、37.5mm 的方孔筛，根据需要选用。

3．试验过程（规准仪法）

（1）粗集料试样准备：将试样风干，用四分法缩分试样，所需试验最小质量见表 2-5-1。称量改试样质量 m_0。并按（任务 2-3）粗集料干筛法进行充分筛分。

粗集料针状和片状颗粒含量试验的试样质量　　　　表 2-5-1

公称最大粒径（mm）	9.5	13.2	16	19	26.5	31.5	37.5	53	63	75
一份试样的最小质量（kg）	0.2	0.4	0.5	1.0	1.7	3	5	12	20	28

（2）测出针、片状颗粒：按表 2-5-2 所规定的粒级分别用规准仪逐颗检验，如图 2-5-3 所示。凡颗粒长度大于针状规准仪上相应间距的，为针状颗粒；凡颗粒厚度小于片状规准仪上相应孔宽的，为片状颗粒。

粒级划分及相应的规准仪间距或孔宽　　　　表 2-5-2

粒级（mm）	4.75～9.5	9.5～16	16～19	19～26.5	26.5～31.5	31.5～37.5
针状规准仪立柱之间的间距（mm）	17.1	30.6	42.0	54.6	69.6	82.8
片状规准仪的孔宽（mm）	2.8	5.1	7.0	9.1	11.6	13.8

（3）对于公称最大粒径大于 37.5mm 的试样，可采用卡尺逐颗检验，卡尺卡口设定宽度应符合表 2-5-3 的规定。

37.5mm 以上颗粒粒级划分及相应的卡尺卡口设定宽度　　　　表 2-5-3

粒级（mm）	37.5～53	53～63	63～75
检验针状颗粒的宽度（mm）	108.6	139.2	165.6
检验片状颗粒的宽度（mm）	18.1	23.2	27.6

a)针状颗粒检测

b)片状颗粒检测

c)针状颗粒与片状颗粒

图 2-5-3　针、片状颗粒检测

(4)称出由各粒级挑出的针状颗粒和片状颗粒的总质量 m_1。

(5)针、片状颗粒含量按式(2-5-1)计算,精确至 0.1%。

$$Q_{e+f} = \frac{m_1}{m_0} \times 100 \qquad (2\text{-}5\text{-}1)$$

式中:Q_{e+f}——针、片状颗粒含量,%;

　　　m_1——试样中针状颗粒和片状颗粒的总质量,g;

　　　m_0——试样总质量,g。

4. 试验过程(游标卡尺法)

(1)按分料器法或四分法选取 1kg 左右的试样,对每一种规格的粗集料,应按照不同的公称粒径,分别取样检测。

(2)将样品用 4.75mm 试验筛充分过筛,取筛上颗粒缩分至表 2-5-1 要求质量的试样两份,且每份试样不少于 100 颗,烘干或室内风干。(对于 2.36~4.75mm 级粗集料,由于卡尺量取有困难,故一般不作测定。)

(3)将试样平摊于桌面上,首先用目测挑出接近立方体的颗粒,余下的即可能属于针状(细长)和片状(扁平)的颗粒。

(4)按照图 2-5-4 所示的方法将欲测量的颗粒放在桌面上成一稳定的状态,图中颗粒平面方向的最大长度为 L,侧面厚度的最大尺寸为 t,颗粒最大宽度为 w($t<w<L$),用卡尺逐颗测量石料的 L 及 t,将 $L/t \geq 3$ 的颗粒分别挑出作为针片状颗粒,称取针片状颗粒的质量 m_1,精确至 1g。

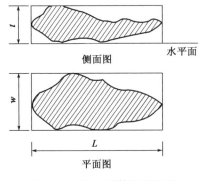

图 2-5-4　针片状颗粒稳定状态

注:当采用固定比例卡尺时,调整比例卡尺,使比例卡尺 L 方向尺间隙正好与颗粒长度方向轮廓尺寸相等,固定卡尺;检查颗粒厚度方向轮廓尺寸是否够通过比例卡尺 t 方向尺间隙,如果能够通过,则判定该颗粒为针片状颗粒。

(5)按照以上方法逐颗判定所有集料是否为针片状颗粒。称取所有针片状颗粒质量 m_1,称取所有非针片状颗粒质量 m_2。

(6)试样的损耗率按式(2-5-2)计算,精确至 0.1%。

$$P_s = \frac{m_0 - m_1 - m_2}{m_0} \times 100 \tag{2-5-2}$$

式中:P_s——试样的损耗率,%;
  m_0——试验前的干燥试样总质量,g;
  m_1——试样中针片状颗粒的总质量,g;
  m_2——试样中非针片状颗粒的总质量,g。

试样的针片状颗粒含量按式(2-5-3)计算,精确至 0.1%。

$$Q_{e\&f} = \frac{m_1}{m_1 + m_2} \times 100 \tag{2-5-3}$$

式中:$Q_{e\&f}$——试样的针片状颗粒含量,%。

(7)取两份试样的针片状颗粒含量的算术平均值作为试验结果,精确至 0.1%。若两份试样的针片状颗粒含量之差超过平均值的 20%,应追加一份试样进行试验,直接取三份试样的针片状颗粒含量的算术平均值作为试验结果,精确至 0.1%。

完成配套学习指导手册任务 2-5 的内容,并完成项目 2 检测报告相应内容。

任务 2-6　粗集料压碎值试验

任务描述

为获得表 2-0-2 检测任务单中"9.5~16mm"辉绿岩粗集料的针片状颗粒含量是否符合规范要求,为后续的 AC-20 沥青混合料配合比组成设计提供基础数据,需要完成粗集料压碎值试验。

为确保试验结果的代表性和准确性,试验过程要依据《公路工程集料试验规程》(JTG 3432—2024)中的"T0316—2024 粗集料压碎值试验规程"。试验结果需要满足《公路沥青路面施工技术规范》(JTG F40—2004)中对高速公路其他层次沥青混合料用粗集料(粒径大于9.5mm)质量技术要求:高速公路及一级公路其他层次不大于28%。

2-5　粗集料压碎值试验

相关知识

1. 试验目的与适用范围

图2-6-1 压碎指标值测定仪

粗集料压碎值是集料在逐渐增加的荷载下,抵抗压碎的能力,以压碎试验后小于2.36mm粒径的石料质量百分率表示。它作为衡量集料强度的一个相对指标,用以评价集料的抗破碎能力在公路工程中的适用性。

2. 试验设备

(1)石料压碎值试验仪:由内径150mm、两端开口的钢制圆形试筒、压柱和底板组成,其实物如图2-6-1、图2-6-2所示。试筒内壁、压柱的底面及底板的上表面等与石料接触的表面都应进行热处理,使表面硬化,达到维氏硬度58HRC,并保持光滑状态。

a)底板

b)试筒

c)压柱

d)

图2-6-2 金属筒

(2)金属棒:直径16mm±1mm,长600mm±5mm,一端加工成半球形。
(3)天平:称量不小于5kg,感量不大于1g。
(4)试验筛:孔径为19mm、13.2mm、9.5mm、2.36mm的方孔筛。
(5)压力机(图2-6-3):量程500kN,示值相对误差不大于2%,同时应能10min±30s均匀加载到400kN,4min±1min均匀加载到200kN。压力机应设有防护网。如图2-6-4所示。

图2-6-3 压力机(500kN,能在10min内达到400kN)

a) 压力机参数设置

b) 试样装入试筒

c) 试样压缩

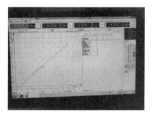
d) 压碎曲线

图 2-6-4 粗集料压碎

（6）金属筒：圆柱形，内径 112.0mm±1mm，高 179.5mm±1mm，容积约 1767cm³。此容积相当于压碎值试筒中装料至 100mm 位置时的容积。

（7）其他：金属盘、毛刷、橡胶锤等。

3. 试验准备

（1）将样品用 9.5mm 和 13.2mm 试验筛充分过筛，取 9.5～13.2mm 粒级缩分至约 3000g 试样三份。对于结构物水泥混凝土用粗集料，样品用 9.5mm 和 19mm 试验筛充分过筛，取 9.5～19mm 粒级，剔除针、片状颗粒后，再取缩分至约 3000g 的试样三份。

（2）将试样浸泡在水中，借助金属丝刷将颗粒表面洗刷干净，经多次漂洗至水清澈为止。沥干，105℃±5℃烘干至表面干燥，烘干时间不超过 4h，然后冷却至室温。温度敏感性再生材料等，可在 40℃±5℃温度条件下烘干。

（3）取一份试样，分 3 次等量装入金属筒中。每次装料后，将表面整平，用金属棒半球面端从试样表面上 50mm 高度处自由下落均匀夯击试样，应在试样表面均匀分布夯击 25 次。最后一次装料时，应装料至溢出，夯击完成后用金属棒将表面刮平。试样准备过程如图 2-6-5 所示。金属筒中试样用减量法称取质量 m'_0 后，予以废弃（因此份集料已被部分夯击破碎，无法再使用）。

a) 试样

b) 试样分层装入金属筒

c) 捣实试样

图 2-6-5

d)试样刮平　　　　e)倒出金属筒内试样　　　f)称金属筒内试样质量

图 2-6-5　试样准备

4. 试验步骤

(1) 取一份试样(第二份),从中取质量为 $m'_0 \pm 5g$ 试样一份,称取其质量,记为 m_0。

(2) 将试筒安放在底板上。将称取质量的试样分 3 次等量装入试模中,按"试验准备"中步骤(3) 所述方法夯击,最后将表面整平。

(3) 将装有试样的试筒安放在压力机上,同时将压柱放到试筒内压在试样表面,注意压柱不得在试筒内卡住。

(4) 操作压力机,均匀地施加荷载,并在 10min ± 30s 内加到 400kN,然后立即卸除荷载。对于结构物水泥混凝土用粗集料,可在 3~5min 内加到 200kN,稳压 5s 后卸载,但应在报告中予以注明。

(5) 从压力机上取下试筒,将试样移入金属盘中;必要时使用橡胶锤敲击试筒外壁便于试样倒出;用毛刷清理试筒上的集料颗粒一并移入金属盘中。

(6) 按任务 2-3 中所述的干筛法,采用 2.36mm 试验筛充分过筛。

(7) 称取 2.36mm 筛上集料质量 m_1 和 2.36mm 筛下集料质量 m_2。

(8) 取另外一份(第三份)试样,按照以上步骤进行试验。

实验操作如图 2-6-6 所示。

a)倒出压碎试样　　　b)筛分压碎试样　　　c)称筛后试样质量

图 2-6-6　压碎后筛分及称量

5. 数据处理

(1) 试样的损耗率按式(2-6-1)计算,精确至 0.1%。

$$P_s = \frac{m_0 - m_1 - m_2}{m_0} \times 100 \qquad (2\text{-}6\text{-}1)$$

式中：P_s——试样的损耗率，%；

m_0——试验前的干燥试样总质量，g；

m_1——试样的 2.36mm 筛上质量，g；

m_2——试样的 2.36mm 筛下质量，g。

（2）试样的压碎值按式（2-6-2）计算，精确至 0.1%。

$$ACV = \frac{m_2}{m_1 + m_2} \times 100 \qquad (2\text{-}6\text{-}2)$$

式中：ACV——试样的压碎值，%。

（3）取两份试样压碎值的算术平均值作为测定结果，精确至 1%。

（4）试样的损耗率应不大于 0.5%。压碎值重复性试验的允许误差为平均值的 10%。

注意细节

试验做法及对结果的影响　　　　　　　　　　　表 2-6-1

试验环节	正确做法	不当做法	对结果的影响
确定试样质量 m_0	每次都用金属棒的半球面端从石料表面上均匀捣击 25 次（自约 50mm 的高度处自由下落）	不敲击，随意用手拨平；或用力摇打，而没有自由下落	导致金属筒内的集料过松；或导致金属筒内的集料过密实，甚至因力量过大而被击碎
将装有试样的试模放到压力机上	将装有试样的试模放到压力机上，同时将压柱放入试筒内石料面上，注意使压柱摆平，勿楔挤试筒侧壁	没有整理压柱，导致压柱底部没有处于水平面上	发生偏压，导致试筒被压坏

扩展

2-6　粗集料冲击试验

2-7　粗集料磨耗试验（洛杉矶法）

2-8　组合破碎工艺流程

任务实施

完成配套学习指导手册任务 2-6 的内容，并完成项目 2 检测报告相应内容。

任务 2-7　细集料表观密度试验(容量瓶法)

任务描述

为获得表 2-0-2 检测任务单中"0~4.75mm"辉绿岩细集料表观密度是否符合规范要求，为后续的 AC-20 沥青混合料配合比组成设计提供基础数据，需要完成细集料表观密度试验。

为确保试验结果的代表性和准确性，试验过程要依据《公路工程集料试验规程》(JTG 3432—2024)中的"T0328—2005 细集料表观密度试验规程(容量瓶法)"。试验结果需要满足《公路沥青路面施工技术规范》(JTG F40—2004)中对高速公路其他层次沥青混合料用细集料表观相对密度技术要求：高速公路及一级公路其他层次不大于 2.45。

相关知识

1.试验目的与适用范围

通过细集料表观密度试验(容量瓶法)可以测定细集料的表观密度和表观相对密度。

2-9　细集料筛分试验　　2-10　细集料表观密度试验

细集料表观密度(亦称视密度)是在规定条件(105℃±5℃烘干至恒重)下，单位表观体积(包括集料矿质实体和闭口孔隙的体积)物质颗粒的干质量。

细集料的表观相对密度是指表观密度与同温度水的密度的比值。

本方法适用于含有少量粒径大于 2.36mm 颗粒的细集料。

通过细集料表观密度试验(容量瓶法)，可以得到以下结果：

(1)细集料的表观相对密度。

(2)细集料的表观密度。

细集料的表观密度是衡量细集料质量主要技术指标之一，可用于评价细集料在工程中的适用性。其大小主要取决于细集料的种类和风化程度，一般在 2.6~2.7g/cm³ 之间。

2.试验设备

(1)天平：称量不小于 1kg，感量不大于 0.1g。

(2)容量瓶：500mL。

(3)烘箱：鼓风干燥箱，恒温 105℃±5℃。

(4)恒温水槽：恒温 23℃±2℃。

(5)试验筛：根据集料粒级选用不同孔径的方孔筛。

(6)烧杯:500mL。

(7)试验用水:饮用水,使用之前煮沸,而后冷却至室温。

(8)其他:干燥器(内装变色硅胶)、金属盘、铝制料勺、温度计等。

3.试验过程

(1)细集料试样准备:将样品缩分至约325g的试样两份。如图2-7-1所示。

a)称装1号瓶试样质量　　　b)称装2号瓶试样质量

图2-7-1　称试样质量

注:浸泡之前样品不得采用烘干处理;经过拌和楼等加热、干燥后的样品,试验之前,应在室温条件下放置不少于12h。

(2)将试样装入预先放入部分水的容量瓶中,再加水至约450mL刻度处。如图2-7-2所示。

a)容量瓶加试样　　　b)滴管加水

图2-7-2　试样饱和

(3)通过旋转、翻转容量瓶或玻璃棒搅动消除气泡。用滴管滴水,使黏附在瓶内壁上的颗粒进入水中,塞紧瓶塞,浸水静置24h±0.5h(可在室温下静置一段时间后移入23℃±2℃恒温水槽继续浸水,其中恒温水槽浸水不少于2h)。

注:消除气泡不少于15min,此时会产生气泡聚集在瓶颈,可用纸巾尖端浸入瓶中粘除或使用少于1mL的异丙醇来分散。操作时手与瓶之间应垫毛巾。

(4)浸水完成后,再通过旋转、翻转容量瓶或玻璃棒搅动消除气泡。用滴管加23℃±2℃水,使水面与瓶颈500mL刻度线平齐,擦干瓶颈内部及瓶外附着水分,称其总质量m_2。如

图 2-7-3 所示。

a)称(1号瓶+水+试样)质量　　b)称(2号瓶+水+试样)质量

图 2-7-3　称(瓶+水+试样)质量

注：消除气泡不少于5min，此时会产生气泡聚集在瓶颈，可用纸巾尖端浸入瓶中粘除或使用少于1mL的异丙醇来分散。操作时手与瓶之间应垫毛巾。

(5)将水和试样移入金属盘中，用水将容量瓶冲洗干净，一并倒入金属盘中；向容量瓶内注入23℃±2℃温度的水至与瓶颈500mL刻度线平齐，擦干瓶颈内部及瓶外附着水分，称其总质量 m_1。如图 2-7-4 所示。

a)容量瓶加水　　b)加水至刻度线　　c)称(1号瓶+水)质量　　d)称(2号瓶+水)质量

图 2-7-4　称(瓶+水)质量

(6)待细粉沉淀后，泌去金属盘中的水，注意不要散失细粉。将金属盘连同试样放入105℃±5℃的烘箱中烘干至恒重，冷却至室温后称取试样烘干质量 m_0。

注：在细集料的表观密度试验过程中应测量并控制水的温度，试验期间的温差不应超过1℃。

4. 数据处理

(1)细集料的表观相对密度按式(2-7-1)计算，准确至小数点后3位。

$$\gamma_a = \frac{m_0}{m_0 + m_1 - m_2} \tag{2-7-1}$$

式中：γ_a——细集料的表观相对密度，无量纲；

m_0——试样的烘干质量，g；

m_1——水及容量瓶总质量，g；

m_2——试样、水及容量瓶总质量,g。

(2)表观密度 ρ_a 按式(2-7-2)计算,准确至小数点后3位。

$$\rho_a = \gamma_a \times \rho_T \quad \text{或} \quad \rho_a(\gamma_a - \alpha_T) \times \rho_w \tag{2-7-2}$$

式中:ρ_a——细集料的表观密度,g/cm³;

ρ_w——水在4℃时的密度,取1g/cm³;

α_T——试验时水温对水的密度影响的修正系数;

ρ_T——试验温度T℃时水的密度,g/cm³。

任务实施

完成配套学习指导手册任务2-7的内容,并完成项目2检测报告相应内容。

任务2-8 细集料堆积密度及空隙率试验

任务描述

为获得表2-0-2检测任务单中"0~4.75mm"辉绿岩细集料的堆积密度,为后续的AC-20沥青混合料配合比组成设计提供基础数据,需要完成细集料堆积密度试验。

为确保试验结果的代表性和准确性,试验过程要依据《公路工程集料试验规程》(JTG E42—2005)中的"T0331—1994 细集料堆积密度及紧装密度试验"。

相关知识

1.试验目的与适用范围

细集料堆积密度及空隙率试验用于测定细集料松散堆积密度、振实堆积密度及空隙率。

细集料的堆积密度是单位体积(包括矿质实体、闭口孔隙和开口孔隙及颗粒间空隙体积)物质颗粒的质量。空隙率是指细集料颗粒之间空隙体积占细集料总体积的百分率。

堆积密度按状态不同分为:自然状态下堆积密度、紧装密度。

通过细集料堆积密度试验,可以得到以下结果:

(1)自然堆积密度。

(2)紧装密度。

(3)计算出空隙率。

细集料的堆积密度及空隙率是工程建设选用合适细集料的依据。细集料的堆积密度不能太小,空隙率不能太大。不同的工程对细集料的最小堆积密度和最大空隙率都有不同要求。

砂的自然堆积密度一般为1350~1650kg/m³,紧装密度一般为1600~1700kg/m³。

(1)天平:称量不小于5kg,感量不大于1g。

(2)容量筒:带底的金属圆筒,内径108mm±2mm,净高109mm±2mm,筒壁厚不小于

2mm,筒底厚不小于5mm,容积为1L。

(3)标准漏斗:如图2-8-1、图2-8-2所示。

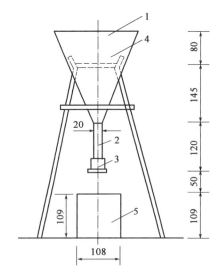

图2-8-1 标准漏斗(尺寸单位:mm)
1-漏斗;2-φ20mm 的管子;3-活动门;4-筛;5-金属量筒

图2-8-2 标准漏斗实物图

(4)烘箱:鼓风干燥箱,恒温105℃±5℃。
(5)试验筛:孔径为4.75mm的方孔筛。
(6)试验用水:饮用水,使用之前煮沸后冷却至室温。
(7)其他:φ10mm钢筋、料勺、直尺、金属盘等。

2.试验过程

(1)试样制备:用浅盘装试样约5kg,在温度为105℃±5℃的烘箱中烘干至恒量,取出并冷却至室温,平分成两份(约2.5kg),如图2-8-3所示。

a)称取试样

b)烘干试样

图2-8-3 试样制备

(2)容量筒容积的标定:称取洁净、干燥的容量筒的质量 m_0。

在容量筒顶部边缘涂抹薄薄的油脂,以防止加水时边缘高度不一致使得盖玻璃片时无法清除空气。称取洁净、干燥的容量筒和玻璃片的质量 m_1。

用 23℃±2℃ 水装满容量筒至稍微溢出，用玻璃片沿容量筒表面迅速滑行，紧贴上部边缘水面，玻璃片与水面之间不得有空隙。擦干玻璃片上部及容量筒外壁的水，称取容量筒、玻璃片和水的总质量 m_3。同时，快速测定容量筒中水的温度。如图 2-8-4 所示。

$$V = \frac{m_3 - m_1}{\rho_T} \qquad (2\text{-}8\text{-}1)$$

式中：V——容量筒的容积，mL；

m_1——容量筒和玻璃板总质量，g；

m_3——容量筒、玻璃板和水总质量，g。

a) 称(筒+玻片)质量　　　b) 容量筒装水　　　c) 称(筒+水+玻片)质量

图 2-8-4　容量筒体积标定流程

（3）松散堆积密度，如图 2-8-5 所示。

a) 称容量筒质量　　b) 容量筒装砂　　c) 刮平　　d) 称(筒+砂)质量

图 2-8-5　堆积密度试验流程

将试样松散地装入标准漏斗中，打开底部的活动门，使试样流入容量筒中，当容量筒四周溢满时，即停止加料。也可直接用料勺装料，从容量筒正上方 50mm 处将试样徐徐倒入，让试样自由下落，至容量筒四周溢满时停止。用直尺等将多余的试样沿筒口中心线向两个相反方向刮平，并以合适的颗粒填入凹陷空隙，使表面稍凸起部分和凹陷部分的体积大致相等。此时不应触动容量筒，且不得挤压容量筒表面集料。称取试样和容量筒总质量 m_2。

（4）振实堆积密度

将试样分成相等质量的两层装入容量筒。装完一层后，在容量筒底垫放一根直径为 10mm 的钢筋，将容量筒按住，左右交替颠击地面各 25 下，然后再装入第二层。第二层装满后用同样方法振实(但容量筒底所垫钢筋的方向应与第一层放置方向垂直)。两层装完并振实后,直接用料勺装料,从容量筒正上方 50mm 处将试样徐徐倒入,让试样自由下落,至容量筒四周溢满时停止。用直尺等将多余的试样沿筒口中心线向两个相反方向刮平,并以合适的颗粒填入凹陷空隙,使表面稍凸起部分和凹陷部分的体积大致相等。此时不应触动容量筒,且不得挤压容量筒表面集料。称取试样和容量筒总质量 m_2。

3. 数据处理

(1)试样的堆积密度(包括松散堆积密度、振实堆积密度)按式(2-8-2)计算,精确至 0.001g/cm^3。

$$\rho_{bl} = \frac{m_2 - m_0}{V} \tag{2-8-2}$$

式中:ρ_{bl}——试样相应状态下的堆积密度,g/cm^3;

m_0——容量筒的质量,kg;

m_2——容量筒与试样的总质量,kg。

(2)试样的空隙率按式(2-8-3)计算,精确至 0.1%。

$$V_c = \left(1 - \frac{\rho_{bl}}{\rho_a}\right) \times 100 \tag{2-8-3}$$

式中:V_c——试样相应状态下的空隙率,%;

ρ_a——细集料的表观密度,g/cm^3。

(3)取两份试样堆积密度的算术平均值作为试验结果,精确至 0.001g/cm^3;

(4)取两份试样空隙率的算术平均值作为试验结果,精确至 0.1%。堆积密度重复性试验的允许误差为 0.035g/cm^3。

试验做法及对结果的影响 表 2-8-1

试验环节	正确做法	不当做法	对结果的影响
试样制备	用浅盘装试样约 5kg,在温度为 105℃±5℃的烘箱中烘干至恒量,平分成两份(约 2.5kg)	取 5kg 料时没有用四分法,直接取样	容易因发生离析而颗粒不均匀
容量筒容积的标定	先称取容量筒与玻璃板总质量,后以温度为 20℃±5℃的洁净水装满容量筒,用玻璃板沿筒口滑移,使其紧贴水面,玻璃板与水面之间不得有空隙。擦干筒外壁水分	没有用滴定管将玻璃板与水面之间的空隙填满;或没有擦干筒外壁水分	留有孔隙,导致容量筒容积标定值偏小;没有擦干筒外壁水分,导致容量筒容量值偏大
堆积密度试验	将试样装入漏斗中,打开底部的活动门,将砂流入容量筒中,直至试样装满并超出容量筒筒口	用手或铁棒帮助砂子下滑,或用铁棒敲打漏斗帮助砂子下滑	流速过快而导致堆积过密,比实测值偏大

完成配套学习指导手册任务2-8的内容,并完成项目2检测报告相应内容。

任务2-9　矿质混合料组成设计

任务描述

矿质混合料通常指由矿质粗集料、细集料及填料组成的、符合一定级配要求的混合材料。在道路与桥梁工程中,矿质混合料与各种结合料组成新的混合材料使用,如水泥混凝土、沥青混合料、无机结合料稳定材料等。混合材料的路用性能既与各种原材料(矿质集料、结合料)的技术性质密切相关,还与矿质混合料的级配组成和结合料的用量密切相关。因此,全面了解矿质混合料的基本要求、级配,掌握矿质混合料组成设计方法,是学习矿质混合料配合比的关键。

一　矿质混合料概述

1. 矿质混合料的概念

矿质混合料通常是指由矿质粗集料、细集料及填料组成的符合一定级配要求的混合材料。在道路与桥梁工程中,矿质混合料与各种结合料组成另外一种混合材料来使用,如水泥混凝土、沥青混合料、无机结合料稳定材料等。

道路与桥梁工程中使用的各种混合材料不仅要承受汽车荷载的作用,还要承受自然因素的温度、雨雪和各种化学介质的综合作用,因此,应具备优良的路用性能,如足够的强度、气候稳定性(温度稳定性、水稳定性)、耐磨耗性能等。混合材料的路用性能既与各种原材料(矿质集料、结合料)的技术性质密切相关,还与矿质混合料的级配组成和结合料的用量密切相关。

2. 矿质混合料的基本要求

为使无机结合料稳定材料、粒料类路面基层矿质混合料、水泥混凝土、建筑砂浆、沥青混合料等具备优良的路用性能,各种矿质混合料的技术性质应符合技术要求,同时满足最小空隙率和最大摩擦力的基本要求。

(1)最小空隙率

不同粒径的各级矿质集料按一定比例搭配,使其组成一种具有最大密实度(即最小空隙率)的矿质混合料,以保证混合材料有较小的空隙率,防止雨雪水、各种化学介质过多地进入混合材料中,提高混合材料的耐久性和强度。

(2)最大摩擦力

各级矿质集料在进行比例搭配时,应使各级集料紧密排列,形成一个多级空间骨架结构,且具有最大的摩擦力,以保证混合材料有较高的强度。

为达到上述要求,必须对矿质混合料进行组成设计,其内容包括:

①级配理论和级配范围的确定。

②基本组成的设计方法。

二 矿质混合料的级配

1.级配类型

(1)按照粒径组成作为划分标准,矿质混合料的级配分为连续级配、间断级配。

①连续级配。连续级配是某种矿质混合料在标准筛孔配成的套筛(筛孔孔径按1/2递减)中筛分后,矿料的颗粒由大到小连续分布,每一级都占有适当的比例,这种由大到小逐级粒径均有,并按比例互相搭配组成的矿质混合料,称为连续级配矿质混合料。

②间断级配。在矿质混合料中剔除其中一个或几个分级的颗粒,形成一种不连续的混合料,称为间断级配矿质混合料。

以矿料各级粒径(筛孔尺寸)为横坐标,以级配参数(通过百分率或分计筛余或累计筛余)为纵坐标绘制的曲(折)线图称为级配曲线。不同级配类型的级配曲线如图2-9-1所示。

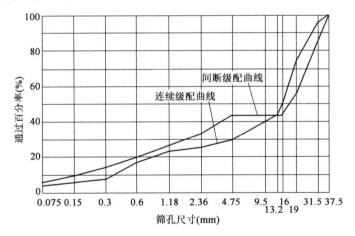

图2-9-1 不同级配类型的级配曲线

(2)以空隙率作为划分标准,矿质混合料的级配分为密级配、半开级配、开级配。此类称谓通常用于沥青混合料。

①密级配沥青混合料:其设计空隙率较小(对不同交通及气候情况、层位可做适当调整),如密实式沥青混凝土混合料(以 AC 表示)和密实式沥青稳定碎石混合料(以 ATB 表示)。

②开级配沥青混合料:矿料级配主要由粗集料嵌挤组成,细集料及填料较少,设计空隙率为18%的混合料。

③半开级配沥青碎石混合料:由适当比例的粗集料、细集料及少量填料(或不加填料)与沥青结合料拌和而成,经马歇尔标准击实成型试件的剩余空隙率在6%~12%的半开式沥青

碎石混合料(以 AM 表示)。

2. 级配理论

(1)富勒理论

富勒根据试验提出一种理想级配,即富勒理论,该理论认为"矿质混合料的颗粒级配曲线愈接近抛物线,则其密度愈大",如图 2-9-2 所示。最大密度理想曲线可用颗粒粒径(d)与通过量(P)表示,见式(2-9-1):

$$P^2 = kd \tag{2-9-1}$$

式中:P——各级颗粒粒径集料的通过量,%;

d——矿质混合料各级颗粒粒径,mm;

k——常数。

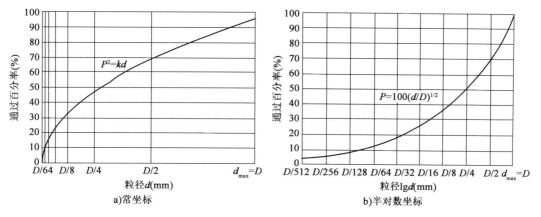

图 2-9-2 富勒理想级配曲线

当颗粒粒径 d 等于最大粒径 D 时,则通过量等于 100%,即 $d = D$ 时,$P = 100$。即:

$$k = 100^2 \frac{1}{D} \tag{2-9-2}$$

当求任一级颗粒粒径 d 的通过量 P 时,用式(2-9-1)代入式(2-9-2)得式(2-9-3):

$$P = 100 \sqrt{\frac{d}{D}} \tag{2-9-3}$$

式(2-9-3)就是最大密度理想曲线的级配组成计算公式。根据这个公式,可以计算出矿质混合料最大密度时各种颗粒粒径(d)的通过量(P)。

(2)泰波公式

最大密度曲线是一种理想的级配曲线。在实际应用中,由于矿料在轧制过程中的不均匀性,以及矿质混合料配制时的误差等因素影响,使所配制的混合料往往不可能与理论级配完全相符。因此,必须允许配料时的合成级配在适当的范围内波动,这就是"级配范围"。通常使用的矿质混合料的级配范围 n 次幂在 0.3~0.7 之间,如式(2-9-4)。级配曲线如图 2-9-3 所示。

$$P = 100 \left(\frac{d}{D}\right)^n \tag{2-9-4}$$

式中:n——实验指数;

P、d、D意义同前。

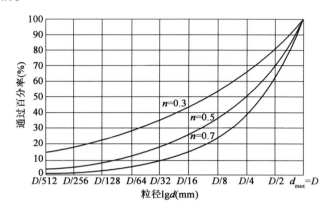

图2-9-3 最大密度曲线和级配范围

为计算方便，n次幂公式亦可采用对数形式表达，见式(2-9-5)：

$$\lg P = (2 - n\lg D) + n\lg d \tag{2-9-5}$$

3. 级配曲线范围的绘制

常坐标如图2-9-2a)所示。横坐标、纵坐标均采用常数坐标。

我国沿用半对数坐标系绘制级配范围曲线的方法，首先要按对数计算出各种颗粒粒径（即筛孔尺寸）在横坐标轴上的位置，而表示通过（或存留）百分率的纵坐标则按普通算术坐标绘制。绘制好纵、横坐标后，最后将计算所得的各颗粒粒径(d_i)的通过百分率(P_i)绘制在坐标图上，再将确定的各点连接为光滑的曲线，在两个指数(n_1和n_2)之间所包络的范围即为级配范围（通常用加绘阴影表示）。按$n_1 = 0.3$和$n_2 = 0.7$绘制的级配范围曲线如图2-9-4所示。

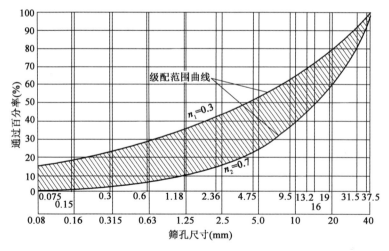

图2-9-4 级配范围曲线

三 矿质混合料的组成设计方法

天然或人工轧制的一种集料的级配往往很难完全符合某一级配范围的要求，因此必须采用两种或两种以上的集料配合起来才能符合级配范围的要求。这就需要对矿质混合料进行配合组成设计,即确定组成矿质混合料各集料的比例。确定矿质混合料配合比的方法很多,但一般采用试算法与图解法。

(一)试算法

1. 基本原理

试算法适用于 2~3 种矿料组成的混合料,是最简单的一种方法。此方法的基本原理是:将几种已知级配的集料配制成满足目标级配要求的矿质混合料时,先假定混合料中某种粒径的颗粒是由某一种对该粒径占优势的集料所组成,其他各种集料不含这种粒径。再根据各个主要粒径去试算各种集料在混合料中的大致比例。如果比例不合适,则稍加调整,如此循序渐进,直至最终达到混合料的级配要求。

2. 计算步骤

(1)基本计算方程的建立

设有 A、B、C 三种集料在某一筛孔 i 上的分计筛余百分率分别为 $a_{A(i)}$、$a_{B(i)}$、$a_{C(i)}$,配制成矿质混合料 M,混合料 M 在相应筛孔上的分计筛余百分率为 $a_{M(i)}$;设 A、B、C 三种集料在混合料中的用量比例为 X、Y、Z,则

$$X + Y + Z = 100 \tag{2-9-6}$$

$$a_{A(i)}X + a_{B(i)}Y + a_{C(i)}Z = a_{M(i)} \tag{2-9-7}$$

(2)基本假定

在矿质混合料中,假定某一粒径的颗粒是由这三种集料中的一种集料提供的,在其他集料中不含这一粒径的颗粒。此时,这两种集料相应分级筛余百分率为 0。如设在 i 粒级上仅 A 集料在此粒级上存在分级筛余,其他两个集料 B 和 C 在该粒级上的分级筛余全部是 0,从而简化计算过程。

(3)计算

根据上述假设,式(2-9-7)则为 $a_{A(i)}X = a_{M(i)}$。

则 A 集料在混合料中的比例为:

$$X(\%) = \frac{a_{M(i)}}{a_{A(i)}} \times 100 \tag{2-9-8}$$

同理,按此假设可计算 C 集料在混合料中的比例。设在 j 粒级上其他两个集料 A 和 B 在该粒径上的分计筛余百分率也是 0,则有 $a_{C(j)}Z = a_{M(j)}$

则 C 集料在混合料中的比例是:

$$Z(\%) = \frac{a_{M(j)}}{a_{C(j)}} \times 100 \tag{2-9-9}$$

最后得到 B 集料在混合料中的比例:

$$Y(\%) = 100 - X - Z \tag{2-9-10}$$

(4)校核调整

对以上计算得到的各集料比例即配合比要进行验算,如得到的合成级配不在所要求的级配范围,应调整配合比重新验算,直到满足级配要求为止。如经数次调整仍不能达到要求,可

掺加单粒级集料或调换其他集料。

【例题1】 采用试算法计算某矿质混合料的配合比。

现有碎石、砂和矿粉三种集料,经筛分试验各集料的分计筛余百分率列于表2-9-1,要用现有的三种集料设计出符合某沥青混合料级配要求的矿质混合料,试求碎石、砂和矿粉三种集料在要求级配混合料中的用量比例。

原有集料的分计筛余和混合料要求的级配范围　　　　　　表2-9-1

筛孔尺寸 d_i (mm)	碎石分计筛余 $a_{A(i)}$(%)	砂分计筛余 $a_{B(i)}$(%)	矿粉分计筛余 $a_{C(i)}$(%)	矿质混合料要求级配范围通过百分率(%)
9.5	0.8	—	—	100
4.75	60.0	—	—	63~78
2.36	23.5	10.5	—	40~63
1.18	14.4	22.1	—	30~53
0.6	1.3	19.4	4.0	22~45
0.3	—	36.0	4.0	15~35
0.15	—	7.0	5.5	12~30
0.075	—	3.0	3.2	10~25
<0.075	—	2.0	83.3	—

解:(1)先将矿质混合料要求级配范围的通过百分率换算为分计筛余百分率,计算结果列入表2-9-2,并设碎石、砂、矿粉的配合比为 X、Y、Z。

(2)由表2-9-2可知,碎石中4.75mm粒径颗粒含量占优势,假设混合料中4.75mm的粒径全部由碎石提供,则 $a_{B(4.75)} = a_{C(4.75)} = 0$,由式(2-9-8)可得碎石在矿质混合料中的用量比例。

原有集料和要求级配范围的分计筛余百分率　　　　　　表2-9-2

筛孔尺寸 d_i(mm)	碎石分计筛余 $a_{A(i)}$(%)	砂分计筛余 $a_{B(i)}$(%)	矿粉分计筛余 $a_{C(i)}$(%)	要求级配范围通过率的中值 $P_{(i)}$(%)	要求级配范围累计筛余中值 $A_{(i)}$(%)	要求级配范围分计筛余中值 $a_{M(i)}$(%)
9.5	0.8	—	—	100	—	—
4.75	60.0	—	—	70.5	29.5	29.5
2.36	23.5	10.5	—	51.5	48.5	19.0
1.18	14.4	22.1	—	41.5	58.5	10.0
0.6	1.3	19.4	4.0	33.5	66.5	8.0
0.3	—	36.0	4.0	25.0	75.0	8.5
0.15	—	7.0	5.5	21.0	79.0	4.0
0.075	—	3.0	3.2	17.5	82.5	3.5
<0.075	—	2.0	83.3	—	100.0	17.5

(3)从表2-9-2可知,矿粉中<0.075mm粒径颗粒含量占优势,忽略碎石和砂中此粒径颗粒的含量,即 $a_{A(<0.075)} = a_{B(<0.075)} = 0$,则由式(2-9-8)可得矿粉在矿质混合料中的用量比例。

$$Z(\%) = \frac{a_{M(<0.075)}}{a_{C(<0.075)}} \times 100 = \frac{17.5}{83.3} \times 100 = 21$$

(4)由式(2-9-10)可得砂在矿质混合料中的用量比例。

$$Y(\%) = [100 - (49 + 21)] = 30$$

(5)校核。

试算所得配合比 $X = 49\%$、$Y = 30\%$、$Z = 21\%$,列入表2-9-3中进行校核。

矿质混合料配合组成计算校核　　　　表2-9-3

筛孔尺寸 d_i (mm)	碎石 原来级配分计筛余 $a_{A(i)}$ (%)	用量比例 $X(\%)$	占混合料百分率 $a_{A(i)}X$ (%)	砂 原来级配分计筛余 $a_{B(i)}$ (%)	用量比例 $Y(\%)$	占混合料百分率 $a_{B(i)}Y$ (%)	矿粉 原来级配分计筛余 $a_{C(i)}$ (%)	用量比例 $Z(\%)$	占混合料百分率 $a_{C(i)}Z$ (%)	矿质混合料 分计筛余 $a_{(i)}$ (%)	累计筛余 $A_{(i)}$ (%)	通过率 $P_{(i)}$ (%)	级配范围通过率 (%)
9.5	0.8		0.4	—		—	—		—	0.4	0.4	99.6	100
4.75	60		29.4	—		—	—		—	29.4	29.8	70.2	63~78
2.36	23.5		11.5	10.5		3.2	—		—	14.7	44.5	55.5	40~63
1.18	14.4		7.1	22.1		6.6	—		—	13.7	58.2	41.8	30~53
0.6	1.3	49	0.6	19.4	30	5.8	4.0	21	0.8	7.2	65.4	34.6	22~45
0.3	—		—	36.0		10.8	4.0		0.8	11.6	77.0	23.0	15~35
0.15	—		—	7.0		2.1	5.5		1.2	3.3	80.3	19.7	12~30
0.075	—		—	3.0		0.9	3.2		0.7	1.6	81.9	18.1	10~25
<0.075	—		—	2.0		0.6	83.3		17.5	18.1	100	—	—
校核	∑=100	∑=49	∑=100	∑=30	∑=100	∑=21							

根据校核结果符合级配范围要求。如经计算确实不能符合级配要求,应调整或增加集料品种。

(二)图解法

我国现行规范推荐采用的图解法为修正平衡面积法。由3种以上的多种集料进行组配时,采用此方法进行设计十分方便。

修正平衡面积法的设计步骤如下。

1.准备工作

对所使用的各集料进行筛分,并计算出各自的通过量百分率。明确设计级配要求的级配范围,并计算出该要求级配范围的中值,见表2-9-4。

矿质混合料设计级配范围　　　　表2-9-4

筛孔尺寸(mm)	16.0	13.2	9.5	4.75	2.36	1.18	0.6	0.3	0.15	0.075
级配范围(mm)	100	95~100	70~88	48~68	36~53	24~41	18~30	12~22	8~16	4~8
级配中值(mm)	100	98	79	58	45	33	24	17	12	6

2. 绘制框图

按比例（通常纵横边长分别为 100mm 和 150mm）绘制一矩形框图,从左下向右上引对角线 OO'（图 2-9-5）作为合成级配的中值。纵坐标表示通过量,按常数标尺在纵坐标上标出通过量百分率刻度；横坐标则表示筛孔尺寸,而各个筛孔具体位置则根据合成级配要求的某筛孔通过量百分率中值,在纵坐标上找出该中值的位置,然后从纵坐标引水平线与对角线相交,再从交点处向下作垂线,垂线与横坐标的相交点极为筛孔相应位置。依次类推,找出全部筛孔在横坐标上具体的位置。

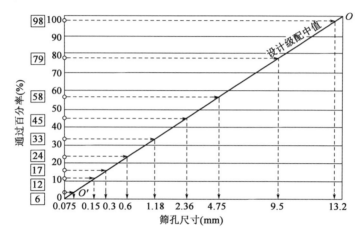

图 2-9-5 设计级配范围中值曲线

3. 确定各集料用量

从级配曲线图（图 2-9-6）上最粗集料开始,依次分析两种相邻集料的级配曲线,直至最细集料。在分析过程中,两相邻集料的级配曲线可能出现的情况有图 2-9-6 所示的三种情况。

（1）两相邻级配曲线重叠

在图 2-9-6 中表现为：集料 A 的级配曲线下部与集料 B 的级配曲线上部搭接。此时,在两级配曲线之间引一根垂线 AA',使其与集料 A、B 的级配曲线截距相等,即 $a = a'$。垂线 AA' 与对角线 OO' 交于点 M,通过 M 作一水平线与纵坐标交于 P 点,OP 即为集料 A 的用量。

（2）两相邻级配曲线相接

在图 2-9-6 中表现为集料 B 的级配曲线末端与集料 C 的级配曲线首端正好在同一垂直线上。对于这种情况,仅需将集料 B 的级配曲线末端与集料 C 的级配曲线首端直接相连,得垂线 BB'。BB' 与对角线 OO' 交于点 N,过点 N 作一水平线,与纵坐标交于 Q 点,PQ 即为集料 B 的用量。

（3）两相邻级配曲线相离

表现为集料 C 的级配曲线末端与集料 D 的级配曲线首端在水平方向彼此分离。此时,作一条垂线 CC' 平分这段水平距离,使 $b = b'$,得垂线 CC'。CC' 与对角线 OO' 交于点 R。通过 R 作一水平线与纵坐标交于 S 点,QS 即为集料 C 的用量。剩余 ST 即为集料 D 的用量。

4. 合成级配的计算与校核

与试算法相同,在图解法求解过程中,各种集料用量比例也是根据部分筛孔确定的。所以,需要对矿料的合成级配进行校核,当超出级配范围时,应调整各集料的比例,直至符合要求为止。

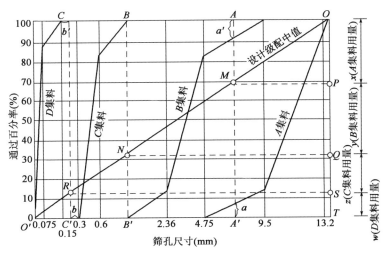

图 2-9-6　图解法用图

【例题 2】　现有碎石、石屑、砂和矿粉四种矿料,筛析试验各筛孔通过百分率列于表 2-9-5 中。细粒式沥青混凝土混合料(AC-13C)要求的矿质混合料的级配组成见表 2-9-6,试用图解法设计四种矿料的配合比。

矿质混合料筛析试验结果　　　　　　　　　　　　　　　　　　表 2-9-5

材料名称	筛孔尺寸(mm)与通过百分率(%)									
	16.0	13.2	9.5	4.75	2.36	1.18	0.6	0.3	0.15	0.075
碎石	100	93	17	0	—					
石屑	100	100	100	84	14	8	4	0	—	—
砂	100	100	100	100	92	82	42	21	11	4
矿粉	100	100	100	100	100	100	100	100	96	87

矿质混合料要求的级配范围和中值　　　　　　　　　　　　　　表 2-9-6

级配组成		筛孔尺寸(mm)与通过百分率(%)									
		16.0	13.2	9.5	4.75	2.36	1.18	0.6	0.3	0.15	0.075
细粒式 (AC-13C)	级配范围	100	90~100	68~85	38~68	24~50	15~38	10~28	7~20	5~15	4~8
	级配中值	100	95	77	53	37	27	19	14	10	6

解:(1)绘制级配曲线图,如图 2-9-7 所示。

(2)在碎石和石屑级配曲线相重叠部分作一垂线 AA',使垂线截取两级配曲线的纵坐标值相等(即 $a=a'$)。自垂线 AA' 与对角线交点 M 引一水平线,与纵坐标交于 P 点,OP 的长度 $X=35\%$,即为碎石的用量。

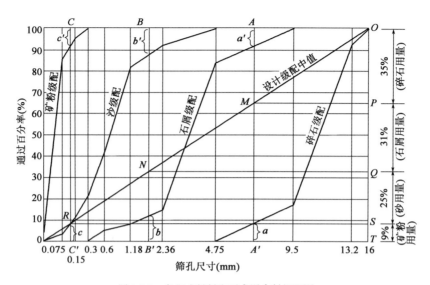

图 2-9-7 各组成材料和要求混合料级配图

同理可求出石屑用量 $Y=31\%$，砂用量 $Z=25\%$，则矿粉用量 $W=9\%$。

（3）根据图解法求得的各集料用量百分率，列表进行校核计算，见表 2-9-7。

矿质混合料组合计算表　　　　　　　　　　　　　　表 2-9-7

材料名称		筛孔尺寸(mm)与通过百分率(%)								
		16.0	13.2	9.5	4.75	2.36	1.18	0.6	0.3	0.15	0.075
原材料级配	碎石 100%	100	93	17	0	—	—	—	—	—	—
	石屑 100%	100	100	100	84	14	8	4	0	—	—
	砂 100%	100	100	100	100	92	82	42	21	11	4
	矿粉 100%	100	100	100	100	100	100	100	100	96	87
各种矿料在混合料中的级配	碎石 35%(35%)	35.0(35.0)	32.6(32.6)	6.0(6.0)	0(0)	—	—	—	—	—	—
	石屑 31%(31%)	31.0(31.0)	31.0(31.0)	31.0(31.0)	26.0(26.0)	4.3(4.3)	2.5(2.5)	1.2(1.2)	0(0)	—	—
	砂 25%(29%)	25.0(29.0)	25.0(29.0)	25.0(29.0)	25.0(29.0)	23.0(26.7)	20.5(23.8)	10.5(12.2)	5.3(6.1)	2.8(3.2)	1.0(1.2)
	矿粉 9%(5%)	9.0(5.0)	9.0(5.0)	9.0(5.0)	9.0(5.0)	9.0(5.0)	9.0(5.0)	9.0(5.0)	9.0(5.0)	8.6(4.8)	7.8(4.4)
合成级配		100(100)	97.6(97.6)	71.0(71.0)	60.0(60.0)	36.3(36.0)	32.0(31.3)	20.7(18.4)	14.3(11.1)	11.4(8.0)	8.8(5.6)
《公路沥青路面施工技术规范》(JTG F40—2004) 要求 AC-13C 的级配范围		100	90~100	68~85	38~68	24~50	15~38	10~28	7~20	5~15	4~8

从表 2-9-7 可以看出，按碎石：石屑：砂：矿粉＝35%：31%：25%：9% 这一计算结果，合成级配中筛孔 0.075mm 的通过量偏高，为此，必须进行调整。

由于图解法的各种材料用量比例是根据部分筛孔确定的,所以不能控制所有筛孔,通常需要调整修正,才能达到满意的结果。

(4)现采用增加砂的用量和减小矿粉用量的方法来调整配合比。经调整后的配合比为:碎石用量 $X=35\%$,石屑用量 $Y=31\%$,砂用量 $Z=29\%$,则矿粉用量 $W=5\%$。按此配比计算表 2-9-7 中括号内数值。

(5)将表 2-9-7 计算得到合成级配通过百分率,绘于规范要求级配曲线中,如图 2-9-8 所示。从图中可以看出,合成级配曲线完全在规范要求的级配范围之内,并且接近中值,呈光滑平顺。确定矿质混合料配合比为碎石∶石屑∶砂∶矿粉 = 35∶31∶29∶5。

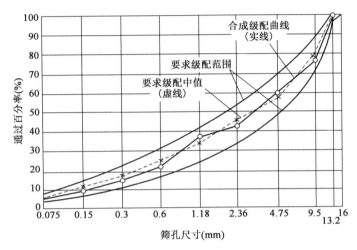

图 2-9-8　要求级配曲线和合成级配曲线

完成配套学习指导手册任务 2-9 的内容。

项目 3 水泥

一 项目任务概述

依照设计文件,某一级重交通公路项目上基层(半刚性基层)采用水泥稳定混合料,水泥型号为 P.O 42.5。为检验水泥各项技术指标是否符合《通用硅酸盐水泥》(GB 175—2023)规定,并通过试验进一步理解水灰比、掺合料对水泥强度的影响,项目施工方与检测中心签订项目委托检测合同,检测中心根据委托合同,下发检测任务单至材料检测部,具体检测任务单见表 3-0-1。

CXWJ4.5.4-1-JLWJ-3[①]

×××××××检测中心

检测任务单(内检) 表 3-0-1

任务单编号:SN-2022-N12-A280093[②]

样品名称	水泥	检测类别	委托检测
样品编号	2022A2802-A28006[③]	规格型号	P.O 42.5/20kE
样品描述	粉末状、无结块		
检测项目	水泥:密度、细度、标准稠度用水量、凝结时间、安定性、胶砂强度		
检测依据/标准	《公路工程水泥及水泥混凝土试验规程》(JTE 3420—2020)		
检后样品处理	□舍弃 □取回 √留样(90)天		
发样人		接样人	

注:①是试验室管理体系文件里的质量记录编号,每个单位都略有不同。
②SN 表示室内,2022 表示任务单下发年份,N12-A280093 是对任务单的编号,用于盲样管理的内部编码,每个单位都不同。
③是对样品的编号,属于盲样管理的内部编码。

二 学习目标

(1)了解:水泥的分类与各试验(水泥细度试验、水泥标准稠度用水量测定、水泥凝结时间测定、水泥安定性试验、水泥胶砂强度试验)的试验目的。

(2)熟悉:各试验的试验设备与试验过程。

(3)掌握:水泥的技术性质与技术要求。

(4)会独立操作完成各试验(水泥细度试验、水泥标准稠度用水量测定、水泥凝结时间测定、水泥安定性试验、水泥胶砂强度试验)。

(5)会对各试验(水泥细度试验、水泥标准稠度用水量测定、水泥凝结时间测定、水泥安定性试验、水泥胶砂强度试验)的试验结果进行分析计算并出具检测报告。

任务 3-1　认识水泥的技术性质与技术要求

水泥是土木工程领域中应用最广的无机胶凝材料之一。对水泥组分的调整或增减,不但能使水泥表现出不同性能,还会直接影响水泥混凝土的应用效果。为完成表 3-0-1 的水泥基础性能检测项目,需要先系统性学习水泥的技术性质和技术要求,知道每种技术性质的检测方法和评判方法,并为后续的检测任务提供知识基础。

一　水泥概述

水泥是一种人造水硬性胶凝材料。水泥与水混合后,经过一系列的物理化学作用,会形成坚硬的结构体,即水泥石。这一过程既可在空气中进行,也可在水中更好地实现,并能持续不断地发展形成所需的结构强度,以满足各种工程的需要,它是土木工程中最重要的建筑材料之一。

1. 常用水泥品种

水泥经过多年的发展,已有很多品种。从组成上分为硅酸盐类水泥、铝酸盐类水泥及无熟料(少熟料)水泥等;从用途和性能上分为通用水泥和专用水泥。

路桥工程中涉及的水泥品种主要是通用硅酸盐水泥。通用硅酸盐水泥根据水泥熟料在磨细过程中掺入的混合材料类型和掺量,分为下述六个品种,见表 3-1-1 ~ 表 3-1-3。

硅酸盐水泥的组分要求　　　　　　　　　　　　　　　　表 3-1-1

品种	代号	组分(质量分数)(%)		
		熟料+石膏	混合材料	
			粒化高炉矿渣/矿渣粉	石灰石
硅酸盐水泥	P·Ⅰ	100	—	—
	P·Ⅱ	95 ~ 100	0 ~ <5	—
			—	0 ~ <5

普通硅酸盐水泥、矿渣硅酸盐水泥、粉煤灰硅酸盐水泥和
火山灰质硅酸盐水泥的组分要求　　　　　　　　　　　　表 3-1-2

品种	代号	组分(质量分数)(%)			
		熟料+石膏	混合材料		
			主要混合材料		替代混合材料
			粒化高炉矿渣/矿渣粉	粉煤灰	火山灰质混合材料	
普通硅酸盐水泥	P·O	80 ~ <94	6 ~ <20[①]			0 ~ <5[②]

续上表

品种	代号	组分(质量分数)(%)				
		熟料+石膏	混合材料			替代混合材料
			主要混合材料			
			粒化高炉矿渣/矿渣粉	粉煤灰	火山灰质混合材料	
矿渣硅酸盐水泥	P·S·A	50~<79	21~<50	—	—	0~<8③
	P·S·B	30~<49	51~<70	—	—	
粉煤灰硅酸盐水泥	P·F	60~<79	—	21~<40	—	0~<5④
火山灰质硅酸盐水泥	P·P	60~<79	—	—	21~<40	

注:①主要混合材料由符合《通用硅酸盐水泥》(GB 175—2023)规定的粒化高炉矿渣/矿渣粉、粉煤灰、火山灰质混合材料组成。
②替代混合材料为符合《通用硅酸盐水泥》(GB 175—2023)规定的石灰石。
③替代混合材料为符合《通用硅酸盐水泥》(GB 175—2023)规定的粉煤灰或火山灰、石灰石。替代后P·S·A矿渣硅酸盐水泥中粒化高炉矿渣/矿渣粉含量(质量分数)不小于水泥质量的21%,P·S·B矿渣硅酸盐水泥中粒化高炉矿渣/矿渣粉含量(质量分数)不小于水泥质量的51%。
④替代混合材料为符合《通用硅酸盐水泥》(GB 175—2023)规定的石灰石。替代后粉煤灰硅酸盐水泥中粉煤灰含量(质量分数)不小于水泥质量的21%,火山灰质硅酸盐水泥中火山灰质混合材料含量(质量分数)不小于水泥质量的21%。

复合硅酸盐水泥的组分要求　　　　　　　　　　　　　　　　表3-1-3

品种	代号	组分(质量分数)(%)						
		熟料+石膏	混合材料					
			粒化高炉矿渣/矿渣粉	粉煤灰	火山灰质混合材料	石灰石	砂岩	
复合硅酸盐水泥	P·C	50~<79	21~<50①					

注:①混合材料由符合《通用硅酸盐水泥》(GB 175—2023)规定的粒化高炉矿渣/矿渣粉、粉煤灰、火山灰质混合材料、石灰石和砂岩中的三种(含)以上材料组成。其中,石灰石含量(质量分数)不大于水泥质量的15%。

由于硅酸盐水泥和普通硅酸盐水泥在实际工程中应用较为普遍,性能相近,且性能特点具有代表性,因此本任务主要针对这两类水泥进行介绍。

2. 水泥的生产工艺

生产水泥的原材料主要是石灰质原料(如石灰石、白云石等)和黏土质原料(如黏性土、黄土等),前者为水泥提供所需的氧化钙(CaO),后者为水泥提供所需的二氧化硅(SiO_2)、氧化铝(Al_2O_3)以及氧化铁(Fe_2O_3)等成分,必要时添加一些诸如铁矿石之类的校准材料。

将生产水泥的原材料按一定比例掺配,混合磨细成为水泥生料。该生料在水泥烧制窑中经1450℃的高温煅烧,形成以硅酸钙为主要成分的水泥熟料。随后在水泥熟料中添加3%左右的石膏以及不同类型和不同数量的外掺料,二次加工磨细,就得到通用硅酸盐水泥。

在水泥熟料中加入石膏是用于调节水泥的凝结速度,使水泥水化反应速度适应实际应用的需要,因此,石膏是水泥组成中必不可少的缓凝剂。但石膏的用量必须严格控制,若过量会在水泥水化过程中产生不良影响,造成体积不安定现象。

常用水泥的生产过程可概括为"两磨一烧",如图 3-1-1 所示。

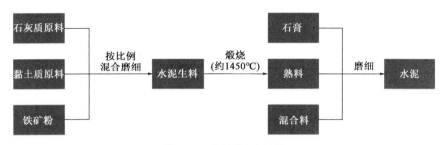

图 3-1-1 水泥的生产过程

3. 水泥中掺入的混合材料

水泥熟料中掺入一些混合材料,可起到增加水泥产量、降低生产成本和改善水泥品质的作用。

掺入的混合材料,大致分为活性和非活性两类。活性混合材料具有水化胶凝能力,在一定条件下可与水发生反应,产生水化凝结并硬化,其作用主要是提高后期强度,提高结构物耐久性。这类混合材料有粒化高炉矿渣、火山灰质材料、粉煤灰等。而非活性混合材料不具备与水反应生成凝胶物的能力,所起的作用主要是提高产量、降低水化热,这类混合料主要有石英砂、石灰石、黏土等。

4. 硅酸盐水泥矿物成分

水泥中的主要矿物成分是硅酸三钙、硅酸二钙、铝酸三钙和铁铝酸四钙,这些矿物成分的性能和数量,直接决定了水泥的特点,各种矿物成分性能特点见表 3-1-4。

水泥矿物成分性能特点　　　　　　　　　　表 3-1-4

性能		矿物成分及含量(%)			
		硅酸三钙 ($3CaO \cdot SiO_2$)	硅酸二钙 ($2CaO \cdot SiO_2$)	铝酸三钙 ($3CaO \cdot Al_2O_3$)	铁铝酸四钙 ($4CaO \cdot Al_2O_3 \cdot Fe_2O_3$)
		63~67	21~24	4~7	2~4
水化反应速度		快	慢	快	中
水化热		高	低	高	中
干缩性		中	小	大	小
抗化学侵蚀性		中	良	差	优
水化物强度	早期	高	低	中	中
	后期	高	高	低	中

二 水泥技术性质

1. 物理性质

(1)细度。

细度大小反映水泥颗粒粗细程度或水泥的分散程度,它对水泥的水化速度、水泥的需水量、和易性、放热速率和强度的形成都有一定的影响。水泥的水化硬化过程开始于水泥颗粒表面,水泥颗粒越细,水泥与水发生反应时的表面积越大,水化速度越快。所以水泥的细度越大,水化反应和凝结速度越快,早期强度越高,因此水泥颗粒达到较高细度是确保水泥品质的基本要求。但如果过度提高水泥细度,不仅会使水泥需水量增加,造成硬化水泥的收缩变形明显加大,还会对水泥构造物的耐久性带来不利影响。同时过细水泥不易长期存放,会增加水泥粉磨成本,因此水泥细度应控制在合理范围内。

细度是用规定网上所得筛余物的质量占试样原始质量的百分数或比表面积表示的粉体的粗细程度。水泥细度测定的方法有筛析法和比表面积法。筛析法以 $45\mu m$ 标准筛的筛上筛余量百分率来表示,该方法现多采用负压筛法。比表面积法以单位质量水泥材料表面积的大小来表示,常用方法为勃氏比表面积法。

(2)标准稠度用水量。

水泥与水之间的反应速度、作用结果,不仅与水泥自身的矿物组成、颗粒细度等内因有关,还与用水量密切相关。在进行有关性能检测(如凝结时间和安定性)时,不同品种的水泥需要加入不同的水量。因此,标准试验条件下达到规定试验状态时所对应的水泥净浆稠度就是所谓的标准稠度,且该标准稠度是使水泥凝结时间、安定性试验结果具有可比性的基础。也就是说,在进行水泥凝结时间、安定性试验测定时,所用的水和水泥质量比例必须与标准稠度水泥净浆的质量比例一致。

《公路工程水泥及水泥混凝土试验规程》(JTG 3420—2020)规定,水泥标准稠度用水量的测定方法有标准维卡仪法(标准法)和代用维卡仪法(代用法)。标准法是让标准试杆沉入水泥净浆中,当试杆沉入的距离正好离底板 $6mm \pm 1mm$ 时,水泥净浆的稠度就是标准稠度净浆,该状态下的拌和用水量为该品种水泥标准稠度用水量;代用法是试锥沉入水泥浆深度为 $30mm \pm 1mm$ 时,对应的水泥净浆稠度为标准稠度,此时的拌和水量即为该水泥的标准稠度用水量。

(3)凝结时间。

水和水泥混合组成的水泥净浆,从最初的可塑状态到逐渐失去可塑性,需要的时间就是水泥的凝结时间。它以标准试针沉入标准稠度水泥净浆达到规定深度所需的时间来表示,并分为初凝时间和终凝时间。初凝时间是指从水泥全部加入水中的时刻计时,到水泥浆开始失去塑性状态所需的时间;而终凝时间是指从水泥全部加入水中开始计时,到完全失去塑性所需的时间。

水泥凝结时间的长短,对水泥混凝土的施工有重要意义。初凝时间太短,不利于整个混凝土施工工序的正常进行;但终凝时间过长,又不利于混凝土结构的形成、模具的周转,导致养护时间更长。因此,水泥凝结时间要求初凝时间不宜过短,终凝时间不宜过长。

硅酸盐水泥的初凝时间应不小于 $45min$,终凝时间应不大于 $390min$。普通硅酸盐水泥、矿渣硅酸盐水泥、火山灰硅酸盐水泥、复合硅酸盐水泥初凝时间应不小于 $45min$,终凝时间应不大于 $600min$。

(4)安定性。

安定性表征水泥硬化后体积变化均匀性的物理指标。水泥在凝结硬化过程中,总会伴随体积上的变化,这种变化如果轻微且均匀,或发生在水泥完全失去塑性之前,将不会影响水泥混凝土的性能。但如果水泥在硬化过程中产生不均匀变形或变形过大,则会对混凝土的性能造成极为不良的影响,这种现象称为水泥的体积不安定现象,产生这种现象的水泥称为体积安定性不良水泥。

水泥安定性不良是由水泥中存在某些有害成分造成的,如掺加石膏时带入的三氧化硫(SO_3)、水泥煅烧时残存的游离氧化镁(MgO)或游离氧化钙(CaO)等。这些成分在水泥浆体硬化后,缓慢地与水及周围的介质发生反应,生成产物的体积不断增加,由此引起硬化后的水泥浆体内部不均匀体积变化。当这种变化形成的应力超出水泥混凝土结构所能承受的极限时,将会给整个结构带来不利影响,严重时将造成水泥混凝土结构上的破坏。

体积安定性的检测方法为雷氏夹法(标准法)和试饼法(代用法)。两种方法的基本原理都是在沸煮条件下,加速有害成分产生的消极作用,通过观察和检测,判断这些有害物是否会引起安定性不良。当两种方法检测结果不一致时,以雷氏夹法为准。

需要说明的是,采用水中沸煮的方式,判断水泥是否存在安定性不良的做法,只针对由游离 CaO 造成安定性不良的问题。因为沸煮过程可以对水泥中存在的游离 CaO 的熟化起到加速的作用,从而"刺激"游离 CaO 造成的不安定现象得以暴露;但对游离 MgO 却达不到这种效果,因为 MgO 要在加压蒸煮条件下才会使其加速熟化,才能反映出是否有安定性问题;同时石膏中 SO_3 的危害则需经历更长时间的高温沸煮才能表现出来。所以目前采用的安定性检测方法只是针对游离 CaO 的影响,并未涉及游离 MgO 和石膏中 SO_3 造成的安定性问题。因此,现行规范要求生产过程中对游离 MgO 和 SO_3 的含量严格限制,以防二者引起安定性不良的问题。

2. 强度

(1)水泥强度。

水泥的力学性质,主要指水泥的强度指标。水泥强度指标是划分水泥等级的重要依据,同时也是水泥混凝土配合比设计的重要参数。

水泥强度包括抗折强度和抗压强度。强度大小除了与水泥自身熟料矿物组成和细度有关外,还与水和水泥混合比例、试件制作方法、养护条件以及龄期等因素密切相关。根据《水泥胶砂强度检验方法(ISO 法)》(GB/T 17671—2021),水泥强度检验是将水泥和标准砂以 1∶3 的比例混合,水和水泥以 1∶2 的比例混合,拌和后制成 40mm×40mm×160mm 标准试件,在标准条件下养护到规定龄期,采用规定方法测出抗折和抗压强度。

(2)强度等级。

通过采用标准方法,测出指定龄期水泥的抗压强度和抗折强度值,以此数值进行强度等级的划分。不同品种水泥有不同的强度等级,同一等级的水泥还可依据早期强度的大小,分为早强型(R 型)和普通型水泥强度。

硅酸盐水泥和普通硅酸盐水泥的强度等级分为 42.5、42.5R、52.5、52.5R、62.5、62.5R 六个等级。矿渣硅酸盐水泥、火山灰硅酸盐水泥、粉煤灰硅酸盐水泥的强度等级分为 32.5、32.5R、42.5、42.5R、52.5、52.5R 六个等级。复合硅酸盐水泥的强度等级分为 42.5、42.5R、52.5、52.5R 四个等级。

3. 化学性质

水泥中除了四大矿物成分之外,还存在一些会对水泥物理、力学性能造成不利影响的化学成分,需要对这些成分含量加以限制,这些成分对水泥的影响程度可用水泥的化学性质来反映。

(1)氧化镁和三氧化硫。

氧化镁和三氧化硫成分含量过高会对水泥造成诸如体积安定性不良、碱集料反应等不利影响。

(2)不溶物。

所谓不溶物是指熟料中不能被浓酸溶解的物质。这些不溶物主要来自原料中的黏土和氧化硅,由于水泥生产时煅烧不良、化学反应不充分,而未能转化成熟料矿物。所以不溶物含量越高,水泥中的有效成分含量就越低。

(3)烧失量。

烧失量是指水泥在一定温度、时间内加热后烧失的数量。水泥煅烧不佳或受潮,都会使烧失量增加,表明水泥的品质受到了不良因素的影响。

(4)氯离子。

水泥中氯离子主要来自原材料或为保证生产工艺要求加入的外加剂。当氯离子含量较高时,会引起水泥混凝土中的钢筋锈蚀,导致混凝土开裂破坏。

(5)碱含量。

水泥属于偏碱性材料,碱性成分是保证硅酸盐水泥水化、凝结和硬化的重要条件。但碱性成分含量偏高,有可能与集料中的活性氧化硅或活性碳酸盐在水的参与下,发生碱集料反应,从而对混凝土造成结构性破坏。所以水泥中碱的总量要加以控制。

上述对水泥带来不良影响的有害物质,主要通过化学方法进行测定。当测得的结果低于规定含量时,认为这些物质造成的不利影响在可控范围内。

三 通用硅酸盐水泥技术要求

我国《通用硅酸盐水泥》(GB 175—2023)对通用硅酸盐水泥从物理性质(如细度、凝结时间、安定性等)、化学性质(对水泥可能带来不利影响的成分,如氧化镁、三氧化硫、氯离子等)和强度(包括抗折、抗压)三个方面提出了相关技术要求。

1. 物理要求

(1)凝结时间。

硅酸盐水泥初凝时间应不小于45min,终凝时间应不大于390min。其他类型水泥初凝时间应不小于45min,终凝时间应不大于600min。

(2)安定性。

沸煮法和压蒸法试验合格。

(3)强度

通用硅酸盐水泥不同龄期强度应符合表3-1-5的规定。

通用硅酸盐水泥不同龄期强度要求 表3-1-5

强度等级	抗压强度(MPa)		抗折强度(MPa)	
	3d	28d	3d	28d
32.5	≥12.0	≥32.5	≥3.0	≥5.5
32.5R	≥17.0		≥4.0	
42.5	≥17.0	≥42.5	≥4.0	≥6.5
42.5R	≥22.0		≥4.5	

续上表

强度等级	抗压强度（MPa）		抗折强度（MPa）	
	3d	28d	3d	28d
52.5	≥22.0	≥52.5	≥4.5	≥7.0
52.5R	≥27.0		≥5.0	
62.5	≥27.0	≥62.5	≥5.0	≥8.0
62.5R	≥32.0		≥5.5	

（4）细度

硅酸盐水泥细度以比表面积表示，应不低于300m²/kg且不高于400m²/kg。普通硅酸盐水泥、矿渣硅酸盐水泥、粉煤灰硅酸盐水泥、火山灰质硅酸盐水泥、复合硅酸盐水泥的细度以45μm方孔筛筛余表示，应不低于5%。

2. 化学要求

通用硅酸盐水泥的化学要求应符合表3-1-6规定。

通用硅酸盐、普通硅酸盐水泥化学要求 表3-1-6

水泥品种	代号	不溶物（%,质量分数）	烧失量（%,质量分数）	三氧化硫（%,质量分数）	氧化镁（%,质量分数）	氯离子（%,质量分数）
硅酸盐水泥	P·Ⅰ	≤0.75	≤3.0	≤3.5	≤5.0	≤0.1
	P·Ⅱ	≤1.50	≤3.5			
普通硅酸盐水泥	P·O	—	≤5.0			
矿渣硅酸盐水泥	P·S·A	—	—	≤4.0	≤6.0	
	P·S·B	—	—		—	
火山灰质硅酸盐水泥	P·P			≤3.5	≤6.0	
粉煤灰硅酸盐水泥	P·F	—	—			
复合硅酸盐水泥	P·C	—	—			

3. 强度

不同龄期水泥强度应符合表3-1-7规定。

通用硅酸盐水泥不同龄期强度 表3-1-7

强度等级	抗压强度（MPa）		抗折强度（MPa）	
	3d	28d	3d	28d
32.5	≥12.0	≥32.5	≥3.0	≥5.5
32.5R	≥17.0		≥4.0	
42.5	≥17.0	≥42.5	≥4.0	≥6.5
42.5R	≥22.0		≥4.5	
52.5	≥22.0	≥52.5	≥4.5	≥7.0
52.5R	≥27.0		≥5.0	

项目 ③ 水泥

续上表

强度等级	抗压强度(MPa)		抗折强度(MPa)	
	3d	28d	3d	28d
62.5	≥27.0	≥62.5	≥5.0	≥8.0
62.5R	≥32.0		≥5.5	

根据《通用硅酸盐水泥》(GB 175—2023)的规定,当不满足以上关于化学要求以及凝结时间、安定性和水泥强度等要求中任一项时,该水泥都将被判定为不合格品。

完成配套学习指导手册任务 3-1 的内容。

任务 3-2　水泥细度试验

为完成表 3-0-1 检测任务单中水泥细度指标检测,需要依据《公路工程水泥及水泥混凝土试验规程》(JTE 3420—2020)中的"T 0502—2005 水泥细度试验方法(筛析法)"要求,测试来样水泥的细度。试验结果须满足《通用硅酸盐水泥》(GB 175—2023)规定:普通硅酸盐水泥、矿渣硅酸盐水泥、粉煤灰硅酸盐水泥、火山灰硅酸盐水泥、复合硅酸盐水泥的细度以 45μm 方孔筛筛余表示,应不低于 5%。

一　试验目的与适用范围

3-1　水泥细度试验

水泥细度用于表征水泥颗粒粗细程度,是评定水泥品质的物理指标之一。通过水泥细度试验,可以评价水泥的抗压强度、气密性、耐久性以及生产、使用过程中的其他性能。

本任务介绍的检测方法适用于通用硅酸盐水泥、道路硅酸盐水泥及指定采用本检测方法的其他品种水泥与矿物掺合料。

二　试验用仪器设备

(1)负压筛析仪。负压筛析仪由旋风筒、负压源、收尘系统、筛座、控制指示仪和负压筛盖等组成,如图 3-2-1 所示。其中筛座由转速为 30r/min±2r/min 的喷气嘴、负压表、控制板、微电机及壳体等部分构成,负压筛析仪可调范围为 4000~6000Pa。

(2)负压筛。负压筛如图3-2-2所示。

图3-2-1 负压筛析仪构造
1-壳体;2-集灰瓶;3-旋风筒;4-负压表(单位:MPa);5-控制板(控制开关、电源和负压大小);6-负压筛

图3-2-2 45μm方孔负压筛

(3)其他仪器。其他仪器还包括0.9mm方孔筛,用于过滤水泥粗颗粒,如图3-2-3所示;天平如图3-2-4所示,量程不小于100g,感量不大于0.01g。

图3-2-3 0.9mm方孔筛

图3-2-4 天平

三 试验方法与步骤

1.样品准备

水泥样品应充分拌匀,通过0.9mm方孔筛(图3-2-5)。

图3-2-5 水泥样品过筛

2. 仪器检查

正式筛析试验前,先接通电源打开仪器,调节负压筛析仪负压至 4000~6000Pa,如低于 4000Pa 时,应先清理吸尘器中的水泥积存物,以保证达到负压要求(图 3-2-6)。

3. 试样称量

试验称取试样 10g,称取试样精确至 0.01g(图 3-2-7)。

图 3-2-6　负压筛析仪的检查　　　　图 3-2-7　水泥试样称量

4. 试样筛分

(1)试样置于洁净的负压筛中[图 3-2-8a)]。

(2)盖上筛盖,放在筛座上[图 3-2-8b)]。

(3)开动筛析仪连续筛析 120s,在此期间如有试样附着在筛盖上,可轻轻敲击筛盖,使试样落下[图 3-2-8c)]。

当工作负压小于 4000Pa 时,应清理吸尘器内水泥,使负压恢复正常。

 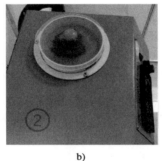 

a)　　　　　　　　　　　b)　　　　　　　　　　　c)

图 3-2-8　试样筛分过程

5. 筛余称量

筛分后,用天平称量筛余物质量,精确至 0.01g(图 3-2-9)。

图 3-2-9 筛余物称量

6. 计算

用筛析法测定水泥细度,计算公式为:

$$F = \frac{R_s}{m} \times 100 \tag{3-2-1}$$

式中:F——水泥试样的筛余百分数,%;

R_s——水泥筛余物的质量,g;

m——水泥试样质量,g。

7. 水泥试验筛的标定方法

①用一种已知 45μm 标准筛筛余百分数的粉状试样(该试样不受环境影响,筛余百分数不发生变化)作为标准样;按 4、5 的试验步骤,测定标准样在试验筛上的筛余百分数。

②试验筛修正系数,按式(3-2-2)计算:

$$C = \frac{F_n}{F_t} \tag{3-2-2}$$

式中:C——试验筛修正系数;

F_n——标准样给定的筛余百分数,%;

F_t——标准样在试验筛上的筛余百分数,%,结果计算精确至 0.01。

注:修正系数 C 超出 0.80~1.20 范围时,试验筛应予以淘汰,不得使用。

③水泥试样筛余百分数结果修正,按式(3-2-3)计算:

$$F_c = C \times F \tag{3-2-3}$$

式中:F_c——水泥试样修正后的筛余百分数,%;

C——试验筛修正系数;

F——水泥试样修正前的筛余百分数,%,结果计算精确至 0.1%。

 注意细节

试验方法与步骤	正确做法	不当做法	对结果的影响
2.仪器检查	负压筛析仪负压至 4000～6000Pa,如低于 4000Pa 时,应先清理吸尘器中的水泥积存物	负压筛析仪负压低于 4000Pa 时,不清理吸尘器中的水泥积存物开始试验	负压达不到要求的 4000Pa,无法继续进行试验
3.试样称量	试验称取试样 10g,称取试样精确至 0.01g,试样置于洁净的负压筛中	因水泥颗粒细小且具有一定黏附性,容易倾倒不完全,部分黏在容器上	初始称量值偏小,最终测得水泥细度测值偏大
4.试样筛分	如有试样附着在筛盖上,可轻轻地敲击,使试样落下	用棍子或手掌暴力敲打,使试样落下	筛子变形,导致筛析仪漏气,下次使用时,将引起试验过程出错

 任务实施

完成配套学习指导手册任务 3-2 的内容,并完成项目 3 检测报告相关内容。

任务 3-3　水泥标准稠度用水量测定

 任务描述

为完成表 3-0-1 检测任务单中对水泥标准稠度用水量的检测,为进行水泥凝结时间和安定性试验作准备,并指导现场水泥混凝土生产用水量的调整。需要依据《公路工程水泥及水泥混凝土试验规程》(JTE 3420—2020)中的"T 0505—2020 水泥标准稠度用水量、凝结时间、安定性试验方法"要求,测试来样水泥的标准稠度用水量。

 相关知识

一　试验的目的与原理

3-2　水泥标准稠度用水量测定

1.试验目的

测定水泥净浆达到标准稠度时的用水量,为测定水泥的凝结时间和体积安定性做准备。

2.试验原理

水泥净浆对标准试杆或试锥的沉入具有一定的阻力,通过针对不同用水

量水泥净浆的穿透性试验,以确定水泥净浆达到标准稠度所需的水量。水泥净浆稠度的测定方法有标准法和代用法两种。

扩展

稠度是衡量一种材料的固态或流动性的程度。水泥标准稠度表示水泥净浆的稀稠程度,用水泥净浆达到标准稠度时用水质量与水泥质量之比表示。水泥净浆中加水太多则变稀,此时抹涂易流淌;净浆中加水过少则过稠,此时抹涂不易抹平。

二、试验用仪器设备

(1)水泥净浆搅拌机:用于水泥净浆的搅拌,如图 3-3-1 所示。

图 3-3-1 搅拌锅
1-搅拌锅;2-叶片;3-控制开关

(2)标准法维卡仪:构造如图 3-3-2 所示,符合现行《水泥净浆标准稠度与凝结时间测定仪》(JC/T 727)的规定,标准稠度测定用试杆(图 3-3-2 中①)有效长度为 50mm±1mm,由直径为 10mm±0.05mm 的圆柱形耐腐蚀金属制成。

测定凝结时间用试针,由钢制成,其有效长度初凝针为 50mm±1mm,终凝针为 30mm±1mm,圆柱体直径为 1.13mm±0.05mm,其构造如图 3-3-3 所示。

滑动部分的总质量为 300g±1g。与试杆、试针联结的滑动杆(图 3-3-2 中④)表面应光滑,能靠重力自由下落,不得有紧涩和晃动现象。

盛装水泥净浆的试模(图 3-3-2 中②)应由耐腐蚀的、有足够硬度的金属制成。试模深为 40mm±0.2mm,圆锥台顶内径为 65mm±0.5mm、底内径为 75mm±0.5mm,每只试模应配备一个边长或直径约为 100mm、厚度为 4~5mm 的平板玻璃底板或金属底板。如图 3-3-4 所示。

标尺刻度为 mm,向上旋转螺丝(图 3-3-2 中⑦)可固定滑动杆(图 3-3-2 中④),如图 3-3-5 所示。

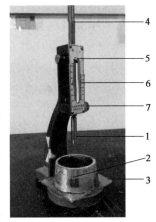

图 3-3-2 维卡仪
1-标准稠度试杆;2-试模;3-玻璃板;4-滑动杆;5-指针;6-标尺刻度;7-螺丝

项目 ③ 水泥

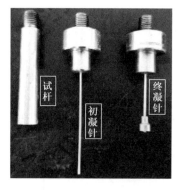 

图 3-3-3　附件构造图　　　　图 3-3-4　试模构造图

图 3-3-5　刻度尺

金属棒上带有指针(图 3-3-1 中⑤),通过标尺刻度(图 3-3-1 中⑥)在 0~70mm 范围内可升降。当用标准法进行标准稠度试验时,维卡仪上的标尺刻度自下而上从 0~70mm;而当采用代用法的试锥操作时,标尺刻度宜自上而下从 0~70mm。同时,可滑动金属棒底端装上不同的附件时,可分别用于水泥标准稠度和凝结时间的测定。

(3)代用法维卡仪:应符合现行《水泥净浆标准稠度与凝结时间测定仪》(JC/T 727)的规定。

三　标准稠度用水量的测定(标准法)

1. 仪器校准

①检查维卡仪的金属棒是否能够自由滑动[图 3-3-6a)]。试模和玻璃底板用湿布擦拭(但不允许有明水),将试模放在底板上。

②调整至试杆接触玻璃板时指针对准零点[图 3-3-6b)]。

2. 水泥净浆的制备

①用水泥净浆搅拌机搅拌,搅拌锅和搅拌叶片用湿布湿润[图 3-3-7a)]。

②根据经验估计首次拌和用水量[图 3-3-7b)]。

③称取 500g 待测水泥[图 3-3-7c)]。

④在规定的 5~10s 将水泥加到搅拌锅内,小心防止有水或水泥溅出。将拌和锅安置在搅拌机的锅座上,升至搅拌位置,启动搅拌机,按照规定设置的搅拌方式搅拌(搅拌方式是低速

搅拌120s,停15s,此时将叶片和锅壁上的水泥浆刮入锅中间,接着高速搅拌120s停机)。如图3-3-7d)所示。

a)   b)

图 3-3-6 维卡仪校准

a)   b)   c)   d)

图 3-3-7 水泥净浆的制备

3. 水泥净浆的装填

拌和结束后,立即取适量水泥净浆一次性将其装入已置于玻璃底板上的试模中,浆体超过试模上端,用宽约25mm的直边刀轻轻拍打超出试模部分的浆体5次以排除浆体中的孔隙,然后在试模上表面约1/3处,略倾斜于试模分别向外轻轻锯掉多余净浆,再从试模边沿轻抹顶部一次,使净浆表面光滑。在锯掉多余的净浆和抹平的操作过程中,注意不要压实净浆(图3-3-8)。

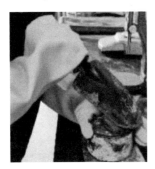  

图 3-3-8 水泥净浆的装填

4. 测定

抹平后迅速将试模和底板移到维卡仪上,并将其中心定在试杆下,降低试杆直到与水泥净浆表面接触,拧紧螺丝 1~2s 后[图 3-3-9a)],突然放松,使试杆垂直自由地沉入水泥净浆中。在试杆停止沉入或释放试杆 30s 时记录试杆距底板之间的距离,升起试杆后,立即擦净[图 3-3-9b)]。

5. 确定标准稠度

整个操作应在搅拌后 90s 内完成。以试杆沉入净浆并距底板 6mm ± 1mm 的水泥净浆为标准稠度净浆。其拌和水量为该水泥的标准稠度用水量(P),按水泥质量的百分比计,结果精确至 1%。

当试杆距玻璃板距离小于 5mm 时,应适当减水,重复水泥浆的拌制和上述过程;若距离大于 7mm,则应适当加水,并重复水泥浆的拌制和上述过程(图 3-3-10)。

a)   b)

图 3-3-9 结果测定   图 3-3-10 标准稠度确定

四 标准稠度用水量的测定(代用法)

标准稠度用水量的测定可用调整水量法和不变水量法两种方法中的任一种,发生争议时,以调整水量法为准。采用调整水量法测定标准稠度用水量时,拌和水量应按经验确定;采用不变水量法测定时,拌和水量为 142.5mL,水量精确到 0.5mL。

试验前须检查项目:仪器金属棒应能自由滑动;试锥降至模顶面位置时,指针应对准标尺零点;搅拌机运转应正常等。

1. 水泥净浆的拌制

用符合要求的水泥净浆搅拌机搅拌,搅拌锅和搅拌叶片先用湿棉布擦净,将称好的 500g 水泥试样倒入搅拌锅内。拌和时,先将锅放到搅拌机锅座上,升至搅拌位置,启动机器,同时徐徐加入水拌和,慢速搅拌 120s,停拌 15s,接着快速搅拌 120s 后停机。

2. 水泥净浆的装填与测定

拌和结束后,立即将拌好的净浆装入锥模内,用宽约 25mm 的直边刀轻轻插捣 5 次,再轻轻振动 5 次,刮去多余净浆;抹平后迅速放到试锥下面固定位置上。将试锥降至净浆表面拧紧螺丝处,拧紧螺丝 1~2s 后,突然放松,让试锥自由沉入净浆中,到试锥停止下沉时记录试锥下沉深度。整个操作应在搅拌后 90s 内完成。

3. 标准稠度的确定

用调整水量法测定时,以试锥下沉深度 30mm±1mm 时的净浆为标准稠度净浆。其拌和水量为该水泥的标准稠度用水量(P),按水泥质量的百分比计。如下沉深度超出范围,须另称试样,调整水量,重新试验,直至达到 30mm±1mm 时为止。

4. 固定用水量方法标准稠度用水量计算

固定水泥用量 500g 不变,固定拌和用水量 142.5mL。按上述调整用水量法操作步骤测定之后,根据试锥下沉深度 S(mm)按下式计算得到标准稠度用水量 P。

$$P = 33.4 - 0.185S \quad (3\text{-}3\text{-}1)$$

式中:P——水泥净浆标注稠度用水量,%;

S——试验时试锥下沉贯入深度,mm。

当试锥下沉深度小于 13mm 时,应改用调整水量法测定。

试验方法与步骤	正确做法	不当做法	对结果的影响
1. 试验方法选择	现行国标及行标针对水泥标准稠度用水量、凝结时间、安定性等试验操作,都采用标准方法和代用法两种方法,实际操纵时应首选标准法	—	—
2. 水泥净浆的制备	当水泥全部加入搅拌锅时,应记录下这一时刻所对应的时间,以备随后的凝结时间测定时用	水泥全部加入搅拌锅时,没有记录下这一时刻所对应的时间	影响水泥凝结时间的测定
标准法:3. 水泥净浆的装填	试模放置在玻璃板上的时候,事先在玻璃板上抹上一层黄油等类似材料	试模直接放置在玻璃板上	水泥黏在玻璃上不好清除
代用法:4. 调整用水量法为准	采用代用法时,如果固定用水量法的结果和调整用水量法的结果有冲突时,以调整用水量法的结果为准	—	—

完成配套学习指导手册任务 3-3 的内容,并完成项目 3 检测报告的相应内容。

任务 3-4　水泥凝结时间测定

任务描述

为完成表 3-0-1 检测任务单中对水泥凝结时间的测定,需要依据《公路工程水泥及水泥混凝土试验规程》(JTE 3420—2020)中的"T 0505—2020 水泥标准稠度用水量、凝结时间、安定性试验方法",测定来样水泥的凝结时间。试验结果应满足《道路硅酸盐水泥》(GB/T 13693—2017)规定：初凝时间不小于90min,终凝时间不大于720min。

水泥凝结时间的检验对于控制混凝土施工过程具有重要意义。同时,通过水泥凝结时间的检验,可以判断水泥质量的优劣。

相关知识

一、试验的目的与原理

3-3 水泥凝结时间测定

1. 试验目的

通过测定水泥从加水时刻起,到水泥开始失去塑性和完全失去塑性产生凝固所需要的时间,来指导水泥拌制混凝土施工时的适宜施工周期,包括初凝时间测定与终凝时间测定。

2. 试验原理

凝结时间以试针沉入水泥标准稠度净浆至一定深度所需的时间表示。

二、试验用仪器设备

试验仪器主要包括维卡仪、初凝针和终凝针,构造同图3-3-1～图3-3-3。

三、试验方法与步骤

1. 试验准备

调整凝结时间测定仪的初凝试针接触玻璃板时,指针对准零点,如图3-4-1所示。

图3-4-1 试验准备

2. 制作凝结材料(图3-4-2)

(1)采用标准稠度水泥净浆作为测定凝结时间的材料。

(2)将该净浆一次装满试模,振动数次,刮平,立即放入湿气养护箱中。

(3)记录净浆搅拌时水泥全部加到水中的时刻,作为测定凝结时间的起始时间。

图 3-4-2　制作凝结材料

3.测定初凝时间(图 3-4-3)

(1)待测试样在养护箱中养护 30min 时,进行第一次测定。

(2)从湿养护箱中取出试模,放在试针下,降低试针与水泥净浆表面接触。拧紧螺钉 1～2s 后,突然放松,使试针垂直自由地沉入水泥净浆中,观察试计停止下沉或释放试针 30s 时试针的读数,当试针下沉至距底板 4mm±1mm 时,表征水泥达到初凝状态。当达到初凝时应立即重复测一次,当两次结论相同时才能定位达到初凝状态。

(3)如未达到规定下沉状态,则继续养护,再次测定,直至测试结果呈现规定的状态。

(4)将起始时间到初凝状态出现所经历的时间定义为初凝时间,用"min"表示。

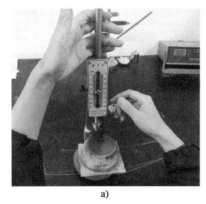

图 3-4-3　测定初凝时间

4.测定终凝时间(图 3-4-4)

(1)为了准确观察试件沉入的状况,在终凝针上安装了一个环形附件。在将完成初凝时间测定后,立即将试模连同浆体以平移的方式从玻璃板上取下,翻转 180°,直径大端朝上,小端朝下放在玻璃板上,再放入养护箱中继续养护。

(2)在接近终凝时间时,每隔 15min 测定一次,直到终凝试针沉入水泥试件表面 0.5mm 时为止。即当只有试针在水泥表面留下痕迹,而不出现环形附件的圆环痕迹时,表征水泥达到终凝状态。

项目 ❸ 水泥　115

(3)将起始时间到出现终凝状态所经历的时间定义为终凝时间,用"min"表示。

(4)达到终凝时,需要在试件的另外两个不同点进行测试,结论相同时才能确定达到终凝状态。

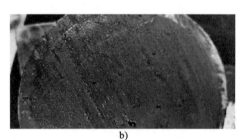

图 3-4-4 测定终凝时间

试验方法与步骤	正确做法	不当做法	对结果的影响
3.测定初凝时间	在最初进行初凝时间测定时,要轻轻扶持金属杆,使试针缓缓下降,但最后结果要以自由下落为准	不扶持金属杆,使试针陡然下降	试针可能会撞弯
4.测定终凝时间	达到凝结时间时,要立即重复测定一次,只有两次测定结果都表示达到初凝或终凝状态时,才可认定	凝结时间只测定一次	影响终凝时间的准确性
	每次测定要避免试针落在同一针孔位置,并避开试模内壁至少10mm,测定间隔期间要保持试样在养护箱中等待	每次测定试针落在同一针孔位置,或接近试模内壁	影响测试结果
	掌握好两种凝结时间可能出现的时刻,在接近初凝或终凝时,要缩短两次测定的间隔	测定水泥凝结时间时,在凝结时间可能出现时刻不缩短测定时间间隔	可能会错过"真实"时刻

完成配套学习指导手册任务 3-4 的内容,并完成项目 3 检测报告相关内容。

任务 3-5 水泥安定性试验

任务描述

为完成表 3-0-1 检测任务单中对水泥安定性的检测,需要依据《公路工程水泥及水泥混凝土试验规程》(JTE 3420—2020)中的"T 0505—2020 水泥标准稠度用水量、凝结时间、安定性试验方法"要求,测试来样水泥的安定性。试验结果应满足《通用硅酸盐水泥》(GB 175—2023)规定:两个试件煮后增加距离($C\text{-}A$)的平均值不大于 5.0mm,即认为该水泥安定性合格。

相关知识

一、试验的目的与原理

1.试验目的

水泥安定性反映了水泥在凝结硬化过程中体积变化的均匀情况,若水泥中含有过量的游离氧化钙、氧化镁或三氧化硫,在凝结硬化时会发生不均匀的体积变化,水泥混凝土结构出现龟裂、弯曲、松脆和崩溃等不安定现象。准确测定水泥安定性对水泥品质的控制具有重要意义。现行水泥安定性试验可检测出游离氧化钙引起的水泥体积变化,以判断水泥安定性是否合格。

3-4 水泥安定性试验

2.试验原理

安定性的测定有两种方法,即雷氏法和试饼法,雷氏法是标准法,试饼法为代用法,有争议时以雷氏法为准。雷氏夹法是通过测定水泥标准稠度净浆在雷氏夹中沸煮后试针的相对移动表征其体积膨胀的程度;试饼法是通过观测水泥标准稠度净浆试饼沸煮后的外形变化情况表征其体积安定性。

二、试验用仪器设备

雷氏夹构造如图 3-5-1 所示,由铜质材料制成,开口试模外侧带有两根长指针。当一根指针在根部悬挂在一根金属丝或尼龙丝上,另一根指针的根部挂上 300g 质量的砝码时,两根指针的针尖距离增加值应为 17.5mm ± 2.5mm。而当去掉砝码后,针尖的距离应恢复到悬挂砝码之前的状态。雷氏夹膨胀值测定仪构造如图 3-5-2 所示。

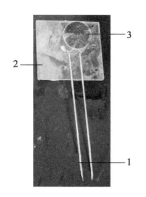
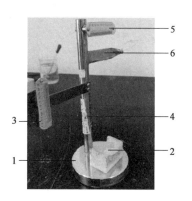

图 3-5-1 雷氏夹
1-指针;2-玻璃板;3-试模

图 3-5-2 雷氏夹膨胀值测定仪
1-底座;2-模子座;3-测强性标尺;
4-立柱;5-测膨胀值标尺;6-悬臂

项目 ③ 水泥 117

煮沸箱如图 3-5-3 所示，由耐锈蚀的金属制成的箱体，其有效容积为 410mm×240mm×310mm，箱中试件架与加热器之间的距离大于 50mm。

图 3-5-3　煮沸箱

三　安全性测定（标准法）

（一）雷氏法

1. 试验准备

（1）每个试样需要两个试件，每个雷氏夹需配备两个边长或直径约 80mm、厚度为 4～5mm 的玻璃板[图 3-5-4a)]。

（2）凡与水泥净浆接触的玻璃板和雷氏夹表面都要稍稍涂上一层黄油[图 3-5-4b)]。

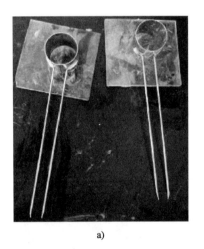

a)　　　　　　　　　　b)

图 3-5-4　试验准备

2. 试件制备

（1）将预先准备好的雷氏夹放在已擦黄油的玻璃板上，并立刻把制备好的标准稠度水泥净浆装填在雷氏夹的试模里，用小抹刀插捣 3 次，确保密实[图 3-5-5a)]。

（2）抹平。每个水泥样品至少制备两个试样[图 3-5-5b)]。

（3）再盖上一块涂黄油的玻璃板[图3-5-5c]。

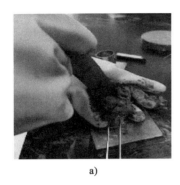
a)
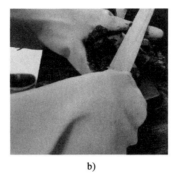
b)
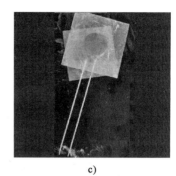
c)

图3-5-5 试件制备

3. 试件养护

立即将试件放入湿气养护箱中养护24h±2h（图3-5-6）。

4. 试件煮沸

沸煮试验前，首先调整好箱内水位，要求在整个沸煮过程中箱里的水始终能够没过试件，不可中途补水，同时要保证水在30min±5min内开始沸腾。

（1）从养护箱中取出雷氏夹，去掉玻璃板，取下试件，先检查试饼是否完整（如已开裂、翘曲，要检查原因，确定无外因时，该试饼已属不合格品，不必沸煮），在试饼无缺陷的情况下，用雷氏法测定时，测量雷氏夹指针尖端的距离[记作A]，精确到0.5mm（图3-5-7）。

图3-5-6 试件养护　　　　图3-5-7 试件煮沸

（2）随后将试件放入沸煮箱水中的试件架上，要求指针朝上，之后开始加热，使箱中的水在30min±5min内沸腾，并恒沸180min±5min。

5. 结果判别

沸煮结束后，立即放掉箱中的热水，打开箱盖，待冷却至室温，取出试件。再次测量雷氏夹指针尖端的距离（记作C），精确到0.5mm。当两个雷氏夹试件沸煮后指针尖端增加的距离（$C-A$）的平均值不大于5.0mm时，则认为该水泥安定性合格。当结果超出上述要求时，则应再做一次试验，以复检结果为准（图3-5-8）。

图 3-5-8 结果判别

(二) 安定性测定(代用法)

1. 制备试样

将制备好的水泥标准稠度净浆取出一部分,分成相同的两份,先团成球形,放在事先涂有一层黄油的玻璃板上,在桌面上轻轻振动,并通过小刀由外向里抹动,使水泥浆形成一个直径70～80mm、中心厚约10mm、边缘渐薄、表面光滑的圆形试饼,放入湿气养护箱中养护24h±2h。

2. 煮沸

调整好沸煮箱内的水位,使之在整个沸煮过程中都能没过试件,无须中途添补试验用水,同时保证水在30min±5min内能沸腾。

脱去玻璃板取下试件,当用饼法测定时,先检查试饼是否完整(如已开裂、翘曲,要检查原因,确定无外因时,该试饼已属不合格品,不必沸煮),在试饼无缺陷的情况下将试饼放在沸煮箱的水中算板上,然后在30min±5min内加热至水沸腾,并恒沸180min±5min。

3. 结果判别

沸煮结束后,立即放掉沸煮箱中的热水,打开箱盖,待箱体冷却至室温,取出试件进行判别。目测试饼未发现裂缝,用直尺检查也没有弯曲(使钢直尺和试饼底部紧靠,以两者间不透光为不弯曲)的试饼为安定性合格,反之为不合格。当两个试饼判别结果有矛盾时,该水泥的安定性为不合格。

试验方法与步骤	正确做法	不当做法	对结果的影响
雷氏法:2.试件制备——装模	立刻把制备好的标准稠度水泥净浆装填在雷氏夹的试模里,并用小抹刀插捣3次,确保密实	振捣动作过大,人为引入空气	不密实,试验结果飘离正确值
雷氏法:4.试件煮沸	在雷氏夹沸煮过程中,要避免雷氏夹指针相互交叉	在雷氏夹沸煮过程中,雷氏夹指针相互交叉	指针变形,导致试验结果不可用

续上表

试验方法与步骤	正确做法	不当做法	对结果的影响
雷氏法:5.结果判别	沸煮结束后,立即放掉水箱中的热水,打开箱盖,待冷却至室温,取出试件	直接拿出试件,热水留作他用	水泥试件因温差剧烈变化而发生开裂
试验结果判定	当雷氏夹法和试饼法试验结果互相矛盾时,以雷氏夹法的结果为准	—	—

完成配套学习指导手册任务 3-5 的内容,并完成项目 3 检测报告的相关内容。

任务 3-6　水泥胶砂强度试验

为完成表 3-0-1 检测任务单中对水泥胶砂强度的检测,需要依据《公路工程水泥及水泥混凝土试验规程》(JTE 3420—2020)中的"T 0506—2005 水泥胶砂强度试验方法(ISO 法)"要求,测试来样水泥的胶砂强度。试验结果应满足《道路硅酸盐水泥》(GB/T 13693—2017)规定:强度等级为 7.5 水泥,28 天龄期抗压强度≥42.5MPa,抗折强度≥7.5MPa;强度等级为 8.5 水泥,28 天龄期抗压强度≥52.5MPa,抗折强度≥8.5MPa。

一　试验的目的

水泥胶砂强度试验是为了验证水泥胶砂的强度指标,包括抗压强度、抗折强度等。试验结果可以用于评估水泥胶砂的质量,了解其具体强度信息,为工程中水泥胶砂的选用和使用提供科学依据。

通过采用 ISO 法,测定水泥的抗折强度和抗压强度,并以此确定水泥强度等级。

水泥胶砂强度试验适用于通用硅酸盐水泥、石灰石硅酸盐水泥胶砂抗折和抗压强度检验。

抗折强度:是指水泥胶砂硬化试件单位面积承受弯矩时的极限折断应力。

抗压强度:水泥胶砂硬化试件承受压缩破坏时的最大应力。

3-5　水泥胶砂强度试验

二　试验用仪器设备与材料

(1)胶砂搅拌机如图 3-6-1 所示,由胶砂搅拌锅和搅拌叶片以及电动设备组成,搅拌锅可自由挪动,但也可很方便地固定在搅拌机底座上。搅拌时,叶片按顺时针进行自转的同时,也

项目 ③　水泥　　121

可沿锅边逆时针公转。

（2）胶砂振实台如图3-6-2所示,由可以跳动的台盘和使其跳动的轮等组成。台盘上有固定试模用的卡具,并连有两根起稳定作用的臂,轮由电机带动,通过控制器控制按一定的要求转动并保证使台盘平衡上升至一定高度后自由下落,其中心恰好与止动器撞击。振实台应安装在高度约400mm的混凝土基座上。

图 3-6-1 胶砂搅拌机
1-搅拌锅;2-叶片;3-电动机;4-漏斗

图 3-6-2 胶砂振实台
1-试模;2-振动机;3-混凝土基座

（3）振动机如图3-6-3所示。试模为可装卸的三联模,由隔板、端板、底座等部分组成,尺寸为40mm×40mm×160mm,如图3-6-4所示。

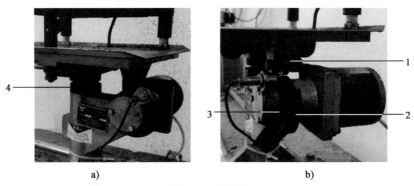
a)   b)
图 3-6-3 振动机
1-随动轮;2-凸轮;3-止动器;4-突头

a)   b)
图 3-6-4 试模

(4)代用振动台其频率为 2800~3000 次/min,振动台为全波振幅 0.75mm±0.02mm。

(5)试验机如图 3-6-5a)所示,抗压试验夹具受压面积 40mm×40mm。试验机包括抗压试验机[图 3-6-5b)]和抗折试验机[图 3-6-5c)]。

a)   b)   c)

图 3-6-5 试验机

(6)天平:量程不小于 2000g,感量不大于 1g。

(7)水泥:水泥样品应贮存在气密的容器里,这个容器不应与水泥发生反应。试验前混合均匀。

(8)ISO 基准砂(reference sand)是由 SiO_2 含量不低于 98%、天然的圆形硅质砂组成,其颗粒分布在表 3-6-1 规定的范围内。

ISO 基准砂的颗粒分布   表 3-6-1

方孔筛孔径(mm)	2.00	1.60	1.00	0.50	0.16	0.08
累计筛余(%)	0	7±5	33±5	67±5	87±5	99±1

(9)试验用水:验收试验或有争议时应使用符合《分析实验室用水规格和实验方法》(GB/T 6682)规定的三级水(可由单级蒸馏、离子交换或反渗透制成),其他试验可用饮用水。

三 试验方法和步骤

1.胶砂制备

(1)试模准备。

①将试模擦净并紧密装配好[图 3-6-6a)]。

②四周的模板与底座的接触面上应涂黄油,内壁均匀地刷一薄层机油[图 3-6-6b)]。

(2)配合比。

胶砂的质量配合比为一份水泥、三份中国 ISO 标准砂和半份水(水灰比 W/C 为 0.50)。每锅材料需 450g±2g 水泥、1350g±5g 砂和 225mL±1mL 或 225g±1g 水[图 3-6-6c)]。一锅胶砂成型三条试体。

(3)搅拌。

胶砂用搅拌机按以下程序进行搅拌,可以采用自动控制,也可以采用手动控制。

①事先将搅拌锅和搅拌叶片用湿抹布擦拭[图 3-6-7a)]。

②将所需水倒入搅拌锅内,随后加入水泥,将搅拌锅固定在机座上,上升至固定位置立即开动机器,先低速搅拌 30s ± 1s[图 3-6-7b)]。

③在第二个 30s ± 1s 开始的同时均匀地将砂子通过加砂漏斗加到搅拌锅中,再高速搅拌 30s ± 1s,停拌 90s 后,在第一个 15s ± 1s 内用胶皮刮具将叶片和锅壁上的胶砂刮入锅中,再高速搅拌 60s ± 1s。在各个阶段时间误差应在 ± 1s 内[图 3-6-7c)]。

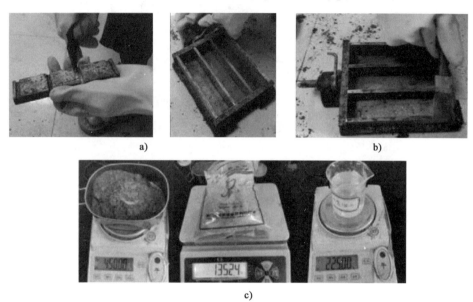

图 3-6-6　试验准备

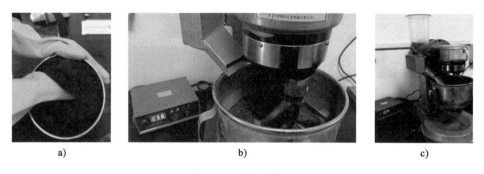

图 3-6-7　胶砂制备

2. 试体的制备

①每个试体为 40mm × 40mm × 160mm 的棱柱体。

②胶砂制备后立即进行成型。将空试模和模套固定在振实台上,用料勺将锅壁上的胶砂清理到锅内并翻转搅拌胶砂使其更加均匀,成型时将胶砂分两层装入试模[图 3-6-8a)]。

③装第一层时,每个槽里约放 300g 胶砂,先用料勺沿试模长度方向划动胶砂以布满模槽,再用大布料器垂直架在模套顶部沿每个模槽来回一次将料层布平,接着振实 60 次[图 3-6-8b)]。

④再装入第二层胶砂,用料勺沿试模长度方向划动胶砂以布满模槽,但不能接触已振实的

胶砂,再用小布料器布平,振实60次[图3-6-8c)]。每次振实时可将一块用水浸、湿拧干过、比模套尺寸稍大的棉纱布盖在模套上以防止振实时胶砂飞溅。

⑤移走模套,从振实台上取下试模,用一金属直边尺以近似90°的角度(但向刮平方向稍斜)架在试模模顶的一端,然后沿试模长度方向以横向锯割动作慢慢向另一端移动[图3-6-8d)],将超过试模部分的胶砂刮去,锯割动作要慢以防止拉动已振实的胶砂。用拧干的湿毛巾将试模端板顶部的胶砂擦拭干净,再用同一直边尺以近乎水平的角度将试体表面抹平。抹平的次数要尽量少,总次数不应超过3次。最后将试模周边的胶砂擦除干净。

⑥用毛笔或其他方法对试体进行编号。两个龄期以上的试体,在编号时应将同一试模中的3条试体分在两个以上龄期内。

图3-6-8 胶砂试样装模

注:在用代用振动台成型时,应同时将试模及下料漏斗卡紧在振动台台面中心。将搅拌好的全部胶砂均匀地装于下料漏斗中,开动振动台,振动120s±5s。振动完毕,取下试模,用刮平尺按上述方法刮去多余胶砂并抹平试件。

3. 试体的养护

①脱模前的处理和养护。

在试模上盖一块玻璃板,也可用相似尺寸的钢板或不渗水的、和水泥没有反应的材料制成的板。盖板与试模之间的距离应控制在2~3mm之间。

立即将做好标记的试模放入养护室或湿箱的水平架子上养护,湿空气应能与试模各边接触。养护时不应将试模放在其他试模上。一直养护到规定的脱模时间时取出脱模。

②脱模。

脱模应非常小心。脱模时可以用橡皮锤或脱模器[图3-6-9]。

图3-6-9 试件养护

对于24h龄期的,应在破型试验前20min内脱模。对于24h以上龄期的,应在成型后20~24h之间脱模。

如经24h养护,会因脱模对强度造成损害时,可以延迟至24h以后脱模,但在试验报告中应予说明。

已确定作为24h龄期试验(或其他不下水直接做试验)的已脱模试体,应用湿布覆盖至做试验时为止。

对于胶砂搅拌或振实台的对比,建议称量每个模型中试体的总量。

③水中养护。

将做好标记的试体立即水平或竖直放在20℃±1℃水中养护,水平放置时刮平面应朝上。

试体放在不易腐烂的篦子上,并彼此间保持一定间距,让水与试体的六个面接触。养护期间试体之间间隔或试体上表面的水深不应小于5mm。

养护期间保证水面超过试件5mm,需要时要及时补充水量,但不允许养护期间全部换水。

④强度试验试体的龄期。

除24h龄期或延迟至48h脱模的试体外,任何到龄期的试体应在试验(破型)前提前从水中取出。揩去试体表面沉积物,并用湿布覆盖至试验为止。试体龄期是从水泥加水搅拌开始试验时算起。不同龄期强度试验在下列时间里进行:

24h±15min;48h±30min;72h±45min;7d±2h;28d±8h。

4. 强度试验

养护至规定龄期时,从养护环境中取出待测试件,进行强度测定。

①进行抗折、抗压试验时,要选择适宜的加载量程,使试件破坏时达到的最大加载值在所选量程的20%~80%为宜。

②首先进行抗折试验。将抗折试验机调平衡。试件的侧面朝上放在试验机的调整夹具内,旋紧夹具时调整杠杆的仰起高度,使杠杆在试件折断时尽可能地接近水平位置。接通开关,抗折机以50N/s±10N/s的速率均匀施加荷载,直至试件折断,记录破坏时的荷载[图3-6-10a)]。

③随后进行抗压试验。抗折强度试验完成后,取出两个半截试体,进行抗压强度试验。半截棱柱体中心与压力机压板受压中心差应在±0.5mm内,棱柱体露在压板外的部分约有10mm。注意直接受压面为侧面,然后放到压力机上压力机以2400N/s±200N/s速率加荷,直至试件破坏,记录破杯荷载[图3-6-10b)]。

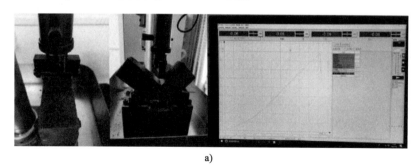

a)　　　　　　　　　　　　　　　　　　b)

图3-6-10　强度试验

5.试验结果计算

(1)抗折强度通过下式计算:

$$R_\mathrm{f} = \frac{1.5 F_\mathrm{f} L}{B^3} \tag{3-6-1}$$

式中:R_f——水泥胶砂抗折强度,MPa,精确至0.1MPa(下同);

F_f——水泥胶砂试件折断时施加的荷载,N;

L——试件支撑间距,mm,标准状况为100mm;

B——水泥胶砂试件正方形截面边长,40mm。

试验结果处理:以一组三个棱柱体抗折结果的平均值作为试验结果。当三个强度值中有一个超出平均值的±10%时,应剔除后再取平均值作为抗折强度试验结果;当三个强度值中有两个超出平均值±10%时,则以剩余一个作为抗折强度结果。

单个抗折强度结果精确至0.1MPa,算术平均值精确至0.1MPa。

(2)抗压强度通过下式计算:

$$R_\mathrm{c} = \frac{F_\mathrm{c}}{A} \tag{3-6-2}$$

式中:R_c——水泥胶砂抗压强度,MPa;

F_c——破坏时的最大荷载,N;

A——受压面积,mm^2,标准面积为40mm×40mm。

试验结果处理:以一组三个棱柱体上得到的六个抗压强度测定值的平均值为试验结果。当六个测定值中有一个超出六个平均值的±10%时,剔除这个结果,再以剩下五个的平均值为结果。当五个测定值中再有超过它们平均值的±10%时,则此组结果作废。当六个测定值中同时有两个或两个以上超出平均值的±10%时,则此组结果作废。

单个抗压强度结果精确至0.1MPa,算术平均值精确至0.1MPa。

注意细节

试验方法和步骤	正确做法	不当做法	对结果的影响
1.胶砂制备:试模准备	四周的模板与底座的接触面上应涂黄油,内壁均匀地刷一薄层机油	没有在内壁均匀刷机油	试件脱模不容易
2.试体的制备:胶砂试样装模	先把试模和模套固定在振动台上,用小勺从搅拌锅中将胶砂分两层装入试模	胶砂一次性装入试模中	试件成型后不密实

任务实施

完成配套学习指导手册任务3-6的内容,并完成项目3检测报告的相应内容。

项目4 水泥混凝土

一、项目任务概述

某高速公路收费站与沥青路面衔接段采用水泥混凝土路面,为完成该水泥混凝土的配合比组成设计,并检验该水泥混凝土的技术性质,项目办填写委托单,委托检测中心完成配合比设计和技术性质检测,要求检测过程符合《公路工程水泥及水泥混凝土试验规程》(JTG 3420—2020)、《公路水泥混凝土路面施工技术细则》(JTG/T F30—2014)。检测中心根据委托合同,下发检测任务单表4-0-1至材料检测部,具体检测任务单如下。

CXWJ4.5.4-1-JLWJ-3[①]

×××检测中心
检测任务单(内检)   表4-0-1

任务单编号:SW-2021-H3-M330024[②]

样品名称	水泥混凝土	检测类别	委托检测
样品编号	2021M3301-M33003[③]	规格型号	普通水泥混凝土
样品描述	水泥未受潮、无结块、砂石材料洁净无杂质		
检测项目	水泥混凝土配合比设计、坍落度、表观密度、凝结时间、抗压强度、抗弯拉强度试验		
检测依据/标准	《公路工程水泥及水泥混凝土试验规程》(JTG 3420—2020)、《公路水泥混凝土路面施工技术细则》(JTG/T F30—2014)		
检后样品处理	√舍弃 □取回 □留样( )天		
发样人		接样人	

注:①是试验室管理体系文件里的质量记录编号,每个单位都略有不同。
②SW表示室外,2021表示任务单下发年份,H3-M330024是对任务单的编号,用于盲样管理的内部编码,每个单位都不同。
③是对样品的编号,属于盲样管理的内部编码。

依照设计文件,某一级重交通公路项目上基层(半刚性基层)采用水泥稳定混合料,水泥型号为P.O 32.5。为确定该混合料的室内配合比组成(包括集料级配和水灰比),并验证该配合比的路用性能,项目施工方与检测中心签订项目委托检测合同,要求配合比设计及路用性能验证满足《公路路面基层施工技术细则》(JTG/T F20—2015)规定。检测中心根据委托合同,下发检测任务单表4-0-2至材料检测部,具体检测任务单如下。

CXWJ4.5.4-1-JLWJ-3[①]

×××××××检测中心
检测任务单(内检)   表4-0-2

任务单编号:SN-2021-H3-M330024[②]

样品名称	水泥稳定混合料配合比设计	检测类别	送样检测
样品编号	2021M3301-M33003[③]	规格型号	—
样品描述	集料干燥、洁净;水泥干燥		

续上表

样品名称	水泥稳定混合料配合比设计	检测类别	送样检测
检测项目	原材料性能检测、级配曲线、最佳水泥掺量、集料掺配比		
检测依据/标准	《公路工程无机结合料稳定材料试验规程》(JTG 3441—2024)、《公路路面基层施工技术细则》(JTG/T F20—2015)		
检后样品处理	√舍弃　　□取回　　□留样( )天		
发样人		接样人	

注：①是试验室管理体系文件里的质量记录编号，每个单位都略有不同。
②SN 表示室内，2021 表示任务单下发年份，H3-M330024 是对任务单的编号，用于盲样管理的内部编码，每个单位都不同。
③是对样品的编号，属于盲样管理的内部编码。

水泥稳定材料的 7d 龄期无侧限抗压强度标准 R_g 见表 4-0-3。

水泥稳定材料的 7d 龄期无侧限抗压强度标准 R_g（单位：MPa）　　　　表 4-0-3

结构层	公路等级	极重、特重交通	重交通	中、轻交通
基层	高速公路和一级公路	5.0~7.0	4.0~6.0	3.0~5.0
	二级及二级以下公路	4.0~6.0	3.0~5.0	2.0~4.0
底基层	高速公路和一级公路	3.0~5.0	2.5~4.5	2.0~4.0
	二级及二级以下公路	2.5~4.5	2.0~4.0	1.0~3.0

二　学习目标

(1)了解：普通水泥混凝土的性质与各任务试验的试验目的。
(2)熟悉：各任务试验的试验过程。
(3)掌握：混凝土配合比设计的基本步骤。
(4)会对各任务试验进行独立操作完成。
(5)会对各任务试验的试验结果进行分析计算并出具检测报告。
(6)能根据任务要求独立完成混凝土配合比设计内容。

任务 4-1　认识水泥混凝土的技术性质

任务描述

水泥混凝土是由水泥、水、砂石、外加剂等材料混合而成的水硬性无机凝胶材料，硬化前的水泥混凝土具有很强的可塑性，硬化后的水泥混凝土具有强度高、不易变形的特点，普遍应用于公路工程中的不同结构物。为完成任务单表 4-0-1 的水泥混凝土配合比组成设计，并检验该水泥混凝土的技术性质，需要系统学习水泥混凝土的技术性质，知道每种技术性质的检测方法和评判方法，为后续的检测任务提供知识性基础。

相关知识

一 新拌水泥混凝土的工作性

1. 混凝土定义

水泥混凝土是由水泥、粗细集料和水按适当比例混合,在需要时掺加适宜的外加剂、掺合料等配制而成。其中水泥与水混合形成水泥浆,水泥浆起胶凝和填充作用,集料起骨架和密实作用。水泥与水发生化学反应生成具有胶凝作用的水化物,将集料颗粒紧密黏结在一起,经过一定凝结硬化时间后形成人造石材,即混凝土。

4-1 无机结合料稳定材料配合比设计

2. 混凝土工作性的定义

新拌混凝土的工作性又称和易性,是综合评价混凝土流动性、可塑性、黏聚性、保水性、稳定性和易密性状况的一项综合性质和指标。

(1)流动性:是指混凝土拌合物在自重或机械振捣作用下,能产生流动,并均匀密实地填满模板的性能。

(2)可塑性:指拌合物在外力作用下产生塑性流动,不发生脆性断裂的性质。

(3)黏聚性:指拌合物的组成材料之间有一定的黏聚力,在施工过程中,不致发生分层和离析现象的性能。

(4)保水性:指拌合物具有一定的保水能力,在施工过程不致产生严重泌水现象的性能。

(5)稳定性:指拌合物在外力作用下产生变形的能力,这种变形可以把新拌混凝土塑造成不同形状的结构体。

(6)易密性:指拌合物在捣实或振动过程中克服摩阻力达到密实程度的能力。

由于混凝土拌合物的工作性在很大程度上影响到施工过程和硬化后混凝土的技术性能,因此较深入地了解混凝土工作性概念、有效把握影响工作性的相关技术,对保证水泥混凝土的质量有重要的意义。

3. 工作性检测方法

常用混凝土拌合物工作性的测定方法有坍落度试验和维勃稠度试验两种。坍落度试验适用于塑性混凝土,维勃稠度试验适用于干硬性混凝土,但无论哪种试验方法都不能全面反映混凝土拌合物的工作性。目前只是在测出混凝土拌合物流动性的同时,结合经验和观察,综合评定混凝土的工作性。

4. 影响混凝土工作性的因素

影响混凝土拌合物工作性的因素有内因和外因两大类。外因主要指施工环境条件,包括外界环境的气温、湿度、风力大小以及拌和时间等。内因是指构成混凝土组成材料的特点及其配合比例,包括原材料特性、单位用水量、水灰比和砂率等。

(1)原材料特性。

①水泥品种和细度会影响混凝土拌合物的工作性。如普通硅酸盐水泥拌合物的工作性相

对较好;矿渣水泥拌合物的流动性较大,但黏聚性较差;火山灰水泥拌合物流动性小,但黏聚性较好等。另一方面,适当提高水泥细度可改善混凝土拌合物的黏聚性和保水性,减少泌水和离析的程度。

②粗集料的颗粒形状和表面特征也直接影响到混凝土的工作性。如采用卵石配制混凝土的流动性比碎石混凝土要大;集料中针片状颗粒含量较少,接近立方体的颗粒较多,且级配较好时,在同样的水泥浆数量下,混凝土拌合物可获得较大的流动性,同时黏聚性和保水性也较好。

③当混凝土中使用外加剂时,会显著改善混凝土的工作性,所以目前实际工作中普遍使用外加剂。

(2)单位用水量。

单位用水量的多少决定了混凝土拌合物中水泥浆的数量。在组成材料一定的情况下,拌合物的流动性随单位用水量的增加而加大。当固定水和水泥用量的比例,即水灰比一定时,单位用水量过小,则水泥浆数量就会偏少,此时混凝土中集料颗粒间缺少足够的黏结材料,拌合物的黏聚性较差,易发生离析和崩坍现象,且不易密实;单位用水量过大时,虽然混凝土的流动性随之增加,但黏聚性和保水性随之变差,会产生流浆、泌水、离析现象。同时单位用水量过大还会使混凝土易产生收缩裂缝,影响到混凝土耐久性,并造成水泥浪费等问题。

(3)水灰比。

水灰比(W/C)是指混凝土中所用的水和水泥质量之比。随着混凝土技术的不断发展,混凝土中充当胶凝作用的原材料已不仅仅是单一的水泥,还有诸如硅粉、高炉矿渣粉和粉煤灰等。

单位用水量的多少决定了水泥浆数量的多少,而水灰比的大小则决定了水泥浆的稀稠程度。水灰比小,则水泥浆稠度大,混凝土拌合物流动性小。水灰比过小时,在一定施工方式下难以保证混凝土密实成型。相反,若水灰比过大,水泥浆稠度较小,虽然混凝土拌合物的流动性增加,但可能引起混凝土拌合物黏聚性和保水性不良。而且当水灰比超过一定限度时,混凝土拌合物会产生严重的泌水、离析现象。且若水灰比过大,在水泥混凝土硬化过程中,多余水分的蒸发,会形成大量毛细孔洞,空洞会导致混凝土强度和耐久性降低。因此,当混凝土拌合物的流动性不足或过大时,不能仅仅增加或减少单位用水量,而是在保持原有水灰比的基础上,同时增加或减少水和水泥的用量。由此可见,水泥混凝土的水灰比对混凝土起着极为关键的作用,是保证混凝土各项性能的核心指标。

(4)砂率。

砂率是指混凝土中砂的质量占砂石总质量的百分率。由水、水泥和砂组成的水泥砂浆在混凝土中起着润滑作用,这种润滑作用可降低粗集料之间的摩阻力,以产生施工所需的流动性。砂率不足时,过小砂率组成的水泥砂浆不足以包裹所有的粗集料,无法发挥所需的润滑作用,使混凝土拌合物的流动性受到影响。因此,在一定范围内,混凝土拌合物的流动性会随着砂率提高而加大。但在水泥浆数量固定的情况下,随着砂率的增大,集料的总表面积也随之增大,使水泥浆无法包裹全部集料,砂率超过一定限值,会削弱水泥浆的润滑作用,反而又会导致混凝土拌合物流动性的降低。这种变化规律如图 4-1-1 所示。

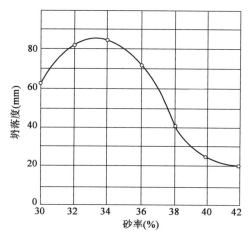

图 4-1-1　混凝土拌合物坍落度与砂率的关系

因此,水泥混凝土存在一个合理砂率,即当水泥浆数量一定的情况下,能使混凝土拌合物获得最大流动性而且保持良好黏聚性和保水性的砂率,这样的砂率可称为混凝土的最佳砂率。如图 4-1-1 所示,抛物线型曲线中最高值对应的砂率(大约 33%)就是最佳砂率。

二　硬化后水泥混凝土的力学性质

1. 强度

强度是水泥混凝土最主要的力学性质之一,工程实践中主要关注的有抗压强度和抗折强度。

(1)立方体抗压强度(f_{cu})。

以标准方法制成边长为 100mm、150mm 或 200mm 的立方体试件,其中 150mm 为标准尺寸,在标准条件下(20℃±2℃,相对湿度 95% 以上)养护至 28d 龄期,用标准方法测定其受压极限破坏荷载,以此求得该水泥混凝土的抗压强度(MPa)。该强度指标是混凝土力学指标的基础性强度指标,常用于实际工程的强度和质量控制。

评价混凝土抗压强度除立方体试件,还可采用圆柱体试件。圆柱体试件的尺寸有三种规格,分别是 $\phi 100mm \times 200mm$、$\phi 150mm \times 300mm$ 和 $\phi 200mm \times 400mm$,其中标准尺寸是 $\phi 150 \times 300mm$。在专用试模中通过机械振动振实或通过人工捣棒捣实的方式分层装填成型,拆模前进行端面找平。与立方体试件同样的养护条件养护到指定龄期,按照类似的加载试验方法进行抗压试验,求得混凝土的抗压强度。

(2)抗弯拉强度(抗折强度)(f_{cp})。

将混凝土制成 150mm×150mm×550mm(或 600mm)的直角棱柱小梁试件,按照规定的养护方法养护到 28d 龄期。采用三分点加荷方式进行试验,测得抗弯拉强度(MPa)。该强度在道路和机场跑道中有着重要意义,因为此时的路面混凝土结构物需要承受很大的弯拉荷载作用,所以在进行面层和机场跑道混凝土结构设计或质量控制时,要采用抗弯拉强度作为设计控制指标,抗压强度作为参考强度指标。表 4-1-1 列出了不同道路交通等级对抗弯拉强度标准值的要求,表 4-1-2 说明了道路混凝土抗弯拉强度与抗压强度之间的关系。

混凝土路面设计强度标准值　　　　　　　　　　　表4-1-1

交通荷载等级	极重、特重、重	中等	轻
混凝土设计弯拉强度标准值(MPa)	≥5.0	4.5	4.0

道路水泥混凝土抗弯拉强度与抗压强度的关系　　　　　　　表4-1-2

抗折强度(MPa)	4.0	4.5	5.0	5.5
抗压强度(MPa)	25.0	30.0	35.5	40.0

2. 强度等级

结构设计时,混凝土各种力学强度的标准值均可由抗压强度等级经过换算得出,强度等级是各种力学强度标准值的基础。

(1)立方体抗压强度标准值($f_{cu,k}$)。

立方体抗压强度标准值是指按标准方法制作和养护的边长为150mm的立方体试件,到28d龄期时,采用标准试验方式测得的抗压强度总体分布中的一个值,要求混凝土抗压强度低于标准值的百分率不超过5%(即具有95%保证率的抗压强度),以MPa(N/mm²)计。可见,混凝土抗压强度(f_{cu})与抗压强度标准值($f_{cu,k}$)的区别在于标准值并不是一个简单的平均结果,而是引入了保证率的概念,涉及数理统计分析过程,从而能够更加准确地反映混凝土强度结果的整体状况。

(2)混凝土强度等级。

根据立方体抗压强度标准值来确定强度等级。表示方法是用符号"C"和"立方体抗压强度标准值"表示。如C30表示混凝土的立方体抗压强度标准值($f_{cu,k}$)不低于30MPa。我国现行规范将混凝土立方体抗压强度等级设定为14个:C15、C20、C25、C30、C35、C40、C45、C50、C55、C60、C65、C70、C75和C80。

3. 影响混凝土强度的因素

影响混凝土强度的因素很多,主要受组成原材料的影响,包括原材料的特征和各材料之间的组成比例等内因,以及养护条件和试验测试条件等外因。

(1)水泥强度和水灰(胶)比。

水泥强度大小是影响水泥混凝土强度的最直接因素。试验表明,水泥强度越大,水化反应后形成的水泥石强度就越大,配制的混凝土强度也就越大。当水泥强度确定时,混凝土强度就主要取决于水灰(胶)比,在一定范围内强度随水灰(胶)比的减少而有规律的增大。根据大量试验资料统计结果,得出水灰(胶)比、水泥实际强度与混凝土28d立方体强度之间的关系,可由下式表示。

$$f_{cu,28} = a_a f_{ce}\left(\frac{C}{W} - a_b\right) \tag{4-1-1}$$

式中：$f_{cu,28}$——28d龄期混凝土立方体抗压强度,MPa;

f_{ce}——水泥实际强度,MPa;

C/W——水灰比;

a_a、a_b——与集料品种有关的统计回归系数,通过试验求得。

(2)集料特性。

碎石拌制的水泥混凝土,强度比卵石拌制的水泥混凝土高,但在相同用水量情况下,流动性相对较小。这是因为集料的粗糙表面有较多棱角,使碎石在提高与水泥及其水化产物黏附性和黏结程度的同时,加大了拌合物内部摩擦阻力。由于针片状颗粒给施工带来不利影响,并增加了混凝土空隙率,所以要限制粗集料的针片状颗粒数量。粗集料的最大粒径对混凝土抗压强度和抗折强度均有影响,一方面随着粗集料粒径增大,单位用水量相应减少,在固定的用水量和水灰比条件下,加大最大粒径,可获得较好的工作性,或因减小水灰比而提高混凝土的强度和耐久性;另一方面随着粗集料最大粒径的增加,会减少集料与水泥浆接触的总面积,使界面强度降低,同时还会因振捣密实程度的降低影响到混凝土强度的形成。所以粗集料最大粒径的增加,对混凝土强度会带来双重影响,但对混凝土抗折强度的不利影响程度要比抗压强度更大一些。

(3)浆集比。

混凝土中水泥浆的体积和集料体积之比称为浆集比,该比值对混凝土的强度也有一定的影响。在水灰(胶)比相同的条件下,达到最佳浆集比后,混凝土强度会随着混凝土浆集比的增加而降低。

(4)养护条件。

养护过程中湿度、温度和龄期是影响混凝土强度形成的主要因素。

混凝土在潮湿环境下,形成的强度远高于在干燥环境下形成的强度。因此,为了使混凝土正常硬化,促进强度的形成和提高,应创造和保持一定的潮湿环境。特别是在夏季高温季节,气温较高,水分蒸发迅速,更要特别注意保持补水养护。

确保一定的养护温度是混凝土强度形成的又一必要条件。如果混凝土养护温度过低甚至降至冰点以下,水泥的水化反应将停止,混凝土强度将不再发展,甚至会因冰冻作用造成混凝土强度的损失。所以在相同湿度条件下,适宜的提高养护温度,有利于混凝土强度的提高。

在标准养护条件下,混凝土强度与龄期之间有较好的相关性,在对数坐标上呈直线关系。所以可利用这种相关性,根据早期结果来推算混凝土的后期强度。

(5)试验条件。

试验时的试件尺寸、试件的湿度和温度、支承状况和加载方式等都会影响同一混凝土最终的强度结果。例如,同样的压力试验,尺寸愈小的试件测得的结果就会越高,原因在于加载时上下压头对偏小试件上下面产生的保护作用更加明显,同样的抗压试验对受压面积偏小的试件测得的结果比受压面积偏大的要高,因此不同尺寸抗压试件测得的结果要采用不同系数加以修正。又例如,加载速率快慢也会对强度结果带来直接影响,加载速率越高,测得的强度就会越高,原因在于在较快的加载速率下,试件没有充足的响应时间反映出这种变化,因而造成一种被测试件能够有更高承受荷载能力的假象。

任务实施

完成配套学习指导手册任务 4-1 的内容。

任务 4-2 坍落度试验

任务描述

为完成表 4-0-1 检测任务单中对水泥混凝土坍落度的指标检测,需要依据《公路工程水泥及水泥混凝土试验规程》(JTG 3420—2020)中的"T 0522—2005 水泥混凝土拌合物稠度试验方法(坍落度仪法)"要求,测试来样水泥混凝土的坍落度,评价该水泥混凝土的黏聚性和保水性。《水泥混凝土路面施工技术细则》(JTG/T F30—2014)中对不同施工工艺的水泥混凝土做了工作性技术要求:碎石混凝土滑模摊铺时坍落度宜为 10~30mm;卵石混凝土滑模摊铺时坍落度宜为 5~20mm;三辊轴机组摊铺时现场坍落度宜为 20~40mm;小型机具摊铺时现场坍落度宜为 5~20mm。

混凝土坍落度可以反映混凝土在拌和过程后的流动性能和整体可塑性能,对保证混凝土的质量及施工效率起到至关重要的作用。

相关知识

一、试验的目的与原理

1. 试验目的

通过坍落度试验,综合评价新拌混凝土的工作性。坍落度试验适用于坍落度值大于 10mm,集料公称最大粒径不大于 31.5mm 的混凝土。

4-2 坍落度试验

2. 试验原理

坍落度试验是将待测混凝土拌合物装入标准圆锥筒中,再提起圆锥筒,在重力作用下混凝土会自动坍落,以筒高与坍落后混凝土试体高差为坍落度,其测定过程如图 4-2-1 所示。接着通过侧向敲击,进一步观察混凝土坍落体的下沉情况。如混凝土拌合物在敲击下渐渐下沉,并能较好的团聚在一起,表示混凝土具有良好的黏聚性;如拌合物在敲击时突然折断倒坍,或有石子离析出来,则表示黏聚性较差。另一方,查看拌合物的均匀程度和水泥浆的含水状况,判断混凝土的保水性。如整个试验过程中没有或仅有少量水泥浆从底部析出,或者从拌合物表面泌出,则表示混凝土拌合物具有良好的保水性;但如果有较多水泥浆从底部流出,并引起拌合物中集料外露,则说明混凝土的保水性不好。通过上述方法,定性地评价混凝土的工作性。

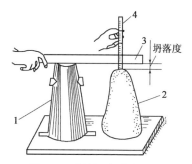

图 4-2-1 混凝土坍落度测定
1-坍落度筒;2-拌合物试体;3-木尺;4-钢尺

项目 4 水泥混凝土

> **拓展**

坍落度试验中除了坍落度值能够比较准确的测出之外,有关黏聚性和保水性等内容难以定量描述,需要一定的工作经验辅助判断。其中,保水性可根据实际情况分成多量、少量和无三个等级,多量表示有较多的水从筒底析出;少量表示有数量不多的水分从底部析出;无则表示没有水析出。

二 试验用仪器设备

坍落筒构造如图 4-2-2 所示,试验中应根据集料粒径选择坍落筒规格,见表 4-2-1。

图 4-2-2　坍落筒
1-把手;2-踏板;3-坍落筒

坍落筒规格　　　　　　　　　　　　表 4-2-1

集料最大粒径（mm）	坍落筒类型	筒的内部尺寸(mm)		
		底面直径	顶面直径	高度
≤31.5	标准坍落筒	200 ± 2	100 ± 2	300 ± 2
50,80	加大坍落筒	300 ± 2	150 ± 2	450 ± 2

其他设备还包括用于混凝土拌和的强制式搅拌机、捣棒等,如图 4-2-3 所示。捣棒是直径为 16mm、长约 600mm,并具有半球形端头的钢质圆棒。

a)强制式搅拌机　　　　　　　　　　b)捣棒

图 4-2-3　搅拌设备

三、试验步骤

1. 拌和

(1)搅拌机拌和方法。

首先用与实际混凝土相同的砂浆在拌和机内部进行涮膛,以避免正式拌和混凝土时水泥砂浆黏附在搅拌机上,改变原有混凝土的材料组成。将称好的粗集料、细集料和水泥分别加入到拌和机中,先搅拌均匀后,徐徐加入所需的水[图4-2-4a)~图4-2-4d)]。继续搅拌2min,将拌合物倒在铁板上,人工再翻拌1~2min。

(2)人工拌和方法。

先称取水泥和砂倒在拌和板上搅拌均匀,再称出石子一起拌和。将料堆的中心扒开,倒入所需水的一半,仔细拌和均匀后,再倒入剩余的水,继续拌和至均匀。拌和时间大约为4~5min[图4-2-4e)]。

a)　　　　b)　　　　c)　　　　d)　　　　e)

图4-2-4　混凝土拌和过程

2. 装筒

用湿布抹湿坍落筒铁锹和拌和板等用具。将漏斗放在坍落筒上,脚踩踏板,拌合物分三层装入筒内,每层装填的高度稍大于筒高的三分之一。每层用捣棒沿螺旋线由边缘至中心插捣25次,要求最底层插捣至底部,其他两层插捣至下层约20~30mm处,混凝土装筒过程如图4-2-5所示。

图4-2-5　混凝土装筒

3. 提筒

装填插捣结束后,用镘刀刮去多余的拌合物,抹平筒口,清除筒底周围的混凝土。随即提起斜落筒,操作过程在5~10s内完成,要注意提筒时防止对装填的混凝土产生横向扭力作用(图4-2-6)。

4. 坍落度测量

将坍落筒放在已坍落的拌合物一旁,筒顶平放一个朝向拌合物的直尺,用钢尺量出直尺底面到试样顶点的垂直距离,该距离定义为混凝土拌合物的坍落度,以 mm 为单位,结果精确至 1mm[图 4-2-7]。

图 4-2-6 提筒

图 4-2-7 坍落度测量

5. 观察

(1) 观察黏聚性。

进一步观察坍落的拌合物,用捣棒轻轻敲击拌合物侧面。如在敲击过程中坍落的混凝土体渐渐下沉,表示黏聚性较好;如敲击时混凝土体突然折断,或崩解、石子散落,则说明混凝土黏聚性差。

(2) 观察保水性。

观察整个试验过程中是否有水从拌合物中析出,如混凝土体的底部少有水分析出,混凝土拌合物表面也无泌水现象,则说明混凝土的保水性较好;否则,如果底部明显有水分流出,或混凝土表面出现泌水现象,则表示混凝土的保水性不好(图 4-2-8)。

6. 坍落扩展度测量

当混凝土拌合物的坍落度大于 160mm 时,用钢尺测出混凝土坍落结束扩展后的最大直径和最小直径,在这两个直径之差小于 50mm 的条件下,用其算术平均值作为坍落扩展度。但两者的差值超出 50mm 时,此次试验无效(图 4-2-9)。

图 4-2-8 观察混凝土

图 4-2-9 坍落扩展度测量

试验方法与步骤	正确做法	不当做法	对结果的影响
1.拌和	搅拌机拌和时,首先要用与实际混凝土相同的砂浆在拌和机内部进行涮膛	搅拌机拌和时,直接拌和	正式拌和混凝土时水泥砂浆黏附在搅拌机上,改变原有混凝土的材料组成
2.装筒	拌合物分三层装入筒内,每层装填的高度稍大于筒高的三分之一	拌合物一次性装入桶中	混凝土不密实

完成配套学习指导手册任务 4-2 的内容,并完成项目 4 检测报告的相应内容。

任务 4-3　维勃稠度试验

为完成表 4-0-1 检测任务单中对水泥混凝土拌合物稠度的检测,需要依据《公路工程水泥及水泥混凝土试验规程》(JTG 3420—2020)中的"T 0523—2005 水泥混凝土拌合物稠度试验方法(维勃仪法)"要求,测试来样水泥混凝土的稠度。并按照《水泥混凝土路面施工技术细则》(JTG/T F30—2014)中的水泥混凝土拌合物的稠度分级(表 4-3-1)进行判定。

较干硬的混凝土拌合物(坍落度小于 10mm)用维勃稠度仪测定其稠度。

一、试验的目的与原理

1.试验目的

本方法适用于集料最大粒径不大于 31.5mm 的水泥混凝土及维勃时间在 5~30s 的干稠性水泥混凝土的稠度测定。

2.试验原理

该试验采用专用维勃稠度仪来进行。按与坍落度试验相同的操作方式将混凝土拌合物装填在维勃稠度仪上的圆锥筒中,提起圆锥筒后,将一透明圆盘放置在混凝土拌合物上。开启振动台,同时开始计时,当透明圆盘底面被水泥浆布满的瞬间停止计时,并关闭

4-3　维勃稠度试验

振动台。以这一过程所需的时间作为维勃试验的结果,以 s 为单位。显然,维勃时间越长,混凝土拌和物的坍落度就越小,按维勃试验进行水泥混凝土拌合物的稠度分级见表 4-3-1。

水泥混凝土拌合物的稠度分级　　　　表 4-3-1

级别	维勃时间(s)	级别	维勃时间(s)
特干硬	≥30	低塑	10～5
很干稠	30～21	塑性	≤4
干稠	20～11	流态	—

二 试验的仪器设备

维勃稠度仪的构造如图 4-3-1 所示。

容量筒如图 4-3-2 所示,为金属圆筒,内径为 240mm±5mm、高为 200mm、壁厚为 3mm、底厚为 7.5mm。容量筒应不漏水并有足够刚度,上有把手,底部外伸部分可用螺母将其固定在振动台上。

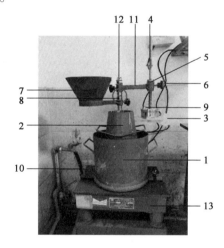

图 4-3-1　维勃稠度仪
1-容量筒;2-坍落度筒;3-圆盘;4-滑棒;5-套筒;6-螺栓;7-漏斗;8-支柱;9-定位螺丝;10-荷重;11-元宝螺丝;12-旋转架;13-振动台

图 4-3-2　容量筒

坍落度筒如图 4-3-3 所示,筒底部直径为 200mm±2mm、顶部直径为 100mm±2mm、高度为 300mm±2mm、壁厚不小于 1.5mm,上、下开口并与锥体轴线垂直,内壁光滑,筒外安有把手。

圆盘如图 4-3-4 所示,直径为 230mm±2mm、厚为 10mm±2mm,圆盘、滑杆及荷重块组成的滑动部分总质量为 2.75kg±0.05kg。

振动台工作频率为 50Hz±3Hz,空载振幅为 0.5mm±0.1mm,上有固定容器的螺栓,其构造如图 4-3-5 所示。

图 4-3-3 坍落度筒

图 4-3-4 圆盘

图 4-3-5 振动台

三、试验步骤

1. 试样准备（图 4-3-6）

将容量筒 1 牢固地用螺母固定在振动台上,放入坍落度筒 2,把漏斗 7 转到坍落度筒上口,拧紧螺丝 9,使坍落度筒不能漂离容量筒底面。

2. 装料（图 4-3-7）

按坍落度试验步骤,分三层经漏斗装拌合物,每装一层用捣棒从周边向中心螺旋形均匀插捣 25 次,插捣底层时捣棒应贯穿整个深度,插捣第二层时,捣棒应插透本层至下一层的表面,捣毕第三层混凝土后,抹平筒口（图 4-3-7）。

图 4-3-6 试验准备

图 4-3-7 装料

3. 振动

拧紧螺丝 9,使圆盘顺利滑向容量筒,开动振动台和秒表。观察透明圆盘混凝土的振实情况,当圆盘底面为水泥浆所布满时,即刻停表和关闭振动台,秒表所记时间,即表示混凝土混合料的维勃时间,时间精确至 1s（图 4-3-8）。仪器每测试一次后,必须将容量筒、坍落度筒及透明圆盘洗净擦干,并在滑杆等处涂薄层黄油,以备下次使用。

图 4-3-8　振动

4. 结果处理

水泥混凝土拌合物稠度的维勃时间以秒(s)为单位;以两次试验结果的平均值作为混凝土拌合物稠度的维勃时间,结果精确到 1s。

试验方法与步骤	正确做法	不当做法	对结果的影响
3. 振动	仪器每测试一次后,必须将容量筒、坍落度筒及透明圆盘洗净擦干,并在滑杆等处涂薄层黄油,以备下次使用	仪器测试后直接结束操作,或没有刷黄油	混凝土黏附在仪器上凝固后难以清理,后生锈

完成配套学习指导手册任务 4-3 的内容,并完成项目 4 检测报告的相关内容。

任务 4-4　水泥混凝土拌合物表观密度试验

任务描述

为完成检测任务单表 4-0-1 中对水泥混凝土拌合物表观密度的检测,需要依据《公路工程水泥及水泥混凝土试验规程》(JTG 3420—2020)中的"T 0525—2020 水泥混凝土拌合物体积密度试验方法"要求,测试来样水泥混凝土拌合物的表观密度。

测定混凝土的表观密度,可以用来判断混凝土中的空隙率和松实程度,以反映混凝土的质量和强度。

一、试验的目的

混凝土表观密度,也即混凝土的毛体积密度。通过新拌混凝土表观密度的测定,用于修正和确定混凝土的材料配合比组成。

4-4 水泥混凝土
拌合物表观
密度测定

二、试验仪器

(1)容量筒如图4-4-1所示,为刚性金属制成的圆筒。对于集料最大粒径不大于31.5mm的混凝土拌合物,宜采用容积不小于5L的容量筒。对于集料最大粒径大于31.5mm的拌合物,应采用内径与内高均应大于集料最大粒径4倍的容量筒。

图4-4-1 容量筒

(2)电子天平:最大量程不小于50kg,感量不大于10g。
(3)捣棒:直径为16mm,长约600mm,并具有半球形端头的钢质圆棒。
(4)振动台:应符合现行《混凝土试验用振动台》(JG/T 245—2009)的规定。
(5)其他:金属直尺、抹刀、玻璃板等。

三、试验步骤

1. 标定

试验前应先进行容量筒标定,如图4-4-2所示。
(1)应将干净容量筒与玻璃板一起称重,精确至10g。
(2)将容量筒装满水,缓慢将玻璃板从筒口一侧推到另一侧,容量筒内应充满水,且不应存在气泡,有气泡时应用胶头滴管滴平,擦干容量筒外壁,再次称重。
(3)两次称重结果之差除以该温度下水的密度,则为容量筒的容积 $V(L)$,本试验条件下水的密度约为1000kg/m³,可取该值。

2. 称筒重

容量筒用湿布擦拭干净,称出质量 m_1,精确至10g,如图4-4-3所示。

图4-4-2　容量筒标定　　　　　　　　　　图4-4-3　称容量筒

3. 振捣

(1)坍落度不大于90mm。

混凝土拌合物宜用振动台振实。振动台振实时,应一次性将混凝土拌合物装填至高出容量筒筒口,装料时可用捣棒稍加插捣,振动过程中若混凝土平面低于筒口,应随时添加,振动直至拌合物表面出现水泥浆为止。

(2)坍落度大于90mm。

混凝土拌合物宜用捣棒插捣密实,如图4-4-4所示。插捣时,应根据容量筒的大小决定分层与插捣次数:用5L容量筒时,混凝土拌合物应分两层装入,每层的插捣次数应为25次;用大于5L的容量筒时,每层混凝土的高度不应大于100mm,每层插捣次数按每10000mm²截面不小于12次计算;用捣棒从边缘到中心沿螺旋形均匀插捣;捣棒应垂直压下,不得冲击,捣底层时应至筒底,插捣第二层时,捣棒应插透本层至下一层的表面;每一层捣完后用橡皮锤沿容量筒外壁敲击5～10次,进行振实,直至混凝土拌合物表面插捣孔消失并不见气泡为止。

图4-4-4　振捣

（3）自密实混凝土应一次性填满，且不应进行振动和插捣。

4. 称试样与容量筒总重（图 4-4-5）

将筒口多余的混凝土拌合物刮去，表面有凹陷应填补，用抹刀抹平，并用玻璃板检验；应将容量筒外壁擦净，称出混凝土拌合物试样与容量筒总质量 m_2，精确至 10g。

5. 计算表观密度

通过下式计算表观密度。

$$\rho_{\mathrm{h}} = \frac{m_2 - m_1}{V} \quad (4\text{-}4\text{-}1)$$

式中：ρ_{h}——混凝土拌和物的表观密度，kg/m^3；
　　　m_1——容量筒质量，g；
　　　m_2——捣实或振实后混凝土和容量筒的质量之和，g；
　　　V——容量筒体积，L，即试样筒、水和玻璃板的总质量与筒和玻璃板质量之和的差值。

以两次试验测值的算术平均值作为试验结果，结果精确至 $10kg/m^3$，试样不得重复使用。

图 4-4-5　称试样与容量筒总重

试验方法与步骤	正确做法	不当做法	对结果的影响
1. 标定	容量筒应标定，将容量筒装满水，缓慢将玻璃板从筒口一侧推到另一侧，容量筒内应充满水，且不应存在气泡（需要借助胶头滴管）	容量筒标定时有气泡，没有使用胶头滴管滴满	容量筒体积标定值过小
3. 振捣	振动直至拌合物表面出现水泥浆为止	振动时间过长，出现混合料严重分层，即大料在底部，细小料在上部	测定结果飘离正确值
4. 称试样与容量筒总重	称量试样时，应将容量筒外壁擦净再称量	称量试样时，容量筒外壁未擦净直接称量	试样重量偏大（外壁水的质量被误加入）

完成配套学习指导手册任务 4-4 的内容，并完成项目 4 检测报告的相关内容。

任务 4-5　水泥混凝土拌合物凝结时间测定

任务描述

为完成检测任务单表 4-0-1 中对水泥混凝土拌合物凝结时间的检测,需要依据《公路工程水泥及水泥混凝土试验规程》(JTG 3420—2020)中的"T 0527—2005 水泥混凝土拌合物凝结时间试验方法"要求,测试来样水泥混凝土拌合物凝结时间。

为明确混凝土拌合物在不同环境条件下的凝结时间变化规律,以此正确的控制施工进程,需要进行水泥混凝土拌合物凝结时间测定。

相关知识

一、试验的目的

1. 试验目的

通过采用贯入阻力的测定方法,明确混凝土拌合物在不同环境条件下的凝结时间变化规律,以此正确地控制现场施工进程。

2. 适用范围

本方法适用于各通用水泥和常见外加剂以及不同水泥混凝土配合比、坍落度值不为零的水泥混凝土拌合物的凝结时间测定。

二、试验用仪器设备

贯入阻力仪如图 4-5-1 所示,最大测量值不小 1000N,精度 10N。

测针长度约 100mm,根据针头截面积的大小划分成 100mm^2、50mm^2、20mm^2 三种型号,如图 4-5-2 所示,在距离贯入端 25mm 处刻有标记,用于指示操作时的贯入深度。

图 4-5-1　贯入阻力仪
1-主体;2-测针;3-手轮;4-阻力显示器

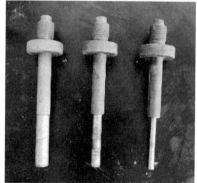

图 4-5-2　测针

圆形试模如图4-5-3所示,为上口径为160mm,下口径为150mm,净高150mm的刚性容器,并配有盖子。标准筛如图4-5-4所示,为4.75mm方孔筛。

图4-5-3 圆形试模

图4-5-4 标准筛

三 试验步骤

1. 取

取有代表性的混凝土拌合物,用4.75mm的标准筛尽快过筛,筛去4.75mm以上的粗集料(图4-5-5)。

2. 装

经人工翻拌后,装入试模。每批混凝土拌和物取一个试样,共取三个试样,分装到三个试模中(图4-5-6)。

图4-5-5 取混凝土拌合物

图4-5-6 拌合物入模

3. 振

(1)坍落度不大于90mm的混凝土宜采用振动台振实砂浆,振动应持续到表面出浆为止,但要避免振动过度;

(2)坍落度大于90mm的宜用捣棒人工捣实,沿螺旋线方向由外向中心均匀插捣25次,然后用橡皮锤轻击试模侧面,以排除在捣实过程中留下的孔洞。进一步整平砂浆表面,且表面要低于试模上沿约 10mm,并应立即加盖(图 4-5-7)。

4. 盖

盖上玻璃板,将试件静置于温度 20℃ ±2℃(或与现场相同)环境中,并在以后的试验中,环境温度始终保持在 20℃ ±2℃。除操作过程外,试筒应始终加盖(图 4-5-8)。

图 4-5-7　拌合物振动

图 4-5-8　拌合物加盖

5. 吸

约 1h 后,通过倾斜试模,将表面泌出的水集中起来,用吸液管吸出。在以后的操作过程中要多次进行类似的吸水工作,以免影响贯入阻力仪的使用(图 4-5-9)。

6. 选

根据测试时间的长短,依次从粗到细选择合适的测针进行贯入阻力的测定。当观察到测针压入砂浆表面时,测孔周围出现微小裂缝,则应改换截面积较小的测针。也可参考表 4-5-1 选择测针(图 4-5-10)。

图 4-5-9　泌水吸出

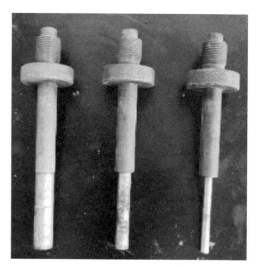

图 4-5-10　选择测针

测针选择参考表   表 4-5-1

单位面积贯入阻力(MPa)	0.2~3.5	3.5~20.0	20~28.0
平头测针圆面积(mm²)	100	50	20

7．测

(1) 先将待测试件放在贯入阻力仪上,当测针刚刚接触砂浆表面时,转动手轮让测针在10s±2s内垂直均匀地插入试样内至刻度处,深度为25mm±2mm,记下刻度盘显示的增量,精确至10N。并记下从开始加水拌和所经过的时间(精确至1min)和当时的环境温度(精确至0.5℃)。

(2) 测定时,每个试样筒每次测1~2个点,各测点的间距不小于15mm,测点与试样筒壁的距离不小于25mm。

(3) 每个试样做贯入阻力试验次数应不少于6次,要求第一次测得的单位面积贯入阻力不大于3.5MPa,最后一次的单位面积贯入阻力应不小于28MPa。

(4) 从加水拌和时刻算起,常温下普通混凝土3h后开始测定,之后每隔0.5h测一次;快硬混凝土或在气温较高时,应在2h后开始测定,之后每隔0.5h测一次;缓凝混凝土或在低温环境下,可5h后开始测定,之后每隔2h测一次。临近初凝或终凝时可增加测定次数(图4-5-11)。

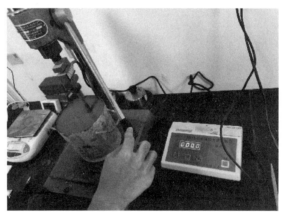

图 4-5-11 凝结时间测定

四 试验结果计算

(1) 单位面积贯入阻力按下式计算：

$$f_{PR} = \frac{P}{A} \tag{4-5-1}$$

式中：f_{PR}——单位面积贯入阻力,MPa;

P——测针贯入深度25mm时的贯入压力,即测针垂直插入试样25mm时刻度盘增量,N;

A——贯入用测针截面面积,mm。

(2) 以单位面积贯入阻力为纵坐标,测试时间为横坐标,绘制单位面积贯入阻力与测试时间的关系曲线。经3.5MPa及28MPa画两条与横坐标平行的直线,则该直线与关系曲线交点对应的横坐标分别为混凝土的初凝时间和终凝时间,如图4-5-12所示。

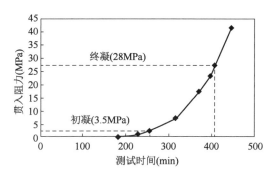

图 4-5-12　混凝土贯入阻力-时间曲线

（3）凝结时间取三个试样的平均值。三个测值中的最大值或最小值,如果有一个与中间值之差超过中间值的10%,则以中间值为试验结果;如最大值和最小值与中间值之差都超过中间值的10%,则此次试验无效。

任务实施

完成配套学习指导手册任务4-6的内容,并完成项目4检测报告的相关内容。

任务 4-6　水泥混凝土抗压度试验

任务描述

为完成检测任务单表4-0-1中对水泥混凝土抗压强度的检测,需要依据《公路工程水泥及水泥混凝土试验规程》(JTG 3420—2020)中的"T 0553—2005 水泥混凝土抗压强度试验方法"要求,测试来样水泥混凝土的抗压强度,抗压强度应满足设计文件要求。

通过混凝土抗压试验,可以观察混凝土在压力下的变形和破坏情况,以确定其承载能力和抗压强度,为工程设计和施工提供重要的参考依据,混凝土抗压试验对于工程质量的控制和提高具有重要的意义。

相关知识

一　试验的目的与适用范围

4-5　水泥混凝土抗压强度试验

混凝土强度试验是反应混凝土技术性能最重要的试验,通过强度试验,可以评价混凝土的力学性能,为混凝土结构设计提供参数,也是保证混凝土工程施工质量最重要的试验。主要包括混凝土抗压强度试验、混凝土抗弯拉强度试验、混凝土劈裂抗拉强度试验等,本文主要介绍混凝土抗压强度试验与混凝土抗弯拉强度试验。

本方法适用于各类水泥混凝土立方体试件的抗压强度试验,也适用于高径比1:1的钻芯试件。

二、试验用仪器设备

试模如图4-6-1所示,不同强度试验应选择规格不同的试模,见表4-6-1。

常用水泥混凝土试模尺寸及换算系数　　　　　　　　　　表4-6-1

试验内容		试模内部尺寸(mm)	集料公称最大粒径(mm)	尺寸换算系数 k
立方体抗压强度	标准试件	150×150×150	31.5	1.00
	非标准试件	200×200×200	53	1.05
		100×100×100	26.5	0.95
抗折强度	标准试件	150×150×550(600)	31.5	1.00
	非标准试件	100×100×400	31.5	0.85
立方体劈裂抗拉强度	标准试件	150×150×150	31.5	1.00
	非标准试件	100×100×100	26.5	0.85

振动(台)机如图4-6-2所示,振动频率(3000±200)次/min,负荷时的振幅为0.35mm。

压力机如图4-6-3所示,其测量精度为±1%,试件破坏荷载应大于压力机全程的20%且小于压力机全程的80%。压力机同时应具有加荷速度指示装置或加荷速度控制装置,上下压板平整并具有足够刚度,可均匀地连续加荷卸荷,可保持固定荷载,开机停机均灵活自如,能够满足试件破型吨位的要求。

图4-6-1　试模

图4-6-2　振动台

图4-6-3　压力机

三、试验方法与步骤

1. 装模

装配好试模,避免组装变形或使用变形试模,并在试模内部涂抹一层薄薄的脱模剂(图4-6-4)。

图 4-6-4　装模

2. 振捣

（1）将符合工作性要求的拌合物在 5min 之内装填入试模中。根据混凝土拌合物坍落度高低，选择合适的密实方法。

（2）当坍落度小于 25mm 时，可采用 ϕ25mm 插入式振捣棒成型。将拌合物一次装入并适当高出试模，过程中还可用抹刀沿各试模壁插捣。用振捣棒插入距板底 10～20mm 处进行振捣，直至表面出浆为止。应避免过振，防止混凝土离析，振捣时间为 20s。缓慢拔出振捣棒，避免留下孔洞。用抹刀刮去多余混凝土，在临近初凝时，用抹刀抹平。

（3）当坍落度大于 25mm 且小于 90mm 时，用标准振动台成型。将已装满且稍有富余拌合物的试模固定在振动台上，接通电源振动至表面出现水泥浆为止，时间一般控制在 90s。振动结束后，用金属直尺沿试模边缘刮去多余混凝土，用抹刀抹平表面。待试件收浆后，再次用抹刀将试件表面仔细抹平。

（4）当坍落度大于 90mm 时，用人工成型。将拌合物分两层装填在试模中，用捣棒以螺旋形从边缘向中心均匀插捣。插捣底层混凝土时，捣棒应达到模底；插捣上层时，捣棒应贯穿上层后插入下层 20～30mm 处，注意插捣时要以用力下压而不是冲击的方式。每振捣完一层，用橡皮锤敲击试模外壁 10～15 次。100cm^2 截面积内每层插捣数不得少于 12 次。每种方式成型的试件表面与试模表面边缘高低差不得超过 0.5mm。

（5）当试样为自密实混凝土时，在新拌混凝土不离析的状态下，将自密实混凝土搅拌均匀后直接倒入试模内，不得使用振动台和插捣的方式成型，但可以采用橡皮锤辅助振动。试样一次填满试模后，可用橡皮锤沿着试模中线位置轻轻敲击 6 次侧面。用抹刀将试件仔细抹平，使表面略低于试模边缘 1～2mm（图 4-6-5）。

图 4-6-5　振捣

3. 成型拆模

成型好的试模上覆盖湿布，防止水分蒸发。在室温 (20±5)℃、相对湿度大于 50% 的条件下静置 1～2d，到时间后拆模，进行外观检查、编号，并对局部缺陷进行加工修补（图 4-6-6）。

4. 养至龄期

将试件移至标准养护室的架子上，彼此间应有 30～50mm 的间距，养护条件温度 (20℃±2℃、相对湿度 95% 以上)，直至到规定龄期（图 4-6-7）。

a)

b)

c)

图 4-6-6 成型拆模

图 4-6-7 试件养护

5. 检查

将养护到指定龄期的混凝土试件取出,擦除表面水分。检查测量试件外观尺寸,看是否有几何形状变形[图 4-6-8a)~图 4-6-8c)],并保持试件湿度[图 4-6-8d)]。

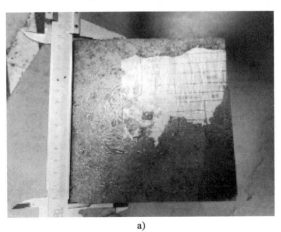
a)
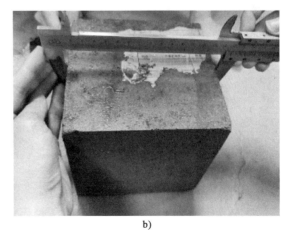
b)

图 4-6-8

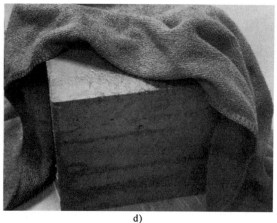

图 4-6-8 试件检查

图 4-6-9 试件对中

6. 对中

以成型时的侧面作为受压面,将混凝土置于压力机中心并进行位置对中(图 4-6-9)。

7. 加载破坏

施加荷载时,对于强度等级小于 C30 的混凝土,取 0.3~0.5MPa/s 的加载速度;对于强度等级大于 C30 小于 C60 的混凝土,取 0.5~0.8MPa/s 的加载速度;对于强度等级大于 C60 的混凝土,取 0.8~1.0MPa/s 的加载速度。当试件接近破坏而开始迅速变形时,应停止调整试验机的油门,直到试件破坏,记录破坏时的极限荷载(图 4-6-10)。

a)施加荷载

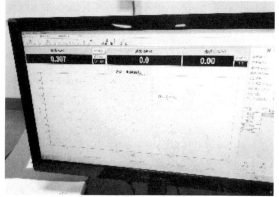
b)记录破坏时的极限荷载

图 4-6-10 试件加载

8. 结果计算

(1)水泥混凝土抗压强度通过下式计算:

$$f_{\text{eu}} = k\frac{F_{\max}}{A_0} \tag{4-6-1}$$

式中：f_{eu}——水泥混凝土抗压强度，MPa；
$F_{\max}$——极限荷载，N；
A_0——试件受压面积，mm；
k——尺寸换算系数。

（2）以三个试件测量值的算术平均值为测定值，结果精确至 0.1MPa。三个试件测量值的最大值或最小值中如有一个与中间值之差超过中间值的 15%，则取中间值为测定值；如最大值和最小值与中间值的差值均超过中间值的 15%，则该组试验结果无效。

四　试验注意细节

当混凝土强度等级大于或等于 C60 时，宜采用 150mm×150mm×150mm 的标准试件，使用非标准试件时，换算系数 k 由试验确定。

试验方法步骤	正确做法	不当做法	对结果的影响
1. 装模	混凝土试样装模时，在试模内部涂抹一层薄薄的脱模剂	混凝土试样装模时，未在试模内部涂抹脱模剂	试件拆模困难
7. 加载破坏	施加荷载时，依据混凝土的强度等级，选择合适的加载速度	施加荷载时，加载速度选择不合适	速度慢时影响不大，速度过快时，因加载惯性会导致测试结果偏大

任务实施

完成配套学习指导手册任务 4-6 的内容，并完成项目 4 检测报告的相应内容。

任务 4-7　水泥混凝土弯拉强度试验

任务描述

为完成检测任务单表 4-0-1 中对水泥混凝土抗弯拉强度试验的检测，需要依据《公路工程水泥及水泥混凝土试验规程》（JTG 3420—2020）中的"T 0558—2005 水泥混凝土弯拉强度试验方法"要求，测试来样水泥混凝土的抗弯拉强度，抗弯拉强度应满足设计文件要求。

混凝土抗弯强度是指混凝土在受到弯曲作用时所能承受的最大弯矩，是混凝土在受到一定荷载后，其抵抗外力破坏的能力。混凝土的抗弯强度是建筑物承重结构中的重要参数之一。

相关知识

一、试验的目的与适用范围

4-6 水泥混凝土抗弯拉强度试验（小梁弯曲）

水泥混凝土抗弯拉强度，又称抗折强度，是混凝土主要力学指标之一，通过试验取得的检测结果作为路面混凝土组成设计的重要参数。

本方法适用于各类水泥混凝土棱柱体试件。

二、试验用仪器设备

（1）试验机如图4-7-1所示，50～300kN的压力机或万能试验机。

（2）抗弯拉试验装置：能使两个相等荷载同时作用在试件跨度三分点处的弯拉强度与弯拉弹性模量试验装置，如图4-7-2所示。

图4-7-1 万能试验机

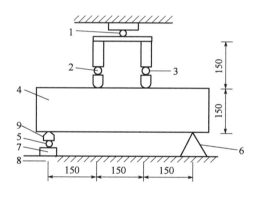

图4-7-2 抗弯拉试验装置（尺寸单位：mm）

1、2—一个钢球；3、5—两个钢球；4—试件；6—固定支座；7—活动支座；8—机台；9—活动船形垫块

三、试验方法与步骤

1. 检查

将达到规定龄期的抗弯拉试件取出，擦干表面，检查试件，如发现试件中部1/3长度内有蜂窝等缺陷，则该试件废弃。

2. 标记

从试件一端量起，分别在距端部的50mm、200mm、350mm和500mm处画出标记，分别作为支点（50mm和500mm处）以及加载点（200mm和350mm处）的具体位置。

3. 对准

调整万能机上两个可移动支座,使其准确对准试验机下压头中心点距离两侧各 225mm 的位置,随后紧固支座。将抗弯拉试件放在支座上,且侧面朝上。

4. 加载

施加荷载时应保持均匀、连续。当混凝土的强度等级小于 C30 时,加荷速度为 0.02 ~ 0.05MPa/s;当混凝土的强度等级大于或等于 C30 且小于 C60 时,加荷速度为 0.05 ~ 0.08MPa/s;当混凝土的强度等级大于或等于 C60 时,加荷速度为 0.08 ~ 0.10MPa/s;试件接近破坏而开始迅速变形时,不再增加油门,直至试件破坏,记下破坏极限荷载。

5. 记录

记录下最大荷载和试件下边断裂的位置。

6. 计算

水泥混凝土抗弯拉强度通过下式计算:

$$f_{\text{ef}} = \frac{FL}{bh^2} \tag{4-7-1}$$

式中:f_{ef}——抗弯拉强度,MPa;
F——极限荷载,N;
L——支座间距,mm,450mm;
b、h——试件的宽和高,mm,标准尺寸均为 150mm。
结果计算精确至 0.01MPa。

四 试验说明与注意问题

(1)试验结果的数据处理:无论是抗压强度还是抗弯拉强度,试验结果均以 3 个试件的算术平均值作为测定值。如任一个测定值与中值的差超过中值的 15%,取中值为测定结果;如两个测定值与中间值的差都超过 15% 时,则该组试验结果作废。

(2)压力机通常有若干加载量程,试验时应选择合适的压力机加载量程,一般要求达到的最大破坏荷载是所选量程的 20% ~ 80%,否则可能会引起较大的误差。选择的思路是根据混凝土的设计强度(或判断可能达到的强度),通过强度计算公式反算出在此强度状况下达到的最大荷载,而能够使该荷载进入某量程的 20% 以上、80% 以下的,则是合适的加载量程。

(3)试验要求的加载速率单位以 MPa/s 表示,并不是压力机施加的力的单位。应根据加载速率要求和实际试验时试件的受压面积,将其换算成压力机可读的力的单位,即 kN/s。如常见的强度等级 C30 以上的 150mm × 150mm × 150mm 抗压试件,根据要求的加载速率 0.5 ~ 0.8MPa/s,换算成压力机上可读的加载速率为 11.25 ~ 18.00kN/s。

(4)对于抗弯拉试验,三个试件中如有一个断面位于加荷点外侧,则混凝土抗弯拉强度按另外两个试件的试验结果计算。如果这两个测值的差值不大于这两个测值中较小值的15%,则这两个测值的平均值为测试结果,否则结果无效。如果有两根试件均出现断裂面位于加荷点外侧,则该组结果也判为无效。

(5)采用100mm×100mm×400mm的非标准试件时,在三分点加荷的试验方法同前,但所取得的弯拉强度值应乘以尺寸换算系数0.85。当混凝土强度等级大于或等于C60时,应采用150mm×150mm×550mm的标准试件。

试验方法与步骤	正确做法	不当做法	对结果的影响
1. 检查	试件从养护环境取出后要尽快进行试验	间隔时间过长再试验	试件内部的湿度发生显著改变而影响测定结果
6. 计算	采用非标准试件时,取得的弯拉强度值应乘以尺寸换算系数	采用非标准试件时,取得的弯拉强度值未乘以尺寸换算系数	影响抗弯拉强度的最终确定

完成配套学习指导手册任务4-7的内容,并完成项目4检测报告的相应内容。

任务4-8 无机结合料稳定材料无侧限抗压强度试验方法

为完成检测任务单表4-0-2中一级重交通公路上基层——水泥稳定碎石配合比组成设计,需要对无机结合料稳定材料进行取样、完成混合料拌和并制作成圆柱体试件,完成水泥稳定材料的7d龄期无侧限抗压强度试验。

为保证试验结果正确、客观、公正,材料的取样、试件的成型、试件的养护都依照《公路工程无机结合料试验规程》(JTG 3441—2024)"T 0804—1994 无机结合料稳定材料击实试验方法""T 0843—2009 无机结合料稳定材料试件成型方法(圆柱形)""T 0845—2009 无机结合料稳定材料养生试验方法""T 0805—2024 无机结合料稳定材料无侧限抗压强度试验方法"操作。试验结果需要满足《公路路面基层施工技术细则》(JTG/T F20—2015)规定:要求水泥稳定材料的7d龄期无侧限抗压强度标准 R_g 达到4.0~6.0MPa范围内,同时满足级配合理、节约水泥、施工方便的要求。

相关知识

一、无机结合料稳定材料试件成型方法(圆柱体)

1. 适用范围

本方法适用于无机结合料稳定材料的无侧限抗压强度、间接抗拉强度、室内抗压回弹模量、动态模量、劈裂模量等试验的圆柱形试件的制作。

4-7 无机结合料稳定材料无侧限抗压强度试验

2. 主要仪器设备

(1)试模:稳定细粒材料(公称最大粒径小于16mm的材料),试模的直径×高=φ100m×100mm,试模的直径:稳定中粗粒材料(中粒材料是指公称最大粒径不小于16mm,且小于26.5mm的材料;粗粒材料是指公称最大粒径不小于26.5mm的材料),试模的直径×高=150mm×150mm[图4-8-1a)]。

(2)电动脱模器[图4-8-1c)]。

(3)压力试验机[图4-8-1b)]:可替代千斤顶和反力架,量程不小于2000kN,行程、速度可调。

图4-8-1 成型圆柱体试件所用设备

3. 试验准备

(1)试件的径高比一般为1:1,根据需要也可成型1:1.5或1:2的试件。试件的成型根据需要的压实度水平,按照体积标准,采用静力压实法制备。

(2)将具有代表性的风干试料(必要时,可以在50℃烘箱内烘干),用木槌捣碎或用木碾碾碎,但应避免破坏粒料的原粒径。按照公称最大粒径的大一级筛,将试料过筛并进行分类。

(3)在预定做试验的前一天,取具有代表性的试料,测定其风干含水率;对于稳定细粒材料,试样应不少于1000g;对于中、粗粒材料,试样应不少于2000g。

(4)按照击实法或振动成型法确定无机结合料稳定材料的最佳含水率和最大干密度。

(5)根据最大干密度的大小,称取一定质量的风干土,其质量随试件大小而变。对于φ100mm干密度大小的试件,1个试件需要干试料1700~1900g;对于中150mm×150mm的试件,一个试件需要干试料5700~6000g。

(6)对于稳定细粒材料,一次可称取6个试件所需的试料;对于稳定中粒材料,一次宜称取一个试件所需的试料;对于粗粒材料,一次只称取一个试件的试料。

(7)将准备好的试料分别装入塑料袋中备用。

拌和集料并装袋闷料过程如图 4-8-2 所示。

 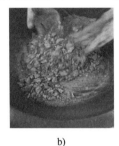 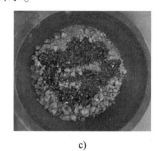 

a)   b)   c)   d)

图 4-8-2   拌和集料并装袋闷料

4. 试验步骤

(1)检查设备、涂抹机油。

调试成型所需要的各种设备,检查是否运行正常;将成型用的模具擦拭干净,并涂抹机油[图 4-8-3b)]。

a)准备好的模具   b)模具擦机油   c)防粘滤纸   d)准备装料

图 4-8-3   模具准备过程

(2)准备被稳定试料、水、水泥。

根据最大干密度、最佳含水率以及无机结合料的配合比、压实度来计算每份料的加水量、无机结合料的质量。对于无机结合料稳定细粒材料,至少应该制备 6 个试件;对于无机结合料稳定中粒材料或粗粒材料,至少应该分别制备 9 个或 13 个试件。

(3)拌料、闷料。

将称好的试料放在长方盘内。向试料中加水拌料、闷料[图 4-8-2b)]、[图 4-8-2c)]。将拌和均匀后的试料放在密闭容器或塑料袋(封口)内浸润备用[图 4-8-2d)]。

对于稳定细粒材料(特别是黏性土),浸润时的含水率应比最佳含水率小 3%;对于稳定中粒和粗粒材料,可按最佳含水率加水;对于水泥稳定类材料,加水量应比最佳含水率小 1% ~ 2%。浸润时间要求与"击实试验"相同。

(4)加入水泥拌和。

在试件成型前 1h 内,加入所需数量的水泥并拌和均匀。在拌和过程中,应将预留的水(对于细粒土为 3%,对于水泥稳定类为 1% ~ 2%)一并加入土中,使混合料达到最佳含水率。加有水泥的混合料应在拌和后 1h 内按下述方法制成试件,超过 1h 的混合料应该作废。其他结合料稳定材料的混合料虽不受此限,但也应尽快制成试件。

(5)将稳定材料装入试模。

用反力架和液压千斤顶,或采用压力试验机制件。

将试模内壁刷机油,配套的下垫块放入试模的下部,外露2cm左右。将称量的规定数量的稳定材料混合料分2~3次灌入试模中,每次灌入后用夯棒轻轻均匀插实,稳定材料装入试模过程如图4-8-4所示。

a)装入1/3混合料并插捣　　b)装入2/3混合料并插捣　　c)装入3/3混合料并插捣　　d)装上滤纸盖上上顶盖

图4-8-4　稳定材料装入试模过程

(6)静压法成型试件。

将整个试模(连同上、下垫块)放到反力架内的千斤顶上(千斤顶下应放一扁球座)或压力机上[图4-8-5a)],以1mm/min的加载速率加压,直到上下压柱都压入试模为止。维持压力2min。

(7)试件脱模。

解除压力后,取下试模,并放到脱模器上将试件顶出,过程如图4-8-5b)和c)所示。用水泥稳定有黏结性的材料(如熟质土)时,制件后可以立即脱模;用水泥稳定无黏结性细粒土时,最好过2~4h再脱模。对于中、粗粒土的无机结合料稳定材料,也最好过2~6h再脱模。

在脱模器上取试件时,应用双手抱住试件侧面的中下部,然后沿水平方向轻轻旋转,待感觉到试件移动后,再将试件轻轻捧起,放置到试验台上。切勿直接将试件向上捧起。脱出来的试件如图4-8-5d)所示。

a)静压法成型试件　　b)脱模机脱模　　c)试件从脱模机脱出　　d)脱出来的试件

图4-8-5　试件静压成型并脱出

(8)检查试件的高度和质量。

称试件的质量m_s,小试件精确至0.01g,大试件精确至0.1g,然后用游标卡尺测量试件高度h,精度精确至0.1mm。检查试件的高度和质量[图4-8-6a)],不满足成型标准的试件视为废件。

(9)试件装袋养生。

试件称量后应立即放在塑料袋中封闭,并用潮湿的毛巾覆盖塑料袋,移放至养生室[图4-8-6b)和c)]。

a)检查试件的高度和质量　　　　b)试件装袋养生　　　　c)最后一天试件水养

图4-8-6　试件静压成型并脱出

5. 结果整理

(1)小试件的高度误差范围应为 -0.1~0.15cm,大试件的高度误差范围应为 -0.1~0.2cm。

(2)质量损失:稳定细粒材料应不超过标准质量5g,稳定中粒材料试件应不超过25g,稳定粗粒材料试件应不超过50g。

6. 试验说明和注意事项

梁式试件成型步骤与圆柱形试件类似,大致分为三步:成型前一天备料、闷料;第二天上午可压实成型;下午或第三天(中梁、大梁)进行脱模。由于梁式试件的体积比较大(1个中梁试件一般相当于大型圆柱形试件质量的1.5倍),脱模操作比较繁项,所以操作人员一般为3~4人,同圆柱形试件一样,梁式试件成型后需要检测试件的密度或压实度,以保证试件的质量。

二　无机结合料稳定材料标准养生试验方法

1. 适用范围

(1)本方法适用水泥稳定材料类和石灰、二灰稳定材料类的养生。

(2)标准养生方法是指无机结合料稳定类材料在规定的标准温度和湿度环境下强度增长的过程。

2. 主要仪器设备

标准养护室:温度20℃±2℃,相对湿度在95%以上。

3. 标准养生方法试验步骤

(1)试件从试模内脱出并量高、称质量后,稳定中粒和粗粒材料的大试件应装入塑料袋内。试件装入塑料袋后,将袋内的空气排除干净,扎紧袋口,将包好的试件放入养护室。

(2)标准养生的温度为20℃±2℃,相对湿度95%。试件宜放在铁架或木架上,间距至少10~20mm。试件表面应保持一层水膜,并避免用水直接冲淋。

(3)对无侧限抗压强度试验,标准养生龄期是7d,其中最后一天浸于水中。对弯拉强度、间接抗拉强度,水泥稳定材料类试件的标准养生龄期是90d,石灰稳定材料类试件的标准养生龄期是180d。

(4)在养生期的最后一天,将试件取出,观察试件的边角有无磨损和缺块,并量高称质量,然后将试件浸泡于20℃±2℃的水中,应使水面在试件顶上约2.5cm。

4. 结果整理

(1)如养生期间有明显的边角缺损,试件应该作废。

(2)对养生7d的试件,在养生期间,试件质量损失应符合下列规定:稳定细粒材料试件不超过1g;稳定中粒材料试件不超过4g;稳定粗粒材料试件不超过10g。质量损失超过此规定的试件,应予作废。

(3)对养生90d和180d的试件,在养生期间,试件质量的损失应符合下列规定:稳定细粒材料试件不超过1g;稳定中粒材料试件不超过10g;稳定粗粒材料试件不超过20g。质量损失超过此规定的试件,应予作废。

5. 试验说明和注意事项

(1)试件的质量损失指含水率的减少,不包括由于各种不同原因从试件上掉下的混合料。

(2)在快速养生过程中,确定标准养生的长龄期对应的快速养生的短龄期时,也可以采用测试抗压回弹模量和剪裂深度值来建立两者的关系。

试验方法与步骤	正确做法	不当做法	对结果的影响
(3)圆柱体试件成型:拌料、闷料	将准备好的试料分别装入塑料袋中备用,要求每个试件单独一个塑料袋装好,不能有塑料袋破损的情况	直接在大盆里闷料	可能会引起水分蒸发流失或水分不均匀的情况,最终导致试件制作不合格
(5)圆柱体试件成型:将稳定材料装入试模	要求装料前,需要在试模内壁刷机油,上下垫块与集料的接触面要放置报纸或垫纸	忘记在试模内壁刷机油,上下垫块上忘记放垫纸	因摩擦力过大而无法脱模,严重时可导致试模被废弃
(6)圆柱体试件成型:静压法成型试件	将整个试模(连同上、下垫块)放到反力架内的千斤顶上(千斤顶下应放一扁球座)或压力机上;以1mn/min的加载速率加压,直到上下压柱都压入试模为止	把试模放到千斤顶上直接加载,没有用手扶着调整和对中	非常容易压偏,导致试模损坏
(7)圆柱体试件成型:试件脱模	用水泥稳定有黏结性的材料(如熟质土)时,制件后可以立即脱模;用水泥稳定无黏结性细粒土时,最好过2~4h再脱模;对于中、粗粒土的无机结合料稳定材料,也最好过2~6h脱模	随意等待一天或几天后再脱模	强度形成,且混凝土在强度形成过程中会稍微膨胀,将导致无法脱模,试模废弃
(7)圆柱体试件成型:试件脱模	在脱模器上取试件时,应用双手抱住试件侧面的中下部,然后沿水平方向轻轻旋转	双手抱住中部直接拿起,或没有旋转的动作	底部与垫块黏结很牢,容易底部脱落,造成试件不完整

三 无机结合料稳定材料无侧限抗压强度试验方法

1. 适用范围

本方法适用于测定无机结合料稳定材料(包括稳定细粒土、中粒土和粗粒土)试件的无侧限抗压强度。

2. 主要仪器设备

(1)标准养护室(图 4-8-7)。

(2)压力机或万能试验机(图 4-8-8)(也可用路面强度试验仪和测力计):压力机应符合现行《液压式万能试验机》(GB/T 3159—2008)及《试验机 通用技术要求》(GB/T 2611—2022)中的要求,其测量精度为 ±1%,同时应具有加载速率指示装置或加载速率控制装置。上下压板平整并有足够刚度,可以均匀地连续加载卸载,保持固定荷载。开机停机均灵活自如,能够满足试件吨位要求,且压力机加载速率可以有效控制在 1mm/min。

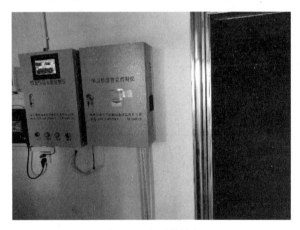
图 4-8-7 标准养护室

图 4-8-8 压力机或万能试验机

3. 试件制备和养护

(1)采用静压法或振动成型法成型径高比为 1:1 的圆柱形试件。

(2)按照标准养生方法进行 7d(6d 标养、1 天水养)的标准养生。

(3)将试件两顶面用刮刀刮平,必要时可用快凝水泥砂浆抹平试件顶面。如需要抹面,应在试件饱水前完成,然后进行饱水。

4. 试验步骤

(1)根据试验材料的类型和一般的工程经验,选择合适量程的测力计和压力机,试件破坏荷载应在测力量程的 20% ~ 80%。球形支座和上下顶板涂上机油,使球形支座能够灵活转动。

(2)将已浸水一昼夜的试件从水中取出,用软布吸去试件表面的水分,并称试件的质量 m。

(3)用游标卡尺测量试件的高度 h,精确至 0.1mm。

(4)将试件放在路面材料强度试验仪或压力机上,并在升降台上先放一扁球座。试验过程中,应保持加载速率为1mm/min,并记录试件破坏时的最大压力P(N)。

(5)从试件内部取有代表性的样品(经过打破),测定其含水率。

5. 计算

试件的无侧限抗压强度按式(4-8-1)计算:
$$R_c = P/A \tag{4-8-1}$$

式中:R_c——试件的无侧限抗压强度,MPa;

P——试件破坏时的最大压力,N;

A——试件的截面积,mm。

6. 结果整理

(1)抗压强度保留1位小数。

(2)同一组试件试验中,采用3倍均方差方法剔除异常值,对中试件可以允许1~2个异常值,大试件允许2~3个异常值。异常值数量超过上述规定的试验要重做。

(3)同一组试验的变异系数$C(\%)$符合下列规定,方为有效试验:①稳定细粒材料试件$C \le 26\%$;②稳定中粒材料试件$C \le 10\%$;③稳定粗粒材料试件$C \le 15\%$。如不能保证试验结果的变异系数小于规定的值,则应按允许误差10%和90%概率重新计算所需的试件数量,增加试件数量并另做新试验。将前后两次试验结果一并重新进行统计评定,直到变异系数满足上述规定为止。

7. 试验说明与注意事项

(1)在进行强度试验时,试件需放置在竖向荷载的中心位置,如采用测力计,测力计中心、球形支座、上压板、试件、下压板应处于同一条直线上,避免偏载对试验结果的影响。

(2)试验前试件表面应用刮刀刮平,避免试件表面不均匀的突起物在试验过程中造成应力集中,导致试验数据失真。必要时,可用快凝的水泥砂浆进行抹面处理。

(3)除特殊目的外,试件的干密度应与规定的施工过程中要求的干密度相一致。

试验方法与步骤	正确做法	不当做法	对结果的影响
4.试验步骤	选择合适量程的测力计和压力机,试件破坏荷载应在测力量程的20%~80%	试件破坏荷载在20~80%之外	试验机不稳定,压力实际值与机器显示值不一致,导致试验结果错误
	将试件放在路面材料强度试验仪或压力机上,并在升降台上先放一扁球座	忘记放置扁球座,直接将试件放在升降台上	扁球座的作用是出现偏压时,能自动调整角度,达到正压状态,忘记放置扁球座,容易偏压,造成试验结果不准确
	试验完毕后,立即将使用过的滤筛、玻璃器皿、温度计等,用三氯乙烯浸泡清洗	留着多攒一些,一起清洗	沥青凝固,清洗难度加大,增加工作量

任务实施

完成配套学习指导手册任务 4-8 的内容,并完成项目 4 检测报告的相应内容。

任务 4-9　普通水泥混凝土组成设计

任务描述

水泥混凝土可以应用于道路路面使用,也可以用于制作大体积混凝土或钢筋混凝土,如桥梁墩柱、梁板、道路排水构件等。

道路路面用水泥混凝土配合比设计的控制指标是水泥混凝土弯拉强度;构件用水泥混凝土的控制指标是水泥混凝土抗压强度。配合比设计的控制指标不同,配合比设计过程即有很多差异。

本任务对构件用水泥混凝土组成设计进行介绍,作为水泥混凝土组成设计的有益补充。配合比设计过程参照《普通混凝土配合比设计规程》(JGJ 55—2011),配合比组成设计过程中用到的技术细则参照《公路桥涵施工技术规范》(JTG/T 3650—2020)。

相关知识

一、普通水泥混凝土组成材料的技术要求

4-8 普通水泥混凝土组成设计

水泥在混凝土中起胶结作用,对混凝土的性能起着关键性作用,应从水泥品种和强度等级两个方面进行选择。

(1)水泥品种。

五种常见水泥品种都可以配制普通水泥混凝土,但应根据工程性质和气候环境及施工条件进行合理选择。表 4-9-1 提供了选择水泥品种的归纳性参考。

水泥品种及其适用性　　　　　　　　　　　　表 4-9-1

水泥品种		硅酸盐水泥	普通硅酸盐水泥	矿渣硅酸盐水泥	火山灰硅酸盐水泥	粉煤灰硅酸盐水泥
环境条件	普通气候环境	可以使用	优先选用	可以使用	可以使用	可以使用
	干燥环境	可以使用	优先选用	—	不得使用	不得使用
	高湿度环境或水下环境	可以使用	可以使用	优先选用	可以选用	可以选用
	严寒地区露天条件或严寒地区处在水位升降范围内的混凝土	优先选用	优先选用	不得便用	不得使用	不得使用

续上表

水泥品种		硅酸盐水泥	普通硅酸盐水泥	矿渣硅酸盐水泥	火山灰硅酸盐水泥	粉煤灰硅酸盐水泥
工程特点	厚大体积混凝土	不宜使用	—	优先选用	优先选用	优先选用
	机场、道路混凝土路面	可以使用	优先选用	不宜使用	不宜使用	不宜使用
	要求快硬的混凝土	优先选用	可以使用	不得使用	不得使用	不得使用
	C40以上的混凝土	优先选用	可以使用	可以使用	可以使用	可以使用
	有抗渗要求的混凝土	可以使用	可以使用	优先选用	优先选用	可以使用
	有耐磨要求的混凝土（强度等级≥42.5MPa）	优先选用	优先选用	可以使用	不得使用	不得使用

(2)水泥强度等级。

应合理选择水泥强度等级,使水泥的强度等级与配制的混凝土强度等级相匹配。要避免高强度等级的混凝土采用过低强度等级的水泥,这样会由于水泥用量过多,不仅不经济,还会引起诸如收缩性加大,耐磨性降低的不良后果;同样也要避免过低强度等级的混凝土选用过高强度等级的水泥,以免因水泥用量偏少,造成混凝土耐久性不良的问题,并影响到混凝土的工作性和密实度。根据经验,一般以水泥强度等级为混凝土强度等级1.0~1.5倍为宜。

2. 粗集料

混凝土用粗集料包括碎石和卵石,是混凝土中用量最多的组成材料,对混凝土的强度形成起着重要作用。总体上讲,为保证混凝土的质量,对粗集料的技术性能要求主要体现在具有良好的物理力学性能,以及稳定的化学性能上,使集料与水泥不发生有害反应。

(1)力学性质。

粗集料在混凝土中起骨架作用,要求其必须具备足够的承载能力,即具有良好的强度和坚固性,这类性质通常采用岩石的立方体抗压强度或集料压碎指标来表示。显然不同抗压强度或压碎指标的原材料可适应不同的混凝土强度要求。根据《公路桥涵施工技术规范》(JTG/T 3650—2020)技术标准,将卵石和碎石等粗集料按技术要求分为Ⅰ、Ⅱ、Ⅲ类,而不同强度等级混凝土应选择不同等级的粗集料,见表4-9-2。

混凝土强度等级与碎石、卵石技术等级　　　　表4-9-2

混凝土强度等级	≥C60	C30~C60	<C30
碎石、卵石技术等级	Ⅰ类	Ⅱ类	Ⅲ类

(2)粒径、颗粒形状及级配。

在讨论影响混凝土强度因素的内容里,已知粗集料的最大粒径将对混凝土的强度产生一定的影响。考虑最大粒径增加带来的影响,需要对粗集料的最大粒径给出一定的限定。即混凝土用粗集料的最大粒径应不大于结构截面最小尺寸的1/4,并且不超过钢筋最小净距的3/4;对于实心混凝土板,集料的最大粒径不宜超过板厚的1/3,且不得超过31.5mm。

因粗集料中针、片状颗粒会对混凝土的强度带来消极影响,应针对不同强度等级的混凝土,限制粗集料中针、片状颗粒的含量。

采用不同的级配类型配制混凝土,将带来不同的影响。连续级配矿料配制的混凝土较为密实,并具有优良的工作性,不易产生离析,是经常采用的级配形式。但与间断级配相比,采用连续级配配制相同强度的混凝土,所需的水泥消耗量较高;而采用间断级配矿料配制混凝土,水泥消耗量较低,并且可以得到密实高的混凝土。但同时,间断级配混凝土拌合物容易产生离析现象。因此,混凝土中碎石或卵石颗粒组成应符合表4-9-3的规定。

碎石或卵石的颗粒级配规定　　　　　表4-9-3

颗粒级配	公称粒径(mm)	下列筛孔(mm)上的累计筛余(%)										
		2.36	4.75	9.5	16.0	19.0	26.5	31.5	37.5	53.0	63.0	75.0	90
连续粒级	4.75~9.5	95~100	80~100	0~15	0	—	—	—	—	—	—	—	—
	4.75	95~100	85~100	30~60	0~10	0	—	—	—	—	—	—	—
	4.75~19	95~100	90~100	40~80	—	0~10	0	—	—	—	—	—	—
	4.75~26	95~100	90~100	—	30~70	—	0~5	0	—	—	—	—	—
	4.75~31.5	95~100	90~100	70~90	—	15~45	—	0~5	0	—	—	—	—
	4.75~37.5	—	95~100	70~90	—	30~65	—	—	0~5	0	—	—	—
单粒粒级	9.5~19	—	95~100	85~100	—	0~15	—	—	—	—	—	—	—
	16~31.5	—	—	95~100	85~100	—	—	0~10	—	—	—	—	—
	19.5~37.5	—	—	—	95~100	80~100	—	—	0~10	—	—	—	—
	31.5~63	—	—	—	—	95~100	—	75~100	45~75	—	0~10	0	—
	37.5~75	—	—	—	—	—	95~100	—	70~100	—	30~60	0~10	0

单粒级集料主要用于合成配制所需的连续级配,也可以与连续粒级集料掺配使用,以改善连续粒级的级配状况。一般不宜采用单粒级集料直接配制混凝土,但如果必须单独使用,应通过相应试验和分析,在证明不会因产生离析等问题而对混凝土造成不利影响后,方可使用。

(3)有害物质。

粗集料中的有害杂质主要以黏土、泥块、硫化物及硫酸盐、有机质等形式存在,这些杂质会影响到水泥与集料之间的黏结性,对水泥的水化效果产生消极作用。另外,粗集料中的一些活性成分,如活性氧化硅、活性碳酸盐等,在水存在的条件下可以与水泥中的碱性成分发生反应,引起混凝土膨胀、开裂,甚至造成严重的破坏,这种现象称为碱集料反应。因此,对这些有害物质要加以限制,防止这些成分对水泥的水化效果产生消极作用。

3. 细集料

混凝土用细集料应采用级配良好、质地坚硬、颗粒洁净的河砂或海砂。各类砂的技术指标必须合格才能使用。相应指标要求见砂石材料试验检测相关技术要求。

(1)混凝土所用细集料也应具备一定的强度和坚固性等力学要求,不同强度等级的混凝土应选用不同技术等级的细集料,二者之间的关系见表4-9-4。

混凝土强度等级与细集料技术等级的关系　　　　　　　　　　　　　　　　表4-9-4

混凝土强度等级	≥C60	C30~C60	<C30
细集料技术等级	Ⅰ级	Ⅱ级	Ⅲ级

(2)级配与细度模数。

细集料根据细度模数将砂分成粗、中、细三种类型,再根据级配的不同分成Ⅰ、Ⅱ、Ⅲ个区,见表4-9-5。其中Ⅱ区的砂由中砂和部分偏粗的细砂组成,采用Ⅱ区砂配制的混凝土有较好的保水性和捣实性,且混凝土的收缩小,耐磨性高,是配制混凝土优先选用的级配类型;Ⅰ区的砂属粗砂范畴,当采用Ⅰ区的砂配制混凝土时,应比Ⅱ区的砂有较高的砂率,否则混凝土拌合物的内摩擦力较大、保水性差、不易捣实成型;Ⅲ区的砂是由细砂和部分偏细的中砂组成,当采用Ⅲ区的砂配制混凝土时,应较Ⅱ区砂适当降低砂率,此时的拌合物较黏聚,易于振捣成型,但由于比表面积较大,要求适当提高水泥用量,且对工作性影响较为敏感。

细集料级配范围　　　　　　　　　　　　　　　　表4-9-5

级配分区		下列筛孔(mm)上的累计筛余(%)						
砂类型(细度模数)	级配区	0.15	0.30	0.60	1.18	2.36	4.75	9.5
粗砂(3.7~3.1)	Ⅰ	90~100	80~95	71~85	35~65	5~35	0~10	0
中砂(3.0~2.3)	Ⅱ	90~100	70~92	41~70	10~50	0~25	0~10	0
细砂(2.2~1.6)	Ⅲ	90~100	55~85	16~40	0~25	0~15	0~10	0

注:1. 砂的实际颗粒级配与表中所列数字相比,除4.75mm和0.60mm筛档外,可以略有超出,但超出总量应小于5%。
　　2. Ⅰ区人工砂0.15mm筛孔的累计筛余可以放宽到85.2%~100%,Ⅱ区人工砂中0.15mm筛孔的累计筛余可以放宽到80%~100%,Ⅲ区的人工砂中0.15mm筛孔的累计筛余可以放宽到75%~100%。

(3)有害杂质。

细集料中有害杂质对混凝土的危害作用同粗集料中的有害杂质,其含量应限制在规定的范围中,见集料章节中的相关内容。

4. 拌和用水

混凝土拌和所用的水中,不应含有影响水泥水化反应和混凝土质量的有害物质。这些有害物质主要包括油、酸、碱、盐类、有机物等。海水可用于拌制素混凝土,但不得用于拌制钢筋混凝土或预应力混凝土。用水的选择可简单地概括为凡是生活用水都可拌制混凝土,非生活用水符合表4-9-6的指标时,也可使用。

混凝土拌和用水质量要求 表4-9-6

项目	要求	素混凝土	钢筋混凝土	预应力混凝土
pH值	≥	4.5	4.5	5.0
不溶物(mg/L)	≤	5000	2000	2000
可溶物(mg/L)	≤	10000	5000	2000
氯化物(以Cl^-计)(mg/L)	≤	3500	1000	500
硫酸盐(以SO_4^{2-}计)(mg/L)	≤	2700	2000	600
碱含量(mg/L)	≤	1500	1500	1500

二 混凝土配合比设计概述

1. 水泥混凝土配合比表示方法

混凝土配合比是指根据原材料的性能和对混凝土的技术要求,通过计算和试配调整,确定出满足工程技术经济指标的混凝土各种组成材料的用量。混凝土配合比常用两种方法来表示。

(1)单位用量表示法,以每立方米混凝土中各材料的用量(kg)表示,如 $1m^3$ 混凝土中,水泥:水:细集料(简称砂):粗集料(简称石) = 340kg:170kg:765kg:1292kg。

(2)相对用量表示法,以水泥的质量为1,其他材料针对水泥的相对用量来表示,并按"水泥、砂、石、水灰(胶)比"的顺序排列表示,如以上面单位用量表示法中的所列内容为依据,采用相对用量来表示则可转化为1:2.25:3.80:0.50(W/C)。

2. 配合比设计要求

(1)满足结构物设计强度要求。

设计强度是混凝土设计过程中必须要达到的指标,为满足这一重要指标,根据施工单位管理水平和强度保证率要求,在配合比设计的实际操作过程中,采用一个比设计强度高一些的"配制强度",以确保最终的结果满足设计强度的要求。

(2)满足施工工作性要求。

针对工程实际,构造物的特点,包括断面尺寸、配筋状况以及施工条件等来确定合适的工作性指标,以保证实际施工的需求。

(3)满足耐久性要求。

配合比设计中通过考虑允许的"最大水灰(胶)比"和"最小水泥用量",来保证处于不利环境(如严寒地区、受水影响等)条件下混凝土的耐久性要求。

(4)满足经济性要求。

在满足设计强度、工作性和耐久性要求的前提下,设计中通过合理减少价高材料(如水泥)的用量,多采用当地材料以及利用一些替代物(如工业废渣)等措施,降低混凝土的费用,提高经济效益。

3. 混凝土配合比设计步骤

（1）计算初步配合比。

针对设计文件要求，根据原始资料和原材料特点性质，按照我国目前广泛采用的设计步骤，首先计算出一个初步配合比，得到组成混凝土材料初步的用量比例（kg/m³，下同），即水泥∶水∶砂∶石 $= m_{co}\colon m_{wo}\colon m_{so}\colon m_{go}$。

（2）提出基准配合比。

采用施工实际使用的材料，通过实拌实测的方法，对初步配合比进行工作性检验，测出初步配合比的坍落度或维勃稠度，根据试验结果做出必要的调整，提出一个能够满足工作性要求的基准配合比，即水泥∶水∶砂∶石 $= m_{co}\colon m_{wo}\colon m_{so}\colon m_{go}$。

（3）确定试验室配合比。

在基准配合比的基础上，以初步配合比确定的水灰比为中间值，在保持水灰比间距相同的条件下，再提出一组稍高和一组稍低水灰比的另外两组混凝土，通过实际拌和、成型、养护和检测三组混凝土立方体抗压强度，建立水灰比变化和强度变化的工作曲线，以此确定出能够确保满足混凝土强度要求的水灰（胶）比，由此得到满足强度要求的试验室配合比，即水泥∶水∶砂∶石 $= m_{cb}\colon m_{wb}\colon m_{sb}\colon m_{gb}$，进一步对所得试验室配合比进行密度修正，最终完成试验室配合比，水泥∶水∶砂∶石 $= m'_{cb}\colon m'_{wb}\colon m'_{sb}\colon m'_{gb}$。

（4）换算工地配合比。

根据即时测得的工地现场材料的含水率，将试验室配合比换算成工地实际使用的配合比，即水泥∶水∶砂∶石 $= m_c\colon m_w\colon m_s\colon m_g$。

三 普通混凝土配合比设计方法（抗压强度为设计指标）

1. 配合比设计指标

混凝土配合比设计指标主要包括硬化后的结构强度、拌合物的工作性以及使用时的耐久性等。

（1）混凝土拌合物的工作性。

工作性的选择取决于混凝土的施工方法以及构件自身的特点，包括构件截面尺寸的大小、钢筋疏密程度及施工方式等。通常，当构件截面尺寸较小，或钢筋较密时，采用人工插捣时，坍落度可选择的大一些。反之，当构件截面尺寸较大，或钢筋较疏，或采用机械振捣时，坍落度可选择小一些，参见表4-9-7。

混凝土浇筑时坍落度要求　　　　表4-9-7

构件种类	坍落度（mm）
基础或地面等的垫层、无配筋的大体积结构（挡土墙、基础等）或配筋少的结构	10~30
板、梁和大型及中型截面的柱子	30~50
配筋密的结构（薄壁、斗仓、筒仓、细柱等）	50~70
配筋特密的结构	70~90

(2)混凝土的配制强度($f_{cu,0}$)。

混凝土设计强度等级应根据实际工程构造物的结构特点、功能要求、所处环境等众多因素综合考虑决定。

为了使所配制的混凝土在工程使用时具备必要的强度保证率,配合比在设计时的配制强度应大于设计要求的强度等级,当混凝土设计强度小于 C60 时和不小于 C60 时,配制强度分别按式(4-9-1)和式(4-9-2)计算:

$$f_{cu,0} \geq f_{cu,k} + 1.645\sigma \tag{4-9-1}$$

$$f_{cu,0} \geq 1.15 f_{cu,k} \tag{4-9-2}$$

式中:$f_{cu,0}$——混凝土配制强度,MPa;

$f_{cu,k}$——混凝土设计强度,MPa;

1.645——混凝土强度达到 95% 保证率时的保证率系数;

σ——混凝土强度标准差,MPa,可根据施工单位在 1~3 个月期间,同类混凝土的统计资料确定,计算时的试件组数不应少于 30 组。

标准差计算公式见式 4-9-3。

$$\sigma = \sqrt{\frac{\sum_{i=1}^{n} f_{cu,i}^2 - n \bar{f}_{cu}^2}{n-1}} \tag{4-9-3}$$

式中:σ——混凝土立方体抗压强度标准差,MPa;

$f_{cu,i}$——第 i 组混凝土强度,MPa;

$\bar{f}_{cu}$——n 组试件强度平均值,MPa;

n——同批混凝土试件组数。

当混凝土强度等级不大于 C30,强度标准差计算值不小于 3.0MPa 时,则标准差按式(4-9-3)计算结果取值;当强度标准差计算值低于 3.0MPa 时,则标准差取 3.0MPa;当强度等级不低于 C30 且小于 C60 时,如强度标准差计算值不小于 4.0MPa,按式(4-9-3)计算结果取值;小于 4.0MPa 时,则标准差取 4.0MPa;如施工单位无历史资料可供参考,标准差可按表 4-9-8 取值。

强度标准差取值表　　　　　　　　　　　　　表 4-9-8

混凝土强度等级	≤C20	C25~C45	C50~C55
强度标准差取值(MPa)	4.0	5.0	6.0

(3)混凝土的耐久性。

混凝土的耐久性主要取决于混凝土的密实程度,而密实度的高低又在于混凝土的水灰(胶)比的大小和水泥用量的多少。当水灰(胶)比偏大或水泥用量偏少时,都有可能在硬化后的混凝土构件内部产生过多的毛细孔隙,为日后引起混凝土耐久性不良现象留下隐患。所以为了保证混凝土的耐久性,要对混凝土中的最大水灰(胶)比和最小水泥用量做出限制规定。当满足耐久性要求时,混凝土中最小胶凝材料用量应符合表 4-9-9 的要求。

满足耐久性要求混凝土的最小胶凝材料(水泥)用量　　　　表 4-9-9

最大水灰(胶)比	最小胶凝材料用量(kg/m³)		
	素混凝土	钢筋混凝土	预应力混凝土
0.60	250	280	300
0.55	280	300	300
0.50	320		
≤0.45	330		

当混凝土中掺加矿物掺合料时,其最大掺量按表 4-9-10 考虑,参考《普通混凝土配合比设计规程》(JGJ 55—2011)。

钢筋混凝土中矿物掺合料最大掺量　　　　表 4-9-10

矿物掺合料种类	水胶比	最大掺量(%)	
		采用硅酸盐水泥	采用普通硅酸盐水泥
粉煤灰	≤0.40	≤45	≤35
	>0.40	≤40	≤30
粒化高炉矿渣粉	≤0.40	≤65	≤55
	>0.40	≤55	≤45
钢渣粉	—	≤30	≤20
磷渣粉	—	≤30	≤20
硅灰	—	≤10	≤10
复合掺合料	≤0.40	≤65	≤55
	>0.40	≤55	≤45

《混凝土结构设计规范》(GB 50010—2010)规定,满足耐久性要求时还应达到表 4-9-11 中所列指标的要求。

满足耐久性要求混凝土最大水灰(胶)比　　　　表 4-9-11

主要类型	环境特点	最大水灰(胶)比	最低强度等级	水溶性最大氯离子含量
一类	室内干燥环境;永久的无侵蚀性静水浸没环境	0.60	C20	0.30
二类a	室内潮湿环境;非严寒和非寒冷地区的露天环境;非严寒和非寒冷地区与无侵蚀性的水或土壤直接接触的环境;寒冷和严寒地区的冰冻线以下与无侵蚀性的水或土直接接触的环境	0.55	C25	0.20
二类b	干湿交替环境;水位频繁变动环境,严寒和寒冷地区的露天环境;严寒和寒冷地区的冰冻线以上与无侵蚀性的水或土直接接触的环境	0.55(0.55)	C30(C25)	0.15
三类a	严寒和寒冷地区冬季水位冰冻区环境;受除冰盐影响环境;海风环境	0.45(0.50)	C35(C30)	0.15
三类b	盐渍土环境;受除冰盐作用环境;海岸环境	0.40	C40	0.10

注:二类 b、三类 a 环境中的混凝土在使用引气剂时,可采用括号中的参数。

2.混凝土初步配合比设计步骤

(1)计算混凝土配制强度$f_{cu,0}$。

根据设计要求的强度等级,普通混凝土的配制强度按式(4-9-4)或式(4-9-5)计算确定

(2)确定水胶比。

普通混凝土的水胶比(W/B)依据下式求得:

$$\frac{W}{B} = \frac{a_a \times f_b}{f_{cu,0} + a_a \times a_b \times f_b} \tag{4-9-4}$$

式中:$f_{cu,0}$——水泥混凝土的配制强度,MPa;

a_a、a_b——回归系数,应根据工程所使用的水泥和集料,通过实际试验来确定,当不具备统计回归条件时,可按表4-9-12的内容选用;

f_b——胶凝材料28d抗压强度实测值,MPa。

f_b无实测值时,可按下式确定:

$$f_b = \gamma_f \times \gamma_s \times f_{ce} \tag{4-9-5}$$

式中:γ_f、γ_s——粉煤灰和粒化高炉矿渣粉影响系数,按表4-9-13选用;

f_{ce}——水泥28d实测强度,MPa。

f_{ce}无实测值时,可按下式计算:

$$f_{ce} = \gamma_e \times f_{ce,g} \tag{4-9-6}$$

式中:$f_{ce,g}$——水泥强度等级,MPa;

γ_e——水泥强度等级富裕系数,按表4-9-14取值。

混凝土回归系数(a_a,a_b) 表4-9-12

集料品种回归系数	碎石	卵石
a_a	0.53	0.49
a_b	0.20	0.13

粉煤灰影响系数(γ_f)和粒化高炉矿渣粉(γ_s)影响系数 表4-9-13

胶凝材料掺量(%)	粉煤灰(影响系数γ_f)	高炉矿渣粉(影响系数γ_s)
0	1.00	1.00
10	0.85~0.95	1.00
20	0.75~0.85	0.95~1.00
30	0.65~0.75	0.90~1.00
40	0.55~0.65	0.80~0.90
50	—	0.70~0.85

注:1.粉煤灰采用Ⅰ级、Ⅱ级时取上限。

2.高炉矿渣粉为S75时取下限,S95级取上限,S105级时在上限上加0.05。

水泥强度等级值的富裕系数(γ_e) 表4-9-14

水泥强度等级	32.5	42.5	52.5
富裕系数	1.12	1.16	1.10

当计算求出 W/B 后,还应根据混凝土所处环境条件对耐久性要求的允许水灰(胶)比(参考表4-9-11)进行校核,必须满足规定的最大水灰(胶)比限定。

(3)单位用水量(m_{wo})的确定。

当水灰比确定后,单位用水量的大小就决定了混凝土中水泥浆数量的多少,也就决定了水泥浆和集料质量的比例关系。该用水量主要取决于混凝土拌合物施工工作性的要求,采用查表的方式进行。

①当水灰(胶)比在0.40~0.80范围时,对于塑性混凝土用水量(m_{wo})应符合《普通混凝土配合比设计规程》(JGJ 55—2011)的规定,见表4-9-15。

塑性混凝土用水量(m_{wo})取值表(kg/m^3)　　　　　表4-9-15

混凝土坍落度(mm)	碎石公称最大粒径(mm)*				卵石公称最大粒径(mm)			
	16.0	20.0	31.5	40.0	10.0	20.0	31.5	40.0
10~30	200	185	175	165	190	170	160	150
35~50	210	195	185	175	200	180	170	160
55~70	220	205	195	185	210	190	180	170
75~90	230	215	205	195	215	195	185	175

注:*将相关规范中的圆孔筛对应的粒径改为现行交通行业标准方孔筛对应的粒径。

②同样,当水灰(胶)比在0.40~0.80范围时,对于干硬性混凝土用水量(m_{wo})应符合《普通混凝土配合比设计规程》(JGJ 55—2011)的规定,见表4-9-16。

干硬性混凝土用水量 m_{wo} 取值表(kg/m^3)　　　　　表4-9-16

维勃稠度(s)	碎石公称最大粒径(mm)			卵石公称最大粒径(mm)		
	16.0	20.0	40.0	10.0	20.0	40.0
16~20	180	170	155	175	160	145
11~15	185	175	160	180	165	150
5~10	190	180	165	185	170	155

表中的用水量是针对中砂时的取值。当分别采用细砂或粗砂时,用水量应分别增加或减少5~10kg。

对于掺外加剂的混凝土,用水量可根据外加剂的减水率,通过计算确定。

$$m_{w,ad} = m_{wo}(1 - \beta_{ad}) \qquad (4\text{-}9\text{-}7)$$

式中:$m_{w,ad}$——掺外加剂时混凝土的单位用水量,kg/m^3;

m_{wo}——未掺外掺剂混凝土的单位用水量,kg/m^3;

β_{ad}——外加剂的减水率,%,由产品说明书指明或试验确定。

此时,每立方米混凝土中外加剂用量(m_{ao})按下式计算。

$$m_{ao} = m_{bo}\beta_a \qquad (4\text{-}9\text{-}8)$$

式中:m_{ao}——计算配合比每立方米混凝土中外加剂用量,kg/m^3;

m_{bo}——计算配合比每立方米混凝土中胶凝材料用量,kg/m^3;

β_a——外加剂掺量,%,经由产品说明书或试验确定。

(4)胶凝材料用量(m_{bo})、矿物掺合料用量(m_{fo})及水泥用量(m_{co})的确定。

每立方米混凝土的胶凝材料用量(m_{bo})按下式计算：

$$m_{bo} = \frac{m_{wo}}{W/B} \tag{4-9-9}$$

式中：m_{bo}——每立方米混凝土中胶凝材料用量，kg/m³；

m_{wo}——每立方米混凝土中的用水量，kg/m³；

W/B——混凝土水胶比。

每立方米混凝土矿物掺合料用量(m_{fo})按下式计算：

$$m_{fo} = m_{bo}\beta_f \tag{4-9-10}$$

式中：m_{fo}——每立方米混凝土中矿物掺合料用量，kg/m³；

β_f——矿物掺合量，%。

每立方米混凝土的水泥用量(m_{co})按下式计算。

$$m_{co} = m_{bo} - m_{fo} \tag{4-9-11}$$

式中：m_{co}——计算配合比每立方米混凝土中水泥用量，kg/m³。

(5)确定砂率(β_s)。

在坍落度处于常规范围10~90mm时，砂率依据粗集料的品种、最大粒径以及水灰(胶)比，按《普通混凝土配合比设计规程》(JGJ 55—2011)确定，见表4-9-17。如实际水灰比在表中无对应位置，可通过内插的方式推算确定。

混凝土砂率选用表(%)　　　　　　　　　　　　　　　　　　　表4-9-17

水胶比	碎石最大粒径(mm)			卵石最大粒径(mm)		
W/B	16.0	20.0	40.0	10.0	20.0	40.0
0.40	30~35	29~34	27~32	26~32	25~31	24~30
0.50	33~38	32~37	30~35	30~35	29~34	28~33
0.60	36~41	35~40	33~38	33~38	32~37	31~36
0.70	39~44	38~43	36~41	36~41	35~40	34~39

表中数据是针对中砂选用的砂率，对细砂或粗砂可相应地减少或增加砂率。

对于坍落度≥60mm的混凝土，应在表4-9-18的基础上，按坍落度每增加20mm，砂率增大1%的幅度予以调整。而坍落度<10mm的混凝土或使用外加剂的混凝土，应通过试验确定砂率。

(6)粗集料用量(m_{go})和细集料用量(m_{so})的确定。

粗细集料的用量可以通过质量法或体积法两种方法计算获得。

①质量法，该方法又称为假定表观密度法，即首先假定一个合适的混凝土表观密度ρ_{ep}，它在数值上等于混凝土各组成材料的单位用量之和。在砂率已知的条件下，得下列关系式，并以此求得混凝土各组成材料用量。

$$\begin{cases} m_{co} + m_{wo} + m_{so} + m_{go} = \rho_{ep} \\ \beta_s = \dfrac{m_{so}}{m_{so} + m_{go}} \times 100 \end{cases} \tag{4-9-12}$$

式中：m_{co}——混凝土中单位水泥用量，kg/m^3；

m_{wo}——混凝土中单位水用量，kg/m^3；

m_{go}——混凝土中单位粗集料用量，kg/m^3；

m_{so}——混凝土中单位细集料用量，kg/m^3；

β_s——砂率，%；

ρ_{cp}——混凝土拌合物假定表观密度，kg/m^3，其值可在 2350~2450kg/m^3 范围内选择。

②体积法——该方法认为混凝土拌合物的总体积等于水泥、细集料、粗集料和水四种材料的绝对体积之和。同样，在砂率已知条件下得到下列关系式：

$$\begin{cases} \dfrac{m_{co}}{\rho_c} + \dfrac{m_{wo}}{\rho_w} + \dfrac{m_{so}}{\rho'_s} + \dfrac{m_{go}}{\rho'_g} + 0.01a = 1 \\ \beta_s = \dfrac{m_{so}}{m_{so} + m_{go}} \times 100 \end{cases} \quad (4\text{-}9\text{-}13)$$

式中：m_{co}、m_{wo}、m_{so}、m_{go}、β_s——符号意义同前；

ρ_c、ρ_w——水泥和水的密度，kg/m^3；

ρ'_s、ρ'_g——细集料和粗集料的表观密度，kg/m^3；

a——混凝土的含气量，%，在不使用引气型外加剂时，a 取1。

这样得到初步配合比为水泥:水:细集料:粗集料 = $m_{co}:m_{wo}:m_{so}:m_{go}$。在上述两种粗、细集料的计算方法中，质量法试验工作量较少，不需提前对各种原材料进行密度测定，如操作者已积累了有关混凝土表观密度资料，通过该方法亦可得到准确的结果；体积法需要事先对所用材料进行密度测定，需要投入一定的工作量，但由于是根据组成材料实测密度进行计算，所以得到的砂、石材料用量相对较为精确。

3. 试拌调整提出混凝土基准配合比

初步配合比设计得到的结果，仅仅依靠的是一种经验方式，其结果必须通过实际检验来察看工作性是否满足施工和易性的要求。必要时进行适当调整，提出符合工作性要求的基准配合比。

(1)试拌和测定。

室内试拌时，选取与实际工程使用相同的原材料，根据粗集料的最大粒径，采用基准配合比，确定一次试拌时的材料用量，见表 4-9-18。

混凝土试拌的最小搅拌量　　　　　　　　表 4-9-18

集料公称最大粒径(mm)	拌和物数量(L)	集料公称最大粒径(mm)	拌和物数量(L)
≤31.5	20	40.0	25

砂、石材料以不计含水率的干燥状态为准，采用尽可能与实际施工相同的方式拌和，随后以标准操作方式进行拌合物的工作性检测。

(2)工作性调整。

通过具体的坍落度(或维勃稠度)试验，混凝土的工作性检测结果会有以下几种可能：

①坍落度值(或维勃稠度)达到设计要求，且混凝土的黏聚性和保水性亦良好，则原有初步配合比无须调整，得到的基准配合比与初步配合比一致；

②混凝土的坍落度或维勃稠度不能满足设计要求,但黏聚性和保水性却较好时,此时应在保持原有水灰(胶)比不变的条件下,调整水和水泥用量,直至通过试验证实工作性满足要求。这样得到的基准配合比中砂、石用量仍未发生变化,但水泥、水的用量改变;

③当试拌并实测之后,发现流动性能够达到设计要求,但黏聚性和保水性却不好,此时保持原有水泥和水的用量,在维持砂石总量不变的条件下,适当调整砂率改善混凝土的黏聚性和保水性,直至坍落度、黏聚性和保水性均满足要求。经过调整,得到基准配合比,同初步配合比对照,其中水泥和水的用量可能未变(也有可能在改变砂率的同时,要相应调整水泥浆的用量,使水泥和水的用量也发生变化),但砂和石各自的用量肯定发生改变;

④试拌并实测后,如发现拌合物的坍落度(或维勃稠度)不能满足要求,且黏聚性和保水性也不好,则应在水灰(胶)比和砂石总量维持不变的条件下,改变用水量和砂率,直到符合设计要求为止。此时提出的基准配合比与初步配合比完全不同。

无论出现以上何种情形,基准配合比记作水泥:水:细集料:粗集料 = $m_{ca}:m_{wa}:m_{sa}:m_{ga}$。

4. 检验强度、确定试验室配合比

(1)制备立方体抗压强度试件。

为验证混凝土强度,按照基准配合比成型,进行标准的混凝土立方体抗压强度检测。该强度试验至少要采用三种不同的水灰(胶)比,其中一个是基准配合比所确定的水灰(胶)比,另外两个水灰(胶)比分别较基准配合比减少或增加0.05(或0.03),即维持单位用水量不变,增加或减少水泥用量,此时的水灰(胶)比的变化基本不会影响混凝土的流动性。当不同水灰(胶)比混凝土的黏聚性和保水性仍然较好时,砂率也可保持不变。

对三组不同水灰比的混凝土分别进行拌和,检验各自工作性。当不同水灰比的混凝土拌合物坍落度与要求值相差超过允许范围时,可以适当增、减用水量进行调整,砂率也可酌情分别增加或减少1%,以确保混凝土拌合物的工作性满足要求,同时测定混凝土拌合物的表观密度 ρ_1。

(2)强度测定和试验室配合比的确定。

按照标准方法,分别成型、养护和测定具有不同水灰(胶)比的三组混凝土立方体抗压强度。根据强度试验结果,建立水灰(胶)比和强度之间的关系。通过绘制强度对灰(胶)水比关系图,选定能够达到混凝土配制强度的水灰(胶)比,再转换成所需的水灰比。随后根据下列方法确定混凝土的试验室配合比。

①单位用水量 m_{wb}:通常应与基准配合比中的单位用水量一致,但在成型立方体试件的同时检验工作性有变动时,以调整后的用水量为准。

②单位水泥用量 m_{cb}:通过单位用水量除以强度试验时选定的水灰(胶)比计算得到。

③单位砂 m_{sb} 和石 m_{gb} 用量:按基准配合比确定的砂率(或在强度检验有变动时,以变动后的结果为准),以及上述由①、②获得的单位水泥用量和单位水用量通过式(4-9-12)或式(4-9-13)计算出砂、石的用量。

(3)混凝土配合比的密度调整。

根据式(4-9-14)得到混凝土的计算表观密度,并通过式(4-9-15)得出混凝土配合比密度修正系数。

$$\rho_c = m_{eb} + m_{wb} + m_{sb} + m_{gb} \qquad (4\text{-}9\text{-}14)$$

式中: ρ_c ——混凝土的计算表观密度,kg/m³;

m_{eb}、m_{wb}、m_{sb}、m_{gb} ——混凝土试验室配合比组成材料单位用量,kg/m³。

$$\delta = \frac{\rho_t}{\rho_c} \qquad (4\text{-}9\text{-}15)$$

式中:δ ——混凝土配合比密度修正系数;

ρ_t、ρ_c ——混凝土的实测表观密度和计算表观密度,kg/m³。

当混凝土表观密度的实测值 ρ_t 与计算值 ρ_c 之差的绝对值不超过计算值的 2% 时,试验室配合比就是混凝土的最终设计配合比——水泥:水:细集料:粗集料 $= m_{cb}:m_{wb}:m_{sb}:m_{gb}$;当二者之差超过 2% 时,需将试验室配合比各材料用量乘以密度修正系数 δ,即为混凝土最终设计配合比:水泥:水:细集料:粗集料 $= m'_{cb}: m'_{wb}:m'_{sb}:m'_{gb}$。

5. 换算施工配合比

试验室配合比是在室内粗、细集料干燥条件下进行试验和计算得到的结果,而工地所使用的粗、细集料都含有一定的水分,且所含水分随时间和环境气候的变化,随时不断变动,所以与设计配合比有明显差异。

工地现场进行混凝土拌和时,要按即时测得的工地粗、细集料含水率进行配合比材料用量的修正,其中含水率的定义是粗、细集料中所含水质量占烘干后粗、细颗料质量的百分率。因此,工地每立方米混凝土配合比各材料用量由下列公式计算:

水泥:
$$m_c = m'_{cb} \qquad (4\text{-}9\text{-}16)$$

细集料:
$$m_s = m'_{sb} \times (1 + \omega_s) \qquad (4\text{-}9\text{-}17)$$

粗集料:
$$m_g = m'_{gb} \times (1 + \omega_g) \qquad (4\text{-}9\text{-}18)$$

水:
$$m_w = m'_{wb} - (m'_{sb} \times \omega_s + m'_{gb} \times \omega_g) \qquad (4\text{-}9\text{-}19)$$

式中:ω_s、ω_g ——工地细、粗集料含水率,%。

最终得到混凝土的施工现场配合比为水泥:水:细集料:粗集料 $= m_c:m_w:m_s:m_g$。

四 普通水泥混凝土配合比设计例题

1. 组成材料

普通硅酸盐水泥 42.5 级,实测 28d 抗压强度为 47.3MPa,密度 $\rho_c = 3100 \text{kg/m}^3$,且不掺其他胶凝材料;中砂:表观密度 $\rho_s = 2650 \text{kg/m}^3$,施工现场砂含水率为 3%;碎石:4.75~31.5mm,表观密度 $\rho_g = 2700 \text{kg/m}^3$,施工现场碎石含水率为 1%;水:采用自来水。

2. 设计要求

某桥梁工程桥台用钢筋混凝土(受冰雪影响),混凝土设计强度等级C40,要求强度保证率为95%,强度标准差为5.0MPa。混凝土由机械拌和和振捣,施工要求坍落度为55~70mm。试确定该混凝土的设计配合比及施工配合比。

3. 设计计算

(1)步骤1:初步配合比的计算。

①计算配制强度 $f_{cu,0}$。

根据设计要求混凝土强度等级 $f_{cu,k}=40$MPa,强度标准差 $\sigma=5.0$MPa,代入式(4-9-1)计算该混凝土的配制强度。

$$f_{cu,0} = f_{cu,k} + 1.645 \times \sigma = 40 + 1.645 \times 5 = 48.2(\text{MPa})$$

②计算水灰比(W/C)。

由所给资料,水泥实测抗压强度 $f_{ce}=47.3$MPa,混凝土配制强度 $f_{cu,0}=48.2$MPa,粗集料为碎石,查表4-9-13得:$a_a=0.53$,$a_b=0.20$,代入式(4-9-4),计算混凝土水灰比为:

$$W/C = \frac{0.53 \times 47.3}{48.2 + 0.53 \times 0.20 \times 47.3} = 0.47$$

混凝土所处环境为受冰雪影响地区,查本节表4-9-12中的二类b,得知最大水灰比为0.55,按照强度计算的水灰比结果符合耐久性要求,故取计算水灰比 $W/C=0.47$。

③确定单位用水量(m_{wo})。

根据题意要求混凝土拌合物坍落度为55~70mm,碎石最大粒径为31.5mm,且属塑性混凝土。查表4-9-16,选取混凝土的单位用水量为 $m_{wo}=185$kg/m³。

④计算单位水泥用量(m_{co})

根据单位用水量及计算水灰比 W/C,代入式(4-9-9),计算无其他胶凝材料时的单位水泥用量(当无其他胶凝材料时,$m_{co}=m_{bo}$,可直接用 m_{bo} 公式计算):

$$m_{co} = \frac{m_{wo}}{W/C} = \frac{185}{0.47} = 393(\text{kg/m}^3)$$

查表4-9-10,符合耐久性最小水泥用量为320kg/m³的要求。

⑤确定砂率(β_s)。

由碎石的最大粒径31.5mm,水灰比0.47,参考表4-9-18,采用内插方法选取混凝土砂率 $\beta_s=33\%$。

⑥计算细集料(m_{so})、粗集料(m_{go})用量。

按照体积法,将已知的水单位用量(m_{wo})、水泥单位用量(m_{co})、砂率(β_s)以及各原材料密度代入式(4-9-13),且属非引气混凝土,取 $a=1$。

$$\begin{cases} \dfrac{m_{so}}{2650} + \dfrac{m_{go}}{2700} = 1 - \dfrac{393}{3100} - \dfrac{185}{1000} - 0.01 \times 1 \\ \dfrac{m_{so}}{m_{so}+m_{go}} \times 100 = 33 \end{cases}$$

求解得:细集料用量 $m_{so}=601\text{kg/m}^3$,粗集料用量 $m_{go}=1220\text{kg/m}^3$。
按体积法计算拌和 1m^3 混凝土初步配合比为(kg/m^3):

$$m_{co}:m_{wo}:m_{so}:m_{go}=393:185:601:1220$$

按质量法,假定混凝土的表观密度 $\rho_{cp}=2410\text{kg/m}^3$,将 m_{wo}、m_{co} 和 β_s 代入方程组(4-9-12)得:

$$\begin{cases} m_{so}+m_{go}=2410-393-185 \\ \dfrac{m_{so}}{m_{so}+m_{go}}\times 100=33 \end{cases}$$

联立求解得:细集料用量 $m_{so}=604\text{kg/m}^3$,粗集料用量 $m_{go}=1228\text{kg/m}^3$。
按质量法确定的混凝土初步配合比为(kg/m^3):

$$m_{co}:m_{wo}:m_{so}:m_{go}=393:185:604:1228$$

看出本例题中两种方法计算结果很接近,表明无论是体积法还是质量法都能很好地计算得到粗、细集料的用量。

(2)步骤2:基准配合比设计。

按初步配合比试拌 0.02m^3 混凝土拌合物用于坍落度试验,采用体积法结果,各种材料用量为:

水泥 $=393\times 0.02=7.86(\text{kg})$
水 $=185\times 0.02=3.70(\text{kg})$
细集料 $=601\times 0.02=12.02(\text{kg})$
粗集料 $=1220\times 0.02=24.40(\text{kg})$

将混凝土拌合物搅拌均匀后,进行坍落度试验,测得坍落度为95mm,高于设计坍落度55~70mm 的要求。同时,试拌混凝土的黏聚性和保水性表现良好。为此仅针对水泥浆用量加以调整,也就是适当减少水泥浆用量5%,此例采用水泥浆减少5%进行计算。

水泥用量减至:$7.86\text{kg}\times(1-5\%)=7.467\text{kg}$
水用量减至:$3.70\text{kg}\times(1-5\%)=3.515\text{kg}$

再经拌和后重新测得坍落度为60mm,满足坍落度要求,且黏聚性、保水性良好,所以无须改变原有砂率,也就是说初步配合比的粗、细集料用量保持不变。完成混凝土工作性检验。

此时,对应的基准配合比为(kg/m^3):

$$m_{ca}:m_{wa}:m_{sa}:m_{ga}=373:176:601:1220$$

(3)步骤3:设计配合比的确定。

①强度检验。

以计算水灰比0.47为基础,采用水灰比分别为0.42、0.47和0.52,基准用水量 176kg/m^3 不变,细集料、粗集料用量亦不变,仅改变水泥掺量,拌制三组混凝土拌合物,分别进行坍落度试验,发现各组混凝土工作性均满足要求。

三组配合比分别成型,在标准条件下养护28d,按规定方法测定其立方体抗压强度,结果见表4-9-19。

不同水灰比测得混凝土强度表　　表4-9-19

组别	水灰比（W/C）	灰水比（C/W）	28d 立方体抗压强度（MPa）
1	0.42	2.38	56.6
2	0.47	2.13	49.8
3	0.52	1.92	44.5

根据表中数据，绘出28d抗压强度与灰水比关系图（图4-9-1）。

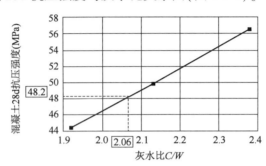

图4-9-1　混凝土28d抗压强度与灰水比（C/W）的关系

由图4-9-1可知，达到混凝土配制强度48.2MPa要求时对应的灰水比是2.064，转换为水灰比是0.48。这就是说，当混凝土水灰比是0.48时，配制强度能够满足设计要求。

②设计配合比的确定。

按强度试验结果修正混凝土配合比，各种材料用量为：

单位用水量仍为基准配合比用水量 $m_{wb}=176\text{kg/m}^3$，由0.48的水灰比得到单位水泥用量为 $m_{cb}=176\div0.48=367(\text{kg/m}^3)$；粗、细集料按体积法计算：

$$\begin{cases} \dfrac{m_{sb}}{2650}+\dfrac{m_{gb}}{2700}=1-\dfrac{367}{3100}-\dfrac{176}{1000}-0.01\times1 \\ \dfrac{m_{sb}}{m_{sb}+m_{gb}}\times100=33 \end{cases}$$

计算结果为，细集料用量为 $m_{sb}=617\text{kg/m}^3$；粗集料用量为 $m_{gb}=1253\text{kg/m}^3$。计算得设计配合比为：

$$m_{cb}:m_{wb}:m_{ab}:m_{gb}=367:176:617:1253$$

③设计配合比密度修正。

混凝土拌合物表观密度计算值为：

$$\rho_c=367+176+617+1253=2413(\text{kg/m}^3)$$

实测表观密度：

$$\rho_t=2400(\text{kg/m}^3)$$

计算密度修正系数 $\delta=\rho_f/\rho_c=2400/2413=0.99$。由于密度实测值与计算值之差的绝对值未超过计算值的2%，故设计混凝土配合比的材料用量无须进行密度修正。

最后确定试验室混凝土的设计配合比为（kg/m³）：

$$m'_{cb}:m'_{wb}:m'_{sb}:m'_{gb}=367:176:617:1253$$

或：

$$m'_{cb} : m'_{sb} : m'_{gb} = 1 : 68 : 3.14$$
$$W/C = 0.48$$

(4)步骤4:施工配合比的计算。

根据施工现场实测结果,砂含水率 ω_s 为3%,碎石含水率% 为1%,各种材料现场实际用量:

水泥:
$$m_c = m'_{cb} = 367(\text{kg/m}^3)$$

细集料:
$$m_s = m'_{sb} \times (1 + \omega_s) = 617 \times (1 + 3\%) = 636(\text{kg/m}^3)$$

粗集料:
$$m_g = m'_{gb} \times (1 + \omega_g) = 1253 \times (1 + 1\%) = 1266(\text{kg/m}^3)$$

水:
$$m_w = m'_{wb} - (m'_{sb} \cdot \omega_s + m'_{gb} \cdot \omega_g) = 176 - (617 \times 3\% + 1253 \times 1\%) = 145(\text{kg/m}^3)$$

所以,现场施工配合比如下:
$$m_c : m_w : m_s : m_g = 367 : 145 : 636 : 1266(\text{kg/m}^3)$$

整个配合比设计内容最终完成。

任务实施

完成配套学习指导手册任务4-9的内容。

任务4-10 面层水泥混凝土组成设计

任务描述

为完成任务单编号为表4-0-1的路面用水泥混凝土室内配合比组成设计,依据《水泥混凝土路面施工技术细则》(JTG/T F30—2014)中"4 配合比设计"要求,以抗弯拉强度作为设计控制指标,同时要满足工作性和耐久性要求,进行设计和性能验证工作。

相关知识

一、面层水泥混凝土技术要求

1. 力学性能要求

由于面层混凝土直接承受车辆荷载的作用,其组成材料选择、配合比设计均应根据交通等级确定。在《公路水泥混凝土路面设计规范》(JTG D40—2011)中,按设计基准期内设计车道所承受的标准轴载累计作用数,将道路所承受的交通轴载作用分为5级,分级范围见

表 4-10-1。

交通荷载分级 表 4-10-1

交通等级	极重	特重	重	中等	轻
设计基准期内设计车道承受设计轴载（1000kN）累计作用次数 N_e（10^4）	$>1 \times 10^6$	$1 \times 10^6 \sim 2000$	$2000 \sim 100$	$100 \sim 3$	<3

针对不同道路等级,面层水泥混凝土弯拉强度应不低于表 4-10-2 的规定。

水泥混凝土弯拉强度标准值 表 4-10-2

交通荷载等级	极重、特重、重	中等	轻
水泥混凝土弯拉强度标准值（MPa）	≥5.0	4.5	4.0

2. 工作性要求

面层混凝土施工可采用不同方式,因而工作性要求也有所区别。

(1)滑模摊铺:碎石混凝土的坍落度宜为 10～30mm,卵石混凝土滑模摊铺时的坍落度宜为 5～20mm。

(2)三辊轴机组摊铺:拌合物现场摊铺时坍落度宜为 20～40mm。

(3)小型机具摊铺:拌合物现场坍落度宜为 5～20mm。

(4)采用拌和楼拌和时,应根据不同工艺摊铺时的坍落度值加上运输过程中坍落度损失值予以确定。

3. 耐久性要求

最大水灰(胶)比和最小水泥用量要求,为保证道路混凝土耐久性,各级面层水泥混凝土必须满足表 4-10-3 所规定的最大水灰(胶)比和最小水泥用量。同时,限定面层混凝土最大单位水泥用量不宜大于 420kg/m³,使用掺合料时,最大胶凝材料不宜大于 450kg/m³。

各级公路面层水泥混凝土最大水灰(胶)比和最小水泥用量 表 4-10-3

公路技术等级		高速、一级	二级	三、四级
最大水灰(胶)比		0.44	0.46	0.48
有抗冻要求时最大水灰(胶)比		0.42	0.44	0.46
有抗盐冻要求时最大水灰(胶)比		0.40	0.42	0.44
最小单位水泥用量（kg/m³）	52.5 级	300	300	290
	42.5 级	310	310	300
	32.5 级	—	—	315
有抗冻、抗盐冻要求时最小单位水泥用量（kg/m³）	52.5 级	310	310	300
	42.5 级	320	310	315
	32.5 级	—	—	325
掺粉煤灰时最小单位水泥用量（kg/m³）	52.5 级	250	250	245
	42.5 级	260	260	255
	32.5 级	—	—	265

续上表

公路技术等级		高速、一级	二级	三、四级
有抗冻、抗盐冻要求时掺粉煤灰混凝土最小单位水泥用量(kg/m³)	52.5级	265	260	255
	42.5级	280	270	265

二 面层普通混凝土组成材料技术要求

1. 水泥

水泥在矿物组成和使用性能上体现出两大特点：首先在组成上，用于道路修筑的水泥含有较多的铁铝酸四钙成分，通常不低于16%，而普通硅酸盐水泥该矿物成分不会超过15%。正是这种高含量的铁铝酸四钙使水泥具有更高的抗弯拉强度，满足了混凝土路面在车辆行驶中对路面有更高抗弯拉要求的受力特点。同时，水泥中的铝酸三钙成分含量较低，要求不得超过9%，而普通硅酸盐水泥铝酸三钙含量最高可达15%，从而有效降低了因该矿物成分产生的混凝土干缩、抗侵蚀能力较低的问题。一方面，道路水泥表现出优良的路用性能，如表现出较高的强度，特别是较高的抗弯拉强度，另一方面具有耐磨性好、干缩小，以及抗冲击、抗冰冻和抗硫酸盐侵蚀性等特点。

根据《公路水泥混凝土路面施工技术细则》(JTG/T F30—2014)要求，面层水泥混凝土用道路硅酸盐水泥在组成、性能上应满足表4-10-4～表4-10-6的内容。

面层水泥混凝土用水泥各龄期实测强度值   表4-10-4

混凝土设计弯拉强度标准值(MPa)	5.5		5.0		4.5		4.0	
龄期(d)	3	28	3	28	3	28	3	28
水泥实测抗折强度(MPa)≥	5.0	8.0	4.5	7.5	4.0	7.0	3.0	6.5
水泥实测抗压强度(MPa)≥	23.0	52.5	17.0	42.5	17.0	42.5	10.0	32.5

各交通等级公路面层水泥混凝土用水泥物理指标要求   表4-10-5

物理性质		极重、特重、重交通荷载等级	中、轻交通荷载等级
出磨时安定性		雷氏夹和蒸煮法检验安定性合格	蒸煮法检验合格
凝结时间(h)	初凝时间 ≥	1.5	0.75
	终凝时间 ≤	10	10
标准稠度需水量(%) ≤		28.0	30.0
比表面积(m²/kg)		300～450	300～450
细度(80μm筛余)(%)		10.0	10.0
28d 干缩率(%) ≤		0.09	0.10
耐磨性(kg/m²) ≤		2.5	3.0

各交通等级公路面层水泥混凝土用水泥的成分要求　　　　表 4-10-6

水泥成分		极重、特重、重交通荷载等级	中、轻交通荷载等级
熟料游离氧化钙含量(%)	≤	1.0	1.8
氧化镁含量(%)	≤	5.0	6.0
铁铝酸四钙含量(%)	≤	15.0~20.0	12.0~20.0
铝酸三钙含量(%)	≤	7.0	9.0
三氧化硫含量(%)	≤	3.5	4.0
碱含量 $Na_2O+0.658K_2O$(%)	≤	0.6	怀疑有活性碱集料时,0.6; 无活性碱集料时,1.0
氯离子含量(%)	≤	0.03	0.06
混合材料种类	≤	不得掺窑灰、煤矸石、火山灰、烧黏土、煤渣,有抗盐冻要求时不得掺石灰岩粉	

2. 粗、细集料

粗集料应使用质地坚硬、耐久、干净的碎石,破碎卵石或卵石。极重、特重、重交通荷载等级公路面层混凝土用粗集料质量应不低于Ⅱ级要求,中、轻交通荷载等级公路可使用Ⅲ级粗集料。

细集料应使用质地坚硬、耐久、洁净的天然砂或机制砂,不宜使用再生细集料。不同交通荷载等级公路对细集料的选用要求同粗集料。

为了提高路面混凝土弯拉强度,防止混凝土拌合物离析,减少对摊铺机的机械磨损,提高混凝土的抗冻性及耐磨性,集料的最大粒径不宜过大。各种面层水泥混凝土配合比中不同种类粗集料公称最大粒径,见表 4-10-7。

各种面层水泥混凝土配合比中不同种类粗集料公称最大粒径(mm)　　表 4-10-7

交通荷载等级		极重、特重、重		中、轻	
面层类型		水泥混凝土	纤维、配筋混凝土	水泥混凝土	碾压混凝土、砌块混凝土
最大公称粒径	碎石	26.5	16	31.5	19
	破碎卵石	19	16	26.5	19
	卵石	16	9.5	19	16
	再生集料	—	—	26.5	19

为了防止集料离析,保证施工质量,路面用水泥混凝土中不得使用没有级配的再生粗集料。应按照最大公称粒径的不同,采用 2~4 个单粒级的集料,掺配使用,合成级配应符合表 4-10-8 的要求,且碎卵石或碎石集料中粒径小于 0.075mm 的石粉含量不得大于 1%。

粗集料级配范围　　表 4-10-8

方孔筛尺寸(mm)		2.36	4.75	9.50	16.0	19.0	26.5	31.5	37.5
级配类型		累计筛余(以质量计%)							
合成级配	4.75~16.0	95~100	85~100	40~60	0~10	—	—	—	—
	4.75~19.0	95~100	85~95	60~75	30~45	0~5	0	—	—
	4.75~26.5	95~100	90~100	70~90	50~70	25~40	0~5	0	—
	4.75~31.5	95~100	90~100	75~90	60~75	40~60	20~35	0~5	0

续上表

方孔筛尺寸(mm)		2.36	4.75	9.50	16.0	19.0	26.5	31.5	37.5
级配类型		累计筛余(以质量计%)							
单粒级级配	4.75~9.5	95~100	80~100	0~15	0	—	—	—	—
	9.5~16.0	—	95~100	80~100	0~15	0	—	—	—
	9.5~19.0	—	95~100	85~100	40~60	0~15	0	—	—
	16.0~26.5	—	—	95~100	55~70	25~40	0~10	0	—
	16.0~31.5	—	—	95~100	85~100	55~70	25~40	0~10	0

良好的粗集料级配对面层混凝土能够发挥重要的作用。粗集料级配对混凝土的弯拉强度影响很大,主要表现在振实后,粗集料能够逐级密实填充,形成高弯拉强度所要求的嵌挤力。同时,粗集料级配对混凝土的干缩性较为敏感,逐级密实填充的良好级配有利于减小混凝土的干缩程度。

3. 水

符合现行《生活饮用水卫生标准》(GB 5749—2022)的饮用水可直接作为混凝土拌和与养生用水。非饮用水应符合表4-10-9的质量标准。

非饮用水质量标准　　　　　　　表4-10-9

项目		素混凝土	钢筋混凝土及钢纤维混凝土
pH	≥	4.5	5.0
Cl^- 含量(mg/L)	≥	3500	1000
SO_4^{2-} 含量(mg/L)	≥	2700	2000
碱含量(mg/L)	≥	1500	1500
可溶物含量(mg/L)	≥	10000	5000
不可溶物含量(mg/L)	≥	5000	2000
其他杂质		不应有漂浮的油脂和泡沫;不应有明显颜色和异味	

三 面层普通水泥混凝土配合比设计步骤

面层普通混凝土配合比设计适用于滑模摊铺机、三辊轴机组及小型机具等几种常用施工方式。内容涉及掺用外加剂、真空脱水、掺用粉煤灰的混凝土路面、全部缩缝插传力杆的混凝土路面、配筋混凝土路面、桥面和桥头搭板等混凝土的配合比设计内容。各级公路面层水泥混凝土配合比设计宜采用正交试验法,二级及二级以下公路可采用经验公式法。本部分主要讨论采用常用经验方法进行配合比设计的内容。

配合比设计包括目标配合比设计和施工配合比设计两个阶段。目标配合比设计主要是在室内进行针对混凝土的水泥用量、集料用量、水灰(胶)比、外加剂掺量等的设计工作。施工配合比设计则应通过拌和楼试拌来确定相关拌和参数。

1. 配制弯拉强度 f_c

面层混凝土强度变异性一部分来自试验室的试验误差,另一部分来自混凝土组成的变异和施工质量控制与管理的变异。在进行配合比设计时,应考虑这两部分因素对混凝土强度的影响,因此面层普通混凝土的配制弯拉强度均值 f_c 按下式计算。

$$f_c = \frac{f_\gamma}{1 - 1.04C_v} + t \times s \tag{4-10-1}$$

式中:f_c——面层水泥混凝土配制 28d 弯拉强度均值,MPa;
　　　f_γ——设计弯拉强度标准值,MPa,由设计确定,且不低于表 4-10-2 的规定;
　　　s——混凝土弯拉强度试验样本的时准差,MPa,有试验数据应使用试验样本的标准差;无试验数据,可参考表 4-10-10 取值;
　　　t——保证率系数,按样本数 n 和判别概率 p 参照表 4-10-11 确定;
　　　C_v——混凝土弯拉强度变异系数,应按照统计数据取值。统计数据小于 0.05 时取 0.05;无统计数据时参考表 4-10-12 取值;其中高速公路、一级路变异水平应为低,二级公路变异水平应不低于中。

各级公路水泥混凝土面层弯拉强度试样样本的标准差　　　　表 4-10-10

公路等级	高速	一级	二级	三级	四级
目标可靠度(%)	95	90	85	80	70
目标可靠指标	1.64	1.28	1.04	0.84	0.52
样本标准差 s(MPa)	0.25≤s≤0.50		0.45≤s≤0.67		0.40≤s≤0.8

路面混凝土保证率系数 t　　　　表 4-10-11

公路等级	判别概率 P	样本数 n(组)			
		6~8	9~14	15~19	≥20
高速	0.05	0.79	0.61	0.45	0.39
一级	0.10	0.59	0.46	0.35	0.30
二级	0.15	0.46	0.37	0.28	0.24
三级和四级	0.20	0.37	0.29	0.22	0.19

变异系数范围 C_v　　　　表 4-10-12

弯拉强度变异水平等级	低	中	高
弯拉强度变异系数 C_v 范围	0.05≤C_v≤0.10	0.10<C_v≤0.15	0.15<C_v≤0.20

2. 计算水灰比 W/C

无掺合料时,根据粗集料类型,水灰比可按下列统计公式计算。

碎石(或破碎卵石混凝土):

$$W/C = \frac{1.5684}{f_c + 1.0097 - 0.3595f_s} \tag{4-10-2}$$

卵石混凝土:

$$W/C = \frac{1.2618}{f_c + 1.5492 - 0.4709f_s} \tag{4-10-3}$$

式中:f_c——混凝土配制弯拉强度,MPa;
　　　f_s——水泥 28d 实测抗折强度,MPa。
按照路面混凝土的使用环境、道路等级,计算出的结果要满足表 4-10-3 最大水灰(胶)比的限制要求。

3．选取砂率 β_s

根据砂的细度模数和粗集料品种,查表4-10-13选取砂率 β_s。

面层水泥混凝土砂率　　　　　表4-10-13

砂细度模数		2.2~2.5	2.5~2.8	2.8~3.1	3.1~3.4	3.4~3.7
砂率 β_s(%)	碎石混凝土	30~34	32~36	34~38	36~40	38~42
	卵石混凝土	28~32	30~34	32~36	34~38	36~40

4．单位用水量 m_{wo}

(1)不掺外加剂和掺合料时,单位用水量的计算。

单位用水量根据选定坍落度、粗集料品种、砂率及水灰比,按照经验公式(4-10-4)或公式(4-10-5)计算,其中砂石材料质量以自然风干状态计。

碎石：
$$m_{wo} = 104.97 + 0.309 S_L + 11.27(C/W) + 0.61\beta_s \quad (4\text{-}10\text{-}4)$$

卵石：
$$m_{wo} = 86.89 + 0.370 S_L + 11.24(C/W) + 1.00\beta_s \quad (4\text{-}10\text{-}5)$$

式中：S_L——坍落度,mm；

β_s——砂率,%；

C/W——灰水比。

(2)掺外加剂的混凝土单位用水量。

掺外加剂混凝土的单位用水量按式(4-10-6)计算。

$$m_{w,ad} = m_{w0}(1 - \beta_{ad}) \quad (4\text{-}10\text{-}6)$$

式中：$m_{w,ad}$——掺外加剂混凝土的单位用水量,kg/m³；

m_{wo}——未掺外加剂时混凝土的单位用水量,kg/m³；

β_{ad}——外加剂实测减水率,%,以小数计。

计算得到的单位用水量超过表4-10-14规定的最大用水量时,应通过技术措施如采用减水率更高的减水剂来降低单位用水量。

面层水泥混凝土最大单位用水量(kg/m³)　　　　　表4-10-14

施工工艺	碎石混凝土	卵石混凝土
滑模摊铺机摊铺	160	155
三辊轴机组摊铺	153	148
小型机具摊铺	150	145

5．单位水泥用量 m_{co} 的确定

单位水泥用量按照式(4-10-7)计算,然后根据道路等级和环境条件,查表4-10-3得到满足耐久性要求的最小水泥用量,取两者中的大值。

$$m_{co} = m_{wo} \times (C/W) \tag{4-10-7}$$

式中：m_{co}——单位水泥用量，kg/m^3；

m_{wo}——单位用水量，kg/m^3；

C/W——混凝土的灰水比。

6. 砂石材料用量 w_{so} 和 w_{go}

面层混凝土中砂石材料用量的计算方法同普通混凝土，可采用体积法或质量法，将上述计算确定的单位水泥用量、单位用水量 m_{co}，和砂率 β_s 代入相关方程组，联立求解即可确定砂石材料用量 m_{so} 和 m_{go}。

采用质量法计算时，涉及面层混凝土单位质量即混凝土密度，可在 2400~2450kg/m^3 范围内取值。

设计结果要求粗集料填充体积率不宜小于 70%，即设计得到的粗集料质量除以该粗集料振实密度，所得结果要大于 70%，以更好地保证混凝土内部骨架密实结构的形成，从而有利于面层混凝土路用性能。

四 面层普通水泥混凝土配合比计算例题

1. 设计要求

某高速公路收费站与沥青路面衔接段采用水泥混凝土路面（无抗冰冻性要求），要求混凝土设计弯拉强度标准值为 5.0MPa，施工单位提供的混凝土弯拉强度样本的标准差 s 为 0.4MPa（$n=9$）。混凝土由机械搅拌并振捣，采用滑模摊铺机摊铺，施工要求坍落度为 10~30mm。试确定该路面混凝土配合比。

2. 组成材料

硅酸盐水泥 P·Ⅱ52.5 级，实测水泥 28d 抗折强度为 8.2MPa，水泥密度 $\rho_c = 3100kg/m^3$；中砂：表观密度 $\rho_s = 2630kg/m^3$，细度模数 2.6；碎石：5~40mm，表观密度 $\rho_g = 2700kg/m^3$，振实密度 $\rho_{gh} = 1701kg/m^3$；水：自来水。

3. 设计计算

（1）计算配制弯拉强度（$f_{cu,o}$）。

由表 4-10-11 可知，当高速公路路面混凝土样本数为 9 时，保证率系数 t 为 0.61。按照表 4-10-12，高速公路路面混凝土变异水平等级为"低"，混凝土弯拉强度变异系数 $C_v = 0.05$~0.10，取中值 0.075。

根据设计要求 $f_r = 5.0$MPa，将以上参数代入式(4-10-1)，混凝土配制弯拉强度为：

$$f_c = \frac{f_r}{1 - 1.04C_v} + t \times s = \frac{5.0}{1 - 1.04 \times 0.075} + 0.61 \times 0.4 = 5.67(\text{MPa})$$

（2）确定水灰比（W/C）。

按弯拉强度计算水灰比。由所给资料：水泥实测抗折强度 $f_s = 8.2$MPa。计算得到的混凝土配制弯拉强度 $f_c = 5.67$MPa，粗集料为碎石，代入式(4-10-2)计算混凝土的水灰比 W/C：

$$W/C = \frac{1.5684}{f_c + 1.0097 - 0.3595 \times f_s} = \frac{1.5684}{5.67 + 1.0097 - 0.359 \times 8.2} = 0.42$$

耐久性校核。混凝土用于高速公路路面,无抗冰冻性要求,查表4-10-3得最大水灰比为0.44,故按照强度计算的水灰比结果符合耐久性要求,取水灰比0.42,灰水比$C/W = 2.38$。

(3)确定砂率(β_s)。

由砂的细度模数2.6,碎石,查表4-10-13,取表中砂率中间值$\beta_s = 34\%$。

(4)确定单位用水量(m_{wo})。

坍落度要求为10~30mm,取20mm,灰水比$C/W = 2.38$,砂率34%代入式(4-10-5),计算单位用水量:

$$m_{wo} = 104.97 + 0.309 \times 20 + 11.27 \times 2.38 + 0.61 \times 34 = 159(kg/m^3)$$

查表4-10-14,得最大单位用水量为160kg/m³,故计算结果159kg/m³满足要求。

(5)确定单位水泥用量(m_{co})。

将单位用水量159kg/m³,灰水比$C/W = 2.38$代入式(4-10-7),计算单位水泥用量:

$$m_{co} = (W/C) \times m_{wo} = 2.38 \times 159 = 378(kg/m^3)$$

查表4-10-3得满足耐久性要求的最小水泥用量为300kg/m³,且计算结果满足面层混凝土最大单位水泥用量不大于420kg/m³的要求。

(6)计算粗集料用量(m_{go})、细集料用量(m_{so})。

将上面的计算结果代入方程组(4-10-13):

$$\begin{cases} \dfrac{m_{so}}{2650} + \dfrac{m_{go}}{2700} = 1 - \dfrac{378}{3100} - \dfrac{159}{1000} - 0.01 \times 1 \\ \dfrac{m_{sw}}{m_{so} + m_{go}} \times 100 = 34 \end{cases}$$

求解得:砂用量$m_{so} = 646$kg/m³,碎石用量$m_{go} = 1253$kg/m³。

验算:采用粗集料的振实密度ρ_{gh}计算路面混凝土中碎石的填充体积,以确保混凝土能够形成较高的嵌挤力,得$m_{go}/\rho_{gh} \times 100\% = 1253/1701 \times 100\% = 73.7\%$,超过70%,符合要求。

由此确定路面混凝土"初步配合比"为:

$$m_{co}:m_{wo}:m_{so}:m_{go} = 378:159:646:1253(kg/m^3)$$

路面混凝土的基准配合比、设计配合比与施工配合比设计内容和操作与普通混凝土相同。(过程略)

本章主要介绍了水泥和水泥混凝土有关基本概念、主要试验检测内容和配合比设计方法,除此之外,水泥与水泥混凝土还涉及其他一些试验检测内容,由于篇幅限制,不予叙述。在此仅将水泥与水泥混凝土其他检测项目和试验方法列于表4-10-15,以供参考。

水泥和水泥混凝土其他试验检测项目 表4-10-15

试验项目	试验目的及意义	检测依据
水泥密度	水泥密度是水泥的一项基本物理指标,在一些水泥试验检测和混凝土配合比设计中用到该指标	T 0503—2005 JTG 3430—2020

续上表

试验项目	试验目的及意义	检测依据
水泥胶砂流动度	该试验适用于火山灰硅酸盐水泥、复合硅酸盐水泥和掺有火山灰的普通硅酸盐水泥、矿渣硅酸盐水泥等的水泥胶砂流动度试验检测,在相同条件下测得的流动度越大,表明水泥在拌制混凝土时,同样工作性时的用水量相应就偏低,从而有利于混凝土的性能表现,所以水泥胶砂流动度一定程度上与混凝土的性能有着密切关系	T 0507—2005 JTG 3430—2020
烧失量	当水泥烧制时的工艺不完善或在使用存放期间受潮,水泥的烧失量将会增加,通过烧失量试验结果来评价水泥的品质状况	GB/T 176—2017
氧化镁含量	因水泥烧制过程的偶然因素或工艺上的缺陷,水泥熟料中存在一定的游离氧化镁物质,当氧化镁含量超过一定数量时,将对水泥安定性造成直接影响,通过试验检测,判断氧化镁对水泥造成不安定影响的可能性	GB/T 176—2017
三氧化硫含量	水泥熟料在加工磨细制成水泥成品时,必须添加一定数量的石膏,伴随石膏的添加,会在水泥中带入一定数量的三氧化硫,过量的三氧化硫也将造成水泥安定性不良,通过该试验检测,评价因三氧化硫对水泥造成安定性不良的可能性	GB/T 176—2017
不溶物含量	水泥烧制生产出的水泥熟料能够完全溶解于浓酸中,而熟料中的杂质则难以被浓酸所溶解,通过对水泥熟料中难溶物质含量的测定,定量评价水泥中所含杂质的数量,以把握水泥成分的品质	GB/T 176—2017
水泥碱含量	水泥属于偏碱性的无机胶凝材料,碱性特点是保证水泥发挥其胶凝效果的基本条件,但当水泥中碱含量较高时,一定条件下能够引起所谓的碱集料反应,造成水泥混凝土结构破坏,通过水泥中碱含量的检测,定量评价水泥中碱含量是否超过规定的限值	GB/T 176—2017
水泥氯离子含量测定	氯离子的存在,将直接造成混凝土中钢筋的锈蚀,对钢筋混凝土的结构和耐久性造成消极影响,混凝土中氯离子来自不同方面,通过对水泥中氯离子的含量测定,掌握水泥对钢筋造成锈蚀的可能性	GB/T 176—2017
混凝土含气量试验	通过引气剂引气方式,在混凝土中形成均匀分布的微小气泡,能够有效阻断混凝土中存在的毛细通道,从而提升混凝土的耐久性,特别是混凝土的抗冻性,混凝土含气量试验是针对混凝土中通过引气技术引入气体含量多少的测定,从而判断混凝土是否具有一定抗冻性的特点	T 0526—2005 JTG 3430—2020
混凝土抗压弹性模量试验方法	测定水泥混凝土在静力作用下的弹性模量,从应力应变的角度,掌握混凝土受力下的变形特点	T 0556—2005 T 0557—2005 JTG 3430—2020
混凝土抗渗性试验方法	通过测定硬化后混凝土对水的抗渗入能力,掌握混凝土的防水性,建立混凝土的抗渗等级,从抗渗角度了解混凝土的耐久性	T 0568—2005 JTG 3430—2020
混凝土外加剂 pH 值测定方法	pH 值是混凝土外加剂的基本指标,通过酸度计法,掌握外加剂的酸碱性	GB/T 8077—2023

续上表

试验项目	试验目的及意义	检测依据
混凝土外加剂氯离子含量试验方法	外加剂中同样可能存在一定数量的氯离子成分,从而造成混凝土中钢筋的锈蚀。针对外加剂中氯离子含量的测定,掌握外加剂引起钢筋锈蚀的可能性	GB 8076—2008 GB/T 8077—2023
减水剂减水率试验方法	减水率是混凝土外加剂特别是不同类型减水剂的一项核心指标,通过减水率的检测,评价所用减水剂的性能状况和掌握减水效果,同时指导减水剂在工程上的实际应用	JT/T 523—2022
泌水率试验	对混凝土来说,泌水现象的出现是一种新拌和混凝土工作性不良现象,特别是掺入外加剂之后的泌水现象更要给予关注,以防止外加剂对混凝土性能造成不利影响。通过测定混凝土泌水率比值,评价掺入外加剂混凝土的泌水程度	JT/T 523—2022

任务实施

完成配套学习指导手册任务 4-10 的内容。

任务 4-11 无机结合料稳定材料配合比组成设计

任务描述

为完成检测任务单表 4-0-2 中一级重交通公路上基层——水泥稳定碎石配合比组成设计,并确定无机稳定材料、水和被稳定干燥材料的质量比值,我们依据《公路路面基层施工技术细则》(JTG/T F20—2015)规定,进行配合比设计和性能验证工作,要求水泥稳定材料的 7d 龄期无侧限抗压强度标准 R_d 达到 4.0~6.0MPa 范围内,同时满足级配合理、节约水泥、施工方便的要求。

本任务的水泥稳定碎石配合比组成设计属于无机结合料稳定材料配合比设计范畴,设计过程包括:原材料检验、混合料的目标配合比设计、混合料的生产配合比设计和施工参数确定四个过程。

相关知识

一 无机结合料的剂量与比例

(1)水泥剂量:水泥稳定材料的水泥剂量是指水泥质量占全部被稳定材料干燥质量的百分率。

(2)石灰剂量:石灰稳定材料的石灰剂量是指石灰质量占全部被稳定材料干燥质量的百

分率。

（3）石灰工业废渣混合料：石灰工业废渣混合料采用质量配合比计算，以石灰：工业废渣：被稳定材料的质量比表示。

（4）水泥粉煤灰稳定材料：应采用质量配合比计算，以水泥：粉煤灰：被稳定材料的质量比表示。水泥粉煤灰稳定材料和水泥煤渣稳定材料比例参照《公路路面基层施工技术细则》的推荐比例来执行。

石灰粉煤灰稳定材料和石灰煤渣稳定材料比例可采用表4-11-1中的推荐值。

石灰粉煤灰稳定材料和石灰煤渣稳定材料推荐比例　　表4-11-1

材料类型	材料名称	使用层位	结合料间比例	结合料与被稳定材料间比例
石灰粉煤灰	硅铝粉煤灰的石灰粉煤灰类	基层或底基层	石灰：粉煤灰 = 1:2 ~ 1:9	—
	石灰粉煤灰土	基层或底基层	石灰：粉煤灰 = 1:2 ~ 1:4	石灰粉煤灰：细粒材料 = 30:70 ~ 10:90
	石灰粉煤灰稳定级配碎石或砾石	基层	石灰：粉煤灰 = 1:2 ~ 1:4	石灰粉煤灰：被稳定材料 = 20:80 ~ 15:85
石灰煤渣	石灰煤渣稳定材料	基层或底基层	石灰：煤渣 20:80 ~ 15:85	—
	石灰煤渣土	基层或底基层	石灰：煤渣 1:1 ~ 1:4	石灰煤渣：细粒材料 = 1:1 ~ 1:4
	石灰煤渣稳定材料	基层或底基层	石灰：煤渣：被稳定材料 = (7~9):(26~33):(67~58)	

二　无机结合料稳定材料配合比设计与要求

无机结合料稳定材料组成设计包括原材料检验、混合料的目标配合比设计、混合料的生产配合比设计和施工参数确定四方面的内容。

无机结合料稳定材料组成设计流程见图4-11-1。

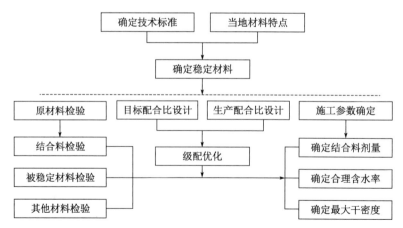

图4-11-1　无机结合料稳定材料组成设计流程图

1. 原材料检验

原材料检验包括结合料、被稳定材料及其他相关材料的试验,所有检测指标均应满足相关设计或技术文件的要求。

2. 目标配合比设计(以水泥稳定级配碎石或砾石为例)

目标配合比设计是根据强度标准(无侧限抗压强度),确定最佳的无机结合料组成与剂量,验证混合料相关的设计及施工技术指标。设计内容包括:选择级配范围;确定结合料类型及掺配比例;验证混合料相关的设计及施工技术指标。

目标配合比具体可按以下步骤进行。

(1)根据当地材料的特点,通过原材料性能的试验评定,选择适宜的结合料类型,确定混合料配合设计的技术标准。

(2)集料的目标级配优化设计。

目标级配曲线优化选择过程中,应选择不少于4条级配曲线,试验级配曲线可按《公路路面基层施工技术细则》(JTG/T F20—2015)推荐的级配范围和以往工程经验或《公路路面基层施工技术细则》(JTG/T F20—2015)附录 A 的方法构造。水泥稳定级配碎石的推荐级配范围见表4-11-2。在配合比设计试验中,应将各档集料筛分成单一粒径的规格逐档掺配。

水泥稳定级配碎石或砾石的推荐级配范围(%) 表4-11-2

筛孔尺寸(mm)	高速公路和一级公路			二级及二级以下公路		
	C-B-1	C-B-2	C-B-3	C-C-1	C-C-2	C-C-3
37.5	—	—	—	100	—	—
31.5	—	—	100	100~90	100	—
26.5	100	—	—	94~81	100~90	100
19	86~82	100	68~86	83~67	87~73	100~90
16	79~73	93~88	—	78~61	82~65	92~79
13.2	72~65	86~76	—	73~54	75~58	83~67
9.5	62~53	72~59	38~58	64~45	66~47	71~52
4.75	45~35	45~35	22~32	50~30	50~30	50~30
2.36	31~22	31~22	16~28	36~19	36~19	36~19
1.18	22~13	22~13	—	26~12	26~12	26~12
0.6	15~8	15~8	8~15	19~8	19~8	19~8
0.3	10~5	10~5	—	14~5	14~5	14~5
0.15	7~3	7~3	—	10~3	10~3	10~3
0.075	5~2	5~2	0~3	7~2	7~2	7~2

注:1. 高速公路和一级公路时,级配宜符合 C-B-1、C-B-2 的规定。混合料密实时也可采用 C-B-3 级配,C-B-1 级配宜用于基层和底基层,C-B-2 级配宜用于基层。

2. 用于二级及二级以下公路时,级配宜符合 C-C-1、C-C-2、C-C-3 的规定。C-C-1 级配宜用于基层和底基层,C-C-2 和 C-C-3 级配宜用于基层,C-C-3 级配宜用于极重、特重交通荷载等级下的基层。

3. 被稳定材料的液限宜不大于28%。

4. 用于高速公路和一级公路时,被稳定材料的塑性指数宜不大于5,用于二级及二级以下公路时,宜不大于7。

(3)选择不少于5个结合料剂量,分别确定各剂量条件下混合料的最佳含水率和最大干密度。确定无机结合料稳定材料最大干密度指标时宜采用重型击实方法,也可采用振动压实方法。水泥稳定材料配合比试验参考水泥试验剂量可采用表4-11-3中的推荐值。

水泥稳定材料配合比试验推荐剂量表　　　　表4-11-3

被稳定材料	条件		推荐试验剂量(%)
有级配的碎石或砾石	基层	$R_d \geq 5.0$MPa	5、6、7、8、9
		$R_d < 5.0$MPa	3、4、5、6、7
土、砂、石屑等		塑性指数<12	5、7、9、11、13
		塑性指数≥12	8、10、12、14、16
有级配的碎石或砾石	底基层	—	3、4、5、6、7
土、砂、石屑等		塑性指数<12	4、5、6、7、8
		塑性指数≥12	6、8、10、12、14
碾压贫混凝土	基层	—	7、8.5、10、11.5、13

(4)根据试验确定的最佳含水率、最大干密度及压实度要求,用静压法成型标准试件。基层、底基层压实标准分别见表4-11-4、表4-11-5。进行强度试验时,作为平行试验的最少试件数量应不少于表4-11-6的规定。

基层压实标准(%)　　　　表4-11-4

公路等级		水泥稳定材料	石灰粉煤灰稳定材料	水泥粉煤灰稳定材料	石灰稳定材料
高速公路和一级公路		≥98	≥98	≥98	—
二级及二级以下公路	稳定中、粗粒材料	≥97	≥97	≥97	≥97
	稳定细粒材料	≥95	≥95	≥95	≥95

底基层压实标准(%)　　　　表4-11-5

公路等级		水泥稳定材料	石灰粉煤灰稳定材料	水泥粉煤灰稳定材料	石灰稳定材料
高速公路和一级公路	稳定中、粗粒材料	≥97	≥97	≥97	≥97
	稳定细粒材料	≥95	≥95	≥95	≥95
二级及二级以下公路	稳定中、粗粒材料	≥95	≥95	≥95	≥95
	稳定细粒材料	≥93	≥93	≥93	≥93

平行试验的最少试件数量表　　　　表4-11-6

材料类型	变异系数要求		
	<10%	10%~15%	15%~20%
细粒材料1	6	9	—
中粒材料2	6	9	13
粗粒材料3	—	9	13

注:1.公称最大粒径小于16mm的材料。
　　2.公称最大粒径不小于16mm且小于26.5mm的材料。
　　3.公称最大粒径不小于26.5mm的材料。

(5)试件在标准养生条件下养护6d,浸水24h后,进行无侧限抗压强度试验,按式(4-11-1)计算强度代表值 R_d^0。

$$R_d^0 = \bar{R} \times (1 - Z_\alpha C_V) \quad (4\text{-}11\text{-}1)$$

式中:Z_α——标准正态分布表中随保证率或置信度α而变的系数,高速公路和一级公路应取保证率95%,即 $Z_\alpha = 1.645$;二级及二级以下公路应取保证率90%,即 $Z_\alpha = 1.282$;

　　$\bar{R}$——一组试验的强度平均值,MPa;

　　C_V——一组试验的强度变异系数。

(6)强度代表值应不小于强度标准值(强度标准值见表4-11-7),同时应验证不同结合料测量条件下混合料的技术性能,确定最佳的结合料剂量。

水泥稳定材料的7d龄期无侧限抗压强度标准 R_d(MPa)　　　　表4-11-7

结构层	公路等级	极重、特重交通	重交通	中、轻交通
基层	高速公路和一级公路	5.0~7.0	4.0~6.0	3.0~5.0
	二级及二级以下公路	4.0~6.0	3.0~5.0	2.0~4.0
底基层	高速公路和一级公路	3.0~5.0	2.5~4.5	2.0~4.0
	二级及二级以下公路	2.5~4.5	2.0~4.0	1.0~3.0

(7)用于基层的无机结合料稳定材料,强度满足要求时,尚应检验其抗冲刷和抗裂性能。

3. 生产配合比设计与技术要求(以水泥稳定类为例)

生产配合比设计应包括下列技术内容:确定料仓供料比例;确定水泥稳定材料的容许延迟时间;确定结合料剂量的标定曲线;确定混合料的最佳含水率和最大干密度。

具体按照以下步骤进行:

(1)根据目标配合比确定的各档材料比例,对拌和设备进行调试和标定,确定合理的生产参数。

(2)拌和设备的调试和标定应包括料斗称量精度的标定,结合料剂量的标定和拌和设备加水量的控制等内容,并应符合下列规定:

①绘制不少于5个点的结合料剂量标定曲线;

②按各档材料的比例关系,设定相应的称量装置,调整拌和设备各个料仓的进料速度;

③按设定好的施工参数进行第一阶段试生产,验证生产级配。不满足要求时,应进一步调整施工参数。

对水泥稳定、水泥粉煤灰稳定材料,分别进行不同成型时间条件下的混合料强度、试验、绘制相应的延迟时间曲线,并根据设计要求确定容许延迟时间。

(3)应在第一阶段试生产试验的基础上进行第二阶段试验。分别按不同结合料剂量和含水率进行混合料试拌,并取样、试验。试验时混合料应符合下列规定:

①通过混合料中实际含水率的测定,确定施工过程中水流量计的设定范围;

②通过混合料中实际结合料剂量的测定,确定施工过程中结合料掺加的相关技术参数;

③通过击实试验,确定结合料剂量变化、含水率变化对混合料最大干密度的影响;

④通过抗压强度试验,确定材料的实际强度水平和拌和工艺的变异水平。

(4)混合料生产参数的确定应包括结合料剂量、含水率和最大干密度等指标,并应符合下列规定:

①对水泥稳定材料,工地实际采用的水泥剂量宜比室内试验确定的剂量多0.5%~1.0%。采用集中厂拌法施工时宜增加0.5%;采用路拌法施工时宜增加1%;

②以配合比设计的结果为依据,综合考虑施工过程的气候条件;对水泥稳定材料,含水率可增加0.5%~1.5%;对其他稳定材料,可增加1%~2%;

③最大干密度应以最终合成级配击实试验的结果为标准。

4. 确定施工参数包括的技术内容

(1)确定施工中结合料的剂量。

(2)确定施工合理含水率及最大干密度。

(3)验证混合料强度技术指标。

5. 强度标准

(1)采用7d龄期无侧限抗压强度作为无机结合料稳定材料配合比设计和施工质量控制的主要指标。半刚性基层底基层的强度标准见表4-11-7。

(2)高速公路和一级公路应验证所用材料的7d龄期无侧限抗压强度与90d或180d龄期弯拉强度的关系。

完成配套学习指导手册任务4-11的内容。

项目 5 沥青

一、项目任务概述

某高速公路项目上面层(AC-13C)、中面层(AC-20C)改性沥青混合料所用聚合物改性沥青型号为 SBS 改性沥青 I-D。为检验该沥青的技术性能指标是否符合《公路沥青路面施工技术规范》(JTG F 40—2004)要求,并为下一步沥青混合料配合比设计提供基础数据,项目施工方与检测中心签订项目委托检测合同,检测中心根据委托合同,下发检测任务单至材料检测部,具体检测任务单见表 5-0-1。

CXWJ4.5.4-1-JLWJ-3[①]

××××××××检测中心
检测任务单(内检)

任务单编号:SN-2021-H3-M330024[②]

表 5-0-1

样品名称	聚合物改性沥青	检测类别	送样检测
样品编号	2021M3301-M33003[③]	规格型号	SBS 改性沥青 I-D（基质沥青为 70 号沥青）
样品描述	黑色、黏稠状		
检测项目	密度、针入度、针入度指数、延度、软化点、薄膜加热、旋转薄膜加热		
检测依据/标准	《公路工程沥青及沥青混合料试验规程》(JTG E20—2011)、《公路沥青路面施工技术规范》(JTG F 40—2004)		
检后样品处理	√舍弃　□取回　□留样(　)天		
发样人		接样人	

注:①试验室管理体系文件里的质量记录编号,每个单位都略有不同。
②SN 表示室内;2021 表示任务单下发年份;H3-M330024 是任务单的编号,属于盲样管理的内部编码,每个单位都不同。
③样品的编号,属于盲样管理的内部编码。

某高速公路项目基层透层油所用的道路用高渗透乳化沥青型号为道路乳化沥青 PC-2。为检验该沥青的技术性能指标是否符合施工单位技术要求和《公路沥青路面施工技术规范》(JTG F 40—2004)要求,项目施工方与检测中心签订项目委托检测合同,检测中心根据委托合同,下发检测任务单至材料检测部,具体检测任务单见表 5-0-2。

CXWJ4.5.4-1-JLWJ-3

×××××××××检测中心
检测任务单(内检)

任务单编号:SN-2022-N2-A40132

表 5-0-2

样品名称	道路用高渗透乳化沥青	检测类别	送样检测
样品编号	2022A403-A4012	规格型号	道路乳化沥青 PC-2/4.3kg
样品描述	褐色、乳液状		
检测项目	乳化沥青微粒离子电荷、乳化沥青筛上剩余量		
检测依据/标准	《公路工程沥青及沥青混合料试验规程》(JTG E20—2011)、《公路沥青路面施工技术规范》(JTG F 40—2004)		
检后样品处理	√舍弃　　□取回　　□留样(　　)天		
发样人		接样人	

二 学习目标

(1)了解:沥青的分类与每个试验的目的。
(2)熟悉:每个试验的过程。
(3)掌握:沥青的技术性质与技术要求。
(4)会独立操作完成每个试验。
(5)会对每个试验的结果进行分析计算并出具检测报告。

任务 5-1　认识沥青的技术性质与技术要求

沥青是一种典型的有机胶凝材料,用沥青作为胶结材料的沥青路面是我国主要的路面形式之一。沥青还是一种对温度变化极为敏感的感温性材料,其性能表现与环境状况密切相关。采用沥青混合料修筑的沥青路面呈现出显著的综合性能,它具有良好的耐久性和抗滑性,优越的减振吸声性能和行车舒适等优点。同时,沥青路面性能还受环境和交通影响。全面了解和掌握沥青的技术性质和技术要求,是学习道路建筑材料的重要任务之一。

一 沥青概述

1. 沥青的定义及其分类

沥青是由极其复杂的高分子碳氢化合物和这些碳氢化合物的非金属(氧、硫、氮)衍生物组成的混合物,它在常温下一般为固态或半固态,也有少数品种的沥青呈黏性液体状态,可溶于二硫化碳、四氯化碳、三氯甲烷和苯等有机溶剂,颜色为黑褐色或褐色。沥青根据产源、蜡含量、稠度和用途的不同,可划分为不同的类型。

(1)按产源不同划分

沥青按产源不同,可划分为经地质开采加工后得到的地沥青和通过工业加工获得的焦油沥青,原油分馏示意图如图 5-1-1 所示。其中,地沥青可分为直接开采得到的天然沥青和对开采石油加工后得到的石油沥青;焦油沥青根据工业加工原材料的不同,分为煤沥青、木沥青和页岩沥青等。分类图示如图 5-1-2 所示。

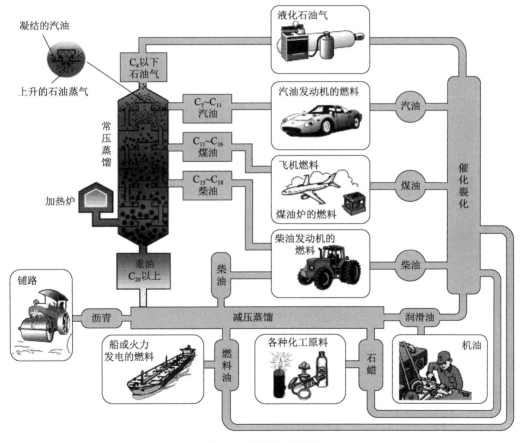

图 5-1-1 原油分馏示意图

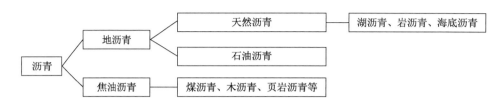

图 5-1-2 沥青按产源不同的分类图示

(2)按原油中蜡含量不同划分

沥青按原油成分中所含石蜡数量的多少,可划分为石蜡基沥青(含蜡量>5%)、沥青基沥青(含蜡量<2%)和混合基沥青(含蜡量2%~5%)等。

(3)按常温下稠度不同划分

沥青按常温下稠度的不同,可划分为固体沥青、黏稠沥青和液体沥青。

(4)按用途不同划分

沥青按用途不同,可分为道路石油沥青和建筑沥青。

通常,道路工程所用沥青属常温态下呈黏稠状或固体的石油沥青,并经过氧化溶剂脱、调和工程,使沥青的温度敏感性等系列关键指标能够更好地满足道路工程的需要。

2.沥青的化学组分

通过一定的分离方法,将沥青分离成化学性质相近,并且和路用性质有一定联系的若干组,这些组就称为"组分"。沥青中各组分含量的多少与沥青的技术性质有直接关系。

(1)沥青质

沥青质是不溶于正庚烷而溶于苯的黑褐色无定形固体物,约占沥青质量的5%~25%。沥青质和沥青的热稳定性、流变性和黏滞性有很大关系。沥青质含量越高,沥青软化点越高,黏度越大,沥青就越硬、越脆。

(2)胶质

胶质能够溶于正庚烷,是深棕色固体或半固体,有很强的极性,影响沥青中沥青质的分散效果,突出的特征是具有很强的黏附力。胶质和沥青质之间的比例决定了沥青的胶体结构类型。

(3)芳香分

芳香分是由沥青中分子量最低的环烷芳香化合物组成的黏稠状液体,约占沥青总量的20%~50%,呈深棕色,对其他高分子烃类物质有较强的溶解能力。

(4)饱和分

饱和分是由直链和支链饱和烃、烷基烃和一些烷基芳香烃组成,含量约占沥青的5%~20%,是非极性稠状油类,色较浅。随着饱和分含量的增加,沥青的稠度降低,温度感应性加大。

除了上述四种组分之外,在芳香分和饱和分中还存在另一个需要引起重视的成分——蜡。沥青中蜡含量过高,会对沥青性能产生很多不利影响,表现在:

①蜡在低温下结晶析出后分散在沥青中,会减少沥青分子之间的紧密程度,使沥青的低温

延展能力明显降低。

②蜡随着温度升高极易融化,使沥青的黏度降低,增大了沥青的温度敏感性。

③蜡还能使沥青与石料表面的黏附性降低,若有水存在则易引起沥青膜从石料表面脱落,造成沥青路面的水损害。

④蜡的存在易引起沥青路面抗滑性能的衰减,所以沥青中的蜡成分对沥青路用性能极为不利,因此对于其蜡含量有严格限制。

二、石油沥青的主要技术性质

石油沥青的主要技术性质包括黏滞性、延性、感温性、黏附性、耐久性几个方面。

(1)黏滞性

黏滞性是指沥青材料在外力作用下,沥青粒子产生相互位移时抵抗剪切变形的能力。黏滞性的强弱与沥青的组分和温度有关,沥青质含量高的沥青黏滞性大,环境温度升高时沥青的黏滞性降低。沥青路面的力学性能与沥青的黏滞性密切相关,例如高温时沥青路面产生车辙的深浅程度,与沥青的黏滞性有着直接关系。

注:黏滞性是流体的一种固有物理属性,只有在运动状态下才能显示出来。

例如,在同一个大小的漏斗中装满油和水,水必定先漏完,原因就是油的黏滞性大于水。沥青的黏滞性则更大。

沥青黏滞性大小的指标表征为黏度。黏度的表达和测定方法有很多,如可采用毛细管法测得沥青的动力黏度来表示沥青的绝对黏度;采用旋转黏度计测得沥青的表观黏度,确定沥青施工时的拌和和碾压温度;或采用相对简单的针入度方法测得沥青的针入度表示沥青的稠度;同时作为等黏温度的软化点,也可作为沥青黏滞性的一项技术指标。

①沥青动力黏度

沥青动力黏度的大小等于剪应力与剪变率之比,也称为沥青的绝对黏度,以帕·秒(Pa·s)作为计量单位。动力黏度很好地反映了沥青在一定温度条件下的黏滞性,所以一些国家利用60℃时测得的动力黏度作为沥青分级划分依据。

②沥青表观黏度

表观黏度是沥青绝对黏度的另一种表征,该黏度采用布氏旋转黏度计进行测定。通过测定道路沥青在45℃以上温度条件下的布氏黏度(Pa·s),确定沥青混合料在施工过程中适宜的拌和和碾压温度。

③针入度

针入度是沥青相对黏度(在实际应用中,由于绝对黏度测定较为复杂,因此多使用沥青的相对黏度作为评价其黏滞性的指标)的一项指标表征,同时也是我国划分沥青标号的依据。通过针入度试验测得的针入度值越大,表示沥青越软。实质上,针入度试验测得的是沥青稠度而非黏度,但二者关系密切,也就是说稠度越高的沥青,其黏度也就越高。

④软化点

软化点的测定大多采用环球法。环球法测定软化点是将沥青浇注在规定的金属环中,上置规定质量的钢球,在规定的加热升温速度(通常为5℃/min)条件下进行加热。随着温度的不断升高,沥青试样逐渐软化,直至在钢球荷重作用下,沥青产生规定的下垂距离,此时对应的温度就是软化点(℃)。软化点的高低反映了沥青在一定温度条件下所呈现的物理状态,软化点高的沥青在温度较高的条件下,软化变形的程度低;而软化点低的沥青在温度升高时,易发生软化变形,所以可将软化点当作沥青热稳定性的指标。软化点既是反映沥青热稳定性的指标,也是表示沥青相对黏度的指标。

(2)沥青延性

沥青延性是指当其受到外力的拉伸作用时,所能承受的塑性变形的总能力,是表示沥青内部凝聚力——内聚力的一种量度。通常采用延度作为沥青的条件延性指标,并通过延度试验测得相应的延度值。延度测定的方式如图 5-1-3 所示。

图 5-1-3　延度测定示意图

注:同样大小的一团沥青,在同样的条件下,拉得越长,则沥青的延性越好。

针入度、软化点和延度传统上称之为沥青的"三大指标",是目前我国对沥青性能进行评价的核心指标。

(3)沥青感温性

在不同温度条件下,沥青黏度随温度改变而改变,其他性能也呈现出明显的随温度变化而变化的规律,这种沥青黏度随温度改变而改变的特点称为沥青的感温性。对于路用沥青,温度和黏度的关系是沥青的一项极其重要的性能。表示沥青感温性常用的指标是针入度指数(PI)。

针入度指数越大,表明沥青对温度变化的敏感性越低,也就是说针入度指数大的沥青在环境温度改变时,沥青性状改变的程度较小。根据《公路沥青路面施工技术规范》(JTG F 40—2004)的要求,通常路用沥青的针入度指数宜在 $-0.5 \sim +1.0$ 范围内。

注:沥青在夏季高温季节不易变软,具有一定的抗车辙变形的能力;在冬季低温环境下,不会因降温变得过硬,从而有利于其低温抗裂的需要,则此时沥青的针入度指数就应更大。

(4)黏附性

沥青克服外界不利影响因素(如环境加速沥青的老化、水对沥青膜的剥离等)在集料表面的附着能力称为沥青的黏附性。黏附性直接影响沥青路面的使用质量和耐久性,也是评价沥青技术性能的一项重要指标。

沥青黏附性的优劣首先与沥青自身特点密切相关,随着沥青稠度的增加或沥青中一些类似沥青酸的活性物质的增加,沥青黏附性也会加强。同时,集料的亲水性程度也直接决定着沥青和集料之间黏附性的优劣:使用憎水的碱性集料,其黏附性优于亲水的酸性集料,所以采用碱性石灰岩集料拌制的沥青混合料,其黏附性明显好于酸性的花岗岩沥青混合料。

目前,评价沥青与集料之间黏附性优劣的常规方法是水煮法或水浸法,通过在一定条件下考察集料表面沥青膜抵御水剥离的能力,来界定沥青黏附性的优劣。

(5)耐久性

路用沥青在储运、加热、拌和、摊铺、碾压、交通荷载和自然因素的作用下,会产生一系列的物理化学变化,从而使沥青原有组成成分逐渐改变,引起路用性能的劣化,这种现象称为沥青的老化。《公路工程技术标准》(JTG B01—2014)规定高速公路和一级公路的设计使用年限为15年,因此要求沥青材料具有较好的抗老化性,即良好的耐久性。

沥青老化是诸多因素综合作用的结果,这些因素涉及以下方面。

①热的影响:升温加热将加速沥青内部轻组分的挥发,加速沥青内部化学反应,导致沥青性能的劣化。所以无论是沥青在室内的加热试验,还是在施工过程的加热拌和,都将引起沥青的热老化。

②氧的影响:空气中的氧被沥青吸收后产生氧化反应,改变沥青的组成比例引起老化。

③光的影响:日光或紫外光照射沥青后,使沥青产生光化学反应,促使沥青的氧化过程加速而引起沥青的老化。

④水的影响:水在与光、热和氧共同作用下,会起到加速沥青老化的催化作用。

⑤渗流硬化:沥青中轻组分渗入到矿料的孔隙中,导致沥青的硬化而造成老化。

目前,沥青老化试验大多是模拟沥青在施工拌和时的加热过程,来评价沥青抗老化能力,《公路工程沥青及沥青混合料试验规程》(JTG E20—2011)提出的检测方法是薄膜烘箱加热试验和旋转薄膜烘箱加热试验。

三 道路石油沥青的技术要求

道路石油沥青的质量应符合表5-1-1的要求。经建设单位同意,沥青的PI值、60℃动力黏度、10℃延度可作为选择性指标。

不同等级道路石油沥青的适用范围 表5-1-1

沥青等级	适用范围
A级沥青	各个等级的公路,适用于任何场合和层次
B级沥青	1.高速公路、一级公路沥青下面层及以下的层次,二级及二级以下公路的各个层次; 2.用作改性沥青、乳化沥青、改性乳化沥青、稀释沥青的基质沥青
C级沥青	三级及三级以下公路的各个层次

《公路沥青路面施工技术规范》(JTG F40—2004)以沥青路面的气候条件为依据,在同一个气候分区内根据道路等级和交通特点将沥青分为1~3个不同的针入度等级;在技术指标中增加了反映沥青感温性的指标针入度指数PI、沥青高温性能指标60℃动力黏度,并选择10℃延度指标评价沥青的低温性能。

(1)气候分区指标

①高温指标:工程所在地最近30年内,每年最热月份平均日最高气温的平均值。为一级指标,划分为3个区。

②低温指标:工程所在地最近30年内极端最低气温,为二级指标,划分为4个区。

③雨量指标:工程所在地最近30年内年降雨量的平均值,为三级指标,划分为4个区。

(2)气候分区的确定

沥青路面使用性能气候分区(表5-1-2)由一、二、三级区划组合而成,以综合反映该地区的气候特征。

沥青路面使用性能气候分区(JTG F40—2004)　　　　表5-1-2

气候分区指标		气候分区			
按照设计高温分区指标	高温气候区	1	2	3	
	气候区名称	夏炎热区	夏热区	夏凉区	
	最热月平均最高气温(℃)	>30	20~30	<20	
按照设计低温分区指标	低温气候区	1	2	3	4
	气候区名称	1.冬严寒区	2.冬寒区	3.冬冷区	4.冬温区
	极端最低气温(℃)	<-37.0	-37.0~-21.5	-21.5~-9.0	>-9.0
按照设计雨量分区指标	雨量气候区	1	2	3	4
	气候区名称	1.潮湿区	2.湿润区	3.半干区	4.干旱区
	年降雨量(mm)	>1000	1000~500	500~250	<250

《重交通道路石油沥青》(GB/T 15180—2010)对重交通道路石油沥青的技术要求,见表5-1-3。

重交通道路石油沥青质量要求(GB/T 15180—2010)　　　　表5-1-3

项目		质量指标						试验方法
		AH-130	AH-110	AH-90	AH-70	AH-50	AH-30	
针入度(25℃,100g,5s)/(1/10mm)		120~140	100~120	80~100	60~80	40~60	20~40	GB/T 4509
延度(15℃)/cm	不小于	100	100	100	100	80	报告	GB/T 4508
软化点/℃		38~51	40~53	42~55	44~57	45~58	50~65	GB/T 4507
溶解度/%	不小于	99.0						GB/T 11148
闪点(开口杯法)/℃	不小于	230					260	GB/T 267
密度(25℃)(开口杯法)/(kg/cm³)		报告						GB/T 8928
蜡含量(质量分数)/%	不大于	3.0						GB/T 0425
薄膜烘箱试验(163℃,5h)								GB/T 5304
质量变化/%	不大于	1.3	1.2	1.0	0.8	0.6	0.5	GB/T 5304
针入度比/%	不小于	45	48	50	55	58	60	GB/T 4509
延度(15℃)/cm	不小于	100	50	40	30	报告	报告	GB/T 4508

交通领域对路用沥青有着更加全面和严格的质量要求,《公路沥青路面施工技术规范》(JTG F 40—2004)对道路沥青的技术要求见表5-1-4。

道路石油沥青技术要求 表 5-1-4

指标	等级	沥青标号 160 号	130 号	110 号	90 号					70 号③					50 号	30 号④	试验方法①
适用的气候分区⑥		注④	注④	2-1	2-2	2-3	2-1	1-1	1-2	1-3	2-2	2-3	1-3	1-4	2-2	2-3	2-4	1-4	注④	附录A⑤
针入度(25℃,5s,100g)(0.1mm)		140~200	120~140	100~120	80~100					60~80					40~60	20~40	T 0604
针入度指数PI②	A	-1.5~+1.0															T 0604
	B	-1.8~+1.0															
软化点(R&B)(℃) 不小于	A	38	40	43	45					44	46				45	49	55	T 0606
	B	36	39	42	43					42	44				43	46	53	
	C	35	37	41	42					42	43				43	45	50	
60℃动力黏度②(Pa·s) 不小于	A	—	60	120	160					140	180				160	200	260	T 0620
10℃延度②(cm)	A	50	50	40	45	30	20	30	20	20	15	25	20	15	15	10	T 0605
	B	30	30	30	30	20	15	20	15	15	10	20	15	10	10	8	
15℃延度(cm) 不小于	A、B	100															
	C	80	80	60	50					40					30	20		
闪点(COC)(℃)不小于		230			245					260					260	260	T 0611
蜡含量(蒸馏法)(%) 不大于	A	2.2															T 0615
	B	3.0															
	C	4.5															
溶解度(%)不小于		99.5															T 0607
密度(15℃)(g/cm³)		实测记录															T 0603
薄膜加热试验(或旋转薄膜加热功当量试验)后⑤																	T 0610 或 T 0609
质量变化(%)不大于		±0.8															
残留针入度比(%) 不小于	A	48	54	55	57					61					63	65	T 0604
	B	45	50	52	54					58					60	62	
	C	40	45	48	50					54					58	60	
10℃残留延度(cm) 不小于	A	12	12	10	8					6					4	—	T 0605
	B	10	10	8	6					4					2	—	
15℃残留延度(cm) 不小于	C	40	35	30	20					15					10	—	T 0605

注:①试验方法按照现行《公路工程沥青及沥青混合料试验规程》(JTG E20—2011)规定的方法执行。用于仲裁试验求取 PI 时的 5 个温度的针入度关系的相关系数不得小于 0.997。
②经建设单位同意,表中的针入度指数 PI、60℃动力黏度、10℃延度作为选择性指标;也可不作为施工质量检验指标。
③70 号沥青可根据需要要求供应商提供针入度范围为 60~70 或 70~80 的沥青,50 号沥青可要求提供针入度范围为 40~50 或 50~60 的沥青。
④30 号沥青仅适用于沥青稳定基层。130 号和 160 号沥青除寒冷地区可直接在中低级公路上直接应用外,通常用作乳化沥青、稀释沥青、改性沥青的基质沥青。
⑤老化试验以 TFOT 为准,也可以 RTFOT 代替。
⑥气候分区见《公路沥青路面施工技术规范》(JTG F 40—2004)附录 A。

每个气候分区用3个数字表示:第一个数字代表高温分区,第二个数字代表低温分区,第三个数字代表雨量分区。每个数字越小,表示气候因素对沥青路面的影响越严重。

例如,如果某个地区气候区划为1-2-3,则表示该地区表现出夏季炎热、冬季寒冷的半干旱气候特点,因此该地区对沥青混合料的高温稳定性和低温抗裂性都有很高的要求,而对水稳性的要求则不是很高。又如某个地区气候分区是1-4-1,则说明该地区呈现冬季温暖,但夏季十分炎热且多雨的气候特征,要求此时的沥青混合料应具有较高的高温稳定性和良好的水稳性。

完成配套学习指导手册任务5-1的内容。

任务5-2　认识其他品种沥青

在公路工程中,除道路石油沥青外,经常使用的其他沥青品种有乳化沥青、再生沥青和改性沥青等。乳化沥青是将黏稠沥青加热至流动状态,再经高速离心、搅拌及剪切等机械作用,形成细小微粒($2\sim5\mu m$),使沥青以微粒状态均匀分布在有乳化剂和稳定剂的水溶液之中,形成的水包油(O/W)型乳浊液。再生沥青是将再生剂掺加至已经老化的沥青中,使其恢复到原有(甚至超过原来)性能而得到的一种沥青。改性沥青是指掺加橡胶、树脂、高分子聚合物、磨细的橡胶粉或其他填料等外掺剂(改性剂),或采用对沥青轻度氧化加工等措施,使沥青的性能得到改善。

一　乳化沥青

1.乳化沥青概述

乳化沥青是沥青和水在乳化剂作用下制成的稳定乳状液,也称沥青乳液。乳化沥青是将黏稠沥青加热至流动状态,再经高速离心、搅拌及剪切等机械作用,形成细小的微粒($2\sim5\mu m$左右),且均匀分散于有乳化剂和稳定剂的水中,形成的水包油(O/W)型沥青乳液。乳化沥青对应的乳化设备如图5-2-1所示。由于乳化剂和稳定剂的作用,沥青乳液形成均匀稳定的分散系,其外观为茶褐色,在常温下具有较好的流动性。

乳化沥青具有如下优点:

①可冷态施工,节约能源,减少环境污染。黏稠沥青通常要加热至160~180℃施工,而乳化沥青可以在常温下进行喷洒、贯入或拌和摊铺,现场无需加热,简化了施工程序,操作简便。

②可在潮湿基层上使用,能直接与湿集料拌和,黏结力不会降低。而其他沥青施工时,必须在干燥的基层或与干燥的集料拌和才能保证有足够的黏结力。

图 5-2-1　乳化设备

乳化沥青具有如下缺点：

①稳定性差，储存期不超过半年，储存期过长容易引起凝聚分层。储存温度需在 0℃ 以上。

②乳化沥青修筑路面成型期较长，最初投入使用时应控制车辆行驶速度。

基于乳化沥青以上性质，乳化沥青不仅适用于铺筑路面，而且广泛适用于路堤的边坡保护、层面防水、金属材料表面防腐等工程。

2．乳化沥青的组成材料

乳化沥青主要由沥青、乳化剂、稳定剂和水等组成。

（1）沥青

沥青是乳化沥青的主要组成材料，乳化沥青中的沥青含量占 55%～70%，沥青的性质将直接决定乳化沥青成膜性能和路用性质，故应选择易于乳化的沥青。一般来说，相同油源和工艺的沥青，针入度较大者易于乳化。

（2）乳化剂

乳化沥青的性质极大程度上依赖乳化剂的性能，乳化剂是乳化沥青形成的关键材料。沥青乳化剂是表面活性剂的一种类型，它是一种"两亲性"分子，分子的一部分具有亲水性质，而另一部分具有亲油性质，这两个性质具有使互不相溶的沥青与水连接起来的特殊功能。在沥青、水分散体系中，沥青微粒被乳化剂分子的亲油基吸引，此时以沥青微粒为固体核，乳化剂包裹在沥青颗粒表面形成吸附层。乳化剂的另一部分被水分子吸引，形成一层水膜，它可机械地阻碍颗粒的聚集。

乳化剂根据其亲水基在水中是否电离而分为离子型和非离子型两大类，具体分类如图 5-2-2 所示。

图 5-2-2　乳化剂的分类

目前我国常用于乳化沥青的乳化剂见表 5-2-1。

我国常用于乳化沥青的乳化剂 表 5-2-1

乳化剂类型	乳化剂名称
阴离子型	十二烷磺酸
阳离子型	十六烷基三甲基溴化铵
	十八烷基三甲基氯化铵
	十八叔胺二硝酸基氯盐
	十七烷基二甲基苄基氯化铵
两性离子型	氨基酸型两性乳化剂
非离子型	辛基酚聚氧乙烯醚

（3）稳定剂

制造乳化沥青时为防止已经分散的沥青乳液在储存期彼此凝聚，以及为保证沥青乳液在施工喷洒或拌和的机械作用下具有良好的稳定性，必要时需加入适量的稳定剂。稳定剂可分为以下两类：

①有机稳定剂。常用的有聚乙烯醇、聚丙稀酰胺、羟甲基纤维素纳、糊精、MF 废液等。这类稳定剂可提高乳液的储存稳定性和施工稳定性。

②无机稳定剂。常用的有氯化钙、氯化镁、氯化铵和氯化铬等。这类稳定剂可提高乳液的储存稳定性。

稳定剂与乳化剂产生的协同作用必须通过试验来确定，并且稳定剂的用量不宜过多，一般为沥青乳液的 0.1%～0.15% 为宜。

（4）水

水是乳化沥青的主要组成部分。水在乳化沥青中起着润湿、溶解及化学反应的作用。所以要求在制造乳化沥青时采用洁净水，不含其他杂质，且 1L 水中氧化钙含量不得超过 80mg，否则将对乳化性能产生不利影响，并且会多消耗乳化剂，增加造价。水的用量一般为乳化剂用量的 30%～70%。

3. 乳化沥青的形成机理

根据乳状液理论，由于沥青与水这两种物质的表面张力相差较大，沥青分散于水中会因表面张力的作用使已分散的沥青颗粒重新聚集结成团块。欲使已分散的沥青稳定均匀地存在（实际上是悬浮）于水中，必须使用乳化剂，以降低沥青与水之间的表面张力差。

沥青乳液能形成稳定的分散体系，主要是由于乳化剂降低了体系的界面能，减小了界面膜的形成和界面电荷的作用。

4. 乳化沥青技术性质与技术要求

乳化沥青与砂、石集料拌和成型后，在空气中逐渐脱水，水膜变薄，使沥青微粒靠拢，将乳化剂薄膜挤裂而凝成连续的沥青黏结膜层。成膜后的乳化沥青具有一定的耐热性、黏结性、抗裂性、韧性及防水性。乳化沥青品种及其适用范围见表 5-2-2。（品种与代号确定方法参照表 5-2-3）

路用乳化沥青及适用范围　　　　　　　　　　　　　　　表 5-2-2

分类	品种及代号	适用范围
阳离子乳化沥青	PC-1	表处、贯入式路面及下封层用
	PC-2	透层油及基层养生用
	PC-3	黏层油用
	BC-1	稀浆封层或冷拌沥青混合料用
阴离子乳化沥青	PA-1	表处、贯入式路面及下封层用
	PA-2	透层油及基层养生用
	PA-3	黏层油用
	BA-1	稀浆封层或冷拌沥青混合料用
非离子乳化沥青	PN-2	透层油用
	BN-1	与水泥稳定集料同时使用（基层路拌或再生）

道路用乳化石油沥青技术要求见表 5-2-3。

道路用乳化石油沥青技术要求　　　　　　　　　　　　表 5-2-3

试验项目		单位	阳离子				阴离子				非离子		试验方法
			喷洒用			拌和用	喷洒用			拌和用	喷洒用	拌和用	
			PC-1	PC-2	PC-3	BC-1	PA-1	PA-2	PA-3	BA-1	PN-2	BN-1	
破乳速度			快裂	慢裂	快裂或中裂	慢裂或中裂	快裂	慢裂	快裂或中裂	慢裂或中裂	慢裂	慢裂	T 0658
粒子电荷			阳离子(+)				阴离子(-)				非离子		T 0653
筛上残留物(1.18mm 筛)，不大于		%	0.1				0.1				0.1		T 0652
黏度	恩格拉黏度 E_{25}		2~10	1~6	1~6	2~30	2~10	1~6	1~6	2~30	1~6	2~30	T 0622
	道路标准黏度计 $C_{25,3}$	s	10~25	8~20	8~20	10~60	10~25	8~20	8~20	10~60	8~20	10~60	T 0621
蒸发残留物	残留分含量，不小于	%	50	50	50	55	50	50	50	55	50	55	T 0651
	溶解度，不小于	%	97.5				97.5				97.5		T 0607
	针入度(25℃)	0.1mm	50~200	50~300	45~150		50~200	50~300	45~150		50~300	60~300	T 0604
	延度(15℃)，不小于	cm	40				40				40		T 0605
与粗集料的黏附性，裹附面积，不小于			2/3			—	2/3			—	2/3		T 0654
与粗、细粒式集料拌和试验			—			均匀	—			均匀	—		T 0659
水泥拌和试验的筛上剩余，不大于		%	—				—				—	3	T 0657
常温贮存稳定性：1d，不大于 5d，不大于		%	1 5				1 5				1 5		T 0655

5.乳化沥青的分裂机理

乳化沥青分裂是指从乳液中分裂出来的沥青微粒滴在集料表面聚结成一层连续的沥青薄膜,这一过程称为分裂(俗称破乳)。

路用乳化沥青要有足够的稳定性,以保证在运输和洒布过程中不致过早分裂,但当其洒布在路面上遇到集料时,则应立即产生分裂。乳液产生分裂的外观特征是它的颜色由棕褐色变成黑色,此时的乳化沥青还含有水分,待水分完全蒸发后才能产生黏结力。

路用乳化沥青的分裂速度与水的蒸发速度、集料表面性质以及洒布和碾压作用等因素有关。

(1)蒸发作用

沥青洒于路上,随即会产生蒸发作用。一般情况下,当沥青乳液中水分蒸发80%~90%时,乳液即开始凝结。碾压应力也可促使沥青凝结。

在水分蒸发的初期,乳液的分裂是可逆的,即当遇到雨水时,乳液可再乳化;遇到大雨时乳液甚至可被从路上冲走。但是在完全分裂后,沥青微粒变成一层沥青膜时,则不再受雨水的影响。

在寒冷潮湿的条件下,分裂不完全的乳液在行车作用下则易被破坏。当乳液完全形成一层黑色的薄膜后,它黏结在集料表面形成一层薄膜,与热拌沥青无甚差别。

(2)乳液与集料表面的吸附作用

在水分逐渐蒸发,乳液分裂凝聚的同时,沥青与矿料表面间还有吸附作用。沥青与矿料的吸附除依靠分子间力产生的物理吸附外,还有二者之间的电性吸附。如前所述,沥青乳液中乳化剂的一端为亲油基与沥青吸附,另一端亲水基则伸入水中。当它与集料相遇时,由于产生离子吸附,集料表面迅速形成一层牢固的沥青薄膜,其中的水分子被立即排出(图5-2-3),而且这一反应过程不受气候、湿度和风速等因素的影响,故能形成高强度路面。

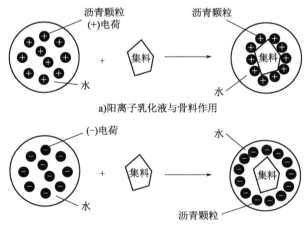

图5-2-3 沥青乳液的分裂过程示意图

①阴离子乳液(沥青微滴带负电荷)与带正电荷碱性集料(石灰石、玄武石等)具有较好的黏结性。

②阳离子乳液(沥青微滴带正电荷)与带负电荷的酸性集料(花岗岩、石英石等)具有较好的黏结性。同时与碱性集料也有较好的亲和力。

由于乳化沥青的分裂需经一定时间才能彻底完成,路面初期强度不高,因此必须限制车辆行驶速度和行驶路线,以保证路面的整体性和强度的形成。

6. 乳化沥青的应用

乳化沥青用于修筑路面,不论是阳离子型乳化沥青还是阴离子型乳化沥青,均有两种施工方法。

(1)洒布法:如透层、黏层、表面处治或贯入式沥青碎石路面。

(2)拌和法:如沥青碎石或沥青混合料路面。

二 再生沥青

再生沥青是将再生剂掺加至已经老化的沥青中,使其恢复到原有(甚至超过原来)性能而得到的一种沥青。

1. 沥青材料的老化

沥青材料的老化是沥青材料在使用中受到自然因素(氧、光、热和水等)作用,随时间而产生不可逆的化学结构和物理力学性能变化的过程。

(1)化学组分的变化

沥青是由多种化学结构极其复杂的化合物组成的混合物,为便于研究,可将其分离为几种组分,这种方法称为"化学沉淀法"。该法是将沥青分离为沥青质、氮基、第一酸性分、第二酸性分和链烷分等五个组分。

沥青在受自然因素作用后,沥青组分就会"移行"。即沥青质显著增加,氮基和第一酸性分减少,第二酸性分稍有减少,链烷分变化很少,甚至几乎没有变化。现以某国产沥青老化变化为例进行说明,见表5-2-4。

老化沥青和再生沥青的化学组分变化示例 表5-2-4

沥青种类	化学组分				
	链烷分 P	第二酸性分 A2	第一酸性分 A1	氮基 N	沥青质 At
原始沥青	21.9	29.1	13.1	24.9	11.0
老化沥青	20.6	21.1	12.4	15.4	30.5
再生沥青	16.5	22.4	7.0	25.1	29.0

(2)物理—力学性质变化

由于沥青组分的移行,沥青的物理—力学性质会发生变化。通常的规律是针入度变小、延度降低、软化点和脆点升高,表现为沥青变硬、变脆、延伸性降低,导致路面产生裂缝、松散等。同前例,沥青老化后的物理—力学性质变化见表5-2-5。

老化沥青和再生沥青技术性质示例 表5-2-5

沥青种类	技术性质			
	针入度(0.1mm)	延度(cm)	软化点(℃)	脆点(℃)
原始沥青	106	73	48	−6
老化沥青	39	23	55	−4
再生沥青	80	78	49	−10

2. 沥青再生机理

沥青再生机理目前采用的理论是"组分调节理论"。该理论是从化学组分移行出发,认为由于组分的移行,沥青老化后,某些组分偏多,而某些组分偏少,各组分间比例不协调,导致沥青路用性能降低,如能通过掺加再生剂调节其组分,则沥青将恢复原来的性质。

3. 沥青化学组分调节

从表 5-2-5 沥青老化后化学组分移行可以看出:由于第一酸性分转变为氮基的数量不足以补偿氮基转变为沥青质的数量,所以氮基数量的显著减少是沥青老化后的主要特征。所以,再生剂必须是以氮基为主的试剂。前例中沥青经掺加再生剂和改性剂后,再生沥青的技术性质与原有沥青相近。

三 改性沥青

1. 改性沥青概述

改性沥青是指通过添加一种或多种改性材料制成的性能得到改善的沥青胶结料,如掺加橡胶、树脂、高分子聚合物或其他外掺剂(改性剂),或采用对沥青轻度氧化加工等措施,使沥青的性能得以改善。

改性剂是指在沥青中加入天然的或人工制造的有机或无机材料,可熔融、分散在沥青中,改善或提高沥青路面性能(与沥青发生反应或裹覆在集料表面上)的材料。

2. 改性沥青的分类及其特性

关于改性沥青的分类,国际上尚无统一的标准。目前我国的道路改性沥青一般指聚合物改性沥青。聚合物改性沥青按照改性剂的不同,一般分为以下几类:

(1)热塑性橡胶类改性沥青。改性剂主要是苯乙烯嵌段,如苯乙烯—丁二烯—苯乙烯(SBS)、苯乙烯—异戊二烯—苯乙烯(SIS)、苯乙烯—聚乙烯/丁基—聚乙烯(SE/BS)等嵌段共聚物。由于它兼具橡胶和树脂两类改性沥青的结构与性质,故也称为橡胶树脂类。SBS 由于具有良好的弹性(变形的自恢复性及裂缝的自愈性),被广泛用于路面沥青混合料;SIS 主要用于热熔黏结料;SE/BS 多应用于抗氧化、抗高温变形要求高的道路。

(2)橡胶类改性沥青。通常称为橡胶沥青,其中使用最多的种类是丁苯橡胶(SBR)(图 5-2-4)和氯丁橡胶(CR),还有天然橡胶(NR)、丁二烯橡胶(BR)、异戊二烯橡胶(IR)、乙丙橡胶(EPDM)、丙烯腈丁二烯共聚物(IIR)、苯乙烯异戊二烯橡胶(SIR)、硅橡胶(SR)、氟橡胶(FR)等。橡胶类改性沥青不仅是世界上最早出现并被广泛应用的改性沥青品种,也是较早在我国得到研究和推广的品种。其中,SBR 是世界上应用最广泛的改性沥青之一,尤其是胶乳形式的 SBR 的使用越来越广泛。CR 具有极性,常掺入煤沥青中使用,已成为煤沥青的改性剂。

SBR 改性沥青最大的特点是低温性能得到改善,以 5℃低温延度指标作为主要技术要求评价指标。但老化试验后,其延度会严重降低,所以主要适用于寒冷气候条件。

图 5-2-4　SBR 改性剂

（3）热塑性树脂类改性沥青。如聚乙烯（PE）、聚丙烯（PP）、聚氯乙烯（PVC）、聚苯乙烯（PS）、乙烯—乙酸乙烯脂共聚物（EVA）、烯乙基丙烯酸共聚物（EEA）、丙烯腈丁二烯丙乙烯共聚物（NBR）等在道路沥青的改性中均有被应用。这一类热塑性树脂的共同特点是加热后软化，冷却时变硬。此类改性剂的最大功能是使沥青结合料在常温下的黏度增大，从而增加沥青混合料的高温稳定性，但由于不能增加沥青混合料的弹性，加热后易离析，再次冷却时产生众多的弥散体。

（4）掺加天然沥青的改性沥青。天然沥青是石油在自然界长期受地壳挤压、变化，并与空气、水接触逐渐变化而形成的，以天然状态存在的石油沥青，其中常混有一定比例的矿物质。按形成环境可分成为湖沥青、岩沥青和海底沥青等。

（5）其他改性沥青。

①多价金属皂化物。多价金属与一元羟酸所形成的盐类称为金属皂。将一定的金属皂溶解在沥青中，可使沥青延度增加，脆点降低，明显提高与集料的黏附性能，增加沥青混合料的强度，提高沥青路面的柔性和疲劳强度。

②碳黑。碳黑是由石油、天然气等碳氢化合物经高温下不完全燃烧而生成的高含碳量粉状物质，在改性好的 SBS 改性沥青中混入碳黑综合改性，可使改性沥青的黏度增大，回弹性能提高。

③玻纤格栅。将一种自黏结型的玻璃纤维格栅，用一种专门的摊铺机铺设，铺在沥青混合料层中，耐热、黏结性好。这些格栅对提高高温抗车辙能力及低温抗裂性能都有良好的效果，同时还可防止沥青路面的反射性裂缝。

3. 我国改性沥青技术要求

《公路沥青路面施工技术规范》（JTG F 40—2004）关于各类聚合物改性沥青的技术要求见表 5-2-6。当使用此表列出范围以外的聚合物及复合改性沥青时，可通过研究确定相应的技术要求。

聚合物改性沥青技术要求 表 5-2-6

指标	单位	SBS 类（Ⅰ类）				SBR 类（Ⅱ类）			EVA、PE 类（Ⅲ类）				试验方法①
		Ⅰ-A	Ⅰ-B	Ⅰ-C	Ⅰ-D	Ⅱ-A	Ⅱ-B	Ⅱ-C	Ⅲ-A	Ⅲ-B	Ⅲ-C	Ⅲ-D	
针入度25℃,100g,5s	0.1mm	>100	80~100	60~80	30~60	>100	80~100	60~80	>80	60~80	40~60	30~40	T 0604
针入度指数 PI,不小于		-1.2	-0.8	-0.4	0	-1.0	-0.8	-0.6	-1.0	-0.8	-0.6	-0.4	T 0604
延度5℃,5cm/min,不小于	cm	50	40	30	20	60	50	40	—				T 0605
软化点,$T_{R\&B}$,不小于	℃	45	50	55	60	45	48	50	48	52	56	60	T 0606
运动黏度① 135℃不大于	Pa·s	3											T 0625 T 0619
闪点,不小于	℃	230				230			230				T 0611
溶解度,不小于	%	99				99							T 0607
弹性恢复25℃,不小于	%	55	60	65	75	—							T 0662
黏韧性,不小于	N·m					5							T 0624
韧性,不小于	N·m					2.5							T 0624
贮存稳定性②													
离析,48h 软化点差,不大于	℃	2.5				—			无改性剂明显析出、凝聚				T 0661
TFOT（或 RTFOT）后残留物													
质量变化,不大于	%	1.0											T 0610 或 T 0609
针入度比25℃,不小于	%	50	55	60	65	50	55	60	50	55	58	60	T 0604
延度5℃,不小于	cm	30	25	20	15	30	20	10	—				T 0605

注：①表中135℃运动黏度可采用《公路工程沥青及沥青混合料试验规程》(JTG E20—2011)中的"沥青布氏旋转黏度试验方法（布洛克菲尔德旋转黏度计法）"进行测定。若在不改变改性沥青物理力学性质并符合安全条件的温度下易于泵送和拌和，或经证明适当提高泵送和拌和温度时能保证改性沥青的质量，容易施工，可不要求测定。
②贮存稳定性指标适用于工厂生产的成品改性沥青。现场制作的改性沥青对储存稳定性指标可不作要求，但必须在制作后，保持不间断的搅拌或泵送循环，保证使用前没有明显的离析。

4. 改性沥青的分类及适用范围

我国目前乃至今后相当长的一段时间内，可能使用的聚合物改性剂主要有 SBS、SBR、EVA、PE，因此可分为 SBS（属热塑性橡胶类）、SBR（属橡胶类）、EVA 及 PE（热塑性树脂类）三类。其他未提及的改性剂，可以根据其性质，参照相应的类别执行。

Ⅰ类，SBS 热塑性橡胶类聚合物改性沥青。Ⅰ-A 型及Ⅰ-B 型适用于寒冷地区，Ⅰ-C 型用于较热地区，Ⅰ-D 型用于炎热地区及重交通路段。

Ⅱ类，SBR 橡胶类聚合物改性沥青。Ⅱ-A 型用于寒冷地区，Ⅱ-B 型和Ⅱ-C 型用于较热地区。

Ⅲ类，EVA、PE 热塑性树脂类聚合物改性沥青。适用于较热和炎热地区。通常要求软化点温度比最高日空气温度高 20℃左右。

根据沥青改性的目的和要求，可按如下条件初步选择改性剂：

(1)为提高抗永久变形能力,宜使用热塑性橡胶类、热塑性树脂类改性剂。
(2)为提高抗低温开裂能力,宜使用热塑性橡胶类、橡胶类改性剂。
(3)为提高抗疲劳开裂能力,宜使用热塑性橡胶类、橡胶类、热塑性树脂类改性剂。
(4)为提高抗水损害能力,宜使用各类抗剥落剂等外掺剂。

5．改性沥青的应用和发展

目前,改性沥青可用作排水或吸音磨耗层及下面的防水层;在老路面上作为应力吸收膜中间层,以减少反射裂缝;在重载交通道路的老路面上加铺薄或超薄的沥青面层,以提高耐久性;在老路面上或新建一般公路上做表面处置,以恢复路面使用性能或减少养护工作量等。在使用改性沥青时,应当特别注意路基、路面的施工质量,以避免产生路基沉降和其他早期破坏。否则,使用改性沥青就达不到应有的效果。

SBS 改性沥青在高温性能、低温性能、弹性性能等方面都优于其他改性剂,所以我国改性沥青的发展方向应该以 SBS 改性沥青作为主要方向。尤其是当前,SBS 的价格比以前有了大幅度的降低,仅考虑成本,它就可以和 PE、EVA 形成有力竞争。明确这一点,对于我国发展改性沥青十分重要。

完成配套学习指导手册任务 5-2 的内容,并完成项目 5 检测报告的相应内容。

任务 5-3　沥青试样准备

为完成表 5-0-1 检测任务单中对"SBS 改性沥青 I-D"的性能检测要求,需要将来样沥青制作成沥青试样(两份,每份质量 800~1000g),供沥青密度、沥青三大指标、沥青老化等试验使用。为确保试验结果的代表性和准确性,沥青试样制备需依据《公路工程沥青及沥青混合料试验规程》(JTG E20—2011)中的"T 0601—2011 沥青取样法""T 0602—2011 沥青试样准备方法"执行。要求制作完毕的沥青试样无气泡、无水汽、无粗颗粒、无二次加热老化。

注:两份试样,一份供试验使用,一份做备用试样。

一　沥青取样

1．适用范围

本部分所述沥青取样法适用于在生产厂、储存或交货验收地点为检查沥青产品质量而采集各种沥青材料的样品。

5-1　沥青取样

项目 5　沥青　217

进行沥青性质常规检验的取样数量为：黏稠沥青或固体沥青不少于4.0kg；液体沥青不少于1L；沥青乳液不少于4L。

进行沥青性质非常规检验及沥青混合料性质试验所需的沥青数量，应根据实际需要确定。

2. 仪具

盛样器：根据沥青的品种选择。液体或黏稠沥青采用广口、密封带篮的金属容器（如锅、桶等）；对乳化沥青也可使用广口、带盖的聚氯乙烯塑料桶；固体沥青可用塑料袋，但需有外包装，以便携运。

3. 取样方法与步骤

准备工作：检查取样和盛样皿是否干净、干燥，盖子是否盖合严密。使用过的取样器或金属桶等盛样容器必须洗净、干燥后才可使用。对质量仲裁用的沥青试样，应采用未使用过的新容器存放，且由供需双方人员共同取样，取样后双方在密封条上签字盖章。

（1）从储油罐中取样

对于液体沥青或经加热已变成流体的黏稠沥青，取样时应先关闭储油罐的进油阀和出油阀，然后取样。

用取样器在液面上、中、下位置（液面高各为1/3等分处，但距罐底不得低于总液高度的1/6）各取1~4L样品。每层取样后，取样器应尽可能倒净。当储罐过深时，亦可在流出口按不同流出深度分3次取样。对静态存取的沥青，不得仅从罐顶用小桶取样，也不得仅从罐底阀门流出少量沥青取样。

将取出的3个样品充分混合后取4kg样品作为试样，样品也可分别进行检验。

（2）从槽车、罐车、沥青洒布车中取样

设有取样阀时，可旋开取样阀，待流出至少4kg或4L沥青后再取样。仅有放料阀时，待放出全部沥青的1/2时取样。从顶盖处取样时，可用取样器从中部取样。

（3）固体沥青取样

从桶、袋、箱装或散装整块中取样时，应在表面以下及容器边缘内部至少5cm处采取。如沥青能够打碎，可用一个干净的工具将沥青打碎后取中间部分试样；若沥青是软塑的，则用一个干净的热工具切割取样。

当能确认待检验沥青均是同一批生产的样品时，应随机取出一件，取4kg供检验用。

（4）在验收地点取样

当沥青到达验收地点卸货时，应尽快取样。所取样品分为两份，一份样品用于验收试验，另一份样品留存备查。

4. 样品的保护与存放

除液体沥青、乳化沥青外，所有需加热的沥青试样必须存放在密封带盖的金属容器中，严禁灌入纸袋、塑料袋中存放。试样应存放在阴凉干燥处，注意防止试样污染。装有试样的盛样器加盖、密封好并擦拭干净后，应在盛样器上（不得在盖上）标出识别标记，如试样来源、品种、取样日期、地点及取样人。

冬季取得的乳化沥青试样应注意采取妥善防冻措施。

除试样的一部分用于检验外，其余试样应妥善保存备用。

试样需加热采取时,应一次取够一批试验所需的数量装入另一盛样器,其余试样密封保存,应尽量减少重复加热取样。用于质量仲裁检验的样品,重复加热的次数不得超过两次。

二 沥青试样制备

1. 应用范围

制备沥青试样的主要目的是为沥青的各项试验做准备,以确保试验结果具有代表性和准确性。本部分所述内容适用于黏稠道路石油沥青、煤沥青等需要加热后才能进行试验的沥青样品,按此法准备的沥青试样供试验室用。

5-2 沥青试样准备

2. 试验仪器

(1)烘箱:温度200℃,有温度调节装置,如图5-3-1所示。
(2)加热炉具:电炉(图5-3-2)或其他燃气炉(丙烷石油气、天然气)。

图5-3-1 烘箱　　　　　　　　　　图5-3-2 电炉

(3)石棉网:面积不小于炉具的加热面积,如图5-3-3所示。
(4)滤筛:筛孔孔径0.6mm。
(5)烧杯:1000mL。
(6)温度计:0~100℃及200℃,分度为0.1℃。
(7)天平:称量2000g,感量不大于1g;称量100g,感量不大于0.1g。
(8)沥青盛样器。
(9)其他:玻璃棒、溶剂、洗油、棉纱等。

3. 试验方法与步骤

(1)采用烘箱加热沥青,使沥青熔化。将装有试样的盛样器带盖放入恒温烘箱中。当石油沥青试样中含有水分时,将烘箱温度调至80℃左右,加热至沥青全部熔化后脱水(图5-3-4);

项目 5　沥青　219

当石油沥青中无水分时,烘箱温度宜为软化点温度以上90℃,通常为135℃左右。制备好的沥青试样不得直接采用电炉或煤气炉明火加热。

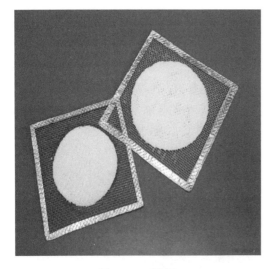

图 5-3-3　石棉网　　　　　　　　　图 5-3-4　烘箱加热

(2)对沥青试样进行脱水处理。将盛样器放在可控温的砂浴、油浴、电热套上加热脱水,不得已采用电炉、煤气炉直接加热、脱水时必须加放石棉垫,时间不超过30min,并用玻璃棒轻轻搅拌,防止局部过热。在沥青温度不超过100℃的条件下,仔细脱水至无泡沫为止,最后的加热温度不得超过石油沥青软化点以上100℃,不得超过煤沥青软化点以上50℃。

(3)将脱水后的沥青通过0.6mm的滤筛过滤(图5-3-5),不等冷却立即灌入各项试验的模具中。根据需要也可将试样分装入擦拭干净且干燥的一个或数个沥青盛样器中,数量应满足一批试验项目所需的沥青样品并有富余。

图 5-3-5　热沥青过0.6mm筛

(4)在沥青灌模过程中如温度下降可放入烘箱中适当加热,试样冷却后反复加热的次数不得超过 2 次,以防沥青老化影响试验结果。注意在沥青灌模时不得反复搅动沥青,避免混进气泡。

(5)灌模剩余的沥青应立即清洗干净,不得重复使用。

注意事项

试验环节	正确做法	不当做法	对结果的影响
沥青储存、转运	盖上盖子,密封保存	储存罐破损或没有盖好,导致空气中湿气进入或滴入水滴,或有异物落入	试验结果会偏大、偏小或因杂物、水汽导致试验失败
采用烘箱加热沥青使其熔化	将盛样器带盖放入恒温烘箱中,当石油沥青试样中含有水分时,将烘箱温度调至 80℃ 左右,加热至沥青全部熔化后供脱水用	急于开展试验而采用过高温度加热;加热时为方便观察,没有加盖	过高温度导致沥青在第一步即老化,试验结果产生偏差;没有加盖可能导致异物落入从而影响后续制样
	沥青用烘箱加热,不得直接采用电炉或煤气炉明火加热	没有恒温烘箱时,采用明火加热,但炉上没有放置石棉垫	受热不均匀,导致局部加热点温度过高,从而产生上层沥青尚未熔化,下层沥青已经老化的情况
对沥青试样进行脱水	时间不超过 30min,并用玻璃棒轻轻搅拌,防止局部过热	搅拌过程粗暴	热沥青外溅产生安全事故;搅拌粗暴引入空气,产生大量气泡而影响试验
沥青试样准备数量	每次制样前需清楚即将进行的试验项目,一次性将沥青样品制备出来,并按要求灌模成型	因考虑不足,没有准备备用样品,而需要进行二次加热制备或更多次加热制备试样的情况	沥青老化
试验完毕后	立即将使用过的滤筛、玻璃器皿、温度计等,用三氯乙烯浸泡清洗	留攒试验器材,成批清洗	沥青凝固,清洗难度加大,增加工作量

任务实施

完成配套学习指导手册任务 5-3 的内容,并完成项目 5 检测报告的相关内容。

任务 5-4 沥青密度与相对密度试验

任务描述

为完成检测任务单表 5-0-1 中对"SBS 改性沥青 I-D"的沥青密度指标检测,需要依据《公路工程沥青及沥青混合料试验规程》(JTG E20—2011)中的"T 0603—2011 沥青密度与相对密度试验"要求,测试来样沥青的密度。

本试验方法不但可以检测沥青密度,还可以测得沥青的相对密度,沥青相对密度是沥青混合料配合比设计中的基础参数,用于计算待配置沥青混合料的理论最大密度。本试验正确精确的结果数据,可以有效提高配合比设计结果的合理准确性,从而使沥青混凝土结构物的使用性能得到保证。

相关知识

沥青密度是指单位体积沥青所含质量的大小,通常用 kg/m^3 表示;沥青相对密度是在同等条件下,沥青密度与水密度之比。沥青密度取决于沥青中各成分的质量和比例,一般在 1.0 ~ 1.4 kg/m^3 之间。

本任务主要介绍采用比重瓶测定沥青材料的密度与相对密度的方法,不考虑特殊要求,试验温度宜为 25℃ 及 15℃。对于液体石油沥青,也可以采用适宜的液体比重计测定密度或相对密度。

对于液体石油沥青,也可以采用适宜的液体比重计测定密度或相对密度。

一、试验仪器(图 5-4-1)

测定沥青密度与相对密度的试验仪器如图 5-4-1 所示,包括比重瓶、天平、滤筛、温度计、烧杯、真空干燥剂。

图 5-4-1 沥青密度与相对密度试验仪器
①-比重瓶;②-天平;③-滤筛;④-温度计;⑤-烧杯;⑥-真空干燥器

1. 比重瓶

比重瓶应为玻璃制,瓶塞下部与瓶口磨砂。瓶塞中间有一个垂直孔,其下部为凹形,以便由孔排除空气(图 5-4-2)。比重瓶容积为 20～30mL,质量不超过 40g。沥青密度试验需要两个比重瓶,用于平行试验(图 5-4-3)。

图 5-4-2　比重瓶大样图

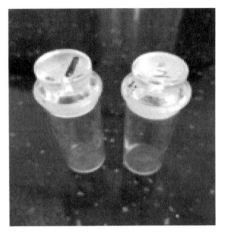
图 5-4-3　一组比重瓶

2. 天平

感量不大于 1mg。

3. 滤筛

0.6mm、2.36mm 筛各 1 个。

4. 温度计

量程 0～50℃,分度值 0.1℃,如图 5-4-4 所示。

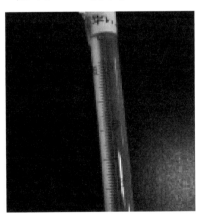
图 5-4-4　温度计大样图

5. 烧杯

600～800mL。

6. 真空干燥器

项目 5　沥青　223

二 液体沥青的密度测定步骤

5-3 沥青密度试验（液体沥青）

1. 准备工作

①先后用洗液、水、蒸馏水仔细洗涤比重瓶，然后烘干称其质量（m_1），精确至1mg[图5-4-5a)]。

②将盛有冷却蒸馏水的烧杯浸入恒温水槽中保温，在烧杯中插入温度计，水的深度必须超过比重瓶顶部40mm以上。恒温水槽中，水及烧杯中蒸馏水的温度应处于要求试验温度±0.1℃[图5-4-5b)]范围内。

a)   b)

图5-4-5 液体沥青密度试验的准备工作

2. 比重瓶水值的测定

①将比重瓶及瓶塞放入恒温水槽中的烧杯里，烧杯底浸没水中的深度应不少于100mm，烧杯口露出水面，并用夹具将其固牢[图5-4-6a)]。

②待烧杯中水温再次达到规定温度并保温30min后，将瓶塞塞入瓶口，使多余的水由瓶塞上的毛细孔中排出。此时比重瓶内不得有气泡[图5-4-6b)]。

③将烧杯从水槽中取出，再从烧杯中取出比重瓶，立即用干净软布将瓶塞顶部擦拭一次，再迅速擦干比重瓶外面的水分，称其质量（m_2），精确至1mg。瓶塞顶部只能擦拭一次，即使膨胀瓶塞上有小水滴也不能再擦拭[图5-4-6c)]。

④以（$m_2 - m_1$）作为试验温度时比重瓶的水值[图5-4-6d)和图5-4-6e)]。（本例中为57.404g - 33.973g）

3. 液体沥青的密度测定

①将试样过筛（0.6mm）后注入干燥比重瓶中至满，不得混入气泡[图5-4-7a)]。

②将盛有试样的比重瓶及瓶塞移入恒温水槽（测定温度±0.1℃）内盛有水的烧杯中，水面应在瓶口下约40mm。不得使水浸入瓶内[图5-4-7b)和图5-4-7c)]。

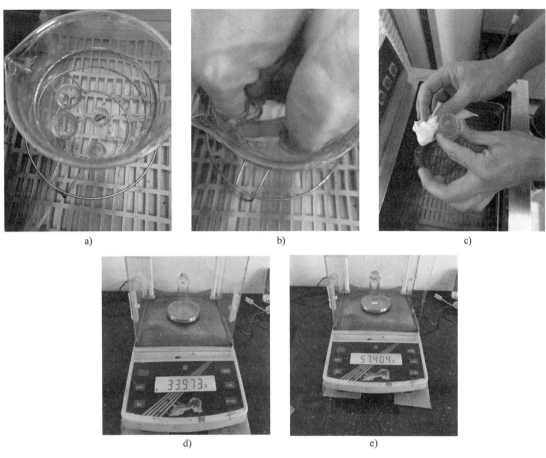

图 5-4-6 比重瓶水值的测定

图 5-4-7

项目 5 沥青

d)　　　　　　　　　　　　　e)　　　　　　　　　　　　　f)

图 5-4-7　液体沥青密度测定步骤

③待烧杯内的水温达到要求的温度后保温 30min,然后将瓶塞塞上,使多余的试样由瓶塞的毛细孔中排出。用蘸有三氯乙烯的棉花擦净孔口排出的试样,并保持孔中充满试样[图 5-4-7d)]。

④从水中取出比重瓶,立即用干净软布擦去瓶外的水分或黏附的试样(不得再擦孔口)后,称其质量(m_3),精确至 0.001g[图 5-4-7e)和图 5-4-7f)]。

三　黏稠沥青的密度测定步骤

(1)按任务 5-1 中所述方法准备沥青试样,沥青的加热温度宜不高于估计软化点以上 100℃(石油沥青或聚合物改性沥青),将沥青小心注入比重瓶中,约至瓶 2/3 高度。不得使试样黏附瓶口或上方瓶壁,并防止混入气泡。

(2)取出盛有试样的比重瓶,移入干燥器中,在室温下冷却不少于 1h,连同瓶塞称其质量(m_4),精度准确至 0.001g。

(3)将盛有蒸馏水的烧杯放入已达试验温度的恒温水槽中,然后将称量后盛有试样的比重瓶放入烧杯中(瓶塞也放入烧杯中),等烧杯中的水温达到规定试验温度后保温 30min,使比重瓶中气泡上升到水面,待确认比重瓶已经恒温且无气泡后,再将比重瓶的瓶塞塞紧,使多余的水从塞孔中排出,此时应不得带入气泡。

(4)取出比重瓶,按前述方法迅速擦干瓶外水分后称其质量(m_5),精确至 0.001g。

四　固体沥青的密度测定步骤

(1)试验前,如试样表面潮湿,可在干燥、洁净的环境中自然风干,或置于 50℃ 烘箱中烘干。

(2)将 50~100g 试样打碎,过 0.6mm 及 2.36mm 筛。取 0.6~2.36mm 的粉碎试样不少于 5g,放入清洁、干燥的比重瓶中,塞紧瓶塞后称其质量(m_6),精确至 0.001g。

(3)取下瓶塞,将恒温水槽内烧杯中的蒸馏水注入比重瓶,水面高于试样约 10mm,同时加入几滴表面活性剂溶液(如洗衣粉、洗涤灵),并摇动比重瓶使大部分试样沉入水底,必须使试样颗粒表面所吸附的气泡逸出。摇动时勿将试样摇出瓶外。

(4)取下瓶塞,将盛有试样和蒸馏水的比重瓶置于真空干燥箱(器)中抽气至真空,达到真空度 98kPa(735mmHg)不少于 15min。若比重瓶试样表面仍有气泡,可再加几滴表面活性剂溶液,摇动后再抽气至真空。必要时,可反复操作几次,直至无气泡为止。注:抽气至真空不宜过快,以防止样品被带出比重瓶。

5-4 沥青密度试验（黏稠沥青）

(5)将保温烧杯中的蒸馏水再注入比重瓶中至满,轻轻塞好瓶塞,将带塞的比重瓶放入盛有蒸馏水的烧杯中,并塞紧瓶塞。

(6)将装有比重瓶的盛水烧杯再置于恒温水槽(试验温度 ±0.1℃)中保持至少 30min 后,取出比重瓶,迅速擦干瓶外水分后称其质量(m_7),精确至 0.001g。

五 试验数据处理

(1)试验温度下液体沥青试样的密度和相对密度按式(5-4-1)和式(5-4-2)计算。

$$\rho_b = \frac{m_3 - m_1}{m_2 - m_1} \times \rho_w \tag{5-4-1}$$

$$\gamma_b = \frac{m_3 - m_1}{m_2 - m_1} \tag{5-4-2}$$

式中:ρ_b——试样在试验温度下的密度,g/cm³;
γ_b——试样在试验温度下的相对密度;
m_1——比重瓶质量,g;
m_2——比重瓶与所盛满水的合计质量,g;
m_3——比重瓶与所盛满试样的合计质量,g;
ρ_w——试验温度下水的密度,g/cm³,15℃时水的密度为 0.9991g/cm³,25℃时水的密度为 0.9971g/cm³。

(2)试验温度下黏稠沥青试样的密度和相对密度按式(5-4-3)和式(5-4-4)计算。

$$\rho_b = \frac{m_4 - m_1}{(m_2 - m_1) - (m_5 - m_4)} \times \rho_w \tag{5-4-3}$$

$$\gamma_b = \frac{m_4 - m_1}{(m_2 - m_1) - (m_5 - m_4)} \tag{5-4-4}$$

式中:m_4——比重瓶与沥青试样的合计质量,g;
m_5——比重瓶与试样和水的合计质量,g。

(3)试验温度下固体沥青试样的密度和相对密度按式(5-4-5)和式(5-4-6)计算。

$$\rho_b = \frac{m_6 - m_1}{(m_2 - m_1) - (m_7 - m_6)} \times \rho_w \tag{5-4-5}$$

$$\gamma_b = \frac{m_6 - m_1}{(m_2 - m_1) - (m_7 - m_6)} \tag{5-4-6}$$

式中：m_6——比重瓶与沥青试样的合计质量，g；

m_7——比重瓶与试样和水的合计质量，g。

（4）同一试样应平行试验两次，当两次试验结果的差值符合重复性试验的允许误差要求时，以平均值作为沥青的密度试验结果，精确至3位小数，试验报告应注明试验温度。

六 允许误差

（1）对黏稠石油沥青和液体沥青的密度，重复性试验的允许误差为 0.003g/cm³，再现性试验的允许误差为 0.007g/cm³。

（2）对固体沥青，重复性试验的允许误差为 0.01g/cm³，再现性试验的允许误差为 0.02g/cm³。

（3）相对密度的允许误差要求与密度相同（无单位）。

注意事项

试验环节	正确做法	不当做法	对结果的影响
仪器选择与准备	试样质量在天平称量范围的20%~80%内。如称量2kg集料使用5kg量程的电子天平	称量2kg集料使用20kg或更大量程的电子天平	称量结果不精确，误差较大

任务实施

完成配套学习指导手册任务5-4的内容，并完成项目5检测报告的相关内容。

任务5-5 沥青针入度试验

任务描述

为完成检测任务单表5-0-1中对"SBS改性沥青Ⅰ-D"的针入度指标检测要求，需要依据《公路工程沥青及沥青混合料试验规程》（JTG E20—2011）中的"T 0604—2011 沥青针入度试验"，测定来样沥青的针入度，测定结果要满足《公路沥青路面施工技术规范》（JTG F40—2004）中的规定，SBS类（Ⅰ-D）聚合物改性沥青25℃针入度范围为40~60（0.1mm），针入度指数≥0[①]。

注：公路工程中改性沥青选用70号道路石油沥青作为基质沥青。

相关知识

针入度是在一定的温度条件(25℃)下,以规定质量(100g)的标准针经历规定的贯入时间(5s)后,标准针沉入到沥青试样中的深度值,以0.1mm计。针入度值越大,表明沥青越软。针入度是沥青条件黏度的一项指标表征,也是我国沥青标号划分的依据。如110号道路石油沥青25℃的针入度在100~120(0.1mm)之间。

沥青针入度试验用于测定道路石油沥青、聚合物改性沥青针入度以及液体石油沥青蒸馏或乳化沥青蒸发残留物的针入度,以0.1mm计。所测针入度指数PI用以描述沥青的温度敏感性,当量软化点T_{800}用于评价沥青的高温稳定性。

针入度指数PI越大,表明沥青对温度变化的敏感性越低,即针入度指数大的沥青在环境温度变化时,沥青性状改变的程度较小。这种低感温性的沥青在夏季高温季节不易变软,具有一定的抗车辙变形能力,在冬季低温环境下,不会因为降温变得过硬,即可以抵抗低温裂缝。根据《公路沥青路面施工技术规范》(JTG F 40—2004)要求,通常路用沥青的针入度指数宜在-1.5~+1.0之间。

一 针入度试验的目的

(1)掌握不同沥青的黏稠性。
(2)测定针入度,确定沥青标号。
(3)计算沥青当量软化点(T_{800}),当量软化点(T_{800})为沥青针入度为800时的温度,用以评价沥青的高温稳定性,即当量软化点(T_{800})越高,沥青的高温稳定性越好。
(4)计算沥青当量脆点($T_{1.2}$),当量脆点($T_{1.2}$)相当于沥青针入度为1.2时的温度,用以评价沥青的低温抗裂性能,即当量脆点($T_{1.2}$)越低,沥青的低温抗裂性越好。
(5)计算针入度指数,在不同温度条件下,沥青黏度随时间的改变而改变,对于路用沥青,温度和黏度的关系是沥青的一项极其重要的性能,其表示指标就是针入度指数。

二 认识针入度仪的构造

针入度仪(图5-5-1)主要由11部分组成,分别是:
(1)5s选择开关;
(2)释放键;
(3)总开关;
(4)平底皿,平底皿内底部放置加热管与三

5-5 沥青针入度试验

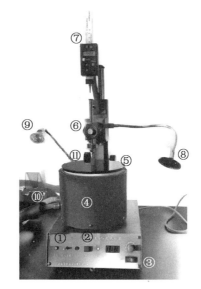

图5-5-1 针入度仪
①-5s选择开关;②-释放键;③-总开关;④-平底皿;⑤-平底皿盖;⑥-配重砝码与标准针;⑦-位移计(0.1mm);⑧-小镜;⑨-聚光灯泡;⑩-恒温水箱连接管;⑪-高度调节旋钮

脚架[图5-5-2a)],装有沥青试样的盛样皿放于三脚架上[图5-5-2b)];

(5)平底皿盖;

(6)配重砝码与标准针[图5-5-2c)和图5-5-2d)];

(7)位移计(0.1mm),位移计左侧刻度为in,右侧单位为mm。一般用右侧刻度单位,最小刻度为0.01mm。电子仪表直接显示位移量,如图5-5-2e)中位移计读数为-440.1(0.1mm);

(8)小镜;

(9)聚光灯泡;

(10)恒温水箱连接管[图5-5-2f)];

(11)高度调节旋钮,通过转动高度调节旋钮,可以让配重砝码与标准针上下移动[图5-5-2g)]。

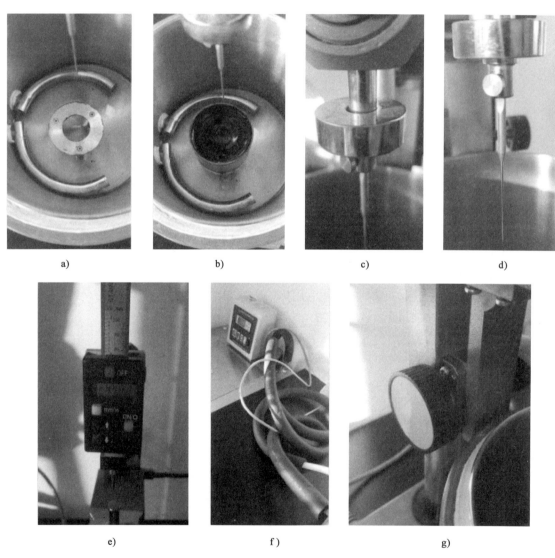

图5-5-2　针入度仪细部结构图

三、试验步骤

1. 取——领取待检沥青样品

液体或黏稠沥青采用广口、密封带盖的金属容器（如锅、桶等），桶上贴有样品标签，并用油漆笔备注取样地点、取样日期、取样人等信息，放于样品架上（图5-5-3）。

2. 熔——沥青加热融化（图5-5-4）

将装有沥青试样的盛样器带盖放入恒温烘箱中，当石油沥青含有水分时，将烘箱温度调至80℃，加热至沥青全部融化，供脱水用。当石油沥青无水时，烘箱温度为软化点温度以上90℃，通常为130℃左右。对于改性沥青，一般为165℃左右。

图5-5-3 领取待检沥青样品

图5-5-4 沥青加热融化

3. 倒——沥青灌模过程

(1) 将沥青罐中沥青倒入中转容器中[图5-5-5a)]；
(2) 将中转容器放入烘箱半小时去气泡[图5-5-5b)]；
(3) 将中转容器沥青一次性倒入盛样皿中[图5-5-5c)]。

4. 养——沥青养护过程

(1) 将试样注入盛样器中，盖上盛样器玻璃盖，放在室温中冷却不少于1.5h（小盛样器）[图5-5-6a)]；

图 5-5-5 沥青灌模过程

注：中转容器一般选择一次性纸杯，纸杯可以捏出一个尖角，倾倒时不会撒到盛样皿外部，倾倒过程更安全，且一次性纸杯用完可抛，减少了清洗容器的频率。

（2）将盛样皿移入规定试验温度的恒温水槽中，保温不少于 1.5h（小盛样器）[图 5-5-6b)]。

图 5-5-6 养——沥青养护过程

5. 准——试验设备准备

（1）用三氯乙烯清洗标准针并擦干，安装标准针到配重连接杆上[图 5-5-7a)]；
（2）调整标准针针尖，使其刚好触碰到沥青表面[图 5-5-7b)]；
（3）将位移计底部推至刚好接触配重连接杆顶部位置[图 5-5-7c)]；
（4）将位移计读数清零[图 5-5-7d)]。

a)　　　　　　　　b)　　　　　　　　c)　　　　　　　　d)

图 5-5-7　试验设备准备

6. 测——试验测试过程

(1) 按下释放键,配重砝码和标准针系统在重力作用下,沉入沥青[图 5-5-8a)];

(2) 5s 后自动停止释放[图 5-5-8b)];

(3) 读取位移针读数,精确至 0.1mm,该值为当前水浴温度下测试沥青的针入度值,如图 5-5-8c) 中的针入度读数为 49.3(0.1mm)。

  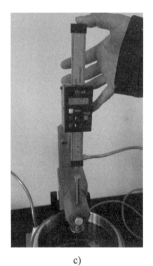

a)　　　　　　　　　　b)　　　　　　　　　　c)

图 5-5-8　试验测试过程

项目 5　沥青　233

注意事项

试验环节	正确做法	不当做法	对结果的影响
沥青试样熔化	制备完毕的沥青试样(所用沥青为改性沥青),加热温度为165℃,且沥青可以流动时就要灌模	没有随时检查沥青的熔化情况,加热时间过长,超过2个小时或更久	沥青老化,导致针入度结果偏小
沥青灌模环节	中转容器一般选择一次性纸杯,纸杯可以捏一个尖角,倾倒时不会撒到盛样皿外部,倾倒过程更安全	直接通过沥青筒倾倒,导致倾倒过程失控而将沥青倾洒到外部	高温沥青烫伤;沥青清洗麻烦;沥青损失而不够试验使用
沥青养护过程	盖上盛样皿玻璃盖,放在室温中冷却不少于1.5h(小盛样器),再移入规定试验温度的恒温水槽中,保温不少于1.5h(小盛样器)	养护时间不够,或没有盖玻璃盖	养护时间不够,导致内部沥青仍较软,测得针入度偏大;落入灰尘影响试验结果
试验设备准备	使用三氯乙烯清洗标准针并擦干	擦拭不认真或没有擦拭	针尖粗糙,导致试验测得针入度偏小
	调整标准针针尖,使其刚好触碰到沥青表面	标准针针尖难以对准,没有仔细寻找刚好触碰点	试验结果失真

任务实施

完成配套学习指导手册任务5-5的内容,并完成项目5检测报告的相应内容。

任务5-6 沥青延度试验

任务描述

为完成检测任务单表5-0-1中对"SBS改性沥青I-D"的性能检测要求,需要依据《公路工程沥青及沥青混合料试验规程》(JTG E20—2011)中的"T 0605—2011 沥青延度试验",测试来样沥青的延度。试验结果需满足《公路沥青路面施工技术规范》(JTG F 40—2004)中的规定,SBS类(I-D)聚合物改性沥青5℃延度范围≥20cm。

注:公路工程中改性沥青选用70号道路石油沥青作为基质沥青。

相关知识

沥青的延度是规定形状("∞"形)的沥青试样,在规定温度下,以一定的速度延伸至拉断时的长度,以厘米(cm)表示。

通过沥青延度试验,测定沥青能够承受的塑性变形总能力,并用于评价沥青在低温状态下的抗裂性。

沥青延度的试验温度与拉伸速率可根据要求选定,通常采用的试验温度为25℃、15℃、10℃或5℃,拉伸速度为5cm/min±0.25cm/min。在低温时采用1cm/min±0.05cm/min拉伸速度时,应在报告中注明。

沥青的延性用延度表示,延性是指当沥青受到外力拉伸作用时,它所能承受塑性变形的总能力,是表示沥青内部凝聚力——内聚力的一种量度。延度试验用于测定道路石油沥青、聚合物改性沥青、液体石油沥青或乳化沥青蒸发残留物等材料的延度。

一　试验仪器

(1)延度仪:将试件浸没于水中,能保持规定的试验温度及按照规定拉伸速度拉伸试件,且试验时无明显振动的延度仪即可使用,其组成如图5-6-1和图5-6-2所示。

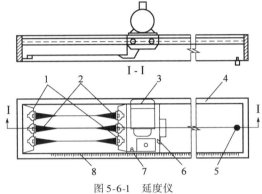

图5-6-1　延度仪

1-试模;2-试样;3-电机;4-水槽;5-泄水孔;6-开关;7-指针;8-标尺

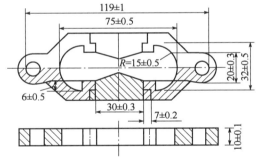

图5-6-2　延度试模(尺寸单位:mm)

(2)试模:黄铜制,由两个端模和侧模组成,其外观及尺寸如图5-6-3和图5-6-4所示。试模内侧表面粗糙度为Ra0.2μm,装配完好后可浇铸试样。

图5-6-3　试模

图5-6-4　延度仪

(3)试模底板:玻璃板或磨光的铜板、不锈钢板(表面粗糙度为 Ra0.2μm)。

(4)恒温水槽:容量不少于 10L,控制温度的精度为 0.1℃,水槽中应设有带孔的搁架,搁架距水槽底不得少于 50mm。试件浸入水中深度不小于 100mm。

(5)温度计:0~50℃,分度为 0.1℃。

(6)砂浴或其他加热炉具。

(7)甘油滑石粉隔离剂(甘油与滑石粉的质量比为 2∶1)。

(8)其他:平刮刀、石棉网、酒精、食盐等。

二 试验步骤

1. 取——领取待检沥青样品[图 5-6-5a)]。

液体或黏稠沥青采用广口、密封带盖的金属容器(如锅、桶等),桶上贴有样品标签,并用油漆笔备注取样地点、取样日期、取样人等信息,放于样品架上。

a) b) c)

图 5-6-5 沥青和模具准备

2. 熔——沥青加热融化

将装有沥青试样的盛样器带盖放入恒温烘箱中,当石油沥青含有水分时,将烘箱温度调至 80℃,加热至沥青全部融化,供脱水用。

3. 涂——将隔离剂涂于试模内侧

将隔离剂拌和均匀,涂于清洁干燥的试模底板和两个侧模的内侧表面,并将试模在试模底板上安装稳妥[图 5-6-5c)]。

4. 倒——沥青灌模过程

将准备好的沥青倒入转接杯中,加热排出倾倒过程中产生的气体[图 5-6-6a)、图 5-6-6b)]。

将准备好的沥青试样仔细地在试模一端与另一端之间往返数次后缓缓注入模中,最后略高出试模,灌模时应注意勿使气泡混入[图 5-6-6c)]。

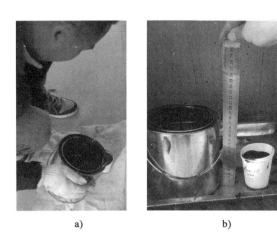
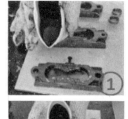

a)   b)   c)

图 5-6-6　沥青灌模

5. 养——沥青养护过程

试件在室温中冷却不少于 1.5h，然后置于规定试验温度 ±0.1℃ 的恒温水槽中，保持 30min 后取出，用热刮刀刮除高出试模的沥青，使沥青面与试模面齐平。沥青的刮法应自试模的中间刮向两端，且表面应刮平滑。将试模连同底板再浸入处于规定试验温度的水槽中保温 1.5h（图 5-6-7）。

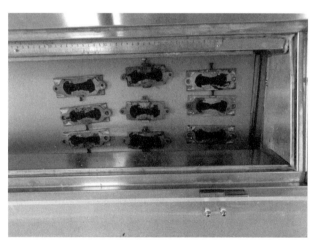

图 5-6-7　沥青试样养护过程

6. 装——试样模具装于延度仪上

将保温后盛有试样的试模自玻璃板或不锈钢板上取下，将试模两端的孔分别套在滑板及槽端固定板的金属柱上，并取下侧模。水面距试件表面应不小于 25mm（图 5-6-8）。

7. 测——测试步骤

（1）开动延度仪，并注意观察试样的延伸情况。此时应注意，在试验过程中，水温应始终保持在试验温度规定范围内，且仪器不得有振动，水面不得有晃动，当水槽采用循环水时，应暂时中断循环，停止水流（图 5-6-9）。

图 5-6-8　试样模具装于延度仪上

a)　　　　　　　　　　b)　　　　　　　　　　c)　　　　　　　　　　d)

图 5-6-9　试验测试过程

(2)在试验中,如发现沥青细丝浮于水面时,则应在水中加入酒精。沥青细丝沉入槽底时,则应在水中加入食盐,调整水的密度至与沥青试样的密度相近后,重新试验。

(3)试件拉断时,读取指针所指标尺上的读数,以厘米(cm)表示,在正常情况下,试件延伸时应呈锥尖状,拉断时实际断面接近于零。如不能得到这种结果,则应在报告中注明。

8. 算——试验数据处理

(1)同一试样,每次平行试验不少于 3 个,如 3 个测定结果均大于 100cm,试验结果记作">100cm"。有特殊需要时也可分别记录实测值。

如 3 个测定结果中,有一个以上的测定值小于 100cm 时,若最大值或最小值与平均值之差满足重复性试验精密度要求,则对 3 个测定结果的平均值取整作为延度试验结果。

(2)若平均值大于 100cm,记作">100cm";若最大值或最小值与平均值之差不符合重复性试验精度要求时,试验应重新进行。

(3)重复性试验精度要求为:当试验结果小于 100cm 时,重复性试验的允许极差为平均值的 20%;再现性试验的允许差为平均值的 30%。

注意事项

试验环节	正确做法	不当做法	对结果的影响
涂——将隔离剂涂于试模内侧	将隔离剂拌和均匀,涂于清洁干燥的试模底板和两个侧模的内侧表面	没有将试模的底板和四块侧板都刷满,或刷完后过了一段时间后才灌沥青试件,此时刷的隔离剂已干燥	八字形试件取出时黏在侧模上,导致试件破坏无法使用
倒——沥青灌模过程	将准备好的沥青试样仔细地在试模一端与另一端之间往返数次后缓缓注入模中,最后略高出试模,灌模时应注意勿使气泡混入	灌模过程中手不稳或分神,热沥青倾倒至试模外	八字形试件制作失败
养——沥青养护过程	用热刮刀刮除高出试模的沥青,使沥青面与试模面齐平。沥青的刮法应自试模的中间刮向两端,且表面应刮平滑	刮刀温度低于80℃,或拿出烘箱冷却,无法切割、刮平沥青	八字形试件制作失败
测——试验测试过程	在试验中,如发现沥青细丝浮于水面时,则应在水中加入酒精;沥青细丝沉入槽底时,则应在水中加入食盐,调整水的密度与沥青试样的密度相近后,重新试验	开始试验即离开,让机器自动试验,没有及时观察到沥青细丝浮于水面或沉入槽底	试验失败,一般会导致沥青延度测值比实际真实值偏小

任务实施

完成配套学习指导手册任务5-6的内容,并完成项目5检测报告的相应内容。

任务5-7 沥青软化点试验

任务描述

为完成检测任务单表5-0-2中对"SBS改性沥青I-D"的软化点指标检测要求,需要依据《公路工程沥青及沥青混合料试验规程》(JTG E20—2011)中的"T 0606—2011 沥青软化点试验",测试来样沥青的软化点。依据《公路沥青路面施工技术规范》(JTG F 40—2004)规定,试验结果要满足《公路沥青路面施工技术规范》(JTG F 40—2004)规定:SBS类(I-D)聚合物改性沥青软化点 TR&B≥60℃。

注:公路工程中改性沥青选用70号道路石油沥青作为基质沥青。

相关知识

沥青的软化点试验是试样在规定尺寸的金属环内,置于规定尺寸和质量的钢球于水或甘油中,以每分钟升高5℃的速度加热沥青至软化,直到钢球下沉达规定距离的温度,以摄氏度(℃)表示。

软化点试验用于测定道路石油沥青、聚合物改性沥青的软化点,以及液体石油沥青、煤沥青或乳化沥青蒸发残留物的软化点。试验测得的软化点值可用于评价沥青的高温稳定性,并可凭此值选择适应道路等级的沥青。

一 试验仪器

(1)软化点试验仪(图5-7-1)。

①钢球:直径9.53mm,质量3.5g±0.05g。

②试样环:黄铜或不锈钢等制成,形状尺寸如图5-7-2所示。

③钢球定位环:黄铜或不锈钢制成,形状尺寸如图5-7-3所示。

5-7 沥青软化点试验

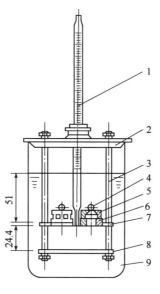

图5-7-1 软化点试验仪(尺寸单位:mm)

1-温度计;2-上盖板;3-立杆;4-钢球;5-钢球定位环;6-金属环;7-中层板;8-下底板;9-烧杯

④金属支架:由两个主杆和三层平行的金属板组成。上层为一圆盘,直径略大于烧杯直径,中间有一圆孔,用以插放温度计。中层板形状尺寸如图5-7-4所示,板上有两个孔,各放置一金属环,中间有一小孔可支撑温度计的测温端部。一侧立杆距环上面51mm处刻有水高标记。环下面距下层底板25.4mm,而下底板距烧杯底不少于12.7mm,也不得大于19mm。三层金属板和主杆由两螺母固定在一起。

⑤耐热玻璃烧杯:容量800~1000mL,直径不小于86mm,高不小于120mm。

⑥温度计:量程为0~80℃,分度为0.5℃。

(2)装有温度调节器的电炉或其他加热炉具(液化石油气、天然气等)应采用带有振荡搅拌器的加热电炉,振荡器置于烧杯底部。

(3)试样底板:金属板(表面粗糙度 Ra 应达 0.8μm)或玻璃板。

(4)恒温水槽:控温应精确至 0.5℃。

(5)平直刮刀。

(6)甘油滑石粉隔离剂(甘油与滑石粉的比例为质量比 2∶1)。

(7)新煮沸的蒸馏水。

(8)其他:石棉网。

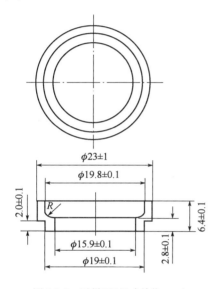

图 5-7-2　试样环(尺寸单位:mm)

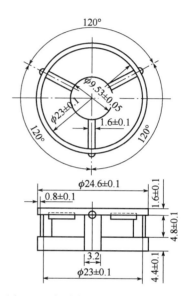

图 5-7-3　钢球定位环(尺寸单位:mm)

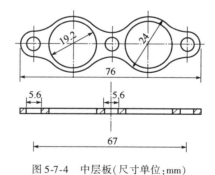

图 5-7-4　中层板(尺寸单位:mm)

二　试验准备

(1)将试样环置于涂有甘油滑石粉隔离剂的试样底板上。按规定方法将准备好的沥青试样徐徐注入试样环内至略高出环面为止。

如估计试样软化点高于 120℃,则试样环和试样底板(不用玻璃板)均应预热至 80~100℃。

(2)试样在室温下冷却 30min 后,用环夹夹着试样杯,并用热刮刀刮除环面上的试样,务必使之与环面齐平。

三、试验步骤

实际试验操作时,根据沥青实际软化点的高低分别采用试样软化点在 80℃ 以下和试样软化点在 80℃ 以上的试验方式。

1. 试样软化点在 80℃ 以下

①将装有试样的试样环连同试样底板置于有温度为 5℃ ±0.5℃ 水的恒温槽中至少 15min,同时将金属支架、钢球、钢球定位环等置于相同水槽中(图 5-7-5)。

②向烧杯内注入新煮沸并冷却至 5℃ 的蒸馏水,水面略低于立杆上的深度标记。

③从恒温水槽中取出盛有试样的试样环放置在支架中层板的圆孔中,套上定位环(图 5-7-6);然后将整个环架放入烧杯中,调整水面至深度标记,并保持水温为 5℃ ±0.5℃ [图 5-7-7a)、图 5-7-7b)]。环架上任何部分不得附有气泡。将量程为 0~100℃ 的温度计由上层板中心孔垂直插入,使端部测温头底部与试样环下面齐平。

图 5-7-5 在恒温水槽中养生

图 5-7-6 将试样、试样环、钢球放到定位环上

④将盛有水和环架的烧杯移至放在石棉网上的加热炉具上,然后将钢球放在定位环中间的试样中央,立即开动振荡搅拌器,使水微微振荡,并开始加热,在 3min 内将杯中水温上升速率调节至每分钟上升 5℃ ±0.5℃。在加热过程中,应记录每分钟上升的温度值。如温度上升速度超出此范围时,试验应重做。

⑤试样受热软化逐渐下坠,至与下层底板表面接触时,立即读取温度,精确至 0.5℃。(图 5-7-8)。

a) 保持水温5℃±0.5℃　　　　　　　　　b) 保持水温5℃±0.5℃

图 5-7-7　保持水温5℃±0.5℃

a) 1min末　　　　　　　　　　　　b) 7min末

图　5-7-8

项目⑤　沥青

c)10min末　　　　　　　　　　　　　　d)11min末

图 5-7-8　加热试验过程

2. 试样软化点在80℃以上

①将装有试样的试样环连同试样底板置于装有32℃±1℃甘油的恒温槽中至少15min；同时将金属支架、钢球、钢球定位环等置于甘油中。

②向烧杯内注入预先加热至32℃的甘油，其液面略低于立杆上的深度标记。

③从恒温槽中取出装有试样的试样环，按上述方法进行测定，精确至1℃。

四 试验数据处理

同一试样平行试验两次，当两次测定值的差值符合重复性试验精密度要求时，取其平均值作为软化点试验结果，精确至0.5℃。

(1) 当试样软化点小于80℃时，重复性试验的允许差为1℃，复现性试验的允许差为4℃。

(2) 当试样软化点等于或大于80℃时，重复性试验的允许差为2℃，复现性试验的允许差为8℃。

(3) 与针入度仪相似，目前软化点仪也有多种不同类型，如自动软化点测定仪等。自动软化点测定仪可自动控制升温速度和显示、记录试验结果，应用时应注意仪器的准确性，并经常对仪器进行校验。

注意事项

试验环节	正确做法	不当做法	对结果的影响
试验准备	试样在室温冷却30min后,用环夹夹着试样杯,并用热刮刀刮除环面上的试样,务必使之与环面齐平	热刮刀不够热,低于80℃,拿出烘箱后温度迅速降低,无法刮除试样	刮刀温度过低,导致试样表面没有刮平或导致试样破坏
试验过程	试样受热软化逐渐下坠,至与下层底板表面接触时,立即读取温度,精确到0.5℃	读数时间把握不当,没有在试样与下层底板接触瞬间读数	温度读数不准确
试验过程	立即开动振荡搅拌器,使水微微振荡,并开始加热,在3min内将杯中水温上升速率调节至每分钟上升5℃±0.5℃	震荡搅拌器没有在烧杯正中间,偏移到边缘;或震荡搅拌器不工作	烧杯内水温不一致,底部温度高,上部温度低,测试结果失真
测试结果确认	当试样软化点小于80℃时,重复性试验的允许差为1℃;当试样软化点等于或大于80℃时,重复性试验的允许差为2℃。若不符合重复性试验允许差,要求作废重做	两个钢珠与下层底板表面接触温度差大于重复性要求,仍取平均值	试验结果无效

任务实施

完成配套学习指导手册任务5-7的内容,并完成项目5检测报告的相应内容。

任务5-8 乳化沥青微粒离子电荷试验

任务描述

为完成检测任务单表5-0-2中对"道路乳化沥青PC-2"的离子电荷指标检测,需要依据《公路工程沥青及沥青混合料试验规程》(JTG E20—2011)中的"T 0653—1993 乳化沥青微粒离子电荷试验",测试来样乳化沥青的离子电荷。试验结果依据《公路沥青路面施工技术规范》(JTG F40—2004)中的规定判断该乳化沥青属于阳离子乳化沥青、阴离子乳化沥青、非离子乳化沥青中的哪一类。

乳化沥青依据离子电荷可分为阳离子乳化沥青(PC)、阴离子乳化沥青(PA)和非离子乳化沥青三种。本任务介绍不同离子电荷乳化沥青的用处及检测乳化沥青离子电荷的方法。工程实践中需要依据测得的离子电荷性质选定合适的集料。

相关知识

乳化沥青微粒离子电荷试验适用于测定各类乳化沥青微粒离子的电荷性质,乳化沥青依据离子电荷不同,可分为阳离子乳化沥青、阴离子乳化沥青和非离子乳化沥青。区分乳化沥青的离子电荷,对于指导施工具有重要意义。

(1)阳离子乳化沥青(沥青微滴带正电荷)与带负电荷的酸性集料(花岗岩、石英石等)、带正电荷的碱性集料(石灰石、玄武石等)都有较好的亲和力,且能够增强与矿料表面的黏结力,提高路面的早期强度,因此阳离子乳化沥青目前在沥青路面施工中的应用比较广泛。

(2)阴离子乳化沥青(沥青微滴带负电荷)与带正电荷的碱性集料具有较好的黏结性,其价格便宜。沥青路面的基层多用碱性材料,因此为了降低施工成本,也可使用阴离子乳化沥青。

(3)非离子乳化沥青乳化力强,价格较低,在乳化沥青生产厂家中也有一些应用。

路用乳化沥青品种及适用范围见表5-8-1。

路用乳化沥青及适用范围　　　　　表5-8-1

分类	品种及代号	适用范围
阳离子 乳化沥青	PC-1	表处、贯入式路面及下封层用
	PC-2	透层油及基层养生用
	PC-3	黏层油用
	BC-4	稀浆封层或冷拌沥青混合料用
阴离子 乳化沥青	PA-1	表处、贯入式路面及下封层用
	PA-2	透层油及基层养生用
	PA-3	黏层油用
	BA-1	稀浆封层或冷拌沥青混合料用
非离子 乳化沥青	PN-2	透层油用
	BN-1	与水泥稳定集料同时使用 (基层路拌或再生)

一 试验仪器

(1)试验仪,如图5-8-1所示。

5-8　乳化沥青微粒离子电荷试验

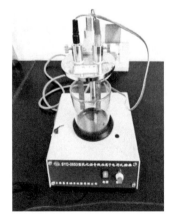

图5-8-1　乳化沥青微粒离子电荷试验仪

(2)烧杯:200mL 或 300mL。

(3)电极板:2 块,铜制,每块极板长 100mm,宽 10mm,厚 1mm,一般黑色线为负极板。

(4)直流电源:6V。

(5)秒表。

(6)滤筛:筛孔为 1.18mm。

(7)其他:汽油、洗液等。

二 试验步骤

1. 准备工作

(1)将乳化沥青试样用孔径 1.18mm 的滤筛过滤,如图 5-8-2 所示,并盛于一容器中。

(2)将电极板用三氯乙烯洗净,放入烘箱内干燥,并将两块电极板平行固定于一个框架上,其间距约 30mm;然后将框架置于容积为 200mL 或 300mL 的洁净烧杯内,电极板要能够插入乳化沥青中约 30mm。

2. 试验步骤

(1)将过滤的乳液试样注入盛有电极板的烧杯内,如图 5-8-3 所示,其液面的高度应至少使电极板浸没约 30mm。

图 5-8-2 过滤乳液

图 5-8-3 沥青注入盛放电极板的烧杯

(2)将两块电极板的引线分别接于 6V 直流电源的正负极上,一般负极接黑色线,正极接桔色线,如图 5-8-4 和图 5-8-5 所示,接通电源开关并按动秒表。

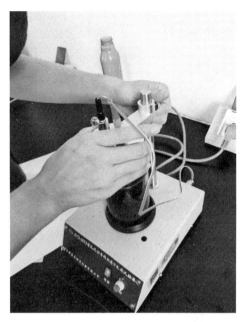
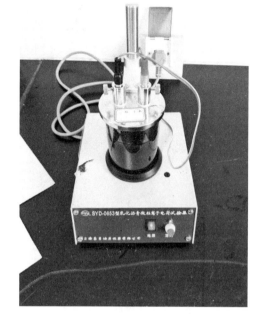

图 5-8-4　两块电极板的引线分别接于 6V 直流电源的正负极上　　图 5-8-5　接通电源开关并按动秒表

（3）接通电流 3min 后，关闭开关；然后将固定有电极板的框架由烧杯内取出。

（4）仔细观察电极板，若负极板（黑色线连接的金属板）上吸附有大量沥青微粒，说明沥青微粒带正电荷，则该乳液为阳离子型；反之，若阳极板（桔色线连接的金属板）上吸附有大量沥青微粒，说明沥青微粒带负电荷，则该乳液为阴离子型。

图 5-8-6 中负极板（黑色线连接的金属板）上吸附有大量沥青微粒，说明沥青微粒带正电荷，则该乳液为阳离子型。

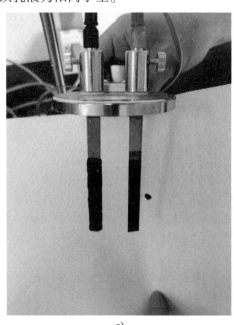
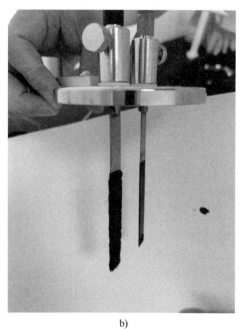

a)　　　　　　　　　　　　　　　　　　b)

图 5-8-6　试验完毕的电极板

注意事项

试验环节	正确做法	不当做法	对结果的影响
乳化沥青试样过筛	将乳化沥青试样用孔径1.18mm的滤筛过滤,并盛于一容器中。容器口径尽量宽,且容器下部垫托盘	为快捷,直接将沥青过滤到电极板的烧杯内,且烧杯下部没有垫托盘	因电极板烧杯杯口较小,容易将沥青倾倒至外部,清洗困难
电极板洗净、干燥	将电极板用三氯乙烯洗净、并放入烘箱内干燥	电极板用三氯乙烯洗净后没有干燥,即开始做试验	因三氯乙烯阻拦沥青颗粒接近极板,导致两个极板上都没有沥青黏附或黏附较少无法辨别
将试样注入放有电极板的烧杯内	将过滤的乳液试样注入盛有电极板的烧杯内,其液面的高度至少使电极板浸没约30mm	注入乳液试样过多,到达杯口附近,导致浸没高度超过30mm或更多	试样倒得过慢而接触电线,发生导电安全事故;或试验完毕无法清洗干净
连接引线与正负极	将两块电极板的引线分别接于6V直流电源的正负极。注意试验人员手部应干燥无水;负极接黑色线,正极接桔色线	试验人员手部潮湿;极线接反	发生触电危险;检测结果与实际结果相反
测试过程	接通电流3min后,关闭开关	忘记关闭开关	存在触电风险

任务实施

完成配套学习指导手册任务 5-8 的内容,并完成项目 5 检测报告的相应内容。

任务 5-9　乳化沥青筛上剩余量

任务描述

为完成检测任务单表 5-0-2 中对"道路乳化沥青 PC-2"的乳化沥青的筛上剩余量指标检测,需要依据《公路工程沥青及沥青混合料试验规程》(JTG E20—2011)中的"T 0652—1993 乳化沥青筛上剩余试验",测试来样乳化沥青的筛上剩余量。依据《公路沥青路面施工技术规范》(JTG F40—2004)规定,道路用乳化沥青筛上残留物(1.18mm 筛)应小于或等于 0.1%。

相关知识

乳化沥青筛上剩余量适用于测定各类乳化沥青的筛上剩余物含量,用以评定沥青乳液的质量。道路用乳化石油沥青技术要求中规定,乳化沥青筛上剩余物含量不能大于0.1%。筛上剩余量越小,乳化沥青越不容易结团,稳定性越好。

一、试验仪器

5-9 乳化沥青筛上剩余量试验

(1)滤筛:筛孔为1.18mm。
(2)金属盘:尺寸不小于100mm。
(3)天平:感量不大于0.1g。
(4)烧杯:750mL和2000mL各1个。
(5)油酸钠溶液:油酸钠含量2%。
(6)蒸馏水。
(7)烘箱:装有温度控制器。
(8)其他:玻璃棒、溶剂、干燥器等。

二、试验步骤

(1)备——将滤筛、金属盘、烧杯等用溶剂擦洗干净,经水和蒸馏水洗涤后用烘箱(105℃ ±5℃)烘干,称取滤筛及金属盘质量(m_1),精确至0.1g(图5-9-1)。

(2)取——在一烧杯中称取充分搅拌均匀的乳化沥青试样500±5g(m),精确至0.1g(图5-9-2)。

图5-9-1 称取滤筛及金属盘质量

图5-9-2 称取乳化沥青

(3)润——将筛(框)网用油酸钠溶液(阴离子乳液)或蒸馏水(阳离子乳液)润湿。
(4)滤——将滤筛支在烧杯上,边搅拌烧杯中的乳液试样边将其徐徐注入筛内过滤。在过滤畅通情况下,筛上乳液试样仅可保留一薄层;如发现筛孔有堵塞或过滤不畅,可用手轻轻拍打筛框(图 5-9-3)。

a)　　　　　　　　　　　b)　　　　　　　　　　　c)

图 5-9-3　过滤试验过程

(5)洗——用蒸馏水多次清洗烧杯,并将洗液过筛,再用蒸馏水冲洗滤筛,直至过滤后的水完全清洁为止。

(6)烘——将滤筛置于已称质量的金属盘中,并置于烘箱(105℃ ±5℃)中烘干 2~4h(图 5-9-4)。

(7)称——取出滤筛,连同金属盘一起置于干燥器中冷却至室温(一般时间为 30min 以上)后称其质量(m_2),精确至 0.1g(图 5-9-5)。

图 5-9-4　烘干　　　　　　　　　　图 5-9-5　称量烘干残留物质量

三　试验结果计算

乳化沥青试样过筛后,筛上剩余物含量按下式计算,精确至 1 位小数。

$$P_\tau = \frac{m_2 - m_1}{m} \times 100 \qquad (5\text{-}9\text{-}1)$$

式中：P_τ——筛上剩余物含量，%；

m——乳化沥青试样质量，g；

m_1——滤筛及金属盘质量，g；

m_2——滤筛、金属盘与筛上剩余物合计质量，g。

注意事项

试验环节	正确做法	不当做法	对结果的影响
沥青试样熔化	制备完毕的沥青试样（所用沥青为改性沥青），加热温度为 165℃，且沥青可以流动时就要灌模	没有随时检查沥青的熔化情况，加热时间过长，超过 2 个小时或更久	沥青老化，导致针入度结果偏小
沥青灌模环节	中转容器一般选择一次性纸杯，纸杯可以捏一个尖角，倾倒时不会撒到盛样皿外部，倾倒过程更安全	直接通过沥青筒倾倒，导致倾倒过程失控而将沥青倾洒到外部	高温沥青烫伤；沥青清洗麻烦；沥青损失而不够试验使用
沥青养护过程	盖上盛样皿玻璃盖，放在室温中冷却不少于 1.5h（小盛样皿）；再移入规定试验温度的恒温水槽中，保温不少于 1.5h（小盛样皿）	养护时间不够；或没有盖玻璃盖	养护时间不够，导致内部沥青仍较软，测得针入度偏大；落入灰尘影响试验结果
试验设备准备	使用三氯乙烯清洗标准针并擦拭	擦拭不认真或没有擦拭	针尖粗糙，导致试验测得针入度偏小
试验设备准备	调整标准针针尖，使其刚好触碰到沥青表面	标准针针尖难以对准，没有仔细寻找刚好触碰点	试验结果失真

任务实施

完成配套学习指导手册任务 5-9 的内容，并完成项目 5 检测报告的相应内容。

沥青混合料

项目 6

一、项目任务概述

依照设计文件,某一级公路项目上面层采用 AC-13C 热拌沥青混合料碾压成型。为确定该混合料的室内配合比组成(包括集料级配和油石比),并验证该配合比的路用性能,要求配合比设计及路用性能验证满足《公路沥青路面施工技术规范》(JTG F40—2004)规定。项目施工方与检测中心签订项目委托检测合同,检测中心根据委托合同,下发检测任务单至材料检测部,具体检测任务单见表 6-0-1。

CXWJ4.5.4-1-JLWJ-3

××××××××检测中心

检测任务单(内检)

任务单编号:SN-2020-G5-L290127　　　　　　　　　　　　　　　　　表 6-0-1

样品名称	沥青混合料配合比设计	检测类别	送样检测
样品编号	配合比 2020L2906-L29017	规格型号	AC-13C 原材料
样品描述	集料:干燥、洁净;沥青:黑色、黏稠状		
检测项目	AC-13C 沥青混合料目标配合比设计(一级公路上面层)		
检测依据/标准	《公路工程沥青及沥青混合料试验规程》(JTG E20—2011)		
检后样品处理	√舍弃　　□取回　　□留样(　　)天		
发样人		接样人	

注:《公路沥青路面施工技术规范》(JTG F40—2004)中对密级配沥青混凝土混合料配合比设计及路用性能指标要求,见表 6-0-2~表 6-0-4。

密级配沥青混凝土混合料马歇尔试验技术标准　　　　　　　　　表 6-0-2

(本表适用于公称最大粒径≤26.5mm 的密级配沥青混凝土混合料)

试验指标		单位	高速公路、一级公路				其他等级公路	行人道路
			夏炎热区(1-1、1-2、1-3、1-4 区)		夏热区及夏凉区(2-1、2-2、2-3、2-4、3-2 区)			
			中轻交通	重载交通	中轻交通	重载交通		
击实次数(双面)		次	75				50	50
试件尺寸		mm	φ101.6mm×63.5mm					
空隙率 VV	深约 90mm 以内	%	3~5	4~6	2~4	3~5	3~6	2~4
	深约 90mm 以下	%	3~6	2~4	3~6		3~6	—

续上表

试验指标		单位	高速公路、一级公路				其他等级公路	行人道路
			夏炎热区(1-1、1-2、1-3、1-4区)		夏热区及夏凉区(2-1、2-2、2-3、2-4、3-2区)			
			中轻交通	重载交通	中轻交通	重载交通		
稳定度 MS 不小于		kN	8				5	3
流值 FL		mm	2~4	1.5~4	2~4.5	2~4	2~4.5	2~5
矿料间隙率 VMA(%)，不小于	设计空隙率(%)	相应于以下公称最大粒径(mm)的最小 VMA 及 VFA 技术要求(%)						
		26.5	19	16	13.2	9.5	4.75	
	2	10	11	11.5	12	13	15	
	3	11	12	12.5	13	14	16	
	4	12	13	13.5	14	15	17	
	5	13	14	14.5	15	16	18	
	6	14	15	15.5	16	17	19	
沥青饱和度 VFA(%)			55~70		65~75		70~85	

注：1. 对空隙率大于5%的夏炎热区重载交通路段，施工时应至少提高压实度1%。
2. 当设计的空隙率不是整数时，由内插确定要求的 VMA 最小值。
3. 对改性沥青混合料，马歇尔试验的流值可适当放宽。

沥青混合料水稳定性检验技术要求 表 6-0-3

气候条件与技术指标		相应于下列气候分区的技术要求(%)				试验方法
年降雨量(mm)及气候分区		>1000	500~1000	250~500	<250	
		1.潮湿区	2.湿润区	3.半干区	4.干旱区	
浸水马歇尔试验残留稳定度(%)，不小于						
普通沥青混合料		80		75		T 0709
改性沥青混合料		85		80		
SMA 混合料	普通沥青	75				
	改性沥青	80				
冻融劈裂试验的残留强度比(%)，不小于						
普通沥青混合料		75		70		
改性沥青混合料		80		75		T 0729
SMA 混合料	普通沥青	75				
	改性沥青	80				

沥青混合料车辙试验动稳定度技术要求　　　　　表 6-0-4

气候条件与技术指标	相应于下列气候分区所要求的动稳定度(次/mm)									试验方法
七月平均最高气温(℃)及气候分区	>30				20~30				<20	
	1.夏炎热区				2.夏热区				3.夏凉区	
	1-1	1-2	1-3	1-4	2-1	2-2	2-3	2-4	3-2	
普通沥青混合料,不小于	800		1000		600		800		600	T 0719
改性沥青混合料,不小于	2400		2800		2000		2400		1800	
SMA混合料 非改性,不小于	1500									
SMA混合料 改性,不小于	3000									
OGFC混合料	1500(一般交通量道路)、3000(重交通量道路)									

二、学习目标

(1) 熟悉沥青混合料的技术性质与技术要求。
(2) 掌握沥青混合料取样与试件制作方法。
(3) 理解沥青混合料目标配合比设计的步骤。
(4) 会对每个试验进行独立操作完成。
(5) 会对每个试验的试验结果进行分析计算并出具检测报告。

任务 6-1　认识沥青混合料的技术性质与技术要求

任务描述

为完成表 6-0-1 的任务,需先学习沥青混合料的技术性质和技术要求,系统理解沥青混合料的分类、特点、结构、路用性质、技术要求等。

相关知识

沥青混合料是矿料(包括碎石、石屑、砂和填料)与沥青结合料经混合拌制而成的混合料的总称,其中粗细集料起骨架作用,沥青与填料起胶结填充作用。

1. 沥青混合料的分类

从不同的角度看,沥青混合料有数种不同的分类方法。

(1) 按沥青类型分类

①石油沥青混合料:以石油沥青为结合料的沥青混合料。石油沥青是原油加工过程的一种产品,原油蒸馏后的残渣。

②焦油沥青混合料:以焦油(大部分是煤焦油)为结合料的沥青混合料。煤焦油是煤在焦化过程中得到的一种黑色或黑褐色黏稠状液体。

（2）按施工温度分类

①热拌热铺沥青混合料:沥青与矿料经加热后拌和,并在一定的温度下完成摊铺和碾压施工过程的混合料。

②常温沥青混合料:乳化沥青或液态沥青在常温下与矿料拌和,并在常温下完成摊铺碾压过程的混合料。

③温拌沥青混合料:拌和、碾压时的温度比普通热拌热铺型沥青混合料降低约30℃的沥青混合料。

（3）按矿质集料级配类型分类

①连续级配沥青混合料:矿料按级配原则,从大到小各级粒径都有,按比例相互搭配组成的沥青混合料。

②间断级配沥青混合料:矿料级配组成中缺少一个或几个粒径档次(或用量很少)而形成的沥青混合料。

③开级配沥青混合料:矿料级配主要由粗集料嵌挤组成,细集料和填料较少,矿料相互分开,压实后空隙率大于15%的开式沥青混合料。

（4）按矿料的最大粒径分类

①特粗式沥青混合料:公称最大粒径等于或大于37.5mm的沥青混合料。

②粗粒式沥青混合料:公称最大粒径为26.5mm的沥青混合料。

③中粒式沥青混合料:公称最大粒径为16mm或19mm的沥青混合料。

④细粒式沥青混合料:公称最大粒径为9.5mm或13.2mm的沥青混合料。

⑤砂粒式沥青混合料:公称最大粒径小于9.5mm的沥青混合料。

目前,我国在沥青路面中采用最多的类型是以石油沥青作为结合料,采用连续级配、空隙率在3%~6%的密实式热拌热铺型沥青混凝土。沥青混合料类型汇总于表6-1-1。

热拌沥青混合料种类 表6-1-1

混合料类型	密级配		开级配		半开级配	公称最大粒径(mm)	最大粒径(mm)
	连续级配	间断级配	间断级配				
	沥青混凝土	沥青稳定碎石	沥青玛蹄脂碎石	排水式沥青磨耗层	排水式沥青碎石基层	沥青碎石		
特粗式	—	ATB-40	—		ATPB-40	—	37.5	53.0
粗粒式	—	ATB-30	—		ATPB-30	—	31.5	37.5
	AC-25	ATB-25	—		ATPB-25	—	26.5	31.5
中粒式	AC-20	—	SMA-20		—	AM-20	19.0	26.5
	AC-16	—	SMA-16	OGFC-16	—	AM-16	16.0	19.0

续上表

混合料类型		密级配			开级配		半开级配	公称最大粒径（mm）	最大粒径（mm）
		连续级配		间断级配	间断级配		沥青碎石		
		沥青混凝土	沥青稳定碎石	沥青玛琋脂碎石	排水式沥青磨耗层	排水式沥青碎石基层			
细粒式		AC-13	—	SMA-13	OGFC-13	—	AM-13	13.2	16.0
		AC-10	—	SMA-10	OGFC-10	—	AM-10	9.5	13.2
砂粒式		AC-5	—	—	—	—	AM-5	4.75	9.5
设计空隙率(%)		3~5	3~6	3~4	>18	>18	6~12	—	—

二 沥青混合料的特点

沥青混合料是道路应用的主要路面材料，它具有以下一些优点：

①沥青混合料是一种黏弹性材料，具有良好的力学性质，铺筑的路面平整无接缝，振动小，噪声低，行车舒适。

②路面平整且有一定的粗糙度，耐磨性好，无强烈反光，有利于行车安全。

③施工方便，不需要养护，能及时开放交通。

④维修简单，旧沥青混合料可再生利用。

但是，沥青混合料路面也存在一定的缺点，主要是：

①老化：在长期的大气因素作用下，因沥青塑性降低，脆性增强，黏聚力减小，导致路面表层产生松散，引起路面破坏。

②温度稳定性差：夏季高温沥青易软化，路面易产生车辙、波浪等现象；冬季低温时易脆裂，在车辆重复荷载作用下易产生开裂。

三 沥青混合料结构类型

按照沥青混合料强度构成特性的不同，压实沥青混合料可分为三种类型。

(1)悬浮-密实结构

矿质集料采用连续型密级配，即矿料粒径由大到小连续存在，如图6-1-1a)所示。混合料中含有大量细集料，而粒集料数量较少，相互间没有接触，不能形成骨架，粗集料"悬浮"于细集料之中，由此矿质集料和沥青组成的沥青混合料密实度较大。这种结构的沥青混合料具有较高的黏聚力，但内摩阻力较小，由于受沥青的影响较大，故高温稳定性较差。常用的沥青混凝土即属于此类混合料。

(2)骨架-空隙结构

矿质集料采用连续型开级配，如图6-1-1b)所示。粗集料含量较高，可以互相靠拢形成骨架，但细集料很少，不足以填充粗集料之间的空隙，其残余空隙率较大。这种结构的沥青混合料具有较高的内摩阻角，但黏结力较小，路面的性能受温度的影响较小。

（3）骨架-密实结构

矿质集料采用间断型密级配,如图6-1-1c)所示。既有一定数量的粗集料形成骨架,又有足够数量的细集料填充骨架的空隙,密实度较高。这种沥青混合料同时具有较高的黏聚力和内摩阻力,是一种较为理想的结构类型。沥青玛琋脂碎石混合料(SMA)即属于此类结构。

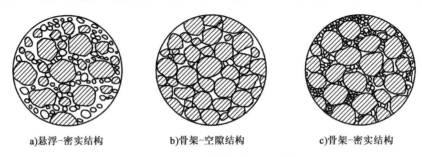

a)悬浮-密实结构　　b)骨架-空隙结构　　c)骨架-密实结构

图6-1-1　沥青混合料的典型组成结构

四 沥青混合料路用技术性质

1.高温稳定性

沥青混合料的强度与刚度是随温度升高而显著降低的。在夏季高温季节,路面在行车荷载反复作用下,沥青混合料所具有的抵抗诸如车辙、推移、波浪、拥包、泛油等病害的性能,称为沥青混合料的高温稳定性。

我国现行规范采用马歇尔试验法和车辙试验法评价沥青混合料的高温稳定性。

（1）马歇尔试验法

马歇尔试验是将沥青混合料制成直径为101.6mm、高为63.5mm的圆柱体试件,在高温(60℃)的条件下,保温30~40min,然后将试件放置于马歇尔稳定度仪上(图6-1-2),以(50±5)mm/min的形变速度加荷,直至试件破坏,同时测定稳定度(MS)、流值(FL)、马歇尔模数(T)三项指标。

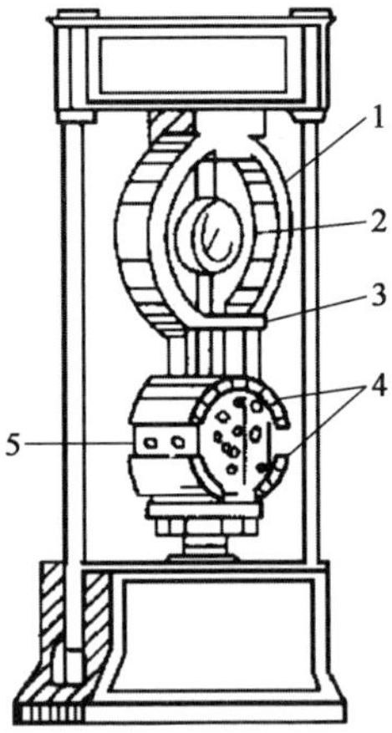

图6-1-2　马歇尔稳定度仪
1、2、3-压力传感器;4-压头;5-试件

稳定度是在规定的加载速率条件下试件破坏前所能承受的最大荷载(kN);流值是达到最大破坏荷载时试件的垂直变形(以0.1mm计);而马歇尔模数为稳定度除以流值的商,即:

$$T = \frac{10\text{MS}}{\text{FL}} \tag{6-1-1}$$

式中:T——马歇尔模数,kN/mm;

MS——稳定度,kN;

FL——流值,0.1mm。

马歇尔稳定度越大、流值越小,说明高温稳定性越好。有关学者认为马歇尔模数与车辙深度有一定的相关性,马歇尔模数越大,车辙深度越小。

（2）车辙试验法

车辙试验的目的是测定沥青混合料的高温抗车辙能力,可用于检验沥青混合料配合比设计的高温稳定性。

目前通常采用轮碾法成型车辙试件,尺寸为长 300mm×宽 300mm×厚 50~100mm(厚度可根据集料大小选择)。车辙试验,非经注明,试验温度为 60℃,轮压为 0.7MPa,将试件连同试模置于轮辙机的试验台上,启动试验机,使试验轮往返走,形成一定程度的车辙深度,试验过程中自动记录时间-变形曲线。

通过试验可以得到沥青混合料的动稳定度,其含义是:试件产生单位变形时所需试验轮的行走次数,以次/mm 为单位。动稳定度越大,沥青混合料高温稳定性越好。

影响沥青混合料高温稳定性的主要因素有沥青用量,沥青的黏度,矿料级配、尺寸、形状等。过量沥青,不仅会降低沥青混合料的内摩阻力,而且在夏季容易产生泛油现象。因此,适当减少沥青的用量,可使矿料更多地以结构沥青的形式相联结,增加混合料的黏聚力和内摩阻力。提高沥青的黏度,可增加沥青混合料抗剪变形能力。采用合理级配的矿料,混合料可形成骨架-密实结构,使黏聚力和内摩阻力都较大。在矿料的选择上,应挑选粒径大的、有棱角的矿料,提高混合料的内摩阻角。另外,还可以加入一些外加剂,来改善沥青混合料的性能。这些措施均可提高沥青混合料的抗剪强度和减少塑性变形,从而增强其高温稳定性。

2. 低温抗裂性

沥青混合料抵抗低温收缩裂缝的能力称为低温抗裂性。由于沥青混合料随着温度的降低,通常会变脆硬,劲度增大,变形能力减弱,在温度下降所产生的温度应力和外界荷载的作用下,路面内部分应力来不及松弛,应力逐渐累积下来,这些累积应力超过材料的抗拉强度时即发生开裂,从而会导致沥青混合料路面的破坏,所以沥青混合料在低温时应具有较低的劲度和较大的抗变形能力来满足低温抗裂性能。

一般认为,沥青混合料路面的低温收缩开裂主要有两种形式:一种是由于气温骤降造成材料低温收缩,在有约束的沥青混合料面层内产生的温度应力超过沥青混合料在相应温度下的抗拉强度时造成的开裂;另一种形式是低温收缩疲劳裂缝,这是由于在沥青混合料经受长期多次的温度循环后,沥青混合料的极限拉伸应变变小,应力松弛性能降低,这样,就会在温度应力小于其相应温度原始抗拉强度时产生开裂,即经受长期多次的降温循环后材料的抗拉强度降低,变成温度疲劳强度,在温度应力超过此温度疲劳强度时就会产生开裂。这种裂缝主要发生在温度变化频繁的地区。

沥青混合料的低温抗裂性能可通过低温劈裂试验、直接拉伸试验、弯曲蠕变试验及低温弯曲试验等评价。根据《公路沥青路面施工技术规范》(JTG F40—2004)规定,沥青混合料配合比设计的低温抗裂性能检验采用低温弯曲试验。将轮碾成型后切制的跨径 200mm 的 30mm(宽)×35mm(高)×250mm(长)的棱柱体小梁试件,按 50mm/min 的加载速度在跨中施加集中荷载至断裂破坏。由破坏时的最大荷载求得试件的抗弯强度,由破坏时的跨中挠度求得沥青混合料的破坏弯拉应变,两者之比为破坏时的弯曲劲度模量。

3. 耐久性

沥青混合料路面长期受到自然因素和重复车辆荷载的作用,为保证路面具有较长的使用年限,沥青混合料必须具有良好的耐久性。沥青混合料的耐久性有多方面的含义,其中较为重要的是水稳定性、耐老化性和耐疲劳性。

(1)沥青混合料的水稳定性

水稳定性是指沥青混合料抵抗由于水侵蚀而逐渐产生沥青膜剥离、松散、坑槽等破坏的能力。水稳定性差的沥青混合料在有水情况下,易发生沥青与矿料颗粒表面的局部分离,同时在车辆荷载的作用下会加剧沥青与矿料的剥落,形成松散薄弱块,飞转的车轮带走剥离或局部剥离的矿料或沥青,从而形成路表面的损失,并逐渐形成坑槽,导致路面的早期破坏。

影响沥青混合料水稳定性的因素很多,诸如,矿料和沥青的性质、矿料和沥青相互之间的交互作用、沥青混合料的空隙率以及沥青膜的厚度等。矿料表面粗糙、洁净,有微孔,可增强其与沥青间的黏附性;沥青的黏度越高,与矿料的黏附力也越大;选择碱性集料可与沥青之间产生强烈的化学吸附作用,使沥青与矿料间遇水不易分离;沥青混合料的空隙率越小,大气水分停留与存储的空间越小,沥青混合料受水分作用时间越短,受水作用产生沥青剥离破坏的可能性就越小。但一般沥青混合料中应残留一定空隙,夏季沥青材料膨胀,不致造成路面泛油。

我国现行规范采用浸水马歇尔试验和冻融劈裂试验来检验沥青混合料的水稳定性。浸水马歇尔试验通过测定浸水48h马歇尔试件的稳定度与未浸水的马歇尔试件的稳定度之比值即残留稳定度(%),来评价水稳定性的好坏。残留稳定度越大,混合料的水稳定性越高。冻融劈裂试验测定的是沥青混合料试件在受到水、冻融循环作用前后的劈裂破坏强度的比值,即残留强度比。其值越大,沥青混合料在水与冻融循环共同作用下的水稳定性越高。

(2)沥青混合料的耐老化性

耐老化性是指沥青混合料抵抗由于人为和自然因素作用而逐渐丧失变形能力、柔韧性等各种良好品质的能力。沥青路面在施工中要对沥青反复加热,铺筑好的沥青混合料路面长期处在自然环境中要经受阳光特别是紫外线作用,这些因素均会使沥青产生老化,变形能力下降,造成路面在温度和荷载作用下容易开裂,从而导致水分下渗数量增加,加剧路面破坏,缩短沥青混合料路面的使用寿命。

影响沥青混合料老化速度的因素主要有沥青性质、沥青用量、沥青混合料残留空隙率、施工工艺等。沥青化学组分中轻质成分、不饱和烃含量越多,沥青老化速度越快;沥青用量的多少影响沥青混合料内沥青膜的厚度,特别薄的沥青膜易老化、易变脆,使沥青混合料的耐老化性降低;空隙率越大,沥青与空气、水接触的范围越大,越容易产生老化现象;过高的拌和温度、过长的加热时间,会导致沥青严重老化,从而使路面过早地出现裂缝病害。

(3)沥青混合料的耐疲劳性

沥青混合料路面在使用期间经受车轮荷载的反复作用,长期处于应力应变交迭变化状态,致使沥青混合料强度逐渐下降。当荷载重复作用超过一定次数后,在荷载作用下沥青混合料路面内产生的应力就会超过强度下降后的强度(也称疲劳强度),沥青混合料路面出现裂缝,即产生疲劳断裂破坏。

沥青混合料的耐疲劳性即是混合料在反复荷载作用下抵抗这种疲劳断裂破坏的能力。在相同荷载重复作用次数下,疲劳强度下降幅度小的沥青混合料,或疲劳强度变化率小的沥青混合料,其耐疲劳性好。从使用寿命看,其路面耐久性就高。

4. 抗滑性

高速公路的发展,对沥青路面的抗滑性提出了更高要求。为保证长期高速行车的安全,粗集料应选择硬质有棱角的集料。但表面粗糙、坚硬耐磨的集料多为酸性集料,与沥青的黏附性不好,因此应掺加抗剥落剂或采用石灰水处理集料表面。

沥青用量对抗滑性的影响非常敏感,沥青用量超过最佳用量0.5%时即可使抗滑系数明显降低。

含蜡量对沥青混合料抗滑性也有明显影响,我国《公路沥青路面施工技术规范》(JTG F40—2004)中"道路石油沥青技术要求"提出,A级沥青含蜡量应不大于2.2%,B级沥青不大于3.0%,C级则不大于4.5%。

5. 施工和易性

沥青混合料应具备良好的施工和易性,使混合料易于拌和、摊铺和碾压。影响沥青混合料施工和易性的因素很多,诸如当地气温、施工条件及混合料性质等。

从混合料材料性质来看,影响沥青混合料施工和易性的是混合料的级配和沥青用量,如粗细集料的尺寸大小差距过大,缺乏中间尺寸,混合料容易分层层积(粗集料集中在表面,细集料集中在底部);如细集料太少,沥青层就不容易均匀地分布在粗集料表面;细集料过多,则使拌和困难。当沥青用量过少,或矿粉用量过多时,混合料容易疏松,不易压实。反之,如沥青用量过多,或矿粉质量不好,则易使混合料黏结成团块,不易摊铺。

五 热拌沥青混合料的技术要求

我国《公路沥青路面施工技术规范》(JTG F40—2004)对热拌沥青混合料的马歇尔试验技术标准的规定见表6-0-2,并规定其应有良好的施工性能。

六 沥青混合料组成材料的技术要求

沥青混合料的技术性质决定于组成材料的性质、组成配合的比例和混合料的制备工艺等因素。组成材料的质量是首先需要关注的问题。

1. 沥青材料

沥青路面采用的沥青标号,宜按照公路等级、气候条件、交通条件、路面类型、在结构层中的层位及受力特点、施工方法等,结合当地的使用经验确定。按《公路沥青路面施工技术规范》(JTG F40—2004),沥青标号根据道路所属的气候分区可查表6-1-2选用。

道路石油沥青技术要求　　　　表6-1-2

指标	等级	160号[④]	130号[④]	110号			90号					70号[③]				50号[③]	30号[④]
适用的气候分区[⑥]		注[④]	注[④]	2-1	2-2	3-2	1-1	1-2	1-3	2-2	2-3	1-3	1-4	2-2	2-3	2-4	1-4	注[④]

续上表

指标	等级	160号④	130号④	110号	90号	70号③	50号③	30号④
针入度(25℃,100g,5s)(0.1mm)		140~200	120~140	100~120	80~100	60~80	40~60	20~40
针入度指数PI②	A	\multicolumn{7}{c}{-1.5~+1.0}						
	B	\multicolumn{7}{c}{-1.8~+1.0}						
软化点(R&B)不小于(℃)	A	38	40	43	45 / 44	46 / 45	49	55
	B	36	39	42	43 / 42	44 / 43	46	53
	C	35	37	41	42	43	45	50
60℃动力黏度②不小于(Pa·s)	A	—	60	120	160	140	180	160	200	260
10℃延度③不小于(cm)	A	50	50	40	45 / 30	20 / 30	20	20 / 15	25 / 20	15	15	10
	B	30	30	30	30 / 20	15 / 20	15	15 / 10	20 / 15	10	10	8
15℃延度不小于(cm)	A、B	\multicolumn{5}{c}{100}	80	50
	C	80	80	60	50	40	30	20
闪点不小于(℃)		\multicolumn{2}{c}{230}		\multicolumn{2}{c}{245}		\multicolumn{3}{c}{260}		
含蜡量(蒸馏法)不大于(%)	A	\multicolumn{7}{c}{2.2}						
	B	\multicolumn{7}{c}{3.0}						
	C	\multicolumn{7}{c}{4.5}						
溶解度(%)		\multicolumn{7}{c}{99.5}						
15℃密度(g/cm³)		\multicolumn{7}{c}{实测记录}						
\multicolumn{9}{c}{薄膜加热试验(旋转薄膜加热功当量试验)后⑤}								
质量变化不大于(%)		\multicolumn{7}{c}{±0.8}						
针入度比不小于(%)	A	48	54	55	57	61	63	65
	B	45	50	52	54	58	60	62
	C	40	45	48	50	54	58	60
10℃残留延度不小于(cm)	A	12	12	10	8	6	4	—
	B	10	10	8	6	4	2	—

续上表

指标	等级	160号④	130号④	110号	90号	70号③	50号③	30号④
15℃残留延度不小于(cm)	C	40	35	30	20	15	10	—

注：①试验方法按照现行《公路工程沥青及沥青混合料试验规程》(JTG E20—2011)规定的方法执行。用于仲裁试验时，求取针入度指数 PI 的 5 个温度与针入度相关系数不得小于 0.997。

②经建设单位同意，表中 PI 值、60℃动力黏度、10℃延度可作为选择性指标，也可不作为施工质量检验指标。

③70 号沥青可根据需要要求供应商提供针入度范围为 60~70 或 70~80 的沥青，50 号沥青可要求提供针入度范围为 40~50 或 50~60 的沥青。

④30 号沥青仅适用于沥青稳定基层。130 号和 160 号沥青除寒冷地区可直接在中低级公路上直接应用外，通常用作乳化沥青、稀释沥青、改性沥青的基质沥青。

⑤老化试验以 TFOT 为准，也可以 RTFOT 代替。

⑥气候分区见《公路沥青路面施工技术规范》(JTG F40—2004)。

对高速公路、一级公路,夏季温度高、高温持续时间长、重载交通、山区及丘陵区上坡路段、服务区、停车场等行车速度慢的路段,尤其是汽车荷载剪应力大的路面结构层次,宜采用稠度大、60℃黏度大的沥青,也可提高高温气候分区的温度水平选用沥青等级;对冬季寒冷的地区或交通量小的公路、旅游公路宜选用稠度小、低温延度大的沥青;对日温差、年温差大的地区宜选用针入度指数大的沥青。当高温要求与低温要求发生矛盾时应优先考虑高温性能的要求。

当缺乏所需标号的沥青时,可采用不同标号的沥青掺配,但掺配后的技术指标应符合表 6-1-2 的要求。

2. 粗集料

沥青混合料用粗集料包括碎石、破碎砾石、筛选砾石、钢渣、矿渣等,但高速公路和一级公路不得使用筛选砾石和矿渣。

粗集料应该洁净、干燥、表面粗糙,质量应符合表 6-1-3 的规定。当单一规格集料的质量指标达不到表中要求,而按照集料配合比计算的质量指标符合要求时,工程上允许使用。对受热易变质的集料,宜采用经拌和机烘干后的集料进行检验。

沥青混合料用粗集料质量技术要求 表 6-1-3

指标	单位	高速公路及一级公路		其他等级公路	试验方法
		表面层	其他层次		
石料压碎值,不大于	%	26	28	30	T 0316
洛杉矶磨耗损失,不大于	%	28	30	35	T 0317
表观相对密度,不小于	—	2.60	2.50	2.45	T 0304
吸水率,不大于	%	2.0	3.0	3.0	T 0304
坚固性,不大于	%	12	12	—	T 0314
针片状颗粒含量(混合料),不大于	%	15	18	20	T 0312
其中粒径大于9.5mm,不大于	%	12	15	—	
其中粒径小于9.5mm,不大于	%	18	20	—	

续上表

指标	单位	高速公路及一级公路		其他等级公路	试验方法
		表面层	其他层次		
水洗法<0.075mm 颗粒含量,不大于	%	1	1	1	T 0310
软石含量,不大于	%	3	5	5	T 0320

注:1. 坚固性试验根据需要进行。
  2. 用于高速公路、一级公路时,多孔玄武岩的视密度可放宽至 2.45t/m³,吸水率可放宽至 3%,但必须得到建设单位的批准,且不得用于 SMA 路面。
  3. 对 S14 即 3~5 规格的粗集料,针片状颗粒含量可不予要求,<0.075mm 含量可放宽到 3%。

粗集料的粒径规格应符合表 6-1-4 的要求。

沥青混合料用粗集料规格 表 6-1-4

公称粒径 (mm)	通过下列筛孔(mm)的质量百分率(%)												
	106	75	63	53	37.5	31.5	26.5	19.0	13.2	9.5	4.75	2.36	0.6
40~75	100	90~100	—	—	0~15	—	0~5						
40~60		100	90~100	—	0~15	—	0~5						
30~60		100	90~100	—	—	0~15	—	0~5					
25~50			100	90~100	—	—	0~15	—	0~5				
20~40				100	90~100	—	—	0~15	—	0~5			
15~30					100	90~100	—	—	0~15	—	0~5		
10~30					100	90~100	—	—	0~15	—	0~5		
10~25						100	90~100	—	0~15	—	0~5		
10~20							100	90~100	—	0~15	0~5		
10~15								100	90~100	0~15	0~5		
5~15									100	90~100	40~70	0~15	0~5
5~10										100	90~100	0~15	0~5
3~10										100	90~100	40~70	0~20	0~5
3~5											100	90~100	0~15	0~3

  高速公路、一级公路沥青路面的表面层(或磨耗层)的粗集料的磨光值应符合表 6-1-6 的要求。除 SMA、OGFC 路面外,允许在硬质粗集料中掺加部分较小粒径的磨光值达不到要求的粗集料,其最大掺加比例由磨光值试验确定。

  粗集料与沥青的黏附性应符合表 6-1-5 的要求,当使用不符合要求的粗集料时,宜掺加消石灰、水泥或用饱和石灰水处理后使用,必要时可同时在沥青中掺加耐热、耐水、长期性能好的抗剥落剂,也可采用改性沥青的措施,使沥青混合料的水稳定性检验达到要求。

粗集料与沥青的黏附性、磨光值的技术要求　　　　　　　　　　　　　　　　　表 6-1-5

雨量气候区	1(潮湿区)	2(湿润区)	3(半干区)	4(干旱区)
年降雨量(mm)	>1000	1000～500	500～250	<250
粗集料的磨光值 PSV,不小于 高速公路、一级公路表面层	42	40	38	36
粗集料与沥青的黏附性,不小于 高速公路、一级公路表面层 高速公路、一级公路的其他层 次及其他等级公路的各个层次	5 4	4 4	4 3	3 3

3. 细集料

沥青路面的细集料包括天然砂、机制砂、石屑。

细集料应洁净、干燥、无风化、无杂质,并有适当的颗粒级配,其质量应符合表 6-1-6 的规定。细集料的洁净程度,天然砂以小于 0.075mm 含量的百分数表示,石屑和机制砂以砂当量(适用于 0～4.75mm)或亚甲蓝值(适用于 0～2.36mm 或 0～0.15mm)表示。

沥青混合料用细集料质量要求　　　　　　　　　　　　　　　　　　　　　　表 6-1-6

项目	单位	高速公路、一级公路	其他等级公路	试验方法
表观相对密度,不小于	—	2.50	2.45	T 0328
坚固性(>0.3mm 部分),不大于	%	12	—	T 0340
含泥量(小于 0.075mm 的含量),不大于	%	3	5	T 0333
砂当量,不小于	%	60	50	T 0334
亚甲蓝值,不大于	g/kg	25	—	T 0349
棱角性(流动时间),不小于	s	30	—	T 0345

天然砂可采用河砂或海砂,通常宜采用粗、中砂,其规格应符合表 6-1-7 的规定。热拌密级配沥青混合料中天然砂的用量通常不宜超过集料总量的 20%,SMA 和 OGFC 混合料不宜使用天然砂。

沥青混合料用天然砂规格　　　　　　　　　　　　　　　　　　　　　　　　表 6-1-7

筛孔尺寸 (mm)	通过各筛孔的质量百分率(%)		
	粗砂	中砂	细砂
9.5	100	100	100
4.75	90～100	90～100	90～100
2.36	65～95	75～90	85～100
1.18	35～65	50～90	75～100
0.6	15～30	30～60	60～84
0.3	5～20	8～30	15～45
0.15	0～10	0～10	0～10
0.075	0～5	0～5	0～5

石屑是采石场破碎石料通过4.75mm或2.36mm的筛下部分,其规格应符合表6-1-8的要求。机制砂是由制砂机生产的细集料,其级配应符合S16的要求。

沥青混合料用机制砂或石屑规格　　　　　表6-1-8

规格	公称粒径（mm）	通过下筛孔(方孔筛)的质量百分率(%)						
		9.5	4.75	2.36	1.18	0.6	0.3	0.15	0.075
S15	0~5	100	90~100	60~90	40~75	20~55	7~40	2~20	0~10
S16	0~3	—	100	80~100	50~80	25~60	8~45	0~25	0~15

4. 填料

填料包含矿粉、水泥、粉煤灰、石灰等碱性粉状矿物质。沥青混合料的矿粉必须采用石灰岩或岩浆岩中的强基性岩石等憎水性石料经磨细得到的矿粉,原石料中的泥土杂质应除净。矿粉应洁净,能自由地从矿粉仓流出,其质量应符合表6-1-9的要求。

沥青混合料用矿粉质量技术要求　　　　　表6-1-9

项目		单位	高速公路、一级公路	其他等级公路	试验方法
表观密度,不小于		t/m³	2.50	2.45	T 0352
含水率,不大于		%	1	1	T 0103 烘干法
粒度范围	<0.6mm	%	100	100	T 0351
	<0.15mm	%	90~100	90~100	
	<0.075mm	%	75~100	70~100	
外观		—	无团粒结块		—
亲水系数		—	<1		T 0353
塑性指数		—	<4		T 0354
加热安定性		—	实测记录		T 0355

拌和机的粉尘也可作为矿粉的一部分回收使用。但每盘用量不得超过填料总量25%,掺有粉尘填料的塑性指数不得大于4%。

粉煤灰作为填料使用时,用量不得超过填料总量的50%,粉煤灰的烧失量应小于12%,与矿粉混合后的塑性指数应小于4%,其余质量要求与矿粉相同。高速公路、一级公路的沥青面层不宜采用粉煤灰做填料。

完成配套学习指导手册任务6-1的内容。

任务6-2　沥青混合料取样与试件制作

为完成检测任务单表6-0-1中"AC-13C"室内沥青混合料配合比组成设计,需要对散装沥

青混合料进行取样、完成密级配沥青混凝土混合料（AC-13C）的混合料拌和并制作成圆柱体试件和板块状试件，为后续的马歇尔试验、劈裂试验、车辙试验做准备。

为确保试验结果的代表性和准确性，试验过程要依据《公路工程沥青及沥青混合料试验规程》（JTG E20—2011）中的"T 0701—2011 沥青混合料取样方法""T 0702—2011 沥青混合料试件制作方法（击实法）""T 0703—2011 沥青混合料试件制作方法（轮碾法）"执行。要求所取现场散装沥青混合料需有代表性、有效性、均匀性等，样品保管做到保管条件恰当、保管时间有效、标签信息明晰等，试件制作要做到依规制作、反映实际、养护得当等。

相关知识

一、沥青混合料取样

6-1 沥青混合料取样与试件制作

1. 适用范围

本取样方法用于拌和厂及道路施工现场采集热拌沥青混合料或常温沥青混合料取样，供施工过程中的质量检验或指导施工配合比的调整，以及室内进行沥青混合料的各项物理力学指标的检测。

2. 试验仪器与材料

①铁锹。

②手铲。

③搪瓷盘或其他金属盛样容器、塑料编织袋。

④温度计：分度为1℃。有条件的最好采用有金属插杆的热电偶沥青温度计，金属插杆的长度应不小于150mm。量程 0~300℃，数字显示或度盘指针的分度0.1℃，且有留置读数功能。

⑤其他：标签、溶剂（煤油）、棉纱等。

3. 试验方法与步骤

（1）确定取样数量

取样数量应符合下列要求：

①试样数量根据试验目的决定，宜不少于试验用量的2倍。平行试验应加倍取样。在现场取样直接装入试模或盛样盒成型时，也可等量取样。

②根据沥青混合料中集料公称最大粒径，取样数量应不少于：

细粒式沥青混合料，不少于4kg；

中粒式沥青混合料，不少于8kg；

粗粒式沥青混合料，不少于12kg；

特粗式沥青混合料，不少于16kg。

③所取试样用于仲裁试验时，取样数量除应满足本取样方法规定外，还应保留一份有代表性的试样，直到仲裁结束。

（2）取样方法

沥青混合料取样应是随机的，并具有充分的代表性。以检查拌和质量（如油石比、矿料级配)为目的时,应从拌和机一次放料的下方或提升斗中取样,不得多次取样混合后使用。用以评定混合料质量时,必须分几次取样,拌和均匀后作为代表性试样。对热拌沥青混合料每次取样时,都必须用温度计测量温度,准确至1℃。

①在沥青混合料拌和厂取样。

在拌和厂取样时,宜用专用的容器(一次可装5~8kg)装在拌和机卸料斗下方,每放一次料取一次样,顺次装入试样容器中,每次倒在清扫干净的平板上。连续几次取样混合均匀,按四分法取样至足够数量。

②在沥青混合料运料车上取样。

在运料汽车上取沥青混合料样品时,宜在汽车装料一半后,在汽车车厢内分别用铁锹从不同方向的3个不同高度处取样,然后混在一起用铲子适当拌和均匀,取出规定数量。在车到达施工现场后取样时,应在卸掉一半后从不同方向的3个不同高度处取样。宜从3辆不同的车上取样混合使用。

③在道路施工现场取样。

在道路施工现场取样时,应在摊铺后、未碾压前,于摊铺宽度的两侧1/2~1/3位置处取样。用铁锹将摊铺层的全厚铲出,但不得将摊铺层下的其他层料铲入。每摊铺一车料取一次样,连续3车取样后,混合均匀按四分法取样至足够数量。对现场制件的细粒式沥青混合料,也可在摊铺机经螺旋拨料杆拌匀的一端,边前进边取样。

(3)常温条件下取样

①乳化沥青常温混合料试样的取样方法与热拌沥青混合料相同,但宜在乳化沥青破乳水分蒸发后装袋,对袋装常温沥青混合料亦可直接从储存的混合料中随机取样。取样袋数不少于3袋,使用时将3袋混合料倒出做适当拌和,按四分法取出规定数量试样。

②液体沥青常温沥青混合料的取样方法同上,当用汽油稀释时,必须在溶剂挥发后方可封袋保存。当用煤油或柴油稀释时,可在取样后即装袋保存,保存时应特别注意防火。其余与热拌沥青混合料相同。

③从碾压成型的路面上取样时,应随机选取3个以上不同地点,钻孔、切割或刨取混合料至全厚度,仔细清除杂物及不属于这一层的混合料,需重新制作试件时,应加热拌匀按四分法取样至足够数量。

(4)试样的保存与处理

①热拌热铺的沥青混合料试样需送至中心试验室或质量检测机构做质量评定,当二次加热会影响试验结果(如车辙试验)时,必须在取样后趁高温立即装入保温桶内,送至试验室立即成型试件,试件成型温度不得低于规定要求。

②热混合料需要存放时,可在温度下降至60℃后装入塑料编织袋内,扎紧袋口,并宜低温保存,应防止潮湿、淋雨等,且时间不应太长。

③在进行沥青混合料质量检验或进行物理力学性质试验时,若由于采集的热拌混合料试样温度下降或稀释沥青溶剂挥发结成硬块已不符合试验要求时,宜用微波炉或烘箱适当加热重塑,但只允许加热一次,不得重复加热。

用微波炉加热沥青混合料时不得使用金属容器和带有金属的物件。沥青混合料的加热温度以达到符合压实温度要求为度,控制最短的加热时间,通常用烘箱加热时不宜超过4h,用工业微波炉加热 5~10min。

(5)样品的标记

取样后当场试验时,可将必要的项目一并记录在试验记录报告上。此时,试验报告必须包括取样时间、地点、混合料温度、取样数量、取样人等栏目。

取样后转送试验室试验或存放后用于其他项目试验时应附着样品标签,样品标签应记载下列事项:

①工程名称、拌和厂名称及拌和机型号。

②样品概况:沥青混合料种类及摊铺层次、沥青品种、标号及种类、取样时混合料温度及取样位置或用以摊铺的路段桩号等。

③试样数量。

④取样人,提交试样单位及责任者姓名。

⑤取样目的或用途(送达单位)。

⑥样品标签填写人,取样日期。

⑦备注:其他应予注明事项。

二 沥青混合料试件制作方法

1. 击实法制作圆柱体试件

(1)击实法制作圆柱体试件——成型准备工作

①将各种规格的矿料置于(105±5)℃的烘箱中烘干至恒重(一般不少于4~6h)。

②按规定试验方法分别测定不同规格粗、细集料及填料(矿粉)的相对密度,以及测定沥青的相对密度。

③将烘干分级的粗、细集料,按每个试件设计级配要求称其质量,在一金属盘中混合均匀(矿粉单独放入容器备用)后,置于烘箱中预热至沥青拌和温度以上约15℃(石油沥青通常为163℃;改性沥青通常需180℃)备用。一般按一组试件(每组4~6个)准备。

④将沥青试样用恒温烘箱或油浴、电热套熔化加热至规定的沥青混合料拌和温度备用,但不得超过175℃。

⑤用沾有少许机油的棉纱擦净试模、套筒及击实座等,置于100℃左右烘箱中加热1h备用(图6-2-1)。

(2)击实法制作圆柱体试件——击实成型操作

①根据经验,将拌好的沥青混合料称取一个试件所需的用量(标准马歇尔试件约1200g,大型马歇尔试件约4050g,马歇尔击实仪见图6-2-1),放入盘子。为防止混合料温度下降,应将盛放混合料的盘子放在烘箱中保温(图6-2-2)。

②从烘箱中取出预热的试模、套筒,擦少许黄油,将试模装在击实座上,垫滤纸,具体组装过程如图6-2-3a)~e)所示,其中加料漏斗如图6-2-4所示。将混合料铲入试模中,用插刀或大螺丝刀沿周边插捣15次,中间10次,具体过程如图6-2-5所示。

③待混合料温度符合要求的击实温度后,将试模连同底座一起放在击实台上固定[图6-2-6a)],在装好的混合料上面再垫一张圆形纸片,将装有击实锤及导向棒的压实头插入试模中

[图 6-2-6b)],然后开启电动机或人工将击实锤从 457mm 的高度自由落下击实规定的次数(75 或 50 次)[图 6-2-6c)]。

图 6-2-1 马歇尔击实仪

图 6-2-2 试模加热和拌和好的混合料保温

a)置底座

b)加试模

c)加铺底层滤纸

d)加护套筒

e)放加料漏斗

图 6-2-3 组装加料模具

图 6-2-4 加料漏斗细节图
a-底座;b-试模;c-套筒;d-加料漏斗

④完成一面的击实操作,取下套筒,颠倒试模,装上套筒,以同样方法和次数击实另一面[图 6-2-6d)]。

a)测热料温度　　　　b)分层倒入　　　　c)插捣　　　　d)余料倒入

图 6-2-5　热料加入模具

a)试模底座就位　　b)压头接触上压块　　c)开动击实仪　　d)颠倒试模再击实

图 6-2-6　击实成型圆柱体过程

⑤试件击实结束后[图 6-2-7a)],立即用镊子取掉上下面的滤纸[图 6-2-7b)],用卡尺量取试件离试模上口的高度,并由此计算试件高度,若高度不符合要求,试件应作废,并按式(6-2-1)调整试件的混合料质量,以保证高度符合 63.5mm±1.3mm(标准试件)或 95.3mm±2.5mm(大型试件)的要求。

$$调整后混合料质量 = \frac{要求试件高度 \times 原用混合料质量}{所得试件的高度} \quad (6-2-1)$$

⑥在室温放置不少于 12h[图 6-2-7c)]。

⑦试件套筒放到脱模仪底座上[图 6-2-8a)],对中、脱模[图 6-2-8b)],用同样的方法成型其他平行试件。并用十字法测量试件高度[图 6-2-8c)],即四个点处的高度求平均值。

2.轮碾法制作车辙板试件

(1)目的与适用范围

本方法规定了在试验室用轮碾法制作沥青混合料试件的方法,试件用于进行沥青混合料物理力学性质试验。

轮碾法适用于长 300mm×宽 300mm×厚 50~100mm 试件,此试件也可用切割机切制成棱柱体试件,或在试验室用取芯机钻取试样。成型试件的密度应符合马歇尔标准击实试样密度 100%±1% 的要求。

a)   b)   c)

图 6-2-7 取下试件并静置

a)   b)   c)

图 6-2-8 脱模并测高度

（2）仪具与材料技术要求

①轮碾成型机：如图 6-2-9 所示，具有与钢筒式压路机相似的圆弧形碾压轮，轮宽 30mm，压实线荷载为 300N/cm，碾压行程等于试件长度，经碾压后的板块状试件可达到马歇尔试验标准击实密度的 100%±1%。

②试验室用沥青混合料拌和机（图 6-2-10）：能保证拌和温度并充分拌和均匀，可控制拌和时间，宜采用容量大于 30L 的大型沥青混合料拌和机，也可采用容量大于 10L 的小型拌和机。

③试模：由高碳钢或工具钢制成，试模尺寸应保证成型后符合要求试件尺寸的规定。试验室制作车辙试验板块状试件的标准试模，内部平面尺寸为长 300mm × 宽 300mm × 厚 50~100mm。

④烘箱、台秤或电子天平、温度计等。

（3）成型准备工作

以马歇尔击实法中所述方法准备所需原料。其中，混合料总质量、各档矿料质量由试件的体积、级配等，按马歇尔标准密度乘以 1.03 的系数求得。混合料按成型马歇尔试件的方法进行拌和。

图 6-2-9　轮碾成型机　　　图 6-2-10　沥青混合料拌和机

(4) 碾压成型操作

①将预热的试模从烘箱中取出,装上试模框架[图 6-2-11a)];在试模中铺一张裁好的普通纸(可用报纸),使底面及侧面均被纸隔离[图 6-2-11b)];轮碾机[图 6-2-11c)]加热到试验温度图中是 175℃。

a)　　　　　　　　　b)　　　　　　　　　c)

图 6-2-11　试模与轮碾机准备

②将拌和好的全部沥青混合料(注意不得散失,分两次拌和的应倒在一起)[图 6-2-12a)],用小铲稍加拌和后均匀地沿试模由边至中按顺序转圈装入试模,中部要略高于四周[图 6-2-12b)和 c)]。

③在试模中的混合料上铺一张隔离纸[图 6-2-13a)],启动轮碾机[图 6-2-13b)],先在一个方向碾压 2 个往返(碾压 4 次)[图 6-2-13c)];卸荷,抬起碾压轮,将试模调转方向,然后继续碾压 12 个往返(24 次),使试件达到马歇尔标准密度,压实后揭去表面纸,用粉笔标出碾压方向。

④碾压完毕停机[图 6-2-14a)],将试模从轮碾轨道上取下,拿掉滤纸[图 6-2-14b)],在室内常温放置养护至少 12h[图 6-2-14c)]。

a)   b)   c)

图 6-2-12 热料倒入试模内并整理好

a)   b)   c)

图 6-2-13 轮碾机碾压成型

a)   b)   c)

图 6-2-14 碾压完毕,试样养护

试验环节	正确做法	不当做法	对结果的影响
沥青储存、转运	盖上盖子,密封保存	储存罐破损或没有盖好,导致空气中湿气进入或滴入水滴,有异物落入	试验结果出现偏大、偏小或因杂物、水汽导致试验失败
利用烘箱加热熔化沥青	将盛样器带盖放入恒温烘箱中,当石油沥青试样中含有水分时,将烘箱温度调在80℃左右,加热至沥青全部熔化后供脱水用	急于开展试验而采用过高温度加热;加热时为方便观察,没有盖盖子	过高温度导致沥青在第一步即老化,试验结果偏差;没有盖盖子可能异物落入影响后续制样
利用烘箱加热熔化沥青	用烘箱加热,不得直接采用电炉或煤气炉明火加热	设备不具备条件,采用明火加热,但没有放置石棉垫	受热不均匀,导致局部加热点过高,而产生上层沥青尚未熔化,下层沥青已经老化的情况
对沥青试样进行脱水	时间不超过30min,并用玻璃棒轻轻搅拌,防止局部过热	搅拌过程粗暴	热沥青外溅产生安全事故;搅拌粗暴引入空气,产生大量气泡而影响试验
沥青试样准备数量	每次制样前需清楚即将进行的试验项目,一次性将沥青样品制备完,并按要求灌模成型	因考虑不足或没有准备备用样品,而需要进行二次加热制备或更多次加热制备试样的情况	沥青老化
试验完毕后	立即将使用过的滤筛、玻璃器皿、温度计等,用三氯乙烯浸泡清洗	留着多攒一些,一起清洗	沥青凝固,清洗难度加大,增加工作量

完成配套学习指导手册任务6-2的内容,并完成项目6检测报告的相应内容。

任务6-3 沥青混合料试件密度测定

任务描述

为完成检测任务单表6-0-1中"AC-13C"室内沥青混合料配合比组成设计,需要检测预配沥青混合料的压实沥青混合料密度、沥青混合料理论最大相对密度。为确保试验结果的代表性和准确性,试验过程要依据《公路工程沥青及沥青混合料试验规程》(JTG E20—2011)中的"T 0705—2011 压实沥青混合料密度试验(表干)""T 0706—2011 压实沥青混合料密度试验(水中重法)""T 0707—2011 压实沥青混合料密度试验(蜡封法)""T 0707—2011 压实沥青混合料密度试验(体积法)""T 0711—2011 沥青混合料理论最大相对密度试验(真空法)"执行。

相关知识

为完成本任务需掌握:压实沥青混合料密度试验和沥青混合料理论最大相对密度测定(真空法)的相关知识。

压实沥青混合料密度试验包括表干法测定沥青混合料毛体积密度、水中重法测定沥青混合料表观密度、蜡封法测定沥青混合料毛体积密度、体积法测定沥青混合料试件的体积参数。

每种密度测定方法的适用范围为:

①表干法测定沥青混合料毛体积密度:适用于测定吸水率不大于2%沥青混合料试件毛体积密度;

②水中重法测定沥青混合料表观密度:适用于测定几乎不吸水的密级配沥青混合料试件的表观相对密度;

③蜡封法测定沥青混合料毛体积密度:适用于测定吸水率大于2%沥青混合料试件的毛体积相对密度;

④体积法测定沥青混合料体积参数:适用于测定空隙率很高(18%以上)沥青混合料试件的体积参数;

⑤真空法测定沥青混合料理论最大相对密度:适用于集料的吸水率不大于3%非改性沥青混合料的理论最大相对密度。

一、压实沥青混合料密度试验

1. 试验方法一:表干法

(1) 试验目的与适用范围

采用马歇尔试件,测定吸水率不大于2%沥青混合料试件的毛体积相对密度及毛体积密度,并用于计算沥青混合料试件的空隙率、饱和度和矿料间隙率等各项体积指标。

(2) 试验仪器与材料

①浸水天平或电子秤:当最大称量在3kg以下时,感量不大于0.1g;最大称量3kg以上时,感量不大于0.5g;最大称量10kg以上时,感量5g。电子秤应带有测量水中质量的挂钩。

②称重装置:网篮、溢流水箱、试件悬吊装置等。

③其他:秒表、毛巾、电风扇或烘箱等。

(3) 试验方法与步骤

①除去马歇尔试件表面的浮粒,在适宜的天平或电子秤上(最大称量应不小于试件质量的1.25倍,且不大于试件质量的5倍)称取干燥试件的空气中质量(m_a),根据选择天平的感量,准确至0.1g、0.5g。如图6-3-1a)~c)所示。

②挂上网篮,浸入溢流水箱中,调节水位,将天平调平、复零,把试件置于网篮(注意尽量不要晃动水)并浸入水中3~5min,称取水中质量(m_w)[图6-3-2a)]。若天平读数持续变化,不能很快达到稳定,说明试件吸水较严重,不适用此法测定,应改用蜡封法测定。

③从水中取出试件,用洁净柔软的拧干湿毛巾轻轻擦去试件的表面水(不得吸走空隙内的水)[图6-3-2b)],称取试件的表干质量(m_f)[图6-3-2c)]。

a)天平清零

b)称量试件干重

c)试件放入吊篮

图 6-3-1　表干法之测量试件干重

a)

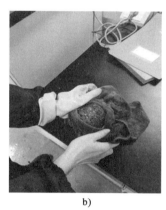
b)

c)

图 6-3-2　表干法之测量表干重

(4)试验结果计算

①计算试件的吸水率,取 1 位小数。

试件的吸水率即试件吸水体积占沥青混合料毛体积的百分率,按式(6-3-1)计算。

$$S_a = \frac{m_f - m_a}{m_f - m_w} \times 100 \tag{6-3-1}$$

式中:S_a——试件的吸水率,%;

　　m_f——试件的表干质量,g;

　　m_a——干燥试件的空气中质量,g;

　　m_w——试件的水中质量,g。

②计算试件的毛体积相对密度和毛体积密度,取 3 位小数。

当试件的吸水率符合 $S < 2\%$ 时,试件的毛体积相对密度和毛体积密度按式(6-3-2)和式(6-3-3)计算。

$$\gamma_f = \frac{m_a}{m_f - m_w} \tag{6-3-2}$$

$$\rho_f = \frac{m_a}{m_f - m_w} \rho_w \tag{6-3-3}$$

项目 ❻　沥青混合料

式中:γ_f——试件毛体积相对密度,无量纲;
ρ_f——试件毛体积密度,g/cm³;
ρ_w——25℃时水的密度,g/cm³,取0.9971 g/cm³。

2. 试验方法二:水中重法

(1)试验目的与适用范围

水中重法用于测定几乎不吸水的密级配沥青混合料试件的表观相对密度及表观密度。

6-2 沥青混合料密度测定(水中重法)

(2)试验仪器与材料

试验仪器与材料同表干法。

(3)试验方法与步骤

①除去试件表面的浮粒,在适宜的天平或电子秤上(最大称量应不小于试件质量的1.25倍,且不大于试件质量的5倍)称取干燥试件的空气中质量(m_a),根据选择的天平的感量读数,准确至0.1g、0.5g。

②挂上网篮,浸入溢流水箱中,调节水位,将天平调平或复零。把试件置于网篮(注意不要晃动水),待天平稳定后立即读数,称取水中质量(m_w)。若天平读数持续变化,不能很快达到稳定,说明试件吸水较明显,不适用此法测定,应改用蜡封法。

③对从路上钻取的非干燥试件,可先称取水中质量(m_w),然后用电风扇将试件吹干至恒重(一般不少于12h,当不需要进行其他试验时,也可用60℃±5℃烘箱烘干至恒重),再称取空气中质量(m_a)。

(4)试验结果计算

$$\gamma_a = \frac{m_a}{m_a - m_w} \tag{6-3-4}$$

$$\rho_f = \frac{m_a}{m_a - m_w}\rho_w \tag{6-3-5}$$

式中:γ_a——试件毛体积相对密度,无量纲;
ρ_f——试件毛体积密度,g/cm³;
ρ_w——25℃时水的密度,g/cm³,取0.9971 g/cm³;
m_a——干燥试件的空气中质量,g;
m_w——试件的水中质量,g。

3. 试验方法三:蜡封法

(1)试验目的与适用范围

蜡封法用于测定吸水率大于2%沥青混合料试件的毛体积相对密度及毛体积密度。

6-3 沥青混合料试件密度测定(蜡封法)

(2)试验仪器与材料

①熔点已知的石蜡。

②冰箱:可保持温度为4~5℃。

③重物:形状规则的铅或铁块等。

④滑石粉、秒表、电风扇、电炉或燃气炉。

⑤其他仪具与材料技术要求同表干法。

（3）试验方法与步骤

①除去试件表面的浮粒，在适宜的天平或电子秤上（最大称量应不小于试件质量的1.25倍，且不大于试件质量的5倍）称取干燥试件的空中质量（m_a），根据选择的天平的感量读数，准确至0.1g、0.5g。当为钻芯法取得的非干燥试件时，应用电风扇吹干12h以上至恒重作为空中质量，但不得用烘干法。

②将试件置于冰箱中，在4～5℃条件下冷却不少于30min。将石蜡熔化至其熔点以上5.5℃±0.5℃。从冰箱中取出试件立即浸入石蜡液中，至全部表面被石蜡封住后迅速取出试件，在常温下放置30min，称取蜡封试件的空气中质量（m_p）。

③挂上网篮，浸入溢流水箱中，调节水位，将天平调平或复零。将蜡封试件放入网篮浸水约1min，读取水中质量（m_c）。

④用蜡封法测定时，石蜡对水的相对密度按下列步骤实测确定。

a. 取一块铅或铁块之类的重物，称取质量（m_g）；

b. 测定重物在水温25℃±0.5℃的水中质量（m'_g）；

c. 待重物干燥后，按上述试件蜡封的步骤将重物蜡封后，分别测定蜡封后重物的空气中质量（m_d）和蜡封后重物的水中质量（m'_d）。

（4）试验结果计算

计算石蜡对水的相对密度：

$$\gamma_p = \frac{m_d - m_g}{(m_d - m_g) - (m'_d - m'_g)} \tag{6-3-6}$$

式中：γ_p——在25℃温度条件下石蜡对水的相对密度，无量纲；

m_g——重物的空气中质量（g）；

m'_g——重物的水中质量（g）；

m_d——蜡封后重物的空气中质量（g）；

m'_d——蜡封后重物在水中质量（g）。

计算试件的毛体积相对密度：

$$\gamma_f = \frac{m_a}{(m_p - m_c) - (m_p - m_a)/\gamma_p} \tag{6-3-7}$$

式中：γ_f——由蜡封法测定的试件毛体积相对密度，无量纲；

m_a——试件的空气中质量（g）；

m_p——蜡封试件的空气中质量（g）；

m_c——蜡封试件的水中质量（g）。

4. 试验方法四：体积法

（1）试验目的与适用范围

体积法用于测定空隙率很高（往往在18%以上），不适宜采用试验方法一～三的沥青混合料的毛体积相对密度及毛体积密度，用于沥青混合料体积参数的计算。

(2)试验仪器与材料

①电子天平:最大称量在3kg以下时,感量不大于0.1g;最大称量在3kg以上时,感量不大于0.5kg。

②卡尺。

(3)试验方法与步骤

①选择适宜的天平,称取待测圆柱体沥青混合料试件质量,记作 m_d。

②用卡尺测定试件圆柱体试件直径、高度等几何尺寸,准确至0.01cm。注意高度以十字对称方式测定取平均值。

(4)说明与注意问题

①注意上述针对沥青混合料密度试验的几种方法的适用性,不可混淆。

②沥青混合料特别是在室内进行配合比设计的混合料试件,其吸水率往往处于0.5%~2.0%范围,且空隙率为3%~5%,所以采用表干法较为常见,应更多关注该方法的操作要领。

③注意沥青混合料马歇尔试件的吸水率含义与通常材料吸水率是不相同的。通常意义上的吸水率是指材料中所吸水的质量占材料(干)质量的百分率,而马歇尔试件的吸水率实际上是指材料所吸水的质量占单位毛体积的百分率。

二 沥青混合料理论最大相对密度测定(真空法)

1.试验目的与适用范围

6-4 沥青混合料试件密度测定(真空法)

采用真空法测定沥青混合料理论最大相对密度,用于配合比设计过程中沥青混合料空隙率的计算、路况调查中的压实度计算等目的。适用于集料吸水率不大于3%的非改性沥青混合料。

2.试验仪器与材料

①负压容器:对于容积大于2000mL的耐压玻璃塑料或金属罐,有密封盖,接真空胶管,分别与真空装置和压力表连接。

②真空负压装置:如图6-3-3所示,由真空泵、水银压力计(或真空表)、调压装置、压力表等组成,该装置可形成约3.7kPa±0.3kPa(27.5mm±2.5mmHg)的负压。

③天平:称量5kg以上,感量不大于0.1g;称量2kg以下,感量不大于0.05g。

④恒温水槽:水温控制25℃±0.5℃。

⑤温度计:分度0.5℃。

⑥其他:玻璃板、平底盘、铲子等。

图6-3-3 SYD-0711A沥青混合料理论最大相对密度试验器

3.试验方法与步骤

①准备工作:选取有代表性的沥青混合料试样,试验数量满足表6-3-1的要求。

沥青混合料试样数量 表 6-3-1

公称最大粒径(mm)	试样最小质量(g)	公称最大粒径(mm)	试样最小质量(g)
4.75	500	26.5	2500
9.5	1000	31.5	3000
13.2 或 16	1500	37.5	3500
19	2000	—	—

将沥青混合料[图 6-3-4a)]试样仔细分散,做到粗集料不破碎,细集料分散到小于 6.4mm,不得用锤击的方式分散[图 6-3-4b)],可采用在不超过 60℃ 的烘箱中加热的方式进行分散,天平清零[图 6-3-4c)]后称取沥青混合料质量[图 6-3-4d)]。

a)沥青混合料　　　b)混合料充分分散　　　c)天平清零　　　d)称量沥青混合料质量

图 6-3-4　真空法之准备沥青混合料

②负压容器的标定。

首先将容器全部浸入 25℃ ±0.5℃ 的恒温水槽中,称取容器的水中质量(m_1)。

③操作步骤如下:

a.将沥青混合料试验装入干燥的负压容器中,分别称量容器质量及容器和沥青混合料总质量,得到试样的净质量(m_a)。在负压容器中注入约 25℃ 的水,要将混合料全部浸没,加入分散剂,此时水表面出现分散剂产生的泡沫[图 6-3-5a)]。将负压容器与真空设备连接起来,开动真空泵,使真空度达到 3.7kPa ± 0.3kPa(27.5mm ± 2.5mmHg)并持续 15min ± 2min[图 6-3-5b)]。然后强烈振动负压容器,促使混合料中的空气尽快排出,直到泡沫不再增加为止[图 6-3-5c)]。

b.抽真空完毕,取下盖子,将抽真空完毕的盛有水和沥青混合料的负压容器放入吊篮内[图 6-3-6a)~c)],并完全浸入 25℃ ±0.5℃ 的恒温水槽中,水面没过 2cm 以上[图 6-3-7a)],持续 10min 后称取负压容器与沥青混合料的水中质量(m_2)[图 6-3-7b)]。

c.将混合料倒出扔到废料桶内,将负压容器再次放入浸水吊篮中,称量得到吊篮的水中重。

4.试验结果计算

沥青混合料的理论最大相对密度和理论最大密度按式(6-3-8)和式(6-3-9)计算。

a) 分散剂产生泡沫　　　　b) 开动真空泵　　　　c) 振动负压容器排出空气

图 6-3-5　负压容器抽真空

a) 取下盖子　　　　b) 挂篮　　　　c) 盛有混合料的负压容器放入吊篮

图 6-3-6　负压容器与混合料仪器放入吊篮

a)　　　　b)

图 6-3-7　称量混合料 + 抽真空容器水中重

$$\gamma_t = \frac{m_a}{m_a - (m_2 - m_1)} \tag{6-3-8}$$

式中：γ_t——沥青混合料理论最大相对密度；

m_a——干燥沥青混合料的空气中质量，g；

m_2——负压容器与沥青混合料在25℃水中的质量，g；

m_1——负压容器在25℃水中的质量，g。

$$\rho_t = \gamma_t \rho_w \qquad (6\text{-}3\text{-}9)$$

式中：ρ_t——沥青混合料理论最大密度，g/cm^3；

ρ_w——25℃时水的密度，g/cm^3，$0.9917g/cm^3$。

5. 注意事项

①真空法进行的密度测定操作，主要适用于非改性沥青混合料。由于采用改性沥青拌和的混合料黏度明显提高，难以做到充分分散，无法保证抽真空效果，导致试验结果存在明显误差。所以改性沥青混合料理论最大密度采用计算法获得。

②为有助于抽真空的效果，可在真空容器的水中添加少量无泡类表面活性剂。

注意细节

试验环节	正确做法	不当做法	对结果的影响
试验方法一：表干法	除去马歇尔试件表面的浮粒，一般用毛刷子刷	没有用毛刷除去浮粒或用手轻拍	浮粒附着在试件凹陷处，导致测得的干燥空气中质量（m_a）偏大
试验方法一：表干法	将天平调平、复零，把试件置于网篮（注意尽量不要晃动水），浸水中3~5min，称取水中质量（m_w）	天平忘记调平清零；网篮浸入水中还在晃动，没有稳定，即读取水中质量（m_w）	测得的水中质量（m_w）偏大或偏小，一般会偏小
试验方法一：表干法	用洁净柔软的拧干湿毛巾轻轻擦去试件的表面水（不得吸走空隙内的水）	毛巾拧得过干，擦拭过程粗暴，将空隙内的水全部吸干	称取试件的表干质量（m_f）偏小
试验方法二：水中重法	用电风扇将试件吹干至恒重（一般不少于12h，当不需进行其他试验时，也可用60℃±5℃烘箱烘干至恒重），再称取空气中质量（m_a）	没有吹干即开始试验，或吹干后又放置在室内几个小时，导致试件又受潮，水分增多	称取空气中质量（m_a）偏大
二、沥青混合料理论最大相对密度测定（真空法）	将沥青混合料试样仔细分散，做到粗集料不破碎。一般用戴厚手套的手趁热（60~100℃）仔细掰开分散	沥青混合料温度降到室温后分散，由于沥青硬化掰不开，用锤子或钢筋强行掰开导致粗集料破碎	混合料分散不完全，导致抽真空效果不好，影响试验结果。一般会因沥青混合料内空气存留过多而导致测得的理论最大相对密度偏小
二、沥青混合料理论最大相对密度测定（真空法）	将负压容器与真空设备连接，开动真空泵，使真空度达到3.7kPa±0.3kPa（27.5mm±2.5mmHg）并持续15min±2min	负压容器的密封圈未安放整齐，导致无法达到规定的真空度	无法继续进行试验或导致设备损坏

完成配套学习指导手册任务 6-3 的内容,并完成项目 6 检测报告的相应内容。

任务 6-4　沥青混合料马歇尔试验

为完成检测任务单表 6-0-1 中"AC-13C"室内沥青混合料配合比组成设计,需要用马歇尔试验优选级配曲线,并用马歇尔试验验证配合比设计结果。

为确保试验结果的代表性和准确性,试验过程要依据《公路工程沥青及沥青混合料试验规程》(JTG E20—2011)中的"T0709—2011 沥青混合料马歇尔稳定度试验""T0710—2011 沥青路面芯样马歇尔试验"。

马歇尔稳定度验证结果要满足《公路沥青路面施工技术规范》(JTG F40—2004)规定:夏炎热区重载交通击实次数(双面)75 次,试件尺寸 101.6mm × 63.5mm,90mm 厚度以内空隙率 VV 为 4 ~ 6,稳定度 MS 不小于 8kN,流值 FL1.5 ~ 4mm,沥青饱和度 VFA65 ~ 75,见表 6-0-2。

一　沥青混合料马歇尔稳定度试验

1. 目的与适用范围

沥青混合料马歇尔试验包括沥青混合料马歇尔稳定度试验和沥青路面芯样马歇尔试验两个部分的实操试验内容。

6-5　沥青混合料马歇尔试验

沥青混合料马歇尔稳定度试验适用于马歇尔稳定度试验和浸水马歇尔稳定度试验,用于进行沥青混合料配合比设计或沥青路面施工质量检验。浸水马歇尔稳定度试验(根据需要,也可进行真空饱水马歇尔试验)供检验沥青混合料抵御水损害的能力,并以此检验配合比设计的可行性。

沥青路面芯样马歇尔试验用从沥青路面钻取的芯样进行马歇尔试验,供评定沥青路面施工质量是否符合设计要求或进行路况调查。

2. 试验仪器与材料

①沥青混合料马歇尔试验仪:对用于高速公路和一级公路的沥青混合料宜采用自动马歇尔试验仪,用计算机或 X-Y 记录仪记录荷载-位移曲线,应具有自动测定荷载与试件垂直变形的传感器、位移计,能自动显示或打印试验结果。对 ϕ63.5mm 的标准马歇尔试件,试验仪最大荷载不小于 25kN,读数准确度 100N,加载速率应能保持 50mm/min ± 5mm/min。钢球直径 16mm,上下压头曲率半径为 50.8mm ± 0.08mm,当采用 ϕ152.4mm 大型马歇尔试件时,试验仪

器最大荷载不得小于50kN,读数准确度为100N。上下压头的曲率内径为152.4mm±0.2mm,上下压头间距19.05mm±0.1mm。

②恒温水箱:控温准确度为1℃,深度不小于150mm。

③真空饱水容器:包括真空泵及真空干燥器。

④烘箱。

⑤天平:感量不大于0.1g。

⑥温度计:分度为1℃。

⑦卡尺。

⑧其他:棉纱、黄油等。

3.试验方法与步骤

(1)准备工作

①制备符合要求的马歇尔试件,一组试件的数量不得少于4个[图6-4-1a)]。

②量测试件的直径及高度:用卡尺测量试件中部的直径,用马歇尔试件高度测定器或用卡尺在十字对称的4个方向[图6-4-1b)]量测离试件边缘10mm处的高度,准确至0.1mm,并以其平均值作为试件的高度。如试件高度不符合63.5mm±1.3mm(标准马歇尔试件)或95.3mm±2.5mm(大马歇尔试件)要求或两侧高度差大于2mm时,此试件应作废。图6-4-1c)为测量高度细节图,本图的游标卡尺测量高度为63.4mm。

a)制备马歇尔试件

b)确定试件十字对称的4个方向

c)用卡尺测量试件中部的直径

图6-4-1 圆柱体试件

③将恒温水槽[图6-4-2a)]调节至要求的试验温度,对黏稠石油沥青或烘箱养生过的乳化沥青混合料为60℃±1℃。

④将马歇尔试验仪的上下压头放入水槽或烘箱中达到同样温度,如图6-4-3所示。将上下压头从水槽或烘箱中取出擦拭干净内面。为使上下压头滑动自如,可在下压头的导棒上涂少量黄油。再将试件取出置于下压头上,盖上上压头,然后装在加载设备上(图6-4-4)。在上压头的球座上放妥钢球,并对准荷载测定装置的压头。

(2)马歇尔试验步骤

①将试件置于已达规定温度的恒温水槽中保温[图6-4-2b)],保温时间对标准马歇尔试件需30~40min,对大型马歇尔试件需45~60min。试件之间应有间隔,底下应垫起,离容器底

部不小于5cm。

②当采用自动马歇尔试验仪时,将自动马歇尔试验仪的压力传感器、位移传感器与计算机或X-Y记录仪正确连接,调整好适宜的放大比例。压力和位移传感器调零,如图6-4-5所示。

a)恒温水槽

b)马歇尔试件保温

图6-4-2 圆柱体试件养护

图6-4-3 将上下压头放入60℃设备内　　图6-4-4 安装试件　　图6-4-5 设置试验参数

③启动加载设备,使试件承受荷载,加载速度为(50 ± 5)mm/min。计算机或X-Y记录仪自动记录传感器压力和试件变形曲线,并将数据自动存入计算机,如图6-4-6所示。

④当试验荷载达到最大值的瞬间,读取压力环中百分表读数及流值计的流值读数。从恒温水箱取出试件至测出最大荷载,时间不得超过30s。

(3)浸水马歇尔试验方法

浸水马歇尔试验方法与标准马歇尔试验方法的不同之处在于:试件在已达规定温度恒温水槽中的保温时间为48h,其余均与标准马歇尔试验方法相同。

4.试验结果计算

(1)试件的稳定度及流值

当采用自动马歇尔试验仪时,将计算机采集的数据绘制成压力和试件变形曲线,或由X-Y记录仪自动记录的荷载-变形曲线,按图6-4-7所示的方法在切线方向延长曲线与横坐标相交于O_1,将O_1作为修正稳定度(NV)正原点,从O起量取相应于荷载最大值时的变形作为流值

(FL),以 mm 计,准确至 0.1mm。最大荷载即为稳定度(MS),以 kN 计,准确至 0.01kN。

图 6-4-6 破坏强度曲线

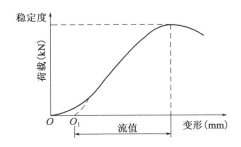

图 6-4-7 马歇尔试验结果的修正方法

(2)试件的马歇尔模数按式(6-4-1)计算。

$$T = \frac{MS}{FL} \quad (6\text{-}4\text{-}1)$$

式中:T——试件的马歇尔模数,kN/mm;

MS——试件的稳定度,kN;

FL——试件的流值,mm。

(3)试件的浸水残留稳定度按式(6-4-2)计算。

$$MS_0 = \frac{MS_1}{MS} \times 100 \quad (6\text{-}4\text{-}2)$$

式中:MS_0——试件的浸水残留稳定度,%;

MS_1——试件浸水 48h 后的稳定度,kN。

5. 注意事项

(1)当马歇尔试件放入已恒温 60℃的水箱中时,水温会下降。严格讲应从水温达到 60℃时开始计时。为避免水温下降,可根据室温以及经验总结,将水箱中的水温适当提高若干度,使得放入马歇尔试件时的水温能够尽快达到 60℃要求。

(2)从恒温水槽中取出试件至测出最大荷载值的时间,不得超过 30s。

(3)当一组测定值中某个测定值与平均值之差大于标准差的 k 倍时。该测定值应予舍弃,并以其余测定值的平均值作为试验结果。当试件数目 n 为 3、4、5、6 个时,k 值分别为 1.15、1.46、1.67、1.82。

二 沥青路面芯样马歇尔试验

1. 试验目的与适用范围

用于从沥青路面钻取的芯样进行马歇尔试验,供评定沥青路面施工质量是否符合设计要求或进行路况调查。标准芯样钻孔试件的直径为 100mm,适用的试件高度为 30~80mm;大型钻孔试件的直径为 150mm,适用的试件高度为 80~100mm。

2. 试验仪器与材料

本方法所用的仪器与沥青混合料马歇尔稳定度试验相同。

3. 试验方法与步骤

①按《公路路基路面现场测试规程》(JTG 3450—2019)的方法用钻孔机钻取压实沥青混合料路面芯样试件。

②适当整理沥青混合料芯样表面,如果底面沾有基层泥土则应洗净,若底面凹凸不平严重,则应用锯石机将其锯平。

③用卡尺测定试件的直径,取两个方向的平均值。

④测定试件的高度,取 4 个对称位置的平均值,准确至 0.1mm。

⑤按标准方法进行马歇尔试验,由试验实测稳定度乘以表6-4-1或表6-4-2的试件高度修正系数 K 得到芯样试件的稳定度。其余内容与标准马歇尔试验方法相同。

现场钻取芯样试件高度修正系数(适用于 ϕ100mm 试件) 表 6-4-1

试件高度(cm)	修正系数 K	试件高度(cm)	修正系数 K
2.47~2.61	5.56	5.16~5.31	1.39
2.62~2.77	5.00	5.32~5.46	1.32
2.78~2.93	4.55	5.47~5.62	1.25
2.94~3.09	4.17	5.63~5.80	1.19
3.10~3.25	3.85	5.81~5.94	1.14
3.26~3.40	3.57	5.95~6.10	1.09
3.41~3.56	3.33	6.11~6.26	1.04
3.57~3.72	3.03	6.27~6.44	1.00
3.73~3.88	2.78	6.45~6.60	0.96
3.89~4.04	2.50	6.61~6.73	0.93
4.05~4.20	2.27	6.74~6.89	0.89
4.21~4.36	2.08	6.90~6.06	0.86
4.37~4.51	1.92	6.07~6.21	0.83
4.52~4.67	1.79	6.22~6.37	0.81
4.68~4.87	1.67	6.38~6.54	0.78
4.88~4.99	1.50	6.55~6.69	0.76
5.0~5.15	1.47		

现场钻取芯样试件高度修正系数(适用于 ϕ50mm 试件) 表 6-4-2

试件高度(cm)	试件体积(cm²)	修正系数 K	试件高度(cm)	试件体积(cm²)	修正系数 K
8.81~8.97	1608-1626	1.12	9.61~9.76	1753~1781	0.97
8.98~9.13	1637~1665	1.09	9.77~9.92	1782~1810	0.95
9.14~9.29	1666~1694	1.06	9.93~10.08	1811~1839	0.92
9.30~9.45	1695~1723	1.03	10.09~10.24	1840~1868	0.90
9.46~9.60	1724~1752	1.00			

注意细节

试验环节	正确做法	不当做法	对结果的影响
一、沥青混合料马歇尔稳定度试验——准备工作	用卡尺测量试件中部的直径，用马歇尔试件高度测定器或用卡尺在十字对称的4个方向量测离试件边缘10mm处的高度，准确至0.1mm，并以其平均值作为试件的高度	只随便用尺子量了4个测值或只量了1个高度测值	试验过程不严谨，试验结果不精确
二、沥青混合料马歇尔稳定度试验——准备工作	将马歇尔试验仪的上下压头放入水槽或烘箱中达到同样温度	只把圆柱体试件放到恒温水箱中，忽略了上下压头也要达到同样温度	压头温度与试件温度不一致，导致试件可能提前或延迟破坏。（压头比试件温度低时，延迟破坏；压头比试件温度高时，提前破坏）
三、沥青混合料马歇尔稳定度试验——马歇尔试验步骤	从恒温水箱取出试件至测出最大荷载，时间不得超过30s	不熟练而导致时间过长；着急而未安装好试件，导致试件产生偏压	时间过长，则测得结果不是规范规定温度的马歇尔稳定度、流值；偏压，则测得结果偏小
四、沥青路面芯样马歇尔试验——试件直径测量	用卡尺测定试件的直径，取两个方向的平均值。卡尺应一端固定，另一端挪动，直到找到最大长度为直径	随意测量	直径不准确

任务实施

完成配套学习指导手册任务6-4的内容，并完成项目6检测报告的相应内容。

任务6-5 沥青混合料冻融劈裂试验

任务描述

为完成检测任务单表6-0-1中"AC-13C"室内沥青混合料配合比组成设计，需要用冻融劈裂试验测定沥青混合料在受到水损害前后劈裂破坏的强度比，以评价沥青混合料的水稳定性。

为确保试验结果的代表性和准确性，试验过程要依据《公路工程沥青及沥青混合料试验规程》（JTG E20—2011）中的"T 0716—2011 沥青混合料劈裂试验""T 0729—2000 沥青混合料冻融劈裂试验"执行。

沥青混合料水稳定性验证结果要满足《公路沥青路面施工技术规范》（JTG F40—2004）规

定:潮湿区、湿润区改性沥青混合料冻融劈裂残留强度比不小于80%,半干旱、干旱区改性沥青混合料冻融劈裂残留强度比不小于75%。

1．试验目的与适用范围

沥青混合料冻融劈裂试验是通过冻融循环,测定沥青混合料在受到水损害前后劈裂破坏的强度比,以评价沥青混合料的水稳定性。

通过冻融循环,测定沥青混合料在受到水损害前后劈裂破坏的强度比,以评价沥青混合料水稳定性。试验用试件为圆柱形马歇尔试件,击实次数为双面各50次,集料最大粒径不超过26.5mm。

6-6 沥青混合料冻融劈裂试验

2．试验仪器与材料

①马歇尔试验机:同马歇尔稳定度试验。

②恒温冰箱:控温 -18℃。

③恒温水箱:温度范围满足试验要求,控制温度准确至 ±0.5℃。

④劈裂试验夹具:类似于马歇尔试验弧形压头,弧顶(图6-5-1)和弧底(图6-5-2)各嵌入一个压条(图6-5-3)。

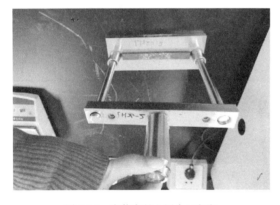

图6-5-1 安装夹具上压头(弧顶)

图6-5-2 夹具下底座(弧底)

⑤其他:塑料袋、卡尺、天平等。

3．试验方法与步骤

按马歇尔试件成型方法成型试件,试件尺寸为直径101.6mm、高63.5mm ±1.3mm。成型两组,每组不少于4个。

将成型好的试件随机分组,将第一组试件置于平台上,在室温下保存待用。

第二组按如下程序进行操作:

①将马歇尔试件浸入水中,进行真空饱水操作15min,要求真空度97.3~98.7kPa(730~740mmHg);随后恢复常压,并在水中浸泡0.5h。

②取出试件,放入塑料袋中,在袋中加入10mL的水,扎紧袋口,放入恒温冰箱,冷冻温度为 -18℃ ±2℃,保持16h ±1h。

图 6-5-3 上压头(弧顶)就位

③从袋中取出试件,立即放入已保温为 60℃ ±0.5℃ 的恒温水箱中,撤去塑料袋,养护时间不少于 24h,如图 6-5-4 所示。

将两组试件全部浸入 25℃ ±0.5℃ 的恒温水箱中浸泡 2h,各试件之间留出 10mm 以上的间距。随后以 50mm/min 速率用劈裂试验夹具分别对两组试件进行劈裂试验操作(图 6-5-5 ~ 图 6-5-7),得到各组试件最大劈裂荷载。

图 6-5-4 试件在 60℃ 水中养护　　　图 6-5-5 夹具安装到压力机压头上

4. 试验结果计算

按式(6-5-1)和式(6-5-2)计算各组每个试件的劈裂抗拉强度。

$$R_{T1} = 0.006287 P_{T1}/h_1 \tag{6-5-1}$$

项目 6　沥青混合料

图 6-5-6　试件卡到夹具内　　　图 6-5-7　试验完毕后的试件

$$R_{T2} = 0.006287 P_{T2}/h_2 \tag{6-5-2}$$

式中：R_{T1}、R_{T2}——分别为未冻融和冻融单个试件劈裂强度，MPa；

P_{T1}、P_{T2}——分别为未冻融和冻融单个试件的试验荷载，N；

h_1、h_2——两个试件各自的高度，mm。

按规定方法，计算出每一组试件的劈裂抗拉强度，并按式（6-5-3）计算冻融劈裂抗拉强度比。

$$\text{TSR} = \frac{\overline{R_{T2}}}{\overline{R_{T1}}} \times 100 \tag{6-5-3}$$

式中：TSR——冻融强度比，%；

$\overline{R_{T2}}$——冻融循环后第二组有效试件劈裂抗拉强度平均值，MPa；

$\overline{R_{T1}}$——未冻融循环的第一组有效试件劈裂抗拉强度平均值，MPa。

5. 注意事项

①每组劈裂试验结果都需进行数据处理，处理方法同马歇尔稳定度试验。

②试验结果是一种更加苛刻评价沥青混合料水稳定性的指标，尽管操作过程引入低温冰冻环节，但试验结果并不能用于针对低温性能优劣的评价。

③配合比验证阶段的冻融劈裂试验用于检测沥青混合料的水稳定性，技术要求见表 6-5-1，引用自《公路沥青路面施工技术规范》（JTG F40—2004）第 5 部分。

沥青混合料水稳定性检验技术要求　　　　表 6-5-1

气候条件与技术指标	相应于下列气候分区的技术要求(%)				试验方法
年降雨量(mm)及气候分区	>1000	500~1000	250~500	<250	
	1. 潮湿区	2. 湿润区	3. 半干区	4. 干旱区	
浸水马歇尔试验残留稳定度(%)，不小于					

续上表

气候条件与技术指标	相应于下列气候分区的技术要求(%)				试验方法
年降雨量(mm)及气候分区	>1000	500~1000	250~500	<250	
	1. 潮湿区	2. 湿润区	3. 半干区	4. 干旱区	
普通沥青混合料	80		75		T 0709
改性沥青混合料	85		80		
SMA混合料 普通沥青	75				
改性沥青	80				
冻融劈裂试验的残留强度比(%),不小于					
普通沥青混合料	75		70		T 0729
改性沥青混合料	80		75		
SMA混合料 普通沥青	75				
改性沥青	80				

 注意细节

试验环节	正确做法	不当做法	对结果的影响
试件冷冻	取出试件,放入塑料袋中,在袋中加入10mL的水,扎紧袋口,放入恒温冰箱,冷冻温度为-18℃±2℃,保持16h±1h	灌水随意,加入很多水甚至完全浸没试件	试件在冷冻过程中,因含水率不同而发生冻胀不均匀,影响试验结果。(一般会导致冻胀不完全,冻融后的试件强度偏大)
25℃±0.5℃恒温水箱养护	将两组试件全部浸入25℃±0.5℃的恒温水箱中浸泡2h,各试件之间留出10mm以上的间距	各试件之间没有留出10mm以上的间距	拿取试件时,试件之间碰撞而导致人为破坏试件,一般会导致实测的劈裂强度值偏小

 任务实施

完成配套学习指导手册任务6-5的内容,并完成项目6检测报告的相应内容。

任务6-6 沥青混合料车辙试验

任务描述

为完成检测任务单表6-0-1中"AC-13C"室内沥青混合料配合比组成设计,需要用车辙试验测定沥青混合料在高温条件下抵抗车辙变形的能力,以评价沥青混合料的高温稳定性。

为确保试验结果的代表性和准确性,试验过程要依据《公路工程沥青及沥青混合料试验规程》(JTG E20—2011)中的"T0719—2011 沥青混合料车辙试验"执行。

沥青混合料水稳定性验证结果要满足《公路沥青路面施工技术规范》(JTG F40—2004)规定。

6-7 沥青混合料车辙试验

> **相关知识**

1. 试验目的与适用范围

沥青混合料车辙试验用于测定沥青混合料的高温抗车辙能力,用于检验。沥青混合料配合比设计的高温稳定性试验基本要求是在规定温度条件下(通常为60℃),用一块碾压成型的板块试件(通常尺寸为300mm×300mm×50mm),以轮压0.7MPa的实心橡胶轮胎在试件上往复碾压行走,测定试件在变形稳定期时每增加1mm变形需要碾压行走的次数,以此作为沥青混合料车辙试验结果,称为动稳定度,以次/mm表示。

2. 试验仪器与材料

(1)车辙试验机(图6-6-1~图6-6-4)。

图6-6-1 车辙试验机示意图

图6-6-2 车辙试验仪外观

图6-6-3 车辙试验仪工作界面

图6-6-4 车辙试验仪设备组件

①试件台:可牢固地安装两种规定宽度(300mm 及 150mm)尺寸的试件试模。

②试验轮:橡胶制的实心轮胎,外径 ϕ200mm,轮宽 50mm,橡胶层厚 15mm,橡胶硬度(国际标准硬度)20℃时为 84±4,60℃时为 78±2。试验轮行走距离为 230mm±10mm,往返碾压速度为 42 次/min±1 次/min(21 次往返/min)。

③加载装置:使试验轮与试件的接触压强在 60℃时为 0.7MPa±0.05MPa,施加的总荷重为 78kg 左右,根据需要可以调整压强大小。

④试模:钢板制成,由底板及侧板组成,试模内侧尺寸长为 300mm,宽为 300mm,厚为 50～100mm(试验室制作),也可根据需要现场切制试件。

⑤变形测量装置:自动采集车辙变形并记录曲线的装置,通常用 LVDT、电测百分表或非接触位移计。

⑥温度检测装置:能自动检测并记录试件表面温度及恒温室温度的温度传感器、温度计等,精度为 0.5℃、温度应能自动连续记录。

(2)恒温室

车辙试验机必须整机安放在恒温室内,装有加热器、气流循环装置及装有自动温度控制设备,用于保温试件并进行试验。能保持恒温室温度 60℃±1℃(试件内部温度 60℃±0.5℃),根据需要亦可为其他需要的温度。

(3)台秤

称量 15kg,感量不大于 5g。

3. 试验方法与步骤

(1)准备工作

①在 60℃下,试验轮的接地压强为 0.7MPa±0.05MPa。

②试件成型后,连同试模一起在常温条件下放置的时间不得少于 12h。对于聚合物改性沥青混合料试件,放置时间以 48h 为宜,使聚合物改性沥青充分固化后再进行车辙试验,但在室温中放置时间不得长于 7d。

(2)试验过程

①将试件连同试模一起,置于已达到试验温度(60℃±1℃)的恒温室中,保温不少于 5h,也不得多于 12h。在试验轮不行走的试件部位上,粘贴一个热电隅温度计,以检测试件温度。

②将试件连同试模移置于轮辙试验机的试验台上,试验轮在试件的中央部位,其行走方向须与试件碾压或行车方向一致。开动车辙变形自动记录仪,然后启动试验机,使试验轮往返行走,时间约 1h,或最大变形达到 25mm 时为止。

试验过程如图 6-6-5～图 6-6-8 所示。

4. 试验结果计算

①从图 6-6-9 上读取 45min(t_1)及 60min(t_2)时的车辙变形 d_1 及 d_2,准确至 0.01mm。如果变形过大,在未到 60min 变形已达 25mm 时,则以达到 25mm(d_2)时的时间为 t_2,将其前 15min 为 t_1,此时的变形量为 d_1。

②沥青混合料试件的动稳定度按式(6-6-1)计算。

图 6-6-5 车辙板试件就位

图 6-6-6 压力杆下放至与车辙板试件接触

图 6-6-7 滚轮与车辙板试件接触大图

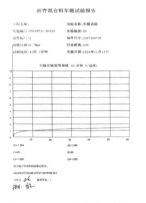

图 6-6-8 试验结果打印

$$DS = \frac{(t_2 - t_1) \times N}{d_2 - d_1} \times C_1 \times C_2 \tag{6-6-1}$$

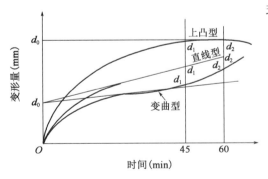

图 6-6-9 记录仪自动记录变形曲线

式中:DS ——沥青混合料的动稳定度,次/mm;
  d_1——对应于时间 t_1 的变形量,mm;
  d_2——对应于时间 t_2 的变形量,mm;
  C_1——试验类型系数,曲柄连杆驱动加载轮往返运动方式为 1.0;
  C_2——试件系数,试验室制备宽 300mm 的试件为 1.0;
  N——试验轮往返碾压速度,通常为 42 次/min。

5. 注意事项

①由于车辙试验仪自动化程度的提高,不同时间的变形量已无须从时间与变形图上查得,可直接在车辙仪配置的计算机上读取任何时刻的变形量。

②同一沥青混合料或同一路段的路面,至少平行试验 3 个试件,当 3 个试件动稳定度变异

系数小于 20%，取其平均值作为试验结果。变异系数大于 20% 应分析原因，并追加试验。如计算动稳定度值大于 6000 次/mm 时，记作：>6000 次/mm。

③试验报告应注明试验温度、试验轮接地压强、试件密度、空隙率及试件制作方法等。

④配合比验证阶段的车辙试验用于检测沥青混合料的高温稳定性，技术要求见表 6-6-1，引用自《公路沥青路面施工技术规范》(JTG F40—2004) 第 5 部分。

沥青混合料车辙试验动稳定度技术要求　　　　　表 6-6-1

气候条件与技术指标	相应于下列气候分区所要求的动稳定度(次/mm)									试验方法
七月平均最高气温(℃)及气候分区	>30				20~30				<20	
	1. 夏炎热区				2. 夏热区				3. 夏凉区	
	1-1	1-2	1-3	1-4	2-1	2-2	2-3	2-4	3-2	
普通沥青混合料，不小于	800		1000		600		800		600	T 0719
改性沥青混合料，不小于	2400		2800		2000		2400		1800	
SMA 混合料　非改性，不小于	1500									
改性，小于	3000									
OGFC 混合料	1500(一般交通路段)，300(重交通路段)									

完成配套学习指导手册任务 6-6 的内容，并完成项目 6 检测报告的相应内容。

任务 6-7　热拌沥青混合料配合比组成设计

为完成检测任务单表 6-0-1 中"AC-13C"室内沥青混合料配合比组成设计，并完成混合料高温性能、水稳定性能等指标验证，依据《公路沥青路面施工技术规范》(JTG F40—2004) 中"5.3 热拌沥青混合料配合比设计"要求，进行设计和性能验证工作。

本任务用热拌沥青配合比设计的全过程，详细介绍室内配合比设计的五个主要步骤和数据计算方法，并通过制作 Excel 计算图表、应用套表做出较优的配合比设计成果。

一　沥青混合料配合比设计简介

6-8　热拌沥青混合料配合比组成设计

热拌(石油)沥青混合料是目前我国最常用的沥青混合料类型，该材料的组成配合比设计是公路施工中一个工作重点。

沥青混合料必须在同类公路配合比设计和使用情况调查的基础上，充分借鉴成功的经验，在选用符合要求的材料前提下进行配合比设计。

沥青混合料的配合比设计结果与沥青路面的使用性能材料用量及工程造价关系密切。沥青混合料配合比设计包括三个阶段：目标配合比设计阶段、生产配合比设计阶段和生产配合比验证（即试验路试铺阶段）。只有通过三个阶段的配合比设计，才能真正提出工程上实际使用的沥青混合料组成配合比。由于后两个设计阶段是在目标配合比的基础上进行的，且需借助施工单位的拌和、摊铺和碾压设备完成，因此本节主要针对沥青混合料的目标配合比设计过程进行说明。

实际上无论是哪一个设计阶段，其工作的中心都是矿料的级配组成设计和最佳沥青用量确定，即为设计一个具有足够密实度，并具有较高内摩阻力的级配，在此前提下确定相应的最佳沥青用量，从而获得一个能够满足特定交通要求、适应环境特点的沥青混合料。

二 矿料级配组成设计

沥青路面中沥青混合料的类型及集料级配由工程设计文件或招标文件根据所建工程要求、道路等级、路面类型、所处结构层层位等因素决定。同时要求沥青面层中集料的公称最大粒径应与该层压实后的结构层厚度相匹配，即要求压实厚度不宜小于集料公称最大粒径的 2.5~3 倍，对 SMA 或 OGFC 等嵌挤型混合料不宜小于公称最大粒径的 2~2.5 倍，这种要求有利于避免施工时的混合料离析现象，且便于压实。

集料级配范围应与规范要求一致，如密级配沥青混合料的级配范围根据《公路沥青路面施工技术规范》（JTG F40—2004），应符合表 6-7-1 所列范围。其他类型混合料的级配应按照相应规范要求确定。

密级配沥青混凝土混合料矿料级配范围　　　　表 6-7-1

级配类型		通过各筛孔(mm)的质量百分率(%)											
		31.5	26.5	19	16	13.2	9.5	4.75	2.36	1.18	0.6	0.3	0.15	0.075
粗粒式	AC-25	100	90~100	75~90	65~83	57~76	45~65	24~42	16~42	12~33	8~24	5~17	4~13	3~7
中粒式	AC-20		100	90~100	78~92	62~80	50~72	26~56	16~44	12~33	8~24	5~17	4~13	3~17
	AC-16			100	90~100	76~92	60~80	34~62	20~48	13~36	9~26	7~18	5~14	4~8
细粒式	AC-13				100	90~100	68~85	38~68	24~50	15~38	10~28	7~20	5~15	4~8
	AC-10					100	90~100	45~75	30~58	20~44	13~32	9~23	6~16	4~8
砂粒式	AC-5						100	90~100	55~75	35~75	20~40	12~28	7~18	5~10

实践证明，同一种集料级配针对不同的道路等级、气候和交通特点时，适宜的级配有粗型（C 型）和细型（F 型）之分。通常对夏季气温高且高温持续时间长、重载交通多的路段，宜选用粗型密级配，并取较高的设计空隙率；对冬季温度低持续时间长的地区，或重载交通少的路段，宜选用细型密级配，并取较低的设计空隙率。粗型和细型级配的划分和粒径要求见表 6-7-2。

粗型和细型密级配沥青混凝土的关键筛孔通过率表　　6-7-2

分类	公称最大粒径（mm）	用以分类的关键性筛孔（mm）	粗型密级配（C 型）		细型密级配（F 型）	
			名称	关键筛孔通过率（%）	名称	关键筛孔通过率（%）
AC-25	26.5	4.75	AC-25C	<40	AC-25F	>40
AC-20	19	4.75	AC-20C	<45	AC-20F	>45
AC-16	16	2.36	AC-16C	<38	AC-16F	>38
AC-13	13.2	2.36	AC-13C	<40	AC-13F	>40
AC-10	9.5	2.36	AC-10C	<45	AC-10F	>45

同时,为确保沥青混合料的高温抗车辙能力,并兼顾低温抗裂性,配合比设计时宜适当减少公称最大粒径附近的粗集料用量,减少 0.6mm 以下部分细粉的用量,使中等粒径集料较多,形成 S 形级配曲线,并取中等或偏高水平的设计空隙率。

在级配类型确定之后,选取符合规范要求的不同规格的砂石材料进行级配设计。高速公路和一级公路沥青路面集料配合比设计,宜借助计算机采用试配法进行。

对高速公路和一级公路,宜在工程选定的设计级配范围内计算 1~3 组粗细不同的配合比,绘制设计级配曲线,要求这些合成级配曲线分别在设计级配范围的上方、中值和下方。设计合成级配不得有太多的锯齿形交错,且在 0.3mm~0.6mm 范围内不出现"驼峰"。如反复调整不能达到要求时,要更换材料重新设计,直至满足要求。

在此基础上,根据当地工程实践经验选择适宜的沥青用量,分别制作几组不同级配的马歇尔试件,测定沥青混合料矿料间隙率(VMA),根据结果选取其中满足或接近设计要求的级配作为设计级配。

三　最佳沥青用量的确定（沥青混合料马歇尔试验）

现行规范采用马歇尔方法确定沥青混合料的最佳沥青用量以 OAC 表示。虽然沥青用量可以通过各种理论公式计算得到,但由于实际材料性质的差异,计算得到的最佳沥青用量仍然要通过试验进行修正。因此,掌握马歇尔试验方法是学习整个沥青混合料配合比设计内容的基础。

(1)沥青用量表示方法

沥青用量可以采用沥青含量或油石比两种方式来表示,前者是指沥青占沥青混合料的百分数,后者指沥青与矿料质量比的百分数,在配合比设计过程中采用油石比更方便一些。

(2)制备试样

①马歇尔试件制备,针对选定的混合料类型,根据经验确定沥青大致预估用量。该预估用量可以采用式(6-7-1)和式(6-7-2)确定。

$$P_a(\%) = \frac{P_{a1} \times \gamma_{sb1}}{\gamma_{sb}} \times 100 \tag{6-7-1}$$

$$P_b(\%) = \frac{P_a}{100 + \gamma_{sb}} \times 100 \tag{6-7-2}$$

式中：P_a——预估的最佳油石比，%；

P_b——预估的最佳沥青含量，%；

P_{a1}——已建类似工程沥青混合料所采用的油石比，%；

γ_{sb}——集料的合成毛体积相对密度，无量纲；

γ_{sb1}——已建类似工程集料的合成毛体积相对密度，无量纲。

以预估沥青用量为中值，按一定间隔（对密级配沥青混合料通常为0.5%，对SMA混合料可适当缩小间隔为0.3%~0.4%，取5个或5个以上不同的油石比分别成型马歇尔试件。

每一组试件的数量按现行规程的要求确定（通常不少于4个），对粒径较大的沥青混合料宜增加试件数量。当缺少可参考的预估沥青用量时，可以考虑以5.0%沥青用量为基准，从两侧等间距地扩展沥青用量，直至在所选的沥青用量范围中能够确定出最佳沥青用量。

②按已确定的矿质混合料级配类型，计算某个沥青用量条件下一个马歇尔试件或一组试件中各种规格集料的用量，由实践经验可知，一个标准马歇尔试件混合料质量约为1200g。

计算案例：以成型一个1200g圆柱体试件、油石比为5%为例，计算成型该试件需要的集料和沥青用量。

解：1200g为沥青与集料的质量之和，5%为沥青与集料质量之比，则：

$$5\% = \frac{5}{100} = \frac{m_{沥青}}{m_{集料}}$$

$$\frac{m_{沥青}}{m_{集料} + m_{沥青}} = \frac{5}{100+5} = \frac{m_{沥青}}{1200}$$

$$m_{沥青} = 1200 \times 5 \div 105 = 57.1(g)$$

$$m_{集料} = 1200 - 57.1 = 1142.9(g)$$

成型油石比为5%、质量为1200g的圆柱体试件，需要准备57.1g沥青和1142.9g集料。

③计算出一个或一组马歇尔试件的沥青用量（通常采用油石比），按要求拌和沥青混合料，以规定的击实次数和操作方法成型马歇尔试件。

(3)测定试件的物理力学指标

通过测定沥青混合料马歇尔试件的毛体积相对密度，再通过试验或公式计算出沥青混合料的理论最大相对密度，并计算试件的空隙率、沥青饱和度、矿料间隙率等参数。

随后，在马歇尔试验仪上，按照标准方法测定沥青混合料试件的马歇尔稳定度和流值。

(4)最佳沥青用量的确定

以沥青用量（通常用油石比表示）为横坐标，以沥青混合料试件的密度、空隙率、沥青饱和度、马歇尔稳定度和流值等指标为纵坐标，将试验结果绘制成关系曲线。

计算案例：某沥青混合料配合比设计时，以最优级配集料、4.0%~6.0%油石比成型试件，得到表6-7-3的试验结果。根据试验结果绘制关系曲线得到图6-7-1。

配合比设计试验结果表 表6-7-3

油石比 P_a(%)	4.0	4.5	5.0	5.5	6.0	技术要求
沥青用量 P_b(%)	3.85	4.31	4.76	5.21	5.66	
毛体积相对密度	2.384	2.386	2.389	2.387	2.378	—
计算最大理论相对密度	2.533	2.515	2.497	2.488	2.463	—
空隙率 VV(%)	5.9	5.1	4.3	4.1	3.5	4～6
稳定度 MS(kN)	8.66	9.74	10.46	9.68	8.52	≥8
流值 FL	2.59	2.81	2.97	3.45	3.83	1.5～4.0
矿料间隙率 VMA(%)	14.2	14.5	14.8	15.3	16.1	—
沥青饱和度 VFA(%)	58.6	64.7	70.9	73.5	78.2	60～75

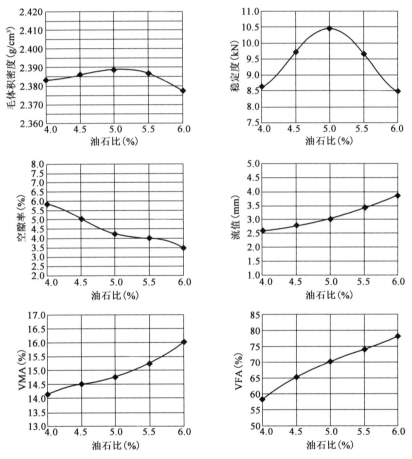

图6-7-1 沥青用量与各马歇尔指标关系曲线图

①确定最佳沥青用量的初始值 OAC_1。

根据图6-7-1,取马歇尔稳定度和毛体积相对密度最大值相对应的沥青用量 a_1 和 a_2,空隙率范围中值或目标空隙率对应的沥青用量 a_3,以及饱和度范围的中值 a_4(见图6-7-1 中的 a、b、c、e),由式(6-7-3)计算的平均值作为最佳沥青用量的初始值 OAC_1。

$$OAC_1 = \frac{a_1 + a_2 + a_3 + a_4}{4} \tag{6-7-3}$$

如果在所选择的沥青用量范围中,沥青饱和度未能满足要求,则可不考虑饱和度,按式(6-7-4)计算其余几项的平均值作为 OAC_1。

$$OAC_1 = \frac{a_1 + a_2 + a_3}{3} \tag{6-7-4}$$

案例中根据图6-7-1曲线,得到表6-7-4,其中"规范范围"可在表6-7-6中查得。

各指标对应油石比计算结果 表6-7-4

指标	单位	规范范围	目标值	目标测值	对应油石比符号	目标测值对应油石比	该指标的油石比允许范围
毛体积相对密度	—	—	最大值	2.389	a_2	5.1	4.0~6.0
稳定度 MS	kN	≥8	最大值	10.4	a_1	5.0	4.0~6.0
空隙率 VV	%	4~6	中值	5.0	a_3	4.6	4.0~5.5
流值 FL	mm	1.5~4	—	—	—	—	4.0~6.0
矿料间隙率 VMA	%	—	—	—	—	—	4.0~6.0
沥青饱和度 VFA	%	65~75	中值	70	a_4	4.9	4.4~5.6

此时,本案例中的 $OAC_1 = \dfrac{a_1 + a_2 + a_3 + a_4}{4} = \dfrac{5.1 + 5.0 + 4.6 + 4.9}{4} = 4.9$

②确定沥青最佳用量的中值 OAC_2。

以各项指标均符合技术标准后面的密级配沥青混凝土混合料马歇尔试验技术标准(表6-0-2)(不包含VMA)的沥青用量范围 $OAC_{min} \sim OAC_{max}$ 的中值作为 OAC_2。

$$OAC_2 = \frac{OAC_{min} + OAC_{max}}{2}$$

在图6-7-1中,首先检查当沥青用量为初始值 OAC_1 时,沥青混合料的各项指标是否满足设计要求,同时检验VMA是否符合要求。当全部满足要求时,由 OAC_1 及 OAC_2 综合决定最佳沥青用量OAC。若各指标未能满足要求,应调整级配,重新进行马歇尔试验配合比设计,直至各项指标均能符合要求为止。

案例中根据表6-7-4中"该指标的油石比允许范围"栏,确定"各指标允许油石比共同范围",计算得到 OAC_2,并求得 OAC_1 和 OAC_2 的平均值"各目标值对应油石比平均值",计算结果见表6-7-5。

最终油石比确定结果 表6-7-5

各指标允许油石比共同范围			各目标值对应油石比平均值(%)	最终油石比(%)
最小值	最大值	平均值		
4.4	5.5	4.95	4.9	4.9

此时,本案例中的 $OAC_2 = \dfrac{OAC_{min} + OAC_{max}}{2} = \dfrac{4.4 + 5.5}{2} = 4.95$

③根据 OAC_1 和 OAC_2 综合确定最佳沥青用量 OAC。

最佳沥青用量 OAC 的选择应通过对沥青路面的类型、工程实践经验、道路等级、交通特性、气候条件等诸多因素综合考虑分析后加以确定。

一般情况下，当 OAC_1 及 OAC_2 的结果接近时（差值不超过 0.3% 个单位），可取两者的平均值作为最佳沥青用量 OAC。

此时，本案例中的 $OAC = \dfrac{OAC_1 + OAC_2}{2} = \dfrac{4.95 + 4.9}{2} = 4.92 \approx 4.9$

当 OAC_1 和 OAC_2 结果有一定差距时，不宜采用平均方法确定最终的 OAC，而应分别通过水稳定性试验和高温稳定性试验，综合考察后决定。

对炎热地区公路以及高速公路、一级公路的重载交通路段和山区公路的长大坡度路段，预计有可能出现较大车辙时，宜在空隙率符合要求的范围内，将计算得到的最佳沥青用量减少 0.1%~0.5%，作为设计沥青用量。

对寒区公路、旅游公路、交通量极少的公路，最佳沥青用量可以在 OAC 的基础上增加 0.1%~0.3%，并适当减少设计空隙率，但注意不得降低压实度要求。

四 配合比设计结果检验

沥青混合料的性能检验通过马歇尔试验和结果分析，针对得到的最佳沥青用量 OAC（必要时应包括 OAC_1 和 OAC_2）做进一步的试验检验，以验证沥青混合料的关键性能是否满足路用技术要求。

①沥青混合料的水稳定性检验。

以 OAC 的沥青用量制作马歇尔试件，进行浸水马歇尔试验或冻融劈裂试验，检验试件的残留稳定度或冻融劈裂强度比是否满足表 6-0-3 中的沥青混合料水稳定性要求。

②沥青混合料的高温稳定性检验制作车辙试验试件，采用规定的方法进行车辙试验，检验设计沥青混合料的高温抗车辙能力是否达到规定的动稳定度指标。当其动稳定度不符合要求时，应对矿料级配或沥青用量进行调整，重新进行配合比设计。

③其他性能检验。

对沥青混合料进行低温弯曲应变试验，以检验所设计的沥青混合料低温性能是否满足要求。同时，采用车辙板进行室内渗水试验，进一步检验沥青混合料空隙率的状况，以保证得出的配合比满足各项路用技术性能要求。

任务实施

完成配套学习指导手册任务 6-7 的内容，并完成项目 6 检测报告的相应内容。

项目 7 钢材

一、项目任务概述

钢材在水泥混凝土路面、钢结构和钢筋混凝土结构中发挥着重要作用。它是以铁元素为主要元素,含碳量一般在 2% 以下,并含有其他少量元素的材料。建筑钢材是指在建筑工程中使用的各种钢材,主要包括钢结构所用的各种型材(如圆钢、角钢、工字钢、槽钢、钢管)和板材,以及混凝土结构所用的钢筋、钢丝和钢绞线等,是公路工程中应用最广泛的金属材料。

常用的桥梁建筑用钢材包括碳素结构钢、优质碳素结构钢、低合金结构钢和桥梁用结构钢;桥梁建设中常用的钢筋混凝土和预应力用钢筋和钢丝包括钢筋混凝土用钢筋(含热轧带肋钢筋、热轧光圆钢筋)、预应力混凝土用钢棒、预应力混凝土用钢丝和钢绞线、预应力混凝土用螺纹钢筋等。

二、学习目标

(1) 了解:钢材的分类及建筑钢材的类属。
(2) 熟悉:建筑钢材的技术性质,桥梁建筑用钢的技术要求。
(3) 掌握:桥梁建筑常用钢材的牌号、性能和应用范围;掌握钢筋混凝土和预应力用钢筋和钢丝的常用产品及其各自的拉伸力学性能、弯曲性能和其他检验项目。

任务 7-1 认识钢材及了解钢材性能

任务描述

在道路和桥梁工程建设过程中常用到各种钢材,如钢结构所用的各种型材(圆钢、角钢、工字钢、槽钢、钢管等)和板材,以及混凝土结构所用的钢筋、钢丝和钢绞线等,是公路工程中应用最广泛的金属材料。在学习道路和桥梁施工之前,需要掌握常用钢材的分类、特点与技术性质。本任务主要介绍了钢材的分类、道桥用钢材的类属,以及桥梁建筑钢材的技术性质等方面的基础知识。

 相关知识

一 钢材的分类及道桥用钢材的类属

1. 钢材的分类

钢材的分类方法很多,较常用的有下列分类方法。

(1)按脱氧程度分类

①沸腾钢,脱氧不充分,钢液中含氧量较高。在浇铸及钢液冷却时,有大量的 CO 气体逸出,钢液呈激烈沸腾状。这种钢的塑性较好,有利于冲压,但钢中杂质分布不均匀,偏析较严重,使钢的冲击韧性及可焊性变差。由于成本较低、产量较高,可以用于一般的建筑结构中。

②镇静钢,脱氧充分,钢水较纯净。镇静钢材质致密均匀,可焊性好,抗蚀性强,质量高于沸腾钢,但成本较高,可用于承受冲击荷载或其他重要的结构。

③特殊钢,比镇静钢脱氧还要充分彻底,质量最好,适用于特别重要的结构工程。

(2)按化学成分分类

钢材按化学成分的不同可分为:

①碳素钢,亦称碳钢,是含碳量低于2%的铁碳合金。除铁、碳外,常含有锰、硅、硫、磷、氧、氮等杂质。碳素钢按含碳量可分为:

a. 低碳钢,含碳量小于0.25%;

b. 中碳钢,含碳量为0.25%~0.60%;

c. 高碳钢,含碳量大于0.60%。

②合金钢,为改善钢的性能,在钢中特意加入某些合金元素(如锰、硅、钒、钛等),使钢材具有特殊的力学性质。合金钢按合金元素含量可分为:

a. 低合金钢,合金元素总含量小于5%;

b. 中合金钢,合金元素总含量为5%~10%;

c. 高合金钢,合金元素总含量大于10%。

(3)按质量分类

碳素钢按供应的钢材化学成分中有害杂质(硫和磷)的含量不同,又可划分为:

①普通钢,钢中磷含量不大于0.045%,硫含量不大于0.050%;

②优质钢,钢中磷含量不大于0.035%,硫含量不大于0.035%;

③高级优质钢,钢中磷含量不大于0.025%,硫的含量不大于0.025%;

④特级优质钢,钢中磷含量不大于0.025%,硫的含量不大于0.015%。

(4)按用途分类

钢材按用途的不同可分为:

①结构钢,用于建筑结构,机械制造等,一般为低、中碳钢;

②工具钢,用于各种工具、量具及模具,一般为高碳钢;

③特殊钢,具有各种特殊物理化学性能的钢材,如不锈钢、磁性钢等一般为合金钢。

2.道桥用钢材的类属

由于公路结构需要承受车辆等荷载的作用,同时需要经受各种大气因素的考验,对于公路用钢材要求具有高的强度、良好的塑性、韧性和可焊性。对于桥梁用钢材和钢筋混凝土用钢筋:按其用途分类,均属于结构钢;按其质量分类,属于普通钢;按其含碳量的分类,均属于低碳钢。因此,桥梁结构用钢和混凝土用钢筋属于碳素结构钢或低合金结构钢。

二 桥梁建筑钢材的技术性质

桥梁建筑用钢和钢筋混凝土用钢筋的基本技术性质包括:屈服强度、抗拉强度、塑性、冲击韧性、冷弯性能和硬度等。

1.强度

通过钢材拉伸试验(图7-1-1)可绘出其拉伸图(拉力-变形关系),根据拉伸图改换坐标可作出应力-应变曲线。现以碳素结构钢为例,其应力-应变关系如图7-1-2所示。从图中可了解到碳素结构钢的下列特征。

a)钢筋拉伸试验仪

b)安装钢筋并测量夹持长度

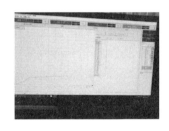
c)试验进行中

d)钢筋拉断

图 7-1-1　钢筋拉伸试验图示

(1)屈服强度

它是钢材开始丧失对变形的抵抗能力,并开始产生大量塑性变形时所对应的应力。在屈服阶段:锯齿形的最高点(B)所对应的应力称为上屈服点;锯齿形的最低点(B')所对应的应力称为下屈服点。因为上屈服点与试验过程中的许多因素有关,而下屈服点较为稳定,所以我国现行规范规定以下屈服点(B')的应力作为钢材的屈服极限。屈服强度以 R_{eL} 表示,并按式(7-1-1)计算:

$$R_{eL} = \frac{F_s}{A_0} \tag{7-1-1}$$

式中:R_{eL}——屈服强度,MPa;

F_s——相当于所求应力的荷载,N;

A_0——试件的原横截面面积,mm²。

中碳钢和高碳钢没有明显的屈服点,通常以残余变形0.2%的应力作为屈服强度,表示为 $R_{p0.2}$,并按(7-1-2)计算。

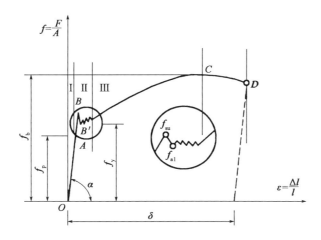

图 7-1-2 碳素结构钢的应力-应变图

f_b-抗拉强度最大值;f_p-弹性阶段的抗拉强度;f_y-弹性阶段最高点的抗拉强度;f_{su}-上屈服强度;f_{a1}-下屈服强度;δ-断裂总延伸率;α-应力-延伸率曲线上弹性部分的斜率

$$R_{p0.2} = \frac{F_{0.2}}{A_0} \tag{7-1-2}$$

式中:$R_{p0.2}$——屈服强度,MPa;

$F_{0.2}$——相当于所求应力的荷载,N;

A_0——试件的原横截面面积,mm²。

屈服强度对钢材使用有重要的意义:当构件的实际应力超过屈服点时,将产生不可恢复的永久变形;另一方面,当应力超过屈服点时,受力较高的部位应力不再提高,而自动将荷载重新分配给某些应力较低的部分。因此,屈服强度是确定钢结构容许应力的主要依据。

(2)抗拉强度

它是钢材所能承受的最大拉应力(C),即当拉应力达到强度极限时,钢材完全丧失了对变形的抵抗能力而断裂。抗拉强度虽然不能直接作为计算依据,但屈服强度和抗拉强度的比值,即屈强比(f_y/f_b),对使用有较大的意义。此值越小,则结构的可靠性越高,即延缓结构损坏过程的潜力越大,但此值太小时,钢材强度的有效利用率低。所以屈服强度和抗拉强度是钢材力学性能的主要检验指标。抗拉强度以 R_m 表示,并按式(7-1-3)计算:

$$R_m = \frac{F_m}{A_0} \tag{7-1-3}$$

式中:R_m——抗拉强度,MPa;

F_m——试件拉断前的最大荷载,N;

A_0——试件的原横截面面积,mm²。

2. 塑性

钢材在受力破坏前可以经受永久变形的性能,称为塑性。在工程应用中钢材的塑性指标通常用断后伸长率、断裂总伸长率、最大力伸长率和断面收缩率表示。

(1)断后伸长率

断后伸长率是钢材发生断裂时所能承受的永久变形的能力。断后标距的残余伸长($L_u - L_0$)与原始标距(L_0)之比的百分率即为断后伸长率,以符号 A 表示,并按式(7-1-4)计算。

$$A = \frac{L_u - L_0}{L_0} \times 100 \tag{7-1-4}$$

式中:A——断后伸长率,%;
L_u——试件拉断后标距部分的长度,mm;
L_0——试件的原标距长度,mm。

(2)断裂总伸长率

在用引伸计得到的力-延伸曲线图上,测定断裂总延伸值,即可通过式(7-1-5)计算断裂总伸长率。

$$A_t = \frac{\Delta L_f}{L_e} \times 100 \tag{7-1-5}$$

式中:ΔL_f——断裂总延伸值;
L_e——引伸计标距。

(3)最大力伸长率

最大力伸长率是最大力时原始标距的伸长与原始标距之比的百分率,以符号 A_{gt} 表示,并按式(7-1-6)计算。

$$A_{gt} = \frac{L_u'' - L_0}{L_0} \times 100 \tag{7-1-6}$$

式中:A_{gt}——断后总伸长率,%;
L_u''——试件在最大力拉断后原始标距部分的总长度,mm;
L_0——试件的原标距长度,mm。

(4)断面收缩率

收缩率是试件拉断后缩颈处横断面积的最大缩减量占横截面面积的百分率。断面收缩率以 Z 表示,并按式(7-1-7)计算。

$$Z = \frac{S_0 - S_u}{S_0} \times 100 \tag{7-1-7}$$

式中:Z——断面收缩率,%;
S_u——试件裂断(缩颈)处的横截面面积,mm^2;
S_0——试件的原横截面面积,mm^2。

3.硬度

钢材表面局部体积内抵抗更硬物体压入的能力称为硬度。钢材硬度值越高,表示它抵抗局部塑性变形的能力越大。硬度值与强度指标(R_{eL},R_m)和塑性指标(A,Z)有一定的相关性。

我国现行国家标准测定金属硬度的方法有:布氏硬度、洛氏硬度和维氏硬度 3 种,最常用的为布氏硬度和洛氏硬度。

(1)布氏硬度

布氏硬度测定方法是将一个标准淬火钢球用力压入试件,经一定时间后卸去荷载,试件表面留有球的压痕,如图 7-1-3 所示。计算压痕单位表面积所承受的荷载值即为布氏硬度,当压头用淬火钢球时,用 HBS 表示,按式(7-1-8)计算。

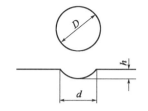

图 7-1-3 布氏硬度试验原理示意图

$$\mathrm{HBS} = 0.102 \times \frac{2F}{\pi D^2 [1 - \sqrt{1 - (d^2/D^2)}]} \quad (7\text{-}1\text{-}8)$$

d-压痕平均直径,其中 $d = \frac{d_1 + d_2}{2}$;h-压痕深度,$h = \frac{D - \sqrt{D^2 - d^2}}{s}$;$D$-钢筋直径

式中:HBS——布氏硬度;
  F——施加荷载,N;
  D——钢球直径,mm;
  d——压痕直径,mm。

(2)洛氏硬度

洛氏硬度测定方法是用金刚石圆锥体或钢球做压头,在初始试验力(F_0)和总试验力 F(F = 初始试验力 F_0 + 主试验力 F_1)的先后作用下,将压头压入试件。洛氏硬度值是以卸除主试验力 F_1 而保留初始试验力 F_0 时,压入试件的深度 h_1 与在初始试验力作用下的压入深度 h_0 之差($h_1 - h_0$)计算的,如图 7-1-4 所示:($h_1 - h_0$)的数值越大,表示试样越软;反之,表示试样越硬。这和习惯概念正好相反,故改用一常数 K 减去($h_1 - h_0$)之差来表示硬度的高低,并规定每压入 0.002mm 为一硬度单位,以 HR 表示,按式(7-1-9)计算。

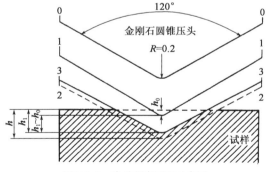

图 7-1-4 洛氏硬度原理示意图

R-金刚石压头角度 120°,顶端球面半径 0.2mm;h_0-初始试验力作用下的压入深度;0-未施加试验力时的压头位置;1-初试验力 F_0 下的压头位置;2-主试验力 F_1 下的压头位置;3-卸除主试验力 F_1 后的弹性回复深度

$$\mathrm{HR} = \frac{K - (h_1 - h_0)}{0.002} \quad (7\text{-}1\text{-}9)$$

式中:HR——洛氏硬度值;
  h_0——在初始试验力作用下,压头压入试件的深度,mm;

h_1——在卸除主试验力而保留初始试验力时,压头压入试件的深度,mm;
K——常数。

4. 冲击韧性

冲击韧性是钢材在瞬间动荷载作用下,抵抗破坏的能力。钢构件在工作过程中常受到冲击荷载,因此对钢材的抗冲击力也有一定的要求。按我国国家标准试验方法的横梁式摆锤冲击法为标准方法。如图7-1-5所示按规定制成有槽口的标准试件,以横梁式放在冲击试验机的支座上,然后将试验机的摆锤升至规定高度,突然松开,摆锤自由下落,冲断试件。试验表盘上指示出冲断试样时所消耗的功,按式(7-1-10)计算。

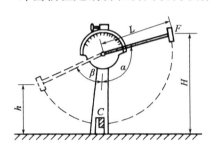

图7-1-5 钢材冲击试验示意图
h-冲击中摆锤的质心终点高度;C-支座;H-摆锤质心初始高度;L-摆长;F-摆锤;α-摆锤的起始下落角;β-击断试样后最大扬起的角度

$$a_k = \frac{A_k}{A} \quad (7\text{-}1\text{-}10)$$

式中:α_k——钢材的冲击韧性;
A_k——摆锤冲断试件所做的功,kJ;
A——试样断口的截面面积,mm^2。

α_k值低的钢材在断裂前没有显著的塑性变形,属脆性材料,不宜用作承担冲击荷载的构件,如连杆、桥梁轨道等。

5. 冷弯性能

冷弯性能是钢材在常温条件下承受规定弯曲程度的弯曲变形的能力,并且是显示缺陷的一种工艺性能。

钢材的冷弯性能是以规定尺寸的试件,在常温条件下进行弯曲试验。弯曲的指标与试件被弯曲的角度、弯心的直径与试件的厚度(或直径)的比值有关。弯曲角度越大,弯心直径与试件厚度比越小,则表示弯曲性能的要求越高。按我国现行国家标准有下列三种类型:①达到某规定的角度的弯曲;②绕着弯心弯到两面平行;③弯到两面接触的重合弯曲。按规定试件弯曲处不产生裂纹、断裂和起层等现象即认为合格。

完成配套学习指导手册任务7-1的内容。

任务7-2 认识桥梁用钢材制品及其技术性质

根据工程使用条件和特点,用于桥梁建筑的钢材应具有良好的综合力学性能、焊接性和抗蚀性。常用的桥梁建筑用钢材包括碳素结构钢、优质碳素结构钢、低合金结构钢和桥梁用结构

钢,其中碳素结构钢 Q235 具有较高的强度和良好的塑性、韧性,易于焊接,广泛用于桥梁构件及钢筋混凝土结构中,是目前应用最广泛的钢种。低合金结构钢最适用于大跨度桥梁工程。

桥梁建设中常用的钢筋混凝土和预应力用钢筋、钢丝包括钢筋混凝土用钢筋(含热轧带肋钢筋、热轧光圆钢筋)、预应力混凝土用钢棒、预应力混凝土用钢绞线、预应力混凝土用螺纹钢筋等。

钢筋混凝土结构对钢筋的要求是:力学强度较高,具有一定的塑性、韧性、冷弯性能和焊接性。热轧光圆钢筋的强度较低,但塑性及焊接性好,便于冷加工,广泛用作普通钢筋混凝土中的非预应力钢筋;热轧带肋钢筋的强度较高,塑性及焊接性也较好,广泛用作大、中型钢筋混凝土结构的受力钢筋以及预应力钢筋。

钢丝和钢绞线均由优质碳素结构钢经过冷加工、热处理、冷轧、绞捻等过程制成。它们的特点是强度高、安全可靠、便于施工,一般用于预应力混凝土结构中。预应力钢丝和钢绞线主要用于大跨度、大负荷的桥梁,电杆、轨枕、屋架、大跨度吊车梁等,安全可靠,节约钢材,且不需冷拉、焊接接头等加工,因此在土木工程中得到广泛应用。

一 桥梁建筑用钢的技术要求

用于桥梁建筑的钢材,根据工程使用条件和特点,应具有下列技术要求。

1. 良好的综合力学性能

桥梁结构在使用中承受复杂的交通荷载,在无遮盖条件下还要经受大气条件的严酷环境考验,为此必须具有良好的综合力学性能,即除具有较高的屈服点与抗拉强度外,还应具有良好的塑性、冷弯性能、冲击韧性和抵抗振动应力的疲劳强度,以及低温(-40℃)时的冲击韧性。

2. 良好的焊接性

由于近代焊接技术的发展,桥梁钢结构趋向于采用焊接结构代替铆接结构,以加快施工速度和节约钢材。桥梁在焊接后不易整体热处理,因此要求钢材具有良好的焊接性,即焊接的连接部分应强而韧,并应不低于或略低于焊件本身,以防止产生硬化脆裂和内应力过大等现象。

3. 良好的抗蚀性

因为桥梁长期暴露于环境中,所以要求桥梁用钢具有良好的抵抗环境因素腐蚀的性能。

二 桥梁建筑用主要钢材

桥梁建筑用钢材主要有碳素结构钢、优质碳素结构钢和低合金结构钢等。

1. 碳素结构钢

在选用碳素结构钢时,其化学成分和力学性能均需保证。

(1)碳素结构钢的牌号

碳素结构钢按化学成分和力学性能(屈服点)分为 Q195、Q215、Q235 和 Q275 四个牌号。

牌号表示方法按国家标准(GB/T 700—2006)规定:碳素结构钢按屈服点的数值(MPa)分为195、215、235和275四个强度级;按硫、磷杂质的含量分为A、B、C和D四个质量等级;按脱氧程度分为特殊镇静钢(TZ)、镇静钢(Z)和沸腾钢(F)。碳素结构钢的牌号由代表屈服强度的字母、屈服强度数值、质量等级符号和脱氧方法符号等4个部分按顺序组成。例如Q215AF表示屈服点为215MPa的A级沸腾钢,其中Q是屈服强度的拼音首字母,215表示屈服强度215MPa,A表示A级钢,F表示沸腾钢。

(2)碳素结构钢的性能

碳素结构钢的性能应符合我国国标《碳素结构钢》(GB/T 700—2006)的要求,其化学组成和力学性能见表7-2-1~表7-2-3。

碳素结构钢的化学成分　　　　　　　　　　　　　　　　　表7-2-1

牌号	统一数字代号[①]	等级	厚度(或直径)(mm)	化学成分(质量分数)(%),不大于					脱氧方法
				C	Mn	Si	S	P	
Q195	U11952	—		0.12	0.50	0.30	0.040	0.035	F,Z
Q215	U12152	A	—	0.15	1.20	0.35	0.050	0.045	F,Z
	U12155	B					0.045		
Q235	U12352	A		0.22	1.40	0.35	0.050	0.045	F,Z
	U12355	B		0.20[②]			0.045		
	U12358	C		0.17			0.040	0.040	Z
	U12359	D					0.035	0.035	TZ
Q275	U12752	A	—	0.24	1.50	0.35	0.050	0.045	F,Z
	U12755	B	≤40	0.21			0.045	0.045	Z
			>40	0.22					
	U12758	C		0.20			0.040	0.040	Z
	U12759	D					0.035	0.035	TZ

注:①表中为镇静钢、特殊镇静钢牌号的统一数字,沸腾钢牌号的统一数字代号如下:
　　Q195F-U11950;Q215AF-U12150,Q215BF-U12153,Q235AF-U12350,Q235BF-U12353,Q275AF-U12750。
②经需方同意,Q235B的碳含量可不大于0.22%。

碳素结构钢的拉伸与冲击性能　　　　　　　　　　　　　表7-2-2

牌号	等级	拉伸试验												冲击试验(V型缺口)	
		屈服强度[①] R_{eH}(N/mm²),不小于						抗拉强度[②] R_m(N/mm²)	断后伸长率 A(%),不小于					温度(℃)	冲击吸收功(纵向)(J)不小于
		厚度(或直径)(mm)							厚度(或直径)(mm)						
		≤16	>16~40	>40~60	>60~100	>100~150	>150~200		≤40	>40~60	>60~100	>100~150	>150~200		
Q195	—	195	185	—	—	—	—	315~430	33	—	—	—	—	—	—
Q215	A	215	205	195	185	175	165	335~450	31	30	29	27	26	—	—
	B													+20	27

续上表

牌号	等级	拉伸试验												冲击试验（V型缺口）	
		屈服强度[①] R_{eH}(N/mm²)，不小于						抗拉强度[②] R_m (N/mm²)	断后伸长率 A(%)，不小于						温度(℃)	冲击吸收功（纵向）(J) 不小于
		厚度（或直径）(mm)							厚度（或直径）(mm)							
		≤16	>16~40	>40~60	>60~100	>100~150	>150~200		≤40	>40~60	>60~100	>100~150	>150~200			
Q235	A	235	225	215	215	195	185	370~500	26	25	24	22	21	—	—
	B													+20	27[③]
	C													0	
	D													−20	
	B													20	
Q275	A	275	265	255	245	225	215	410~540	22	21	20	18	17	—	—
	B													+20	27
	C													0	
	D													−20	

注：①Q195的屈服强度值仅供参考，不做交货条件。
②厚度大于100mm的钢材，抗拉强度下限允许降低20N/mm²。宽带钢（包括剪切钢板）抗拉强度上限不作交货条件。
③厚度小于25mm的Q235B级钢材，如供方能保证冲击吸收功合格，经需方同意，可不作检验。

碳素结构钢的冷弯性能　　　　　　　　　　　　　　　　　表7-2-3

牌号	试样方向	冷弯试验180° $B=2a$[①]	
		钢材厚度（或直径）[②]（mm）	
		≤60	>60~100
		弯心直径 d	
Q195	纵	0	—
	横	0.5a	
Q215	纵	0.5a	1.5a
	横	a	2a
Q235	纵	a	2a
	横	1.5a	2.5a
Q275	纵	1.5a	2.5a
	横	2.5a	3a

注：①B 为试样宽度，a 为试样厚度（或直径）。
②钢材厚度（或直径）大于100mm时，弯曲试验由双方协商确定。

从表7-2-1、表7-2-2可以看出，自Q195~Q275，牌号越大，其含碳量和含锰量越高。同时可以看出，随着牌号增大（即碳锰含量的提高），屈服点和抗拉强度随之提高，但伸长率随之降低。

(3)碳素结构钢的应用

由于四个牌号的性能不同,其用途也不同。

①Q195、Q215号钢塑性高,易于冷弯和焊接,但强度较低,故多用于受荷载较小及焊接构件。

②Q235号钢具有较高的强度和良好的塑性、韧性,易于焊接,且经焊接及气割后力学性能亦仍稳定,有利于冷热加工,故广泛地用于桥梁构件及钢筋混凝土结构中的钢筋等,是目前应用最广泛的钢种。

③Q275号钢的屈服强度较高,但塑性、韧性和焊接性较差,可用于钢筋混凝土结构中配筋及钢结构的构件和螺栓。

2. 优质碳素结构钢

优质碳素结构钢简称优质碳素钢。这类钢与碳素结构钢相比,由于允许的硫、磷含量比碳素钢要低,所以综合力学性能比普通碳素结构钢好。

(1)钢号表示方法

按国家标准《优质碳素结构钢》(GB/T 699—2015)规定,优质碳素结构钢根据冶金质量等级分为优质钢、高级优质钢(代号为A)和特级优质钢(代号为E)。

优质碳素结构钢的化学成分中,对硫、磷含量要求较为严格,规定优质钢硫含量不大于0.035%、磷含量不大于0.035%;高级优质钢硫含量不大于0.030%、磷含量不大于0.030%;特级优质钢硫含量不大于0.020%、磷含量不大于0.025%。

(2)优质碳素结构钢的性能

优质钢有31个牌号,现摘要其常用的几个牌号的化学成分和力学性能见表7-2-4。

优质碳素结构钢的化学成分和力学性能 表7-2-4

序号	牌号	化学成分(%)						力学性能				
		C	Si	Mn	Ni	Cr	Cu	抗拉强度 R_m (MPa)	下屈服强度 R_{eL}^d (MPa)	断后伸长率 A (%)	断面收缩率 Z (%)	冲击吸收能量 KU_2 (J)
					不大于			不小于				
1	30Mn	0.27~0.34	0.17~0.37	0.70~1.00	0.30	0.25	0.25	540	315	20	45	63
2	35Mn	0.32~0.39	0.17~0.37	0.70~1.00	0.30	0.25	0.25	560	335	18	45	55
3	40Mn	0.37~0.44	0.17~0.37	0.70~1.00	0.30	0.25	0.25	590	355	17	45	47
4	45Mn	0.42~0.50	0.17~0.37	0.70~1.00	0.30	0.25	0.25	620	375	15	40	39
5	60Mn	0.57~0.65	0.17~0.37	0.70~1.00	0.30	0.25	0.25	690	410	11	35	—
6	65Mn	0.62~0.70	0.17~0.37	0.90~1.20	0.30	0.25	0.25	735	430	9	30	—

(3)工程应用

优质碳素结构钢适于热处理后使用,但也可不经过热处理而直接使用。这种钢在建筑上应用不太多。一般常用30、35、40和45钢做高强度螺栓,45钢用作预应力钢筋的锚具,65、

70、75 和 80 钢可用于生产预应力混凝土用的碳素钢丝、刻痕钢丝和钢绞线。

3. 低合金结构钢

在碳素结构钢的基础上，加入少量或微量的合金元素，可大大改善其性能，从而获得高强度、高韧度和良好的可焊性的低合金钢。这类钢称为低合金结构钢（简称"普低钢"）。

（1）低合金结构钢的性能

低合金结构钢具有以下优点。

①强度高、综合性能好。碳素结构钢（如 Q355）的屈服点一般为 355MPa，抗拉强度为 400~470MPa。而低合金结构钢屈服点一般为 300~700MPa，抗拉强度为 400~1000MPa，由于其强度较碳素结构钢高，故称高强钢。低合金结构钢由于含碳量限制在 0.20% 以下，这样就保证有良好的塑性、低温韧性和焊接性等。同时掺入少量合金元素提高其强度，故可达到综合性好的效果。

②质量轻。采用低合金结构钢建造的构件，其质量和所需要的钢材量可较碳素结构钢减少 20%~30%，从而降低了成本，且便利运输和安装。

③耐蚀性好。合金中某些元素（如铜、磷等）不仅能提高低合金钢的强度而且能提高耐蚀性。

综上可知，低合金结构钢最适用于大跨度的桥梁工程。

《低合金高强度结构钢》（GB/T 1591—2018）中低合金高强度结构钢共分为 Q355、Q390、Q420、Q460、Q500、Q550、Q620、Q690 八个牌号，其命名方法由代表屈服点（Q）、规定的最小屈服强度数值、交货状态代号（热轧时，交货状态代号 AR 或 WAR 可省略；交货状态为正火或正火轧制状态代号均为 N）、质量等级符号（B、C、D、E、F）四个部分按顺序排列。例如：Q355ND 中 Q 为钢材屈服点汉语拼音的首位字母；355 表示最小上屈服强度值，单位 MPa；N 为交货状态为正火或正火轧制；D 为质量等级。

低合金高强度结构钢的含碳量较低是为了使钢材具有良好的加工性能（如焊接性等），强度的提高主要由添加合金元素解决。表 7-2-5、表 7-2-6 列出了部分低合金结构钢力学性能指标。

热轧钢材的拉伸性能 表 7-2-5

牌号		上屈服强度 R_{eH}[①]（MPa） 不小于								抗拉强度 R_m（MPa）			
钢级	质量等级	公称厚度或直径（mm）											
		≤16	>16~40	>40~63	>63~80	>80~100	>100~150	>150~200	>200~250	>250~400	≤100	>100~150	>150~250	>250~400
Q355	B、C	355	345	335	325	315	295	285	275	—	470~630	450~600	450~600	—
	D									265[②]				450~600[②]
Q390	B、C、D	390	380	360	340	340	320	—	—	—	490~650	470~620	—	—
Q420[③]	B、C	420	410	390	370	370	350	—	—	—	520~680	500~650	—	—
Q460[③]	C	460	450	430	410	410	390	—	—	—	550~720	530~700	—	—

注：①当屈服强度不明显时，可用规定塑性延伸强度 $R_{p0.2}$ 代替上屈服强度。
②只适用于质量等级为 D 的钢板。
③只适用于型钢和棒材。

热轧钢材的伸长率 表 7-2-6

牌号		断后伸长率 A(%) 不小于					
钢级	质量等级	试样方向	公称厚度或直径(mm)				
			≤40	>40~63	>63~100	>100~150	>150~250	>250~400
Q355	B、C、D	纵向	22	21	20	18	17	17①
		横向	20	19	18	18	17	17①
Q390	B、C、D	纵向	21	20	20	19	—	—
		横向	20	19	19	18	—	—
Q420②	B、C	纵向	20	19	19	19	—	—
Q460②	C	纵向	18	17	17	17	—	—

注:①只适用于质量等级为 D 的钢板。
②只适用于型钢和棒材。

4. 桥梁用结构钢

我国《桥梁用结构钢》(GB/T 714—2015)规定了桥梁结构钢的牌号表示方法、订货内容、尺寸、外形、重量及允许偏差、技术要求、试验方法、检测规则、包装、标志和质量证明书等。桥梁用钢的牌号由代表屈服强度的汉语拼音字、屈服强度数值、桥字的汉语拼音字母、质量等级符号 4 个部分组成,如 Q345qC,其中 Q 表示屈服点;345 代表屈服点数值,单位 MPa;q 为桥梁的钢的桥字汉语拼音首位字母;C 即质量等级为 C 级。

钢的牌号与力学性能与工艺性能应符合表 7-2-7、表 7-2-8 的规定。

桥梁结构钢的力学性能 表 7-2-7

牌号	质量等级	拉伸试验					冲击试验	
		下屈服强度 R_{eL}(MPa)			抗拉强度 R_m(MPa)	断后伸长率 A(%)	温度(℃)	冲击吸收能量 KV_2(J)
		厚度 ≤50mm	50mm<厚度 ≤100mm	100mm<厚度 ≤150mm				
		不小于						不小于
Q345q	C	345	335	305	490	20	0	120
	D						−20	
	E						−40	
Q370q	C	370	360	—	510	20	0	120
	D						−20	
	E						−40	
Q420q	D	420	410	—	540	19	−20	120
	E						−40	
	F						−60	47

续上表

牌号	质量等级	拉伸试验					冲击试验	
		下屈服强度 R_{eL} (MPa)			抗拉强度 R_m (MPa)	断后伸长率 A (%)	温度 (℃)	冲击吸收能量 KV_2 (J)
		厚度 ≤50mm	50mm < 厚度 ≤100mm	100mm < 厚度 ≤150mm				
		不小于						不小于
Q460q	D	460	450	—	570	18	−20	120
	E						−40	
	F						−60	47
Q500q	D	500	480	—	630	18	−20	120
	E						−40	
	F						−60	47
Q550q	D	550	530	—	660	16	−20	120
	E						−40	
	F						−60	47
Q620q	D	620	580	—	720	15	−20	120
	E						−40	
	F						−60	47
Q690q	D	690	650	—	770	14	−20	120
	E						−40	
	F						−60	47

注：1．当屈服不明显时，可测量 $R_{p0.2}$ 代替下屈服强度。
2．拉伸试验取横向试样。
3．冲击试验取纵向试样。

桥梁结构钢的工艺性能 表 7-2-8

180°弯曲试验		
厚度≤16mm	厚度>16mm	弯曲结果
D = 2a	D = 3a	试样外表面不应有肉眼可见的裂纹

注：D-弯曲压头直径；a-试样厚度。

三 钢筋混凝土和预应力用钢筋和钢丝

1．钢筋混凝土用钢筋

（1）热轧带肋钢筋

根据《钢筋混凝土用钢 第2部分：热轧带肋钢筋》（GB/T 1499.2—2024）的规定，热轧带肋钢筋（包括普通热轧带肋钢筋和细晶粒热轧带肋钢筋）按屈服强度特征值分为400级、500级、600级，普通热轧带肋钢筋的牌号为：HRB400、HRB500和HRB600，细晶粒热轧带肋钢筋的牌号为:HRBF400 和 HRBF500。H、R、B 分别为热轧、带肋、钢筋三个词的英文首位字母。图 7-2-1 为公路桥梁用钢筋和钢绞线,其中钢绞线是抗拉强度试验结束后的试验破坏样品。

图 7-2-1 公路桥梁用钢筋和钢绞线

热轧带肋钢筋混凝土结构中使用的主要钢筋类型,它的横截面为圆形,表面带有横肋,通常还带有纵肋,长度方向有两条纵肋及均匀分布的月牙状横肋,其几何形状如图 7-2-2 所示。

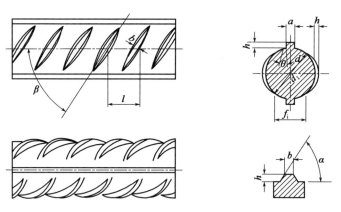

图 7-2-2 月牙肋钢筋

d_1-钢筋内径;d-横肋斜角;h-横肋高度;β-横肋与轴线夹角;h_1-纵肋高度;θ-纵肋斜角;α-纵肋顶宽;l-横肋间距;b-横肋顶宽;f_i-横肋末端间隙

①拉伸力学性能。

热轧带肋钢筋的下屈服强度 R_{eL}^d、抗拉强度 R_m、断后伸长率 A、最大力总延伸率 A_{gt} 等力学性能特征值见表7-2-9。表中,直径28~40mm各牌号钢筋的断后伸长率A可降低1%,直径大于40mm各牌号钢筋的断后伸长率A可降低2%。

热轧带肋钢筋力学性能特征值 表7-2-9

牌号	下屈服强度 R_{eL}^d(MPa)	抗拉强度 R_m(MPa)	断后伸长率A	最大力总延伸率 A_{gt}(%)	R_m^0/R_{eL}^0	R_{eL}^0/R_{eL}
			不小于			不大于
HRB400	400	540	16	7.5	—	—
HRBF400						
HRB400E			—	9.0	1.25	1.30
HRBF400E						
HRB500	500	630	15	7.5	—	—
HRBF500						
HRB500E			—	9.0	1.25	1.30
HRBF500E						
HRB600	600	730	14	7.5	—	—

注:R_m^0为钢筋实测抗拉强度;R_{eL}^0为钢筋实测下屈服强度。

钢筋力学性能的试验按照《金属材料 拉伸试验 第1部分:室温试验方法》(GB/T 228.1—2021)的有关规定进行,试样数量为2根,任选2根钢筋切取,计算强度用横截面面积采用公称横截面面积。

②弯曲性能。

钢筋弯曲性能的试验按照《金属材料 弯曲试验方法》(GB/T 232—2024)的有关规定进行,试样数量为2根,任选2根钢筋切取。按表7-2-10规定的弯芯直径弯曲180°后,钢筋受弯曲部位表面不得产生裂纹。

热轧钢筋弯曲性能要求 表7-2-10

牌号	公称直径d(mm)	弯芯直径
HRB400 HRBF400 HRB400E HRBF400E	6~25	4d
	28~40	5d
	>40~50	6d
HRB500 HRBF500 HRB500E HRBF500E HRB600	6~25	6d
	28~40	7d
	>40~50	8d

③其他检验项目。

根据工程使用需求,还可以进行其他项目如反向弯曲性能、疲劳性能、焊接性能和表面质量等的检验。表面形状及尺寸允许偏差、质量偏差及相应的检验方法,应参照《钢筋混凝土用钢 第2部分:热轧带肋钢筋》(GB/T 1499.2—2024)。

(2)热轧光圆钢筋

①拉伸力学性能。

根据《钢筋混凝土用钢 第1部分:热轧光圆钢筋》(GB/T 1499.1—2024)的规定,热轧光圆钢筋(包括热轧直条钢筋和盘卷光圆钢筋)按屈服强度特征值分为300级,其牌号为HPB300。

热轧光圆钢筋的下屈服强度R_{eL}^d、抗拉强度R_m、断后伸长率A、最大力总延伸率A_{gt}等力学性能特征值见表7-2-11,钢筋检验结果应不小于表中所列的特征值。

热轧光圆钢筋力学性能特征值　　　表7-2-11

牌号	R_{eL}^d(MPa)	R_m(MPa)	A(%)	A_{gt}(%)
HPB300	≥300	≥420	≥25.0	≥10.0

钢筋力学性能的试验按照《金属材料 拉伸试验 第1部分:室温试验方法》(GB/T 228.1—2021)的有关规定进行,试样数量为2根,任选2根钢筋切取,计算强度用横截面面积采用公称横截面面积。

②弯曲性能。

弯曲试验的弯芯直径为钢筋的公称直径,弯曲180°后,钢筋受弯曲部位表面不得产生裂纹。钢筋弯曲性能的试验按照《金属材料 弯曲试验方法》(GB/T 232—2024)的有关规定进行,试样数量为2根,任选2根钢筋切取。

③其他检验项目。

表面质量、表面形状、尺寸允许偏差、质量偏差及相应的检验方法,应参照《钢筋混凝土用钢 第1部分:热轧光圆钢筋》(GB/T 1499.1—2024)。

钢筋混凝土结构对热轧钢筋的要求是:力学强度较高,具有一定的塑性、韧性、冷弯性能和焊接性。光圆钢筋的强度较低,但塑性及焊接性好,便于冷加工,广泛用作普通钢筋混凝土中的非预应力钢筋;热轧带肋钢筋的强度较高,塑性及焊接性也较好,广泛用作大、中型钢筋混凝土结构的受力钢筋以及预应力钢筋。

2. 预应力混凝土用钢棒

按照《预应力混凝土用钢棒》(GB/T 5223.3—2017)的规定,预应力混凝土用钢棒(以下称为钢棒)是低合金钢热轧圆盘条经过冷加工后(或不经过冷加工)淬火和回火所得,按表面形状分为光圆、螺旋槽、螺旋肋和带肋钢棒。

钢棒按不同的制造加工有不同的强度等级和试验要求,此外还有延性级别和松弛级别要求。

①拉伸力学性能。

钢棒的抗拉强度R_m、规定非比例延伸强度$R_{p0.2}$见表7-2-12,伸长特性(断后伸长率A、最大力总伸长率A_{gt})要求见表7-2-13,钢棒检验结果应不小于表中所列的规定值。

预应力混凝土用钢棒强度要求　　　　　　　　　　　　　　　表 7-2-12

表面形状类型	公称直径(mm)	R_m(MPa)	$R_{p0.2}$(MPa)
光圆	6~16	对所有规格 1080 1230 1420 1570	对所有规格 930 1080 1280 1420
螺旋槽	7.1~14.0		
螺旋肋	6~14		
带肋	6~16		
螺旋肋	16-22	1080 1270	930 1140

预应力混凝土用钢棒伸长特性要求　　　　　　　　　　　　　　表 7-2-13

延性级别	$A_{gt}(\%)(L_0=200mm)$	$A(\%)(L_0=8d)$
延性 35	3.5	7.0
延性 25	2.5	5.0

注:L_0 为标距;d 为钢棒公称直径。

钢棒力学性能的试验按照《金属材料拉伸试验第 1 部分:室温试验方法》(GB/T 228.1—2021)的有关规定进行;抗拉强度试样数量为 1 根/盘,规定非比例延伸强度试样数量为 3 根/批,断后伸长率试样数量为 1 根/盘,最大力总伸长率试样数量为 3 根/批,从每(任一)盘中任意一端截取;计算强度用横截面面积采用公称横截面面积。拉伸试验后,目视观察,钢棒应呈现出缩颈韧性断口。

②弯曲性能。

公称直径不大于 10mm 的钢棒(螺旋槽钢棒和带肋钢棒除外)应按表 7-2-14 的规定进行反复弯曲试验,公称直径大于 10mm 的钢棒(螺旋槽钢棒和带肋钢棒除外)应按表 7-2-14 的规定进行弯曲试验。

钢棒的弯曲性能要求　　　　　　　　　　　　　　　　　表 7-2-14

表面形状类型	公称直径 d	弯曲性能	
		性能要求	弯曲半径(mm)
光圆	6	反复弯曲不小于 4 次/180°	15
	7、8		20
	9、10		25
	11~16	弯曲 160°~180°后弯曲处无裂纹	弯芯直径为钢棒公称直径的 10 倍
螺旋肋	6	反复弯曲不小于 4 次/180°	15
	7、8		20
	9、10		25
	11~22	弯曲 160°~180°后弯曲处无裂纹	弯芯直径为钢棒公称直径的 10 倍

钢棒反复弯曲试验按照《金属材料　线材　反复弯曲试验方法》(GB/T 238—2013)的有关规定进行,钢棒弯曲试验按照《金属材料　弯曲试验方法》(GB/T 232—2024)的有关规定进行,试样数量均为 3 根/批,从每(任一)盘中任意一端截取。

③应力松弛性能。

钢棒应进行初始应力为70%公称抗拉强度时1000h的松弛试验,如需方有要求,也应测定初始应力为60%和80%公称抗拉强度时1000h的松弛值,实测松弛值应不大于表7-2-15规定的最大松弛值。

钢棒最大松弛值 表7-2-15

初始应力为公称抗拉强度的百分数(%)	1000h松弛值(%)	初始应力为公称抗拉强度的百分数(%)	1000h松弛值(%)
70	2.0	80	4.5
60	1.0	—	—

应力松弛试验应参照《金属材料拉伸应力松弛试验方法》(GB/T 10120—2013)的有关规定进行。试样数量为不少于1根/每条生产线每个月,从每(任一)盘中任意一端截取。

其他检验项目如疲劳试验、表面质量、横截面面积等相应的检验方法,应参照《预应力混凝土用钢棒》(GB/T 5223.3—2017)。

3.预应力混凝土用钢丝和钢绞线

(1)预应力混凝土用钢丝

钢丝和钢绞线均由优质碳素结构钢经过冷加工、热处理、冷轧、绞捻等过程制得。它们的特点是强度高、安全可靠、便于施工,一般用于预应力混凝土结构中。图7-2-3为钢铰线与锚具结合使用,图7-2-4为桥梁用钢绞线。

图7-2-3 钢绞线与锚具结合使用

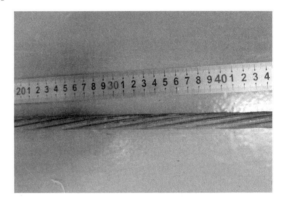

图7-2-4 钢绞线图示

按照《预应力混凝土用钢丝》(GB/T 5223—2014)的规定,钢丝可按加工状态分为冷拉钢丝和消除应力钢丝两类。消除应力钢丝按松弛性能又可分为低松弛级钢丝和普通松弛级钢丝。其代号分别是:冷拉钢丝为WCD,低松弛钢丝为WLR,普通松弛钢丝为WNR。钢丝按外形分为光圆、螺旋肋、刻痕三种,其代号分别是:光圆钢丝为P、螺旋肋钢丝为H、刻痕钢丝为I。

钢丝由含碳量不低于0.8%的优质碳素结构钢盘条,经冷拔及回火制成,具有较好的力学性能。将钢丝表面沿长度方向压出刻痕钢丝,如图7-2-5所示。这种钢丝应用于钢筋混凝土结构中可以增加钢丝与混凝土之间的摩擦阻力,改善钢筋混凝土结构的受力性能。预应力螺旋肋钢丝的外形如图7-2-6所示。

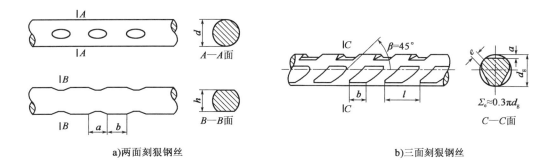

a)两面刻痕钢丝　　　　　　　　b)三面刻痕钢丝

图 7-2-5　刻痕钢丝外形图
e-螺旋肋导程；a-刻痕深度；b-刻痕长度；l-刻痕节距；d_g-基圆直径

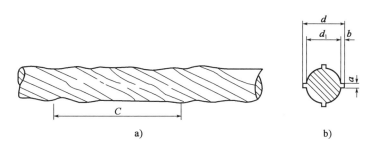

图 7-2-6　预应力螺旋肋钢丝外形图
C-螺旋肋导程；d-外轮廓直径；b-单肋高度；a-单肋宽度；d_1-基圆直径

（2）预应力混凝土用钢绞线的分类

预应力钢绞线按结构分别用两根、三根和七根圆形断面的高强度钢丝捻制而成，根据其应力松弛性能又可将其分为Ⅰ级松弛（代号Ⅰ）和Ⅱ级松弛（代号Ⅱ）两种。钢绞线的标记反映了钢绞线的分类情况。例如："预应力钢绞线 1×7—15.20—1860—GB/T 5224—2023"表示公称直径为 15.20mm、强度级别为 1860MPa、七根钢丝捻制而成的标准型钢绞线。"GB/T 5224—2023"为现行国家标准《预应力混凝土用钢绞线》的代号。

每盘钢绞线由一整根组成，其长度不小于 200m。钢绞线的捻向一般向左（S）捻，特殊情况下也可向右（Z）捻。捻制后，为消除捻制时产生的应力，应进行热处理。

按照《预应力混凝土用钢绞线》（GB/T 5224—2023）的规定，预应力混凝土用钢绞线（以下称为钢绞线）按结构形式分为以下 8 类，其代号为：

①用 2 根钢丝捻制的钢绞线，1×2。
②用 3 根钢丝捻制的钢绞线，1×3。
③用 3 根刻痕钢丝捻制的钢绞线，1×3I。
④用 7 根钢丝捻制的标准型钢绞线，1×7。
⑤用 6 根刻痕钢丝和 1 根冷拉光圆中心钢丝捻制的钢绞线，1×7I。
⑥用 6 根含有螺旋肋钢丝和 1 根冷拉光圆中心钢丝捻制又经模拔的钢绞线，(1×7)H。

项目 7　钢材　323

⑦用19根冷拉光圆钢丝捻制的1+9+9西鲁式钢绞线,1×19S。
⑧用19根冷拉光圆钢丝捻制的1+6+6/6瓦林吞式钢绞线,1×19W。

钢绞线的产品标记包含:结构代号、公称直径、强度级别和标准编号。其中较常用的是标准型钢绞线1×7。

(3)预应力混凝土用钢绞线的性能

①力学性能。

按不同的结构形式、公称直径和强度等级,有不同的力学性能要求,表7-2-16为1×2结构钢绞线的力学性能要求,L_o为标距。

1×2结构钢绞线的力学性能　　　　表7-2-16

钢绞线公称直径 D_n(mm)	公称抗拉强度 R_m(MPa)	整根钢绞线最大力 F_M(kN) ≥	整根钢绞线最大力的最大值 $F_{m,max}$(kN) ≤	0.2%屈服力 $F_{p0.2}$(kN) ≥	最大力总伸长率 (L_o≥400mm) A_{gt}(%) ≥
5.00	1720	16.9	18.9	14.9	对所有规格3.5
5.80		22.7	25.3	20.0	
8.00		43.2	48.2	38.0	
10.00		67.6	75.5	59.5	
12.00		97.2	108	85.5	
5.00	1860	18.3	20.2	16.1	
5.80		24.6	27.2	21.6	
8.00		46.7	51.7	41.1	
10.00		73.1	81.0	64.3	
12.00		105	116	92.5	
5.00	1960	19.2	21.2	16.9	
5.80		25.9	28.5	22.8	
8.00		49.2	54.2	43.3	
10.00		77.0	84.9	67.8	

钢绞线力学性能的试验按照《预应力混凝土用钢材试验方法》(GB/T 21839—2019)的有关规定进行,但试样在夹头内和距钳口2倍钢绞线公称直径内断裂达不到标准要求时,试验无效。计算抗拉强度时取钢绞线的公称横截面面积值。屈服力 $F_{p0.2}$ 即为引伸计标距(不小于一个捻距)的非比例延伸达到引伸计标距0.2%时的力。测定最大力总伸长率时,如有预加负荷,应考虑将预加负荷所产生的伸长率计入总伸长率内。

整根钢绞线的最大力试样数量为3根/批,屈服力试样数量为3根/批,最大力总伸长率试样数量为3根/批,从每(任一)盘中任意一端截取。

②应力松弛性能。

所有不同规格钢绞线的松弛性能要求见表7-2-17,实测应力松弛率应不大于表中规定的松弛率。

钢绞线应力松弛性能要求　　　　　　　　表 7-2-17

初始负荷相当于实际最大力的百分数(%)	1000h 应力松弛率 r(%)　≤
70	2.5
80	4.5

应力松弛试验应参照《预应力混凝土用钢材试验方法》(GB/T 21839—2019)的有关规定进行,试样的环境温度应保持在 20℃±2℃ 内,标距长度不小于公称直径的 60 倍,试样制备后不得进行任何热处理和冷加工,允许用至少 120h 的测试数据推算 1000h 的松弛值。试样数量为不少于 1 根/每合同批,从每(任一)盘卷中任意一端截取。

③其他检验项目。

表面质量、外形尺寸和钢绞线伸直性的检验,疲劳性能试验和偏斜拉伸试验,应参照《预应力混凝土用钢绞线》(GB/T 5224—2023)。

预应力钢丝和钢绞线主要用于大跨度、大负荷的桥梁、电杆、轨枕、屋架、大跨度吊车梁等,安全可靠,节约钢材,且不需要冷拉、焊接接头等加工,因此在土木工程中得到广泛应用。

4. 预应力混凝土用螺纹钢筋

按照《预应力混凝土用螺纹钢筋》(GB/T 20065—2016)的规定,预应力混凝土用螺纹钢筋(以下称为螺纹钢筋)是采用热轧、轧后余热处理或热处理等工艺生产的,外表有热轧成的不连续外螺纹的直条钢筋,可以与带有匹配形状的内螺纹的连接器或锚具进行连接。

螺纹钢筋按屈服强度划分级别,用其代号为"PSB"加上规定屈服强度最小值表示。

①力学性能。

表 7-2-18 为不同级别螺纹钢筋的力学性能要求,检验结果应不小于表中所列的规定值。如无明显屈服时,用规定非比例延伸强度 $R_{p0.2}$ 代替。

预应力混凝土用螺旋钢筋力学性能　　　　　　　　表 7-2-18

级别	屈服强度 R_{eL}(MPa)	抗拉强度 R_m(MPa)	断后伸长率 A(%)	最大力总伸长率 A_{gt}(%)
PSB785	785	980	8	3.5
PSB830	830	1030	7	
PSB930	930	1080	7	
PSB1080	1080	1230	6	
PSB1200	1200	1330	6	

螺纹钢筋力学性能的试验按照《金属材料拉伸试验　第 1 部分:室温试验方法》(GB/T 228.1—2021)的有关规定进行,计算应力时用公称横截面面积。试样数量为 2 根。

②应力松弛性能。

各个级别螺纹钢筋的松弛性能要求均相同,初始应力取 $0.7R_{eL}$(公称屈服强度),实测 1000h 后应力松弛率不大于 4%。

应力松弛试验应参照《金属材料 拉伸应力松弛试验方法》(GB/T 10120—2013)的有关规定进行,试样的环境温度应保持在 20℃±2℃ 内,标距长度不小于公称直径的 60 倍,试样制备后不得进行任何热处理和冷加工,初始负荷应在 3~5min 内均匀施加完毕、持荷 1min 后开始记录松弛值,允许用至少 120h 的测试数据推算 1000h 的松弛值。试样数量为 1 根/1000t。

③其他检验项目。

表面质量、外形尺寸的检验以及疲劳性能试验,应参照《预应力混凝土用螺纹钢筋》(GB/T 20065—2016)。

7-1 钢绞线拉伸

7-2 钢绞线松弛

7-3 钢筋拉伸

7-4 钢筋弯曲

完成配套学习指导手册任务7-2的内容。

参 考 文 献

[1] 严家汲.道路建筑材料[M].北京:人民交通出版社,2001.
[2] 陈晓明.道路材料[M].合肥:合肥工业大学出版社,2013.
[3] 中华人民共和国行业标准.公路土工试验规程:JTG 3430—2020[S].北京:人民交通出版社股份有限公司,2020.
[4] 中华人民共和国国家标准.土工合成材料应用技术规范:GB/T 50290—2014[S].北京:人民交通出版社股份有限公司,2014.
[5] 中华人民共和国行业标准.公路工程土工合成材料试验规程:JTG E50—2006[S].北京:人民交通出版社,2006.
[6] 中华人民共和国行业标准.公路路面基层施工技术细则:JTG/T F20—2015[S].北京:人民交通出版社股份有限公司,2015.
[7] 中华人民共和国行业标准.公路工程集料试验规程:JTG 3432—2024[S].北京:人民交通出版社股份有限公司,2024.
[8] 中华人民共和国行业标准.公路工程无机结合料稳定材料试验规程:JTG 3431—2024[S].北京:人民交通出版社股份有限公司,2024.
[9] 中华人民共和国行业标准.公路工程水泥及水泥混凝土试验规程:JTG 3420—2020[S].北京:人民交通出版社股份有限公司,2020.
[10] 中华人民共和国行业标准.公路工程沥青及沥青混合料试验规程:JTG E20—2011[S].北京:人民交通出版社,2011.
[11] 中华人民共和国行业标准.公路沥青路面施工技术规范:JTG F40—2004[S].北京:人民交通出版社,2004.
[12] 中华人民共和国行业标准.公路工程质量检测评定标准:JTG F80/1—2017[S].北京:人民交通出版社股份有限公司,2018.
[13] 中华人民共和国国家标准.数值修约规则与极限数值的表示与判定:GB/T 8170—2008[S].北京:中国标准出版社,2008.
[14] 中华人民共和国国家标准.统计学词汇及符号 第2部分:应用统计:GB/T 3358.2—2009[S].北京:中国标准出版社,2009.
[15] 交通运输部职业资格中心.公路水运工程试验检测专业技术人员职业资格考试用书 道路工程(2022年版)[M].北京:人民交通出版社股份有限公司,2022.
[16] 申爱琴.道路工程材料[M].3版.北京:人民交通出版社股份有限公司,2023.
[17] 中华人民共和国国家标准.混凝土外加剂术:GB/T 8075—2017[S].北京:中国标准出版社,2018.
[18] 中华人民共和国国家标准.混凝土外加剂:GB/T 8076—2008[S].北京:中国标准出版社,2009.
[19] 中华人民共和国行业标准.公路工程水泥混凝土外加剂:JT/T 523—2022[S].北京:人民交通出版社股份有限公司,2022.
[20] 中华人民共和国国家标准.冷轧带肋钢筋:GB/T 13788—2017[S].北京:中国标准出版

社,2017.
- [21] 中华人民共和国国家标准.预应力混凝土用钢丝:GB/T 5223—2014[S].北京:中国标准出版社,2015.
- [22] 中华人民共和国国家标准.碳素结构钢:GB/T 700—2006[S].北京:中国标准出版社,2007.
- [23] 中华人民共和国国家标准.建设用砂:GB/T 14684—2022[S].北京:中国标准出版社,2022.
- [24] 沙庆林.高等级公路半刚性基层沥青路面[M].北京:人民交通出版社,1998.
- [25] 中华人民共和国国家标准.混凝土强度检验评定标准:GB/T 50107—2010[S].北京:中国建筑工业出版社,2010.
- [26] 关于印发《公路水运工程试验检测专业技术人员职业资格制度规定》和《公路水运工程试验检测专业技术人员职业资格考试实施办法》的通知(2015年6月23日 人力资源社会保证部 交通运输部 人社部发[2015]59号).
- [27] 中华人民共和国交通运输行业标准.公路试验检测数据报告编制导则:JT/T 828—2012[S].北京:人民交通出版社,2012.

目 录
Contents

项目 1 / 土工与土工合成材料 ……………………………………………… 001
    任务 1-1　岩石的概念与技术性质 ……………………………… 001
    任务 1-2　认识土及其技术性质 ………………………………… 002
    任务 1-3　认识土工合成材料 …………………………………… 003
    任务 1-4　公路工程土工合成材料试验 ………………………… 006
    项目 1　检测报告 ………………………………………………… 010

项目 2 / 集料 ……………………………………………………………… 015
    任务 2-1　认识集料及其技术性质 ……………………………… 015
    任务 2-2　粗集料筛分试验 ……………………………………… 019
    任务 2-3　粗集料密度及吸水率试验（网篮法）………………… 022
    任务 2-4　粗集料堆积密度及空隙率试验 ……………………… 024
    任务 2-5　粗集料针、片状颗粒含量试验 ……………………… 025
    任务 2-6　粗集料压碎值试验 …………………………………… 027
    任务 2-7　细集料表观密度试验（容量瓶法）…………………… 029
    任务 2-8　细集料堆积密度及空隙率试验 ……………………… 031
    任务 2-9　矿质混合料组成设计 ………………………………… 032
    项目 2　检测报告 ………………………………………………… 036

项目 3 / 水泥 ……………………………………………………………… 047
    任务 3-1　认识水泥的技术性质与技术要求 …………………… 047
    任务 3-2　水泥细度试验 ………………………………………… 051
    任务 3-3　水泥标准稠度用水量测定 …………………………… 052
    任务 3-4　水泥凝结时间测定 …………………………………… 054
    任务 3-5　水泥安定性试验 ……………………………………… 055
    任务 3-6　水泥胶砂强度试验 …………………………………… 057

项目 3　检测报告 ·· 059

项目 4 / 水泥混凝土 ·· 064

  任务 4-1　认识水泥混凝土的技术性质 ·· 064
  任务 4-2　坍落度试验 ·· 067
  任务 4-3　维勃稠度试验 ·· 069
  任务 4-4　水泥混凝土拌合物表观密度试验 ·· 069
  任务 4-5　水泥混凝土拌合物凝结时间测定 ·· 070
  任务 4-6　水泥混凝土抗压强度试验 ·· 072
  任务 4-7　水泥混凝土抗弯拉强度试验 ··· 075
  任务 4-8　无机结合料稳定材料无侧限抗压强度试验方法 ······················ 076
  任务 4-9　普通水泥混凝土组成设计 ·· 081
  任务 4-10　面层水泥混凝土组成设计 ·· 085
  任务 4-11　无机结合料稳定材料配合比组成设计 ·································· 087
  项目 4　检测报告一 ··· 090
  项目 4　检测报告二 ··· 094

项目 5 / 沥青 ·· 099

  任务 5-1　认识沥青的技术性质与技术要求 ·· 099
  任务 5-2　认识其他品种沥青 ·· 101
  任务 5-3　沥青试样准备 ·· 103
  任务 5-4　沥青密度与相对密度试验 ·· 105
  任务 5-5　沥青针入度试验 ··· 107
  任务 5-6　沥青延度试验 ·· 109
  任务 5-7　沥青软化点试验 ··· 111
  任务 5-8　乳化沥青微粒离子电荷试验 ··· 114
  任务 5-9　沥乳化沥青筛上剩余量 ·· 115
  项目 5　检测报告一 ··· 117
  项目 5　检测报告二 ··· 122

项目 6 / 沥青混合料 ·· 126

  任务 6-1　认识沥青混合料的技术性质与技术要求 ································ 126
  任务 6-2　沥青混合料取样与试件制作 ··· 131
  任务 6-3　沥青混合料试件密度测定 ·· 134
  任务 6-4　沥青混合料马歇尔试验 ·· 138
  任务 6-5　沥青混合料冻融劈裂试验 ·· 140

任务6-6　沥青混合料车辙试验 ……………………………… 141
　　任务6-7　热拌沥青混合料配合比组成设计 ……………………… 142
　项目6　检测报告 ……………………………………………………… 147

项目7／钢材 ………………………………………………………………… 157
　　任务7-1　认识钢材及了解钢材性能 ……………………………… 157
　　任务7-2　认识桥梁用钢材制品及其技术性质 …………………… 159

项目1 土工与土工合成材料

任务1-1 岩石的概念与技术性质

一、岩石的形成与分类

在道路工程中,常用的岩石类型主要包括_____、_____、_____等,每种岩石具有不同的特性和适用场景。如_____常用于基础、桥墩、路面等,因其高抗压强度,非常适合用于高负荷区域。_____以较高的强度、较丰富的来源、经济性好等优点,已成为最佳的道路用集料岩石。

二、岩石的技术性质

(1)岩石的物理性质包括:物理常数(如_____、_____等)、吸水性(如_____、_____等)和耐候性(_____、坚固性等)。

(2)按《公路工程岩石试验规程》(JTG 3431—2024)中(T0203—2024 颗粒密度试验)进行试验,试验结果为烘干岩粉质量1501g、比重瓶与试液的总质量1127.33g、比重瓶、试液与岩粉的总质量1136.66g、与试验同温度的蒸馏水实测温度为20℃,请列式计算岩石颗粒密度值。

(3)按《公路工程岩石试验规程》(JTG 3431—2024)中(T0205—2024 吸水性试验)进行试验,试验结果为岩石试件烘干至恒量时的质量542.17g,采用自由吸水法吸水48h时,岩石试件吸水至恒量时的质量556.23g,采用煮沸法试件经强制饱和后的质量563.33g,请列式计算岩石吸水率、饱和吸水率、饱水系数。

(4)根据试验研究的结果,按SiO_2的含量多少将岩石划分为_____、_____、_____。按克罗斯的分类法,岩石化学组成中SiO_2含量大于65%的岩石称为_____岩石;SiO_2含量在52%~65%的岩石称为中性岩石;SiO_2含量小于52%的岩石称为_____岩石。所以在选择与沥青结合的岩石时,应考虑岩石的酸碱性对沥青与岩石黏结的影响。

三 道路和桥涵用岩石制品

道路路面建筑用岩石制品,包括直接铺砌路面面层用的_____、_____和_____三类;用作路面基层用的_____、_____等。桥梁建筑所用岩石主要制品有_____、_____、_____、_____、_____等。

四 石料选用原则

适用性原则主要考虑石料的_____是否能满足使用要求。根据道路桥梁中的用途和部位,选用其主要技术性能满足要求的石料。_____,即天然石料密度大,不宜长途运输,应综合考虑地方资源,尽可能做到就地取材。

任务 1-2　认识土及其技术性质

一 土的形成

(1)土是由地壳表面的岩石经过_____、_____和_____作用之后的产物。经过风化作用所形成的矿物颗粒堆积在一起,与其间贯穿的孔隙,孔隙间存在的水以及空气等集合体组成了土。其特征是_____、_____和_____。

(2)说一说,土具有分散性、复杂性和易变性的原因?

二 土的三相组成

(1)土是由土颗粒(_____)、水(_____)及气体(_____)三种物质组成的集合体。

(2)土的固相物质分为_____和_____,是土体的骨架物质。其中无机矿物颗粒又分为原生矿物和次生矿物两大类。

(3)土的液相是指土孔隙中存在的_____。一般这种水与自由水类似,是无色、无味、无嗅的中性液体,其密度为_____,重度为_____,在0℃时冻结,在100℃时沸腾。水在土中以三种状态存在:_____、_____和_____。

(4)土中的液态水:可分为存在于矿物颗粒内部的水——_____和_____,及存在矿物颗粒表面的水——_____和_____。结合水根据被吸附的程度又可分为两种形态的结合水:_____和_____。

(5)土的气相主要指土孔隙中充填的气体。土中气体成分与大气成分相比较,主要的区别在于CO_2、O_2及N_2的含量不同。一般土中气体含有更多的_____,较多的_____以及较少的_____。土中气体与自然界气体的交换越困难,两者的差别就越大。

三 土的技术性质指标

(1) 土工试验根据试验参数反映的技术性质,分为四个方面:_____、_____、_____、_____。

(2) 土的物理性质试验,包括_____、_____、_____和相对密度等。

(3) 土的水理性质试验,包括_____、_____、膨胀、收缩和毛细水上升高度等。

(4) 土的力学性质试验,包括_____、_____、_____、黄土湿陷性、直接剪切、三轴剪切、无侧限抗剪、土基承载比及回弹模量等。

(5) 土的化学性质试验,包括_____、_____、_____,可溶盐含量、阳离子交换量和矿物成分等。

四 土工试验项目

某高速公路在土方施工时,发现当地土质有黏质土和砂类土两类,请查阅土的物理力学试验项目选择参考表,填补表 1-2-1 中不同结构物用土需要做的土工试验项目。

表 1-2-1

结构物	K012+112~K014+126 路段高填方路基	K014+632~K014+839 深挖路基	K012+112~K014+126 路段挡墙	K014+632~K014+839 路段挡墙
土质	黏质土	砂类土	黏质土	砂类土
试验项目				

任务 1-3 认识土工合成材料

一 土工合成材料的概念与分类

(1) 土工合成材料是在岩土工程和土木工程中与_____和(或)_____相接触使用的一类产品的总称。在道路工程中通常将土工合成材料置于路基内部、边坡表面或路基路面结构层之间,发挥_____、_____、_____、_____和_____等作用,达到加强和保护路基路面结构功能的目的。

(2) 土工合成材料的应用和相关试验应符合《土工合成材料应用技术规范》(GB/T 50290—2014)、《公路土工合成材料应用技术规范》(JTG/T D32—2012)、《_____》(JTG E50—2006)等标准的规定及技术要求。

(3) 土工合成材料可分为_____、_____、_____和_____四大类,每一大类又有若干不同亚类和品种。

(4) 图 1-3-1 为四种土工合成材料,请填写相应土工合成材料的名称。

名称_____

名称_____

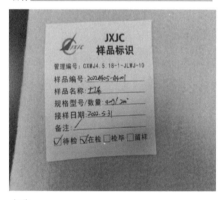
名称_____

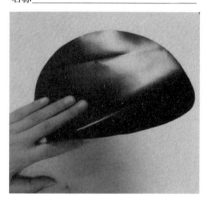
名称_____

图 1-3-1　四种土工合成材料

二 土工合成材料在公路工程中的应用与性能指标

（1）学习主教材相关知识，试说明土工合成材料在工程中的用途。

（2）土工织物可用于两种介质间的_____，例如，路基防排水、防沙固沙、构筑物表面防腐、路面裂缝防治等场合；高强度的土工织物可用于_____。

①复合土工膜可用于_____、_____等场合。

②复合排水材料可用于_____和_____等场合，其中：排水带可用于插入软弱地基中进行固结排水；排水板和长丝热粘排水体可用于路侧、路基内部、支挡结构墙后排水；缠绕式排水管可用于路基内部排水；透水软管可用于边坡仰斜排水，路基内部、支挡结构墙后排水；透水硬管可用于路基内部、支挡结构墙后排水。

③土工格栅可用于_____、_____、_____、_____等场合。玻璃纤维格栅可用

于_____。

④土工带可用于有面板的_____。

⑤土工格室可用于_____、_____、_____等场合。

⑥土工网和植生袋可用于_____。

⑦土工模袋可用于_____等场合。

(3) 土工合成材料的性能指标一般可分为_____、_____、_____、土工合成材料与土相互作用指标及耐久性能指标等。

①物理性能：_____、_____（及其与法向压力的关系）、_____、等效孔径等。

②力学性能：_____、_____、_____、顶破、CBR顶破、刺破、胀破等强度和直剪摩擦、拉拔摩擦等。

③水力学性能：_____、平面渗透系数（导水率）、梯度比等。

④耐久性能：_____、化学稳定性和生物稳定性、蠕变性等。

三 土工合成材料的质量要求

(1) 路基加筋宜采用_____、_____、_____的土工格栅、高强土工织物、土工格室等土工合成材料。

(2) 路基防排水宜采用_____、_____的无纺土工织物，单位面积质量宜为300～500g/m²。

(3) 路基不均匀沉降防治：防治路基不均匀沉降宜采用_____、_____、_____的土工合成材料。

(4) 路面裂缝防治：用于路面裂缝防治的土工合成材料可采用_____、_____等。

(5) 某高速公路做加宽改造，为减少拼接段不均匀沉降引起的路面裂缝，需要用到玻璃纤维格栅和聚酯玻纤土工织物，请问选用的玻璃纤维格栅极限抗拉强度和极限伸长率技术要求是多少？选用的聚酯玻纤无纺土工织物的单位面积质量和抗拉强度技术要求是多少？

(6) 某二级公路高挖方边坡需要用生态防护三维土工网防护边坡，以防止边坡土石滑落，选用的生态防护三维土工网的单位面积质量、横向纵向极限抗拉强度技术要求分别是多少？

任务 1-4　公路工程土工合成材料试验

一、取样与试样准备

(1) 裁取样品:土工合成材料试验的试样应在_____中裁取。卷装材料的_____不应取作样品。取样时应尽量避免_____、折痕、孔洞或其他损伤部分,否则要加放足够数量。

(2) 思考一下:裁取的样品上应做标记,标记内容有哪些呢?

(3) 当样品两面有显著差异时,在样品上加注标记,标明卷装材料的_____。样品可以卷起,但不能_____。

(4) 关于土工合成材料试样准备的说法,正确的是(　　)
   A. 用于每次试验的试样,应从样品长度和宽度方向上均匀地裁取,但距样品幅边至少5cm
   B. 试样不应包含影响试验结果的任何缺陷
   C. 对同一项试验,应避免两个以上的试样处在相同的纵向或横向位置上
   D. 样品经调湿后,再制成规定尺寸的试样

(5) 土工织物的调湿环境:试样应在标准大气条件下调湿_____小时,温度_____、相对湿度_____。

(6) 塑料土工合成材料的调湿环境:在温度_____的环境下,进行状态调节,时间不少于_____。

二、物理性能试验

1. 单位面积质量测定

(1) 土工合成材料单位面积质量反映产品的_____,及生产的_____和质量_____,与产品性能密切相关。单位面积质量指在标准大气条件下的质量。

(2) 需要做单位面积质量土工合成材料有_____、_____。

(3) 下列是土工合成材料单位面积质量测定的试验过程,请在下列选项中填空并将测定顺序排序(　　)
   A. 将裁剪好的试样按编号顺序逐一在天平上称量,读数精确到_____g
   B. 计算10块试样单位面积质量的平均值,精确到_____g/m²
   C. 制备试样:对于土工织物,用剪刀裁取100mm×100mm的正方形试样_____块,剪裁和测量精度为1mm

(4) 某土工布样品委托贵单位做单位面积质量指标试验,试验结果见表1-4-1,请计算该土工布的单位面积质量。

土工布单位质量指标试验结果　　　　　　　表1-4-1

试样编号	1	2	3	4	5	6	7	8	9	10
试样尺寸(mm)	100mm×100mm									
测试质量(g)	7.63	7.86	7.68	7.49	7.84	7.69	7.68	7.68	7.89	7.68
试样单位面积质量(g/m^2)										
试样单位面积质量平均值(g/m^2)										

2. 厚度测定

（1）土工织物厚度测定是指土工织物在承受规定的压力下，正反两面之间的距离。常规厚度是在_____压力下测得的试样厚度。

（2）土工织物厚度测定仪器设备有_____、_____、_____、_____。

（3）土工织物厚度测定时，放下测量装置的百分表触头，接触后开始计时，_____ s时读数，精确至_____ mm。

3. 土工格栅、土工网网孔尺寸测定

（1）土工格栅、土工网等大孔径的土工合成材料，不规则尺寸是通过换算折合成与其面积相当的_____的孔径来表示的，称为当量孔径。

（2）每块试样应至少包括_____个完整的有代表性的网孔。

（3）当网孔为矩形或偶数多边形时，测量_____的距离；当网孔为三角形或奇数多边形时，测量_____距离。同一测点平行测定_____次，两次测定误差应小于5%，取均值，每个网孔至少测_____个测点，读数精确到0.1mm。

（4）图1-4-1是四种不同土工网的网格形状，请在网格形状内画出距离测量示意图。

图1-4-1　四种不同土工网的网格形状

三　力学性能试验

1. 宽条拉伸试验

（1）土工合成材料的_____和_____是各项工程设计中最基本的技术指标，拉伸性能的好坏可以通过拉伸试验进行测试。

（2）宽条拉伸试验适用于大多数土工合成材料，包括_____及复合土工织物，也适用于_____。

（3）宽条拉伸试验试样数量：_____和_____各剪取至少5块试样。

(4)宽条拉伸试验试样尺寸:

无纺类土工织物试样宽为_____mm(不包括边缘),并有足够的长度以保证夹具间距_____mm。

对于机织类土工织物,将试样剪切约220mm宽,然后从试样的两边拆去数目大致相等的边线以得到_____mm 的名义试样宽度,这有助于保持试验中试样的完整性。

对于土工格栅,每个试样至少为_____mm 宽,并具有足够长度。

(5)选择试验机的负荷梁程,使抗拉力在满量程负荷的_____% ~ _____%之间。设定试验机的拉伸速度,使式样的拉伸速率为名义夹持长度的(20% ±1%)mm/min。

(6)分别对纵向和横向两组试样的拉伸强度、最大负荷下伸长率及特定伸长率下的拉伸力计算平均值,精确至_____位有效数字,最大负荷下伸长率精确至0.1%。

(7)某土工布样品委托某单位做宽条拉伸强度试验,试验结果见表1-4-2,请计算该土工布的拉伸强度和最大负荷下伸长率。

土工布宽条拉伸强度试验结果　　　表 1-4-2

试样编号	1	2	3	4	5	6	7	8	9	10
试样尺寸(mm)	横向 200mm×200mm					纵向 200mm×200mm				
最大负荷(kN)	7.63	7.86	7.68	7.49	7.84	7.69	7.68	7.68	7.89	7.68
最大负荷下的加持长度(mm)	112	112	115	110	121	117	114	110	120	121
名义夹持长度	100mm									
最大负荷下的伸长率(%)										
拉伸强度										

2. CBR 顶破强力试验

(1)CBR 顶破强力是指土工合成材料受_____荷载直至_____时的最大顶压力,反映了土工合成材料抵抗各种法向静态应力的能力。

(2)本方法规定了测定土工织物顶破强力、顶破位移和变形率的试验方法。本方法适用于_____、_____及其复合产品。

(3)参考图1-4-2,说一说CBR 顶破强力试验用到的仪器设备有哪些?

图 1-4-2　CBR 顶破强力试验设备

(3)下列是土工合成材料 CBR 顶破强力试验的试验过程,请在下列选项中填空并将测定顺序排序(　　)。

　　A.将夹持好试样的环形夹具对中放于试验机上,设定顶压杆的下降速度为_____mm/min

　　B.试样夹持:将试样放入_____内,使试样在自然状态下拧紧夹具

　　C.启动试验机,直到试样完全顶破为止,记录_____N 和_____mm

(4)下列公式是的变形率计算公式,请将 L_1、L_0、H 三个参数标注在图 1-4-3 中。

$$\varepsilon = \frac{L_1 - L_0}{L_0} \times 100$$

$$L_1 = \sqrt{h^2 + L_0^2}$$

图 1-4-3

报告编号：_____

项目 1　检测报告

委托单位：_____

样品名称：_____

检测类别：_____

检测中心：_____

年　　月　　日

土工织物试验检测报告

检测单位名称(专用章)：　　　　　　　　　报告编号：

施工/委托单位			委托编号	
工程名称			工程部位/用途	
样品名称			样品编号	
样品规格			样品数量	
来样时间			样品状态	
见证单位			见证人	
生产厂家			生产批号	—
取样位置			送(抽)样人及联系方式	
检测日期	年　月　日		检测条件	℃/　%RH
检测项目				
检测依据				
判定依据				
主要仪器设备名称及编号				
检验结论				
附加声明			本检测结果仅对来样负责。	

检测：　　　　　审核：　　　　　批准：　　　　　日期：　年　月　日

土工织物试验检测报告

检测单位名称：　　　　　　　　　报告编号：

序号	检测项目		技术要求	检测结果	结果判定	检测方法
1	拉伸强度(kN/m)	纵(径)向				GB/T 15788—2017
		横(纬)向				
2	延伸率(%)	纵(径)向				GB/T 15788—2017
		横(纬)向				
3	梯形撕破强力(kN)	纵(径)向				
		横(纬)向				
4	厚度偏差率(%)					
5	幅宽偏差率(%)					
6	单位面积质量偏差率(%)					
7	顶破强力(kN)					
8	刺破强力(N)					
9	垂直渗透系数(cm/s)					
10	有效孔径((O_{90}/O_{95}))(mm)					
11	淤堵(单位体积含土量)(g/cm^3)					
以下空白						

土工合成材料厚度、单位面积质量试验检测记录表

检测单位名称：　　　　　　　　　　　　　记录编号：

工程部位/用途										
样品信息	样品名称：　　　样品编号：　　　样品数量： 样品型号：　　　样品状态：									
试验检测日期					试验条件					
检测依据					判定依据					
主要仪器设备名称及编号										
单位面积质量测定										
检测编号	1	2	3	4	5	6	7	8	9	10
尺寸(mm×mm)										
面积 A(mm)^2										
质量 m(g)										
单位面积质量 G(g/m^2)										
单位面积质量均值 G(g/m^2)					单位面积质量偏差率(%)					
标准差 $\sigma=$	变异系数 $C_v=$			$K=$		$G-K\sigma=$			$G+K\sigma=$	
厚度测定(压力_____kPa)										
试样编号	1	2	3	4	5	6	7	8	9	10
百分表或千分表初读数										
百分表或千分表终读数										
试样厚度测值 δ(mm)										
试样厚度测定值 δ(mm)					试样厚度偏差率(%)					
$\delta_{\max}=$　　$\delta_{\min}=$	标准差 $\sigma=$			变异系数 $C_v=$		$K=$		$\delta-K\sigma=$		$\delta+K\sigma=$
幅宽测定										
编号	1		2		3		4		5	
幅宽测值 ω(mm)										
幅宽测定值 ω(mm)										
土工格栅、土工网网孔尺寸测定										
网孔编号	1	2	3	4	5	6	7	8	9	10
测点高度 h(mm)	1									
	2									
	3									
网孔高度测定值 h(mm)										
网孔面积 A(mm^2)										
当量孔径测值 D_e(mm)										
当量孔径测定值 D_e(mm)										
标准差 $\sigma=$	变异系数 $C_v=$			$K=$		$D_e-K\sigma=$			$D_e+K\sigma=$	
备注										

检测：　　　　　　记录：　　　　　　复核：　　　　　　日期：　　年　　月　　日

土工合成材料 CBR 顶破强度试验检测记录表

检测单位名称： 记录编号：JXGLJC-(试)TH/JL-01

工程部位/用途					
样品信息	样品名称： 样品编号： 样品数量： 样品型号： 样品状态：				
试验检测日期			试验条件		
检测依据			判定依据		
主要仪器设备名称及编号					
检测编号					
顶破强力测值 $F(N)$					
顶破强力测定平均值(N)					
顶破强力标准差 $\sigma(N)$					
顶破强力变异系数 $C_v(\%)$					
顶压杆位移测值 $h(mm)$					
检测前夹具内侧到顶压杆顶端边缘距离 $L_0(mm)$					
检测后夹具内侧到顶压杆顶端边缘距离 $L_1(mm)$					
检测后夹具内侧到顶压杆顶端边缘距离 L_1 测定值(mm)					
变形率(%)					
变形率平均值(%)					
顶压杆位移标准差 $\sigma(N)$					
顶压杆位移变异系数 $C_V(\%)$					
备注					

检测： 记录： 复核： 日期： 年 月 日

宽条拉伸强度试验检测记录表

试验室名称：　　　　　　　　　　　　记录编号：JXGLJC-(试)TH/JL-08

任务单编号		使用部位		样品描述	
样品编号		检测依据		检测环境	
样品名称		检测方法		检测日期	
检测仪器/编号					

拉伸方向	纵向					横向				
检测编号	1	2	3	4	5	1	2	3	4	5
试样名义夹持长度 L_0(mm)										
试样预负荷伸长 L'_0(mm)										
试样最大负荷 F_f(kN)										
试样名义宽度 B(mm)										
试样拉伸强度测值 α_f(kN/m)										
试样拉伸强度测定平均值 α_f(kN/m)										
最大负荷下伸长量 ΔL(mm)										
最大负荷下伸长率测值 ε(%)										
最大负荷下伸长率测定平均值 ε(%)										
试样是/否在距钳口5mm范围内断裂										

强度标准差 $\sigma_纵$ =　　　；强度变异系数 $C_{v纵}$ =　　　；强度标准差 $\sigma_横$ =　　　；强度变异系数 $C_{v横}$ =　　　；
伸长率标准差 $\sigma_纵$ =　　　； 伸长率变异系数 $C_{v纵}$ =　　　； 伸长率标准差 $\sigma_横$ =　　　； 伸长率变异系数 $C_{v横}$ =

备注	

检测：　　　　　　记录：　　　　　　校核：　　　　　　日期：　　年　　月　　日

项目 2　集料

任务 2-1　认识集料及其技术性质

一、集料概述

(1) 集料是指混合料中起_____或_____作用的粒料。

(2) 请学习集料的分类情况,填写表 2-1-1。

集料分类　　　　　　　　　　　　　　　　　　　表 2-1-1

分类考虑因素	集料分类
集料来源	
集料粒径	
集料化学成分中 SiO_2 含量	

(3) 粗集料包括_____、_____、_____、_____等。

用于沥青混合料(除 SMA 沥青混合料)时,粗集料是指粒径大于_____mm 的碎石、破碎砾石、筛选砾石和矿渣等。

用于水泥混凝土和路面基层材料时,粗集料是指粒径大于_____mm 的碎石、砾石和破碎砾石等。

(4) 细集料包括_____、（_____）和_____等。

天然砂是由自然风化、水流冲刷、堆积形成的粒径小于_____mm 的岩石颗粒。

人工砂是指集料加工过程中采取真空抽吸等方法除去大部分土和细粉,或将石屑水洗得到的_____的细集料。

石屑是采石场加工碎石时通过最小筛孔通常为_____mm(用于沥青混凝土时)或_____mm(用于水泥混凝土时)的筛下部分。

用于沥青混合料(除 SMA 沥青混合料)时,细集料是指粒径小于_____mm 的天然砂时、人工砂(机制砂)及石屑。

用于水泥混凝土和路面基层材料,细集料是指粒径小于_____mm 的天然砂、人工砂。

(5) 集料的酸碱性对混合料性质有很大的影响。例如,偏碱性的石灰岩集料与沥青之间有更好的_____效果,这将有助于沥青混合料的_____,在沥青混合料中应优先选用_____石料;而偏酸性的花岗岩集料往往具有更好的_____性能表现。(集料化学成分中 SiO_2 含量大于_____% 的集料为酸性集料; SiO_2 含量为_____% 的集料为中性集料; SiO_2 含量小于_____% 的集料为碱性集料。)

(6) 下面集料取样方法中,错误的是(　　)。

A. 通过皮带运输机的材料,应从皮带运输机上采集样品

B. 在材料场同批来料的料堆上取样时,随机取几个部位,取得大致相等的若干份组成一组试样

C. 从火车、汽车、货船上取样时,表面取样即可

D. 从沥青拌和楼的热料仓取样时,应在放料口的全断面上取样

E. 从沥青拌和楼的热料仓取样时,通常宜将一开始按正式生产的配比投料拌和的几锅(至少5锅以上)废弃

(7)试样的缩分方法通常包括_____法和_____法。

(8)下列是四分取样法的试验步骤,请给试验步骤正确排序(　　　)。

A. 重复四分取对角两份,直至缩分后的材料量略多于进行试验所必需的量

B. 取四份对角的两份重新拌匀

C. 将所取试样置于平板上,在自然状态下拌和均匀,大致摊平

D. 沿互相垂直的两个方向,把试样由中向边摊开,分成大致相等的四份

(9)集料取样量的多少依据集料将要进行的试验项目和集料公称粒径的大小。当试验项目数量越多,集料公称粒径越大时,要求的取样量就越_____。

二　集料的主要技术性质

1. 细集料的主要技术性质

细集料的主要技术性质包括_____、_____、_____等。

(1)细集料的物理常数主要有_____、_____、堆积密度、_____、_____含水率和含泥量等。

①细集料的表观密度是指:在规定条件下(_____℃烘干至恒重)下,单位表观体积(包括矿物实体体积和闭口孔隙体积)物质颗粒的干质量。砂的表观密度大小,主要取决于砂的_____和_____。一般在_____g/cm³之间,是衡量砂质量主要技术指标之一。

②集料的毛体积密度是指:在规定的条件下,单位毛体积(包括_____和_____、_____等颗粒表面轮廓线所包围的体积)物质颗粒的干质量。

③集料的堆积密度是指单位体积(含物质颗粒固体及其闭口、开口孔隙体积和颗粒间空隙体积)物质颗粒的质量。集料的堆积密度一般为_____kg/m³。紧装密度一般为_____kg/m³。

④集料的空隙率是指集料试样_____占总体积的百分率。

⑤集料的含水率是指砂中所含水的质量占_____的百分率。

⑥集料的_____是指集料中大小颗粒相互搭配的比例情况。

⑦含泥量是指天然砂中粒径小于_____mm的颗粒含量。存在于集料中或包裹在集料颗粒表面的泥土会降低水泥的_____,也会妨碍集料与水泥或沥青间的_____,显著影响混合料的整体强度与耐久性,应对其含量加以限制。

⑧砂当量是指_____与_____的百分比,用 SE 表示。砂当量越大,细集料越_____。

⑨某沥青混合料用细集料(0~2.36mm),已知它的体积参数和质量参数见表2-1-2,请计算该细集料的表观密度、毛体积密度、堆积密度、空隙率、含水率和含泥量。

某沥青混合料体积参数与质量参数　　　　　表2-1-2

烘干前质量（g）	烘干后质量（g）	矿质实体体积（cm³）	矿质实体闭口孔隙体积（cm³）	矿质实体开口孔隙体积（cm³）	水洗法筛分后0.075mm筛上烘干质量（g）
500.0	465.8	167.3	8.5	11.3	433.9

(2)细集料的级配与粗度。

①集料最大粒径与集料公称最大粒径的定义有何不同?

②想一想,为什么集料的颗粒级配需要大中小颗粒依据一定比例搭配?

③一个良好的级配,要求空隙率最小,总表面积也不大,前者的目的是要使集料本身最为_____,后者的目的是要使掺加料最为_____。

④对于水泥混凝土用细集料可采用_____筛分,如果需要也可采用水洗法筛分;对于沥青混合料及基层用细集料必须采用_____筛分。

⑤下列关于筛分试验说法正确的是(　　　)。

　　A. 细集料的水洗法筛分试验是取干集料试样500g,预先通过9.5mm孔径(水泥混凝土用天然砂)或4.75mm孔径(沥青混合料及基层用天然砂、人工砂、石屑)

　　B. 细集料的干筛法筛分试验是取干集料试样500g,预先通过9.5mm孔径

　　C. 套筛孔径分别为4.75、2.36、1.18、0.6、0.3、0.15、0.075,单位mm的标准筛(方孔筛)

　　D. 细集料的水洗法筛分试验是洗去小于0.075mm的颗粒后再将试样烘干称重并干筛

⑥判断题:通常集料最大粒径比公称最大粒径要大一个粒级。(　　　)

⑦根据交通行业现行规范的规定,集料所用标准筛共由_____个不同孔径筛子组成,筛孔形状为正方形(方孔筛),相应的筛孔尺寸由小到大依次为:

⑧砂的粗细程度是指不同粒径砂总体积的粗细程度。粗度是评价细集料粗细程度的一种

指标。通常用细度模数表示。细度模数亦称细度模量。细度模数愈大,表示细集料愈粗。水泥混凝土用砂,按细度模数可分为下列三级:$M_x =$ _____为粗砂;$M_x =$ _____为中砂;$M_x =$ _____为细砂。

⑨计算题。

从某高速公路路面工程施工现场,取回烘干细集料500g做筛分试验,筛分结果见表2-1-3。请分别计算该砂分计筛余百分率、累计筛余百分率、通过百分率和该砂的细度模数,并评定砂的粗细。

筛分试验结果　　　　　　　　　表2-1-3

筛孔尺寸(mm)	9.5	4.75	2.36	1.18	0.6	0.3	0.15	筛底
筛上质量(g)	0	10.0	25.5	45.0	93.5	135.0	155.0	35.0
分计筛余(%)								
累计筛余(%)								
通过百分率(%)								

2. 粗集料的主要技术性质

(1)粗集料的物理性质包括物理常数(_____、_____、_____和_____)、级配和坚固性、_____等。粗集料的力学性质包括_____、_____、_____、_____等。

①集料的空隙率是指集料试样颗粒之间的_____体积占_____体积的百分率。

②粗集料的筛分试验是将粗集料通过一套规定筛孔尺寸的标准筛(75、63、53、_____、_____、_____、_____、_____、_____、_____、_____ mm)。

③粗集料的坚固性是指集料在气候、环境变化或其他物理因素作用下抵抗_____的能力。

④针片状颗粒含量是指粗集料中细长的针状颗粒与扁平的片状颗粒质量占试样总质量的百分率,用Q_e表示。对于水泥混凝土用的粗集料,颗粒的_____(或宽度)方向与_____(或直径)方向的尺寸之比大于_____倍的颗粒为针片状颗粒,用规准仪法测试;对于沥青混合料用的粗集料,颗粒的_____(或宽度)方向与_____(或直径)方向的尺寸之比大于_____倍的颗粒为针片状颗粒,用游标卡尺法测试。

(2)粗集料的力学性质。

①压碎值是指按规定的方法测得的石料抵抗_____的能力,以压碎试验后小于_____ mm 粒径的石料质量百分率表示。

②磨耗值是指按规定的方法测得的石料抵抗_____作用的能力,其测定方法有洛杉矶法、道瑞法和狄法尔法。

③磨光值是指按规定试验方法测得的石料抵抗轮胎_____作用的能力,即石料被磨光后用摆式摩擦系数测定仪测得的摩擦系数,用ω_0表示。石料的磨光值愈高,表示其_____愈好。用高磨光值的岩石来铺筑道路路面表层,可以提高路表的抗滑能力,保障车辆的安全行驶。

④粗集料冲击值是指按规定试验方法测得的石料抵抗_____的能力,以击碎试验后小于_____ mm 粒径的石料质量百分率表示。

(3)计算题。

某高速公路路面工程用到一档粗集料(9.5~16mm),分别做了压碎值和磨耗值试验,见表2-1-4。请列式计算该粗集料的压碎值和磨耗值。

压碎值试验与磨耗值试验结果　　　　　　表2-1-4

压碎值试验		洛杉矶法磨耗试验	
试验前试样的质量(g)	试验后通过236mm筛孔的细料质量(g)	装入圆筒中的试样质量(g)	试验后在1.7mm筛上洗净烘干的试样质量(g)
500.0	412.6	500.0	349.9

三 集料的技术要求

(1)现行《公路沥青路面施工技术规范》要求粗集料检测哪些项目?

(2)现行《公路桥涵施工技术规范》要求细集料检测哪些项目?

(3)高速公路、一级公路抗滑层用粗集料除应满足基本质量要求外,还需要检测(　　)指标。

　　A.与沥青的黏附性　　　　　　　　B.针片状颗粒含量
　　C.含泥量　　　　　　　　　　　　D.磨光值

任务 2-2　粗集料筛分试验

一 粗集料筛分试验的目的与适用范围

1.粗集料筛分试验的目的

用于测定粗集料(碎石、砾石、矿渣等)的_____,为_____、_____及_____提供依据。

2. 粗集料筛分试验适用范围

对于_____粗集料可采用干筛法筛分;对于_____及_____粗集料必须采用水筛法筛分。本试验还适用于同时含有_____、_____、_____筛分。

3. 通过粗集料筛分试验,可以得到哪些结果?

二 认识粗集料标准筛

请写出粗集料标准筛的筛孔尺寸。

三 筛分试验过程(干筛法)

1. 粗集料试样准备

用_____方法缩分至规范要求的试样所需量,风干备用。

根据粗集料的_____粒径,确定筛分用的试样最小质量。将试样装入方盘,放入_____℃的烘箱中,烘干至恒重。取出后,冷却至室温,称取烘干试样,准确至0.1%。

2. 筛分粗集料试样

(1)人工筛分时,集料在筛面上有_____方向及_____方向的不停顿运动。

(2)用摇筛机筛分时,应在筛分后逐个由人工补筛,从最大筛号开始,在方盘上逐个进行手筛,至每分钟各号筛的分计筛余量变化小于试样总质量的_____,将筛出的颗粒并入下一号筛上,并和下一号筛中的试样_____,按此顺序至各号筛全部筛完为止。

3. 称筛分后试样质量

(1)计算各筛分计筛余量及筛底存量的总和与筛分前试样的干燥总质量m_0之差,作为筛分时的损耗,并计算损耗率精确至_____%。

(2)损耗率大于_____%,应重新进行试验。

4. 试验数据处理

(1)某高速公路桥梁工程粗集料筛分试验(水泥混凝土,采用干筛法)的试验数据见表2-2-1,请计算该粗集料的分计筛余百分率、累计筛余百分率、通过百分率。

粗集料筛分试样结果　　　　　表 2-2-1

试样总量（g）	第1组				第2组				平均累计筛余（%）	规定级配范围（%）
	5000.0				5000.0					
筛孔尺寸（mm）	筛上重 m_i（g）	分计筛余（%）	累计筛余（%）	通过百分率（%）	筛上重 m_i（g）	分计筛余（%）	累计筛余（%）	通过百分率（%）		
	(1)	(2)	(3)	(4)	(1)	(2)	(3)	(4)		
37.5	0.0				0.0					0
31.5	125.4				154.0					0~5
26.5	1004.7				1106.0					—
19	1030.7				968.3					15~45
16	994.1				1162.2					—
9.5	981.0				850.1					70~90
4.75	682.4				610.0					90~100
2.36	126.2				96.0					95~100
底盘	52.3				49.1					
干筛后总量（g）										
损耗 m_5（g）										
损耗率（%）										

（2）某粗集料经筛分试验，37.5mm、31.5mm 筛上的通过量均为100%，26.5mm 筛上的筛余量为15%，则该粗集料的最大粒径和公称最大粒径分别为（　　）。

A. 31.5mm、31.5mm　　　　　　　　B. 37.5mm、26.5mm

C. 31.5mm、26.5mm　　　　　　　　D. 26.5mm、26.5mm

5. 级配曲线绘制

请根据表 2-2-1 的数据处理结果，在图 2-2-1 中画出级配曲线。

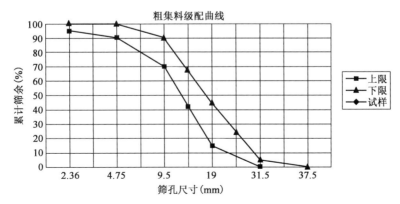

图 2-2-1　粗集料级配曲线

项目 ② 集料　　021

任务 2-3　粗集料密度及吸水率试验（网篮法）

一　粗集料密度及吸水率试验的目的与适用范围

粗集料密度及吸水率试验的目的是用于测定并计算出粗集料的_____、_____、_____、_____、_____、_____，以及粗集料的_____。为选择道路建筑用粗集料提供依据。

二　认识试验仪器

请写出图 2-3-1 中粗集料密度试验（网篮法）所需用到的主要仪器设备？

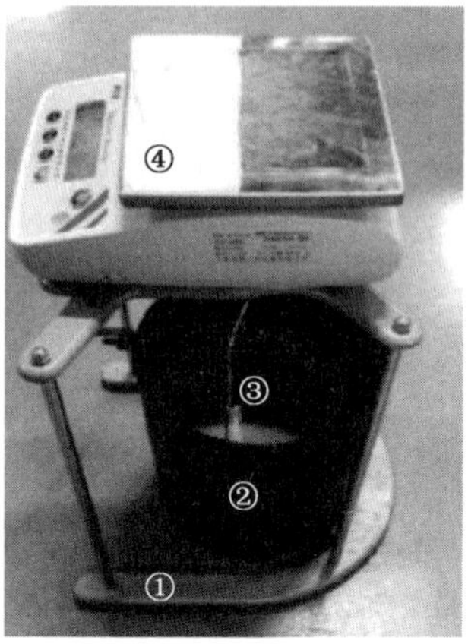

① _____
② _____
③ _____
④ _____

图　2-3-1

三　理解试验过程

1. 粗集料试样准备

将试样用_____试验筛（对于 3~5mm、3~10mm 集料，采用 2.36mm 试验筛）充分过筛，除去其中的细集料，用_____法缩分至要求的质量。

2. 浸泡粗集料试样

（1）水面至少高出试样_____mm。

（2）室温下，浸泡_____h。

（3）粗集料表观密度试验中，将试样浸水，是为了消除（　　）影响。
　　A. 空隙　　　　　　B. 孔隙　　　　　　C. 开口孔隙　　　　D. 闭口孔隙

3. 浸水天平调零

（1）采用浸水天平测定粗集料的表观密度，要求试验温度应为（　　）。
　　A. 6~25℃　　　　B. 11~25℃　　　　C. 16~25℃　　　　D. 21~25℃

(2)将吊篮挂在天平的_____，浸入_____中，向溢流水槽中注水，水面高度至_____位置，将天平调零。

4. 称试样水中质量

(1)保持水温_____范围内。
(2)将试样移入_____中。
(3)打开溢流槽开关至_____。
(4)称取集料的水中质量。

5. 称试样表干质量

(1)取出_____，将集料倒入方盘中。
(2)用_____擦干集料表面。
(3)称取试样的_____质量。

6. 烘干试样

将试样放入_____℃烘箱中烘干至恒重。

7. 试验数据处理

(1)某高速公路桥梁工程用粗集料表观密度及吸水率试验数据见表2-3-1，请计算该粗集料的相对表观密度、表观密度、吸水率。

粗集料密度及吸水率试验记录　　　　　　表2-3-1

试验次数	1	2
吊篮在水中质量(g)	306.5	306.0
吊篮+试样在水中质量(g)	1254.5	1262.3
样品在水中质量(g)	948.0	956.3
饱和面干试样质量(g)	1508.4	1521.0
烘干试样质量(g)	1501.1	1513.5
表观相对密度测值		
表观相对密度测定值		
试验水温T(℃)	23	23
水在试验温度T时密度(g/cm^3)	0.99756	0.99756
表观密度测值(g/cm^3)		
表观密度测定值(g/cm^3)		
吸水率测值(%)		
吸水率测定值(%)		

(2)不同水温条件下测量的粗集料表观密度需要进行水温修正,修正时与(　　)参数有关系。

　　A.试验温度下水的密度　　　　　　　B.水的温度修正系数
　　C.粗集料水中质量　　　　　　　　　D.粗集料烘干质量

任务2-4　粗集料堆积密度及空隙率试验

一　粗集料堆积密度的试验目的与适用范围

(1)粗集料的堆积密度是单位体积,包括(_____)物质颗粒的质量。空隙率是指_____体积占粗集料的百分率。

(2)堆积密度按状态不同分为_____、_____、_____。

(3)测定粗集料的堆积密度,可以计算粗集料的空隙率,也可以评价其质量(　　)。判断题

二　认识试验仪器

(1)请写出粗集料堆积密度所用试验仪器?

(2)判断题:容量筒应根据集料的最大粒径选择,大一级的粒径也可选择小一级的容量筒(　　)。

三　理解试验过程

1.粗集料堆积密度试验

(1)按规定方法取样、缩分,每一份试样的质量应满足填满容量筒所需质量的_____,在105℃±5℃的烘箱中烘干,也可以摊在洁净的地面上风干,拌匀后分成两份备用。

(2)在105℃±5℃的烘箱中_____。

(3)取试样一份,用平头铁锹(或铲子)将试样从容量筒正上方_____mm处徐徐倒入,让试样自由下落,当容量筒四周_____时,即停止加料。

(4)用_____等将多余的试样沿筒口中心线向两个相反方向刮平,并以合适的颗粒填入凹陷空隙,使表面稍凸起部分和凹陷部分的体积_____。此时不应触动容量筒,且不得_____容量筒表面集料。

(5)人工振实法:取试样一份,分_____层装入容量筒。装完第一层后,在容量筒底垫放一根直径为25mm的钢筋,按住筒左右交替颠击地面各_____下。

(6)振动台振实法:将装满试样的容量筒放在振动台上,振动_____min。

(7)捣实堆积密度:取试样一份,分三层装入容量筒,每层装入高度约为容量筒1/3高度。

装完第一层后,用捣棒_____ 25 次。然后再装入第二层,用捣棒均匀地捣实 25 次。

(8)容量筒容积的标定

①在容量筒顶部边缘涂抹薄薄的_____。

②用_____℃水装满容量筒至稍微溢出,用玻璃片沿容量筒表面迅速滑行,紧贴上部边缘水面,_____之间不得有空隙。

2.试验数据处理

某高速公路桥梁工程用粗集料自然堆积密度数据见表 2-4-1,请计算该粗集料的自然堆积密度值和空隙率。

粗集料堆积密度及空隙率试验检测记录　　　　　表2-4-1

试验次数	1	2
容量筒的容积(L)	10.032	
容量筒的质量(kg)	1.36	1.36
自然堆积试样与容量筒的质量(kg)	17.46	17.25
试样的自然堆积密度测值(g/cm³)		
试样的自然堆积密度测定值(g/cm³)		
表观密度	2.715	
集料空隙率(%)		

任务 2-5　粗集料针、片状颗粒含量试验

一　粗集料针片状颗粒含量试验的目的与适用范围

1.粗集料针、片状颗粒的定义

一般情况下,对于水泥混凝土用粗集料,_____与_____相应粒级的平均粒径之比大于_____的颗粒为针片状颗粒;对于沥青混合料用粗集料,颗粒的最大长度(或_____)方向与最小厚度(或_____)方向的尺寸之比大于_____的颗粒为针片状颗粒。

2.粗集料针片状颗粒含量的试样检测方法及适用范围

粗集料针片状颗粒含量试验检测包括两种方法:_____法及_____法。

规准仪法:适用于测定水泥混凝土使用的_____ mm 以上粗集料的针状及片状颗粒含量。

游标卡尺法:适用于测定_____、_____、_____的粗集料针状及片状颗粒含量。

二、认识试验仪器

请写出粗集料针、片状含量试验所用的仪器？

三、试验过程（规准仪法）

（1）将试样_____，用四分法缩分试样至所需试验最小质量。

（2）凡颗粒长度大于针状规准仪上相应_____的，为_____颗粒；凡颗粒厚度小于片状规准仪上相应_____的，为_____颗粒。

（3）对于公称最大粒径大于_____mm 的试样，可采用游标卡尺逐颗检验。

（4）某高速公路桥梁工程粗集料针片状颗粒含量试验（规准仪法）的试验数据见表2-5-1，请计算该粗集料的针、片状含量。

针、片状颗粒含量试验检测记录 表2-5-1

试验编号	试样总质量（g）	粒级（方孔筛）（mm）	针状颗粒质量（g）	片状颗粒质量（g）	针、片状颗粒总质量(g)	针、片状颗粒含量测值(%)	针、片状颗粒含量测定值(%)
01	2015.4	4.75～9.5	0	0			
		9.5～16.0	0	0			
		16.0～19.0	0	0			
		19.0～26.5	20.0	49.3			
		26.5～31.5	0	0			
		31.5～37.5	0	0			
02	2005.5	4.75～9.5	0	0			
		9.5～16.0	0	0			
		16.0～19.0	0	0			
		19.0～26.5	15.3	60.0			
		26.5～31.5	0	0			
		31.5～37.5	0	0			

（5）粗集料针、片状含量试验，对于粒径大于（　　　）的碎石或卵石可用游标卡尺检测。

　　A. 40mm　　　　B. 37.5mm　　　　C. 31.5mm　　　　D. 26.5mm

（6）卵石、碎石中针片状颗粒指长度大于其所属粒级平均粒径2.5倍的颗粒；片状颗粒指厚度小于平均粒径0.5倍的颗粒。（　　　）判断题

(7)沥青混合料用粗集料的技术标准中,要求针片状颗粒含量:高速公路、一级公路表面层不大于15%,其他层不大于20%;其他等级公路不大于20%。（　　　）判断题

四 试验过程（游标卡尺法）

(1)按分料器法或四分法选取_____kg左右的试样,对每一种规格的粗集料,应按照不同的公称粒径,分别取样检测。

(2)将样品用_____mm试验筛充分过筛,取筛上颗粒缩分要求质量的试样_____,且每份试样不少于_____颗,烘干或室内风干。

(3)将试样平摊于桌面上,首先用目测挑出接近_____的颗粒,余下的即为属于针状（细长）和片状（扁平）的颗粒。

(4)将欲测量的颗粒放在桌面上成一稳定的状态,颗粒最大长度为L,侧面厚度的最大尺寸为t,颗粒最大宽度为$w(t<w<L)$,用卡尺逐颗测量石料的L及t,将$L/t \geqslant$_____的颗粒分别挑出作为针片状颗粒。

(5)粗集料的颗粒形状大致可以包括椭圆形、棱角形、针状及片状等。一般来说,比较理想的颗粒形状是接近_____,而针状、片状颗粒不宜较多。当针、片状颗粒含量超过一定界限时,使集料_____增加,不仅使混凝土拌合物_____变差,而且会使混凝土的强度降低。所以混凝土粗集料中针、片状颗粒含量应当限制。

任务2-6　粗集料压碎值试验

一 粗集料压碎值试验的目的与适用范围

粗集料压碎值是集料在_____的荷载下,抵抗_____的能力,以压碎试验后小于_____mm粒径的石料表示。它作为衡量集料_____的一个指标,用以评价粗集料在公路工程中的适用性。

二 认识粗集料压碎值试验仪器

请写出粗集料压碎值试验所用仪器。

三 理解试验过程

1. 粗集料试样准备

(1)将样品用_____ mm 和_____ mm 试验筛充分过筛,取 9.5~13.2mm 粒级缩分至约_____g 试样三份。

(2)将试样浸泡在水中,借助_____将颗粒表面洗刷干净,经多次漂洗至水_____为止。

(3)沥干,_____℃烘干至表面干燥,烘干时间不超过_____h,然后冷却至室温。温度敏感性再生材料等,可在 40℃±5℃温度条件下烘干。

(4)取一份试样,分_____次等量装入金属筒中。每次装料后,将表面整平,用金属棒_____从试样表面上 50mm 高度处自由下落均匀夯击试样,应在试样表面均匀分布夯击_____次。最后一次装料时,应装料至溢出,夯击完成后用金属棒将表面刮平。

(5)压碎值试验的试验准备阶段,确定完金属筒中试样质量 m_0' 后,金属筒中的集料予以废弃,为什么?

2. 试验步骤

(1)取一份试样(第二份),从中取质量为_____g 试样一份,称取其质量,记为 m_0。

(2)将称取质量的试样分3次等量装入试模中,按试样准备里的方法夯击,最后将表面整平。

(3)将装有试样的试筒安放在压力机上,同时将压柱放到试筒内压在试样表面,注意压柱不得在试筒内_____,且不能偏压。

(4)均匀地施加荷载,并在_____内加到 400kN,然后立即卸除荷载。对于结构物水泥混凝土用粗集料,可在_____min 内加到 200kN,稳压 5s 后卸载,但应在报告中予以注明。

(5)从压力机上取下试筒,将试样移入金属盘中;必要时使用_____敲击试筒便于试样倒出;用_____清理试筒上的集料颗粒一并移入金属盘中。

(6)用粗集料干筛法,采用_____mm 试验筛充分过筛。称取_____mm 筛上集料质量 m_1 和_____mm 筛下集料质量 m_2。

(7)某高速公路桥梁工程粗集料压碎值试验的试验数据见表 2-6-1,请计算该粗集料的压碎值。

粗集料压碎值试验记录　　　　　　　　表 2-6-1

试验编号	试验前试样质量(g)	通过2.36mm筛孔的细料质量(g)	压碎值(%)	压碎值测定值(%)
1	2650	495		
2	2650	482		
3	2650	480		

(8)粗集料压碎值试验,应将平行做(　　)次。
　　A.3　　　　　　B.4　　　　　　C.5　　　　　　D.2
(9)判断题:粗集料压碎值试验,对压力机的要求是500kN,能在10min内达到400kN。(　　)

任务2-7　细集料表观密度试验(容量瓶法)

一　细集料筛分试验的目的与适用范围

1.细集料筛分试验目的

用于测定细集料(人工砂、天然砂、石屑等)的_____,确定细集料的_____和_____。

2.通过细集料筛分试验,可以得到哪些结果?

二　认识细集料标准筛

请写出细集料标准筛的筛孔尺寸。

三　理解试验过程

(1)细集料试样准备:将样品缩分至约_____g的试样两份。

(2)将试样装入预先放入部分水的容量瓶中,再加水至约_____mL刻度处。

(3)通过旋转、翻转容量瓶或玻璃棒搅动消除_____。用滴管滴水使黏附在瓶内壁上的颗粒进入水中,塞紧瓶塞,浸水静置24h±0.5h。

(4)浸水完成后,再通过旋转、翻转容量瓶或玻璃棒搅动消除气泡。用滴管加23℃±2℃水,使水面与瓶颈_____mL刻度线平齐,擦干瓶颈内部及瓶外附着水分,称其总质量m_2。

(5)将水和试样移入金属盘中,用水将容量瓶冲洗干净,一并倒入金属盘中;向容量瓶内注入23℃±2℃温度的水至与瓶颈_____mL刻度线平齐,擦干瓶颈内部及瓶外附着水分,称其总质量m_1。

(6)待细粉沉淀后,泌去金属盘中的水,注意不要散失_____。将金属盘连同试样放入105℃±5℃的烘箱中烘干至恒重,冷却至室温后称取试样烘干质量m_0。

(7)某高速公路桥梁工程细集料筛分试验的试验数据见表2-7-1,请计算该细集料的分计筛余百分率、累计筛余百分率、通过百分率、细度模数、判定砂的类别。

细集料筛分试验记录

表 2-7-1

试样总质量 (g)	第1组 505.5				第2组 504.0				平均值	规定级配范围通过率 (%)
筛孔尺寸 (mm)	筛上重 m_i (g)	分计筛余 (%)	累计筛余 (%)	通过百分率 (%)	筛上重 m_i (g)	分计筛余 (%)	累计筛余 (%)	通过百分率 (%)	平均累计筛余 (%)	
	(1)	(2)	(3)	(4)	(1)	(2)	(3)	(4)		
9.5	0				0					
4.75	0.0				0.0					
2.36	55.0				54.0					
1.18	135.5				136.0					
0.6	170.0				168.0					
0.3	80.5				79.5					
0.15	60.0				61.5					
筛底	3.0				4.0					
干筛后总量 (g)										
损耗(g)										
损耗率(%)										

请根据表 2-7-1 的数据处理结果,在图 2-7-1 中画出级配曲线。

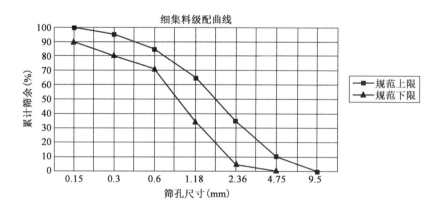

图 2-7-1　细集料级配曲线

任务 2-8　细集料堆积密度及空隙率试验

一　细集料堆积试验目的与适用范围

(1) 细集料堆积密度及空隙率的定义。

细集料的堆积密度是单位体积(包括_____、_____和开口孔隙及_____体积)物质颗粒的质量。空隙率是指细集料颗粒之间空隙体积占_____的百分率。

(2) 通过细集料堆积试验,可以得到哪些结果？

二　认识细集料堆积密度试验仪器

请写出细集料堆积密度所用到的仪器？

三　理解试验过程

(1) 试样制备:用浅盘装试样约_____kg,在温度为105℃±5℃的烘箱中烘干至恒量,取出并冷却至室温,平分成_____份(约2.5kg)。

(2) 在容量筒顶部边缘涂抹薄薄的_____,以防止加水时边缘高度不一致使得盖玻璃片时无法清除空气。称取洁净、干燥的容量筒和玻璃片的质量m_1。

(3) 用23℃±2℃水装满容量筒至稍微溢出,用玻璃片沿容量筒表面迅速滑行,紧贴上部边缘水面,玻璃片与水面之间不得有_____。擦干玻璃片_____及容量筒_____的水,称取容量筒、玻璃片和水的总质量m_3。

(4) 松散堆积密度。将试样_____地装入标准漏斗中,打开底部的活动门,使试样流入容量筒中,当容量筒四周溢满时,即停止加料。也可直接用料勺装料,从容量筒正上方_____mm处将试样徐徐倒入,让试样_____下落,至容量筒四周溢满时停止。

(5) 振实堆积密度。将试样分成相等质量的_____装入容量筒。装完一层后,在容量筒底垫放一根直径为10mm的钢筋,将容量筒按住,左右交替颠击地面各_____下,然后再装入第二层。第二层装满后用同样方法振实(但容量筒底所垫钢筋的方向应与第一层放置方向_____)。两层装完并振实后,直接用料勺装料,从容量筒正上方50mm处将试样徐徐倒入,让试样自由下落,至容量筒四周溢满时停止。

(6)某高速公路桥梁工程细集料堆积试验的试验数据见表2-8-1,请计算该细集料的堆积密度和空隙率。

细集料堆积密度试验记录表　　　　　表2-8-1

试验次数	1	2
细集料的表观密度(g/cm³)	2.689	
容量筒的质量(g)	366	366
容量筒的体积(mL)	1000	1000
容量筒与堆积砂的总质量(g)	1988	1985
细集料的堆积密度测值(g/cm³)		
细集料的堆积密度测定值(g/cm³)		
细集料的空隙率(%)		

任务2-9　矿质混合料组成设计

一、矿质混合料概述

(1)矿质混合料通常是指由_____、_____及_____组成的符合一定_____的混合材料。

(2)混合材料的路用性能既与_____(矿质集料、结合料)的技术性质密切相关,还与矿质混合料的_____和_____的用量密切相关。

(3)为使无机结合料稳定材料、粒料类路面基层矿质混合料、水泥混凝土、建筑砂浆、沥青混合料等具备优良的路用性能,各种矿质混合料的技术性质应符合技术要求,同时满足_____和_____的基本要求。

(4)不同粒径的各级矿质集料_____搭配,使其组成一种具有_____度(即最小空隙率)的矿质混合料,以保证混合材料有较小的_____,防止雨雪水、各种化学介质过多的进入混合材料中,提高混合材料的_____和_____。

(5)各级矿质集料在进行比例搭配时,应使各级集料_____,形成一个_____结构,且具有最大的_____。以保证混合材料有较高的强度。

(6)为达到最小孔隙率和最大摩擦力要求,必须对矿质混合料进行组成设计,其内容包括哪两项?

二、矿质混合料级配

1. 级配类型

(1) 按照粒径组成作为划分标准,矿质混合料的级配分为_____、_____。

①连续级配。连续级配是某种矿质混合料在_____配成的套筛(筛孔孔径按递减)中筛分后,矿料的颗粒由大到小_____分布,_____都占有适当的比例,这种由大到小逐级粒径均有,并按比例互相搭配组成的矿质混合料,称为_____。

②间断级配。在矿质混合料中剔除其中_____或_____分级的颗粒,形成一种_____的混合料,称为间断级配矿质混合料。

以矿料各级粒径(_____)为横坐标,以级配参数(_____或_____或_____)为纵坐标绘制的_____(_____)线图称为级配曲线。

(2) 按照空隙率作为划分标准,矿质混合料的级配分为_____、_____。

①密级配沥青混合料:其设计空隙率_____(对不同交通及气候情况、层位可作适当调整),如密实式沥青混凝土混合料(以_____表示)和密实式沥青稳定碎石混合料(以_____表示)。

②开级配沥青混合料:矿料级配主要由粗集料嵌挤组成,细集料及填料较少,设计空隙率为的_____混合料。

③半开级配沥青碎石混合料:由适当比例的粗集料、细集料及少量填料(或不加填料)与沥青结合料拌和而成,经马歇尔标准击实成型试件的剩余空隙率在的_____半开式沥青碎石混合料(以_____表示)。

2. 级配理论

(1) 富勒根据试验提出一种理想级配,该理论认为"矿质混合料的颗粒级配曲线愈接近_____,则其_____愈大"。

(2) 泰波公式。

最大密度曲线是一种理想的级配曲线。在实际应用中,由于矿料在轧制过程中的不均匀性,以及矿质混合料配制时的误差等因素影响,使所配制的混合料往往不可能与理论级配完全相符合。因此,必须允许配料时的合成级配在适当的范围内波动,这就是"_____"。通常使用的矿质混合料的级配范围 n 幂在_____之间。

(3) 各种集料按照一定比例搭配,为了达到密集配要求,可以采用(　　)类型。

  A. 连续级配 B. 间断级配 C. 开级配 D. 半开级配

(4) 绘制矿质混合料的级配曲线通常可以采用(　　)坐标系。

  A. 指数 B. 对数 C. 半对数 D. 常数

(5) 最大密度曲线理论提出了一种理想的(　　)曲线。

  A. 连续级配 B. 间断级配 C. 开级配 D. 密级配

(6) 最密度曲线 n 幂公式解决了矿质混合料在实际配置过程中的(　　)问题。

  A. 连续级配 B. 间断级配 C. 级配范围 D. 级配曲线

(7)开级配沥青混凝土按连续级配原则设计,但其粒径递减系数与密级配设计原则相比(   )。

　　A. 较小　　　　　B. 较大　　　　　C. 相等　　　　　D. 无变化规律

三 矿质混合料配合比组成设计方法

(1)天然或人工轧制的一种集料的级配往往很难完全符合某一级配范围的要求,因此必须采用_____或_____的集料配合起来才能符合级配范围的要求。这就需要对矿质混合料进行配合组成设计即确定组成矿质混合料各集料的比例。确定矿质混合料配合比的方法很多,但一般采用_____与_____。

(2)试算法的基本原理是什么?

(3)对试算法计算得到的各集料比例即配合比要进行_____,如得到的合成级配不在所要求的_____,应调整配合比_____,直到满足_____为止。如经数次调整仍不能达到要求,可掺加_____或调换其他集料。

(4)图解法又叫_____法。

(5)怎样进行图解法的框图绘制?

(6)图解法中两相邻级配曲线有哪三种情况?

(7)某高速公路路面工程,选用的碎石、石屑和矿粉的筛分试验结果见表2-9-1。用试算法确定碎石、石屑和矿粉在混合料中的用量;计算出混合料的合成级配,并校核该合成级配是否在要求的级配范围中,若有超出应进行调整。

筛分试验结果　　　　　　　　表2-9-1

筛孔尺寸(mm)	通过百分率(%)			设计级配范围通过百分率(%)
	碎石	石屑	矿粉	
26.5	100	100	100	100
19.0	97	100	100	95~100
16.0	61.5	100	100	75~90
13.2	34.5	100	100	62~80

续上表

筛孔尺寸 (mm)	通过百分率(%)			设计级配范围通过百分率(%)
	碎石	石屑	矿粉	
9.5	19.8	93.8	100	52~72
4.75	4.6	77.9	100	38~58
2.36	—	58.7	100	28~46
1.18	—	36.0	100	20~34
0.6	—	23.0	97	15~27
0.3	—	11.0	94	10~20
0.15	—	—	92	6~14
0.075	—	—	70.5	4~8

(8)设计资料同上题,试用图解法确定矿质混合料的配合比组成设计。

报告编号：_____

项目 2 检测报告

委托单位：_____

样品名称：_____

检测类别：_____

检测中心：_____

年　　月　　日

粗集料试验检测报告

检测单位名称(专用章):　　　　　　　　　报告编号:

施工/委托单位		委托编号	
工程名称		工程部位/用途	
样品名称		样品编号	
样品规格		样品数量	
来样时间		样品状态	
见证单位		见证人	
生产厂家		生产批号	
取样位置		送(抽)样人及联系方式	
检测日期	年　月　日	检测条件	℃/　%RH
检测项目			
检测依据			
判定依据			
主要仪器设备名称及编号			
检验结论			
附加声明			

检测:　　　　审核:　　　　批准:　　　　日期:

粗集料试验检测报告

检测单位名称：　　　　　　　　　　　　报告编号：

序号	检测项目		技术要求			检测结果	
			Ⅰ类	Ⅱ类	Ⅲ类	检测值	单项结论
1	含泥量(%)						
2	泥块含量(%)						
3	压碎值(%)						
4	针、片状颗粒总含量(%)						
5	坚固性(硫酸钠溶液法经5次循环后质量损失值,%)						
6	磨耗值(%)						
7	软弱颗粒含量(%)						
8	磨光值(%)						
9	冲击值(%)						
10	与沥青黏附性(黏附性等级)						
11	密度试验结果	表观密度(g/cm³)					
12		表干密度(g/cm³)					
13		毛体积密度(g/cm³)					
14		堆积密度(g/cm³)					
15		振实密度(g/cm³)					
16		捣实密度(g/cm³)					
17		堆积空隙率(%)					
18		表观相对密度					
19		表干相对密度					
20		毛体积相对密度					
21		吸水率(%)					
备注：							

粗集料颗粒级配试验记录(干筛法)

记录编号：　　　　　　　　　　　　　　　　　　　　　第　　页,共　　页

工程部位/用途					委托/任务编号				
试验日期					委托/收样日期				
样品编号					样品数量				
样品描述									
检测项目					试验依据				
试验条件									
主要仪器设备及编号									

试样总量(g)	第1组				第2组				平均累计筛余(%)	规定级配范围(%)
筛孔尺寸(mm)	筛上重 m_i(g)	分计筛余(%)	累计筛余(%)	通过百分率(%)	筛上重 m_i(g)	分计筛余(%)	累计筛余(%)	通过百分率(%)		
	(1)	(2)	(3)	(4)	(1)	(2)	(3)	(4)		
37.5										
31.5										
26.5										
19										
16										
9.5										
4.75										
底盘										
干筛后总量(g)										
损耗 m_5(g)										
损耗率(%)										
备注:										

粗集料密度及吸水率试验检测记录表(网篮法)

记录编号：　　　　　　　　　　　　　　　　　　　　　　　　　　　第　　页,共　　页

工程部位/用途		委托/任务编号	
试验日期		委托/收样日期	
样品编号		样品数量	
样品描述			
检测项目		试验依据	
试验条件			
主要仪器设备及编号			
试验次数			
吊篮在水中质量(g)			
吊篮+试样在水中质量(g)			
样品在水中质量(g)			
饱和面干试样质量(g)			
烘干试样质量(g)			
表观相对密度测值			
表观相对密度测定值			
毛体积相对密度测值			
毛体积相对密度测定值			
试验水温 $T(℃)$			
水在试验温度 T 时密度(g/cm^3)			
表观密度测值(g/cm^3)			
表观密度测定值(g/cm^3)			
毛体积密度测值(g/cm^3)			
毛体积密度测定值(g/cm^3)			
吸水率测值(%)			
吸水率测定值(%)			
备注:			

粗集料堆积密度及空隙率试验检测记录表

记录编号：　　　　　　　　　　　　　　　　　　　　　　　第　　页,共　　页

工程部位/用途		委托/任务编号	
试验日期		委托/收样日期	
样品编号		样品数量	
样品描述			
检测项目		试验依据	
试验条件			
主要仪器设备及编号			

表观密度		
试验次数		
容量筒的容积(L)		
容量筒的质量(kg)		
自然堆积试样与容量筒的质量(kg)		
试样的自然堆积密度测值(g/cm^3)		
试样的自然堆积密度测定值(g/cm^3)		
振实试样与容量筒的质量(kg)		
试样振实密度测值(g/cm^3)		
试样振实密度测定值(g/cm^3)		
捣实试样与容量筒的质量(kg)		
试样捣实密度测值(g/cm^3)		
试样捣实密度测定值(g/cm^3)		
集料空隙率(%)		
备注：		

粗集料针、片状颗粒含量试验检测记录表(规准仪法)

记录编号：　　　　　　　　　　　　　　　　　　　　　　　　第　　页,共　　页

工程部位/用途				委托/任务编号		
试验日期				委托/收样日期		
样品编号				样品数量		
样品描述						
检测项目				试验依据		
试验条件						
主要仪器设备及编号						
试验编号	试样总质量(g)	粒级(方孔筛)(mm)	针状颗粒质量(g)	片状颗粒质量(g)	针、片状颗粒总质量(g)	针、片状颗粒含量测值(%)	针、片状颗粒含量测定值(%)
备注:							

粗集料压碎值试验检测记录表

记录编号：　　　　　　　　　　　　　　　　　　　　　　　　　　第　　页，共　　页

工程部位/用途			委托/任务编号	
试验日期			委托/收样日期	
样品编号			样品数量	
样品描述				
检测项目			试验依据	
试验条件				
主要仪器设备及编号				
试验编号	试验前试样质量(g)	通过2.36mm筛孔的细料质量(g)	压碎值(%)	压碎值测定值(%)
备注：				

细集料试验检测报告

报告编号：　　　　　　　　　　　　　　　　　　　　　　　　　　第　　页，共　　页

序号	检测项目		技术要求			检测结果	
			Ⅰ类	Ⅱ类	Ⅲ类	检测值	单项结论
1	天然砂含泥量(%)						
2	泥块含量(%)						
3	亚甲蓝(g/kg)						
4	人工砂的石粉含量(%)	亚甲蓝试验	MB值<1.4或合格				
			MB值≥1.4或不合格				
5	砂当量(%)						
6	云母含量(%)						
7	有机质含量(比色法)						
8	坚固性	天然砂(硫酸钠溶液法经5次循环后的质量损失,%)					
		人工砂单级最大压碎值指标(%)					
9	膨胀率(%)						
10	棱角性(s)						
11	密度试验结果	表观密度(g/cm³)					
12		表干密度(g/cm³)					
13		毛体积密度(g/cm³)					
14		堆积密度(g/cm³)					
15		紧密度(g/cm³)					
16		表观相对密度					
17		表干相对密度					
18		毛体积相对密度					
19		吸水率(%)					
20		空隙率(%)					
备注：							

细集料颗粒级配试验记录表(干筛法)

记录编号：　　　　　　　　　　　　　　　　　　　　　　　第　　页,共　　页

工程部位/用途					委托/任务编号				
试验日期					委托/收样日期				
样品编号					样品数量				
样品描述									
检测项目					试验依据				
试验条件									
主要仪器设备及编号									

试样总量(g)	第1组				第2组				平均累计筛余百分率(%)	规定级配范围(%)
筛孔尺寸(mm)	筛上重 m_i(g)	分计筛余(%)	累计筛余(%)	通过百分率(%)	筛上重 m_i(g)	分计筛余(%)	累计筛余(%)	通过百分率(%)		
	(1)	(2)	(3)	(4)	(1)	(2)	(3)	(4)		
9.5										
4.75										
2.36										
1.18										
0.6										
0.3										
0.15										
0.075										
筛底										
干筛后总量(g)										
损耗(g)										
损耗率(%)										
样品组次	第一组	第二组								
细度模数测值										
细度模数测定值										
□粗砂　3.7　3.1					细集料级配曲线					
□中砂　3.0　2.3										
□细砂　2.2　1.6										
备注:										

细集料表观密度试验检测记录表(容量瓶法)

记录编号:　　　　　　　　　　　　　　　　　　　　　　第　　页,共　　页

工程部位/用途		委托/任务编号	
试验日期		委托/收样日期	
样品编号		样品数量	
样品描述			
检测项目		试验依据	
试验条件			
主要仪器设备及编号			

试验水温 T(℃)	
水在试验温度时的密度(g/cm^3)	
试验次数	
烘干试样质量(g)	
水+容量瓶质量(g)	
水+容量瓶+试样质量(g)	
细集料表观相对密度	
细集料表观相对密度平均值	
细集料表观密度测定值(g/cm^3)	
备注:	

细集料堆积密度及空隙率试验检测记录表

记录编号： 第 页,共 页

工程部位/用途		委托/任务编号	
试验日期		委托/收样日期	
样品编号		样品数量	
样品描述			
检测项目		试验依据	
试验条件			
主要仪器设备及编号			

试验次数		
砂的表观密度(g/cm^3)		
容量筒的质量(g)		
容量筒的体积(ml)		
容量筒与堆积砂的总质量(g)		
容量筒与紧装砂的总质量(g)		
砂的堆积密度测值(g/cm^3)		
砂的堆积密度测定值(g/cm^3)		
砂的紧装密度测值(g/cm^3)		
砂的紧装密度测定值(g/cm^3)		
砂的空隙率(%)		

备注：

项目 3 水泥

任务 3-1 认识水泥的技术性质与技术要求

一、水泥概述

1. 常用水泥品种

路桥工程中涉及的水泥品种主要是通用型硅酸盐类水泥。这类通用水泥根据水泥熟料在磨细过程中掺入的混合材料类型和掺量,成为六个品种。试填写表 3-1-1 ~ 表 3-1-3。

硅酸盐水泥的组分要求　　　　　　　　　　　　　　　　　　表 3-1-1

品种	代号	组分(质量分数)(%)		
		熟料 + 石膏	混合材料	
			粒化高炉矿渣/矿渣粉	石灰石
硅酸盐水泥	P·Ⅰ		—	—
	P·Ⅱ		0 ~ <5	—
			—	0 ~ <5

普通硅酸盐水泥、矿渣硅酸盐水泥、粉煤灰硅酸盐水泥和　　　表 3-1-2
火山灰质硅酸盐水泥的组分要求

品种	代号	熟料+石膏	组分(质量分数)(%)			替代混合材料
			混合材料			
			主要混合材料			
			粒化高炉矿渣/矿渣粉	粉煤灰	火山灰质混合材料	
普通硅酸盐水泥			6 ~ <20			0 ~ <5
矿渣硅酸盐水泥	P·S·A	50 ~ <79	21 ~ <50	—	—	0 ~ <8
	P·S·B	30 ~ <49	51 ~ <70	—	—	
粉煤灰硅酸盐水泥	P·F		—	21 ~ <40	—	0 ~ <5
火山灰质硅酸盐水泥	P·P			—	21 ~ <40	

复合硅酸盐水泥的组分要求　　　　　　　　　　　　　　　　表 3-1-3

品种	代号	熟料+石膏	组分(质量分数)(%)				
			混合材料				
			粒化高炉矿渣/矿渣粉	粉煤灰	火山灰质混合材料	石灰石	砂岩
复合硅酸盐水泥	P·C		21 ~ <50				

2. 水泥的生产工艺

请补齐图 3-1-1 水泥的生产流程示意图。

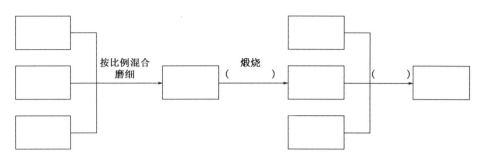

图 3-1-1　水泥生产流程示意图

3. 水泥中掺入的混合材料

请填写表 3-1-4。

水泥中掺入的混合材料　　　　　　　　　　　　　　　　　表 3-1-4

混合材料	性质	作用	常用材料
活性材料			
非活性材料			

4. 硅酸盐水泥矿物成分

请填写表 3-1-5。

水泥矿物成分性能特点　　　　　　　　　　　　　　　　　表 3-1-5

矿物成分及含量(%)　性能		硅酸三钙 ($3CaO \cdot SiO_2$)	硅酸二钙 ($2CaO \cdot SiO_2$)	铝酸三钙 ($3CaO \cdot Al_2O_3$)	铁铝酸四钙 ($4CaO \cdot Al_2O_3 \cdot Fe_2O_3$)
		63~67	21~24	4~7	2~4
水化反应速度					
水化热					
干缩性					
抗化学侵蚀性					
水化物强度	早期				
	后期				

二　水泥技术性质

1. 物理性质

(1)细度。

细度的大小反映了_____或_____,它对水泥的_____、_____、_____和_____都有一定的影响。水泥的水化硬化过程开始于水泥颗粒的表面,水泥颗粒_____,水泥与水发生反应时的表面积_____,水化速度就

_____。所以水泥的细度_____,水化反应和凝结速度就_____,早期强度就_____,因此水泥颗粒达到较高的细度是确保水泥品质的基本要求。但如果过度提高水泥细度,不仅带来水泥需水量的_____,使硬化水泥的收缩变形_____,而且还会对水泥构造物的耐久性带来不利影响。同时过细水泥不易长期存放,增加水泥粉磨成本,因此水泥细度应控制在合理范围内。

水泥细度测定的方法之一是_____,它以_____或_____标准筛上筛余量百分率来表示,该方法现多采用负压筛法。另一种细度测定方法是_____,它以单位质量水泥材料表面积的大小来表示,常用方法为_____。

(2)标准稠度。

水泥标准稠度是指标准试杆在沉入水泥净浆时,经受_____达到规定_____所具有的_____和_____用量百分率。水泥和水之间的反应速度、作用结果,不仅与水泥自身的矿物组成、颗粒细度等内因有关,还与水化硬化过程中_____的多少密切相关。标准试验条件下达到规定试验状态时所对应的水泥浆稀稠程度就是所谓的标准稠度,在进行_____、_____,所用的水和水泥拌和物必须在标准稠度水泥净浆的条件下进行。

我国现行标准中规定:水泥标准稠度测定方法有标准维卡仪法(试杆法)和代用维卡仪法(试锥法)两种方式。标准法是让标准试杆沉入水泥净浆,当试杆沉入的距离正好离底板_____,此时水泥浆的稠度就是水泥浆标准稠度,该状态下的拌和用水量为该品种水泥标准稠度用水量;代用法是当稠度仪的试锥贯入水泥浆深度正好为_____时,对应的水泥浆稠度为标准稠度,此时的拌和水量即为该水泥的标准稠度用水量。

(3)凝结时间。

水泥凝结时间的长短,对水泥混凝土的施工有重要意义,凝结时间分为初凝时间和终凝时间,简述什么是凝结时间、初凝时间以及终凝时间。

(4)简述什么是水泥安定性,安定性不良对水泥有什么影响?

(5)水泥安定性不良是由水泥中存在某些有害成分造成的,如掺加石膏时带入的_____、水泥煅烧时残存的_____或_____等。这些成分在水泥浆体硬化后,缓慢地与水及周围的介质发生反应,并伴随生成产物体积的不断增加,由此引起水泥石内部不均匀的体积变化。

体积安定性的检测方法采用_____和_____。两种方法的基本原理都是在_____下,加速有害成分产生消极作用的程度,通过观察和检测,判断这些有害物是否会引起安定性不良。当两种方法检测结果不一致时,以_____为准。

需要说明的是,采用_____的方式,判断水泥是否存在安定性不良的做法,只针对由游离CaO是否会造成安定性不良的问题。但对游离MgO却达不到这种效果,因为MgO要在条件下才会使其加速熟化,才能反映出是否有安定性问题。

2. 力学性质

水泥的力学性质,主要指水泥的强度指标。水泥强度包括_____和_____两个方面。强度的高低除了与水泥自身熟料矿物组成和细度有关外,还与_____和_____混合比例的多少、_____、以及_____等因素密切相关。根据现行国标《水泥胶砂强度检验方法》(GB/T 17671—2021)中规定,水泥强度检验是将水泥和标准砂以_____的比例混合,水和水泥混合比例在_____的条件下,拌和后制成_____标准试件,在标准条件下养护到规定的龄期,采用规定的方法测出_____和_____强度。

3. 化学性质

(1)有害成分。

水泥中有害成分包括_____、_____和_____。当这些成分含量过高时,会对水泥造成诸如体积安定性不良、碱集料反应等不利影响。

(2)不溶物。

不溶物主要来自原料中的_____和_____,由于水泥生产时煅烧不良、化学反应不充分,而未能转化成熟料矿物。

(3)烧失量。

烧失量是指水泥在_____高温下产生的质量损失。水泥煅烧不佳或受潮都会使水泥在规定温度下加热时,增加其损失的质量,表明水泥的品质受到了不良因素的影响。

(4)氯离子。

水泥中氯离子主要来自_____或为保证生产工艺要求加入的_____。氯离子的存在,会对混凝土中的钢筋造成严重的锈蚀。

(5)碱含量。

水泥属于偏碱性材料,碱性成分是保证硅酸盐水泥水化、凝结和硬化的重要条件。但碱性成分含量偏高,有可能与集料中的活性氧化硅或活性碳酸盐在水的参与下,发生_____反应,对混凝土造成结构性破坏。

三 通用硅酸盐水泥技术要求

1. 物理指标

(1)凝结时间。

硅酸盐水泥初凝时间不小于_____,终凝时间不大于_____。其他类型水泥初凝时间不小于_____,终凝时间不大于_____。

(2)安定性。

_____试验合格。

(3)细度。

_____细度以比表面积表示,不低于_____,但不大于_____。普通硅酸盐水泥、矿渣硅酸盐水泥、粉煤灰硅酸盐水泥、火山灰硅酸盐水泥、复合硅酸盐水泥的细度以45μm_____方孔筛筛余表示,不小于_____。

2. 化学指标

请填写表 3-1-6。

通用硅酸盐水泥的化学指标　　　　表 3-1-6

水泥品种	代号	不溶物 (%, 质量分数)	烧失量 (%, 质量分数)	三氧化硫 (%, 质量分数)	氧化镁 (%, 质量分数)	氯离子 (%, 质量分数)
硅酸盐水泥						
普通硅酸盐水泥						
矿渣硅酸盐水泥						
火山灰质硅酸盐水泥						
粉煤灰硅酸盐水泥						
复合硅酸盐水泥						

3. 力学指标

请填写表 3-1-7。

力学指标　　　　表 3-1-7

强度等级	抗压强度(MPa)		抗折强度(MPa)	
	3d	28d	3d	28d
32.5				
32.5R				
42.5				
42.5R				
52.5				
52.5R				
62.5				
62.5R				

任务 3-2　水泥细度试验

一、试验的目的

通过水泥颗粒粗细程度的测定,作为评定水泥品质的_____指标之一。

二、试验用仪器设备

(1)负压筛析仪由_____、_____、_____、筛座、_____和_____等组成。其

中筛座由转速为30r/min±2r/min的喷气嘴、负压表、控制板、微电机壳体等部分构成。

（2）负压筛析仪能够产生_____Pa的负压。

（3）试验用负压标准筛为_____μm的方孔筛，并配有_____。

（4）天平：量程应不小于100g，感量不大于_____g。

三 试验方法与步骤

1. 仪器检查

正式筛析试验前，先通过接通电源打开仪器，检查负压筛析仪是否能够达到_____Pa负压压力。如低于_____Pa时，应先清理_____中的水泥积存物，以保证达到负压要求。

2. 试样称量

试验称取试样_____g，称取试样精确至_____g。

3. 测试

试样置于洁净的负压筛中，盖上筛盖，放在筛座上，开动筛析仪连续筛析_____s，在此期间如有试样附着在筛盖上，可轻轻地敲击，使试样落下。筛毕，用天平称量筛余物质量，精确至_____g。

4. 计算

筛析法测定水泥细度计算公式为：

$$F(\%) = \frac{m_1}{m_0} \times 100$$

式中：F——水泥试样的筛余百分率(%)；

m_1——_____(g)；

m_0——_____。

在一次水泥细度的测试过程中，共进行两次试验。一次试验的试样量为25.12g，筛余量为1.02g；第二次的试样量为25.34g，筛余量为1.06g。筛子的修正系数为1.12，求该水泥样品的细度。

任务3-3　水泥标准稠度用水量测定

一 试验的目的与原理

1. 试验目的

测定水泥净浆达到_____时的用水量，为测定水泥的_____和_____做好准备。

2. 试验原理

水泥浆对标准_____或_____的沉入具有一定的阻力，通过针对不同用水量水泥净浆的_____试验,以确定水泥净浆达到_____所需的水量。水泥净浆稠度的测定方法有_____和_____两种。

二　试验用仪器设备

(1) 当用标准法进行标准稠度试验时,维卡仪上的标尺刻度_____从 0～70mm；而当采用代用法的试锥操作时,标尺刻度宜_____从 0～70mm。同时,可滑动金属棒底端装上不同的附件时,可分别用于_____和_____的测定。

(2) 标准稠度测定用试杆有效长度为_____,由直径为_____的圆柱形耐腐蚀金属制成。

(3) 盛装水泥净浆的圆台形试模:试模深度_____,顶内径_____,底内径_____。

三　标准稠度用水量的测定(标准法)

1. 仪器校准

检查维卡仪的_____能够自由滑动,调整至试杆接触_____时指针对准零点。

2. 水泥净浆的制备

搅拌锅和搅拌叶片用湿布湿润,根据经验估计的首次拌和用水量,称取_____g 待测水泥,在规定的_____将水泥加到拌和锅内,小心防止有水或水泥溅出。将拌和锅安置在撞拌设备上,启动搅拌机,按照规定设置的搅拌方式搅拌。

3. 水泥净浆的装填

完成搅拌后,随即将拌制好的水泥净浆装填入放在玻璃板上的_____中,用直边小刀轻轻拍打超出试模的水泥浆体_____次,保证水泥浆装填密实。在试模上表面_____处用小刀锯掉多余水泥,随后从试模边沿轻抹一次,使净浆表面光滑。

4. 测定

立刻将试模移到维卡仪上调整试杆正好与_____接触,拧紧螺丝。稍停片刻,突然打开_____,使试杆_____沉入水泥净浆中,在试杆停止沉入或释放试杆_____时记录试杆至_____之间的距离。

5. 标准稠度确定标准

如试杆沉入净浆距底板_____时,该水泥净浆为_____净浆,此时拌和用水量为该水泥的_____用水量,以水和水泥质量比的百分率计。如未能实现上述试验结果,则应调整加水量重新试验,直至达到规定的试验结果。每次测试后升起试杆,要立即擦净试杆上的水泥浆。

四　标准稠度用水量的测定(代用法)

1. 水泥净浆的制备

水泥净浆拌制方法与标准方法相同,但该代用法用水量多少可通过_____或_____

两种方式来确定。在采用_____时,水泥仍称取 500g,可根据经验先确定一个初步的拌制水泥净浆所需的水量。采用_____时,拌和水量为 142.5mL,水量精确到 0.5mL。

2. 水泥净浆的装填

按标准方法拌好之后,立即将水泥浆装入_____中,用小刀插捣_____次,再轻震 5 次,保证水泥浆装填密实,刮去多余的水泥浆,抹平。

3. 标准稠度用水量的测定

随即将_____固定在稠度仪相应位置上,调整试锥的锥尖正好与净浆表面接触,此时指针对应的刻度为 0。拧紧固定螺丝,稍过片刻,突然放松紧固螺丝,让试锥_____沉入水泥净浆中。到试锥停止下沉时记录试锥下沉深度。整个操作应在搅拌后_____ s 内完成。

4. 标准稠度确定标准

以试锥下沉深度为_____时的净浆为标准稠度净浆,此时其拌和水量为该水泥的标准稠度用水量,以水和水泥质量的百分率计。如下沉深度不在要求范围之内,则需另称水泥试样,改变用水量,重新试验,直至试锥下沉深度在_____范围为止。

5. 固定用水量方法标准稠度用水量计算

水泥用量不变,仍是 500g。而拌和用水量固定采用_____。按上述调整用水量法操作步骤测定之后,根据_____按下式计算得到标准稠度用水量 P。

$$P = 33.4 - 0.185S$$

式中:S——_____。

6. 计算题

某高速公路道路水泥标准稠度用水量测定试验,采用代用法进行检测,水泥用量为 500g,拌和用水量固定采用 142.5mL,按标准方法拌好水泥净浆后测得试锥下沉深度为 6mm,请计算该水泥的标准稠度用水量 P。(列出计算过程)

任务 3-4　水泥凝结时间测定

一　试验的目的与原理

1. 试验目的

水泥凝结时间测定试验是用来指导水泥拌制混凝土施工时的适宜施工周期。包括_____测定与_____测定。

2. 试验原理

凝结时间以试针沉入水泥_____净浆至一定深度所需的时间表示。

二 试验方法与步骤

1. 制作凝结材料

(1) 采用_____水泥净浆作为测定凝结时间的材料。

(2) 将该净浆装满圆台形的试模,插捣、振实、刮平,立即放入_____中。

(3) 记录_____时刻,作为测定凝结时间的起始时间。

2. 测定初凝时间

(1) 待测试样在养护箱中养护_____时,进行第一次测定。

(2) 试验时,使试针垂直自由地沉入水泥净浆中,当试针下沉至距底板_____时,表征水泥达到初凝状态。

3. 测定终凝时间

测定终凝时间,将带有环形附件的测针安装在维卡仪滑动杆上,在接近终凝时间时,每隔_____测定一次,直到终凝试针沉入水泥试件表面_____时为止。即当只有试针在水泥表面留下痕迹,而不出现环形附件的圆环痕迹时,表征水泥达到终凝状态。

有一组水泥进行凝结时间检测,加水时间为 10 时 30 分,到初凝时间为 14 时 07 分,到终凝时间为 15 时 20 分,计算初凝时间和终凝时间。

任务 3-5 水泥安定性试验

一 试验的目的与原理

1. 试验目的

安定性试验检测一些有害成分在水泥水化凝固过程中是否造成过量体积上的变化。现行水泥安定性试验可检测出_____引起的水泥体积变化,以判断水泥安定性是否合格。

2. 试验原理

安定性的测定有两种方法,即_____和_____,_____是标准法,_____为代用法,有争议时以_____为准。_____是通过测定_____在雷氏夹中沸煮后试针的_____表征其体积膨胀的程度;_____是通过观测水泥标准稠度净浆试饼沸煮后的外形变化情况表征其体积安定性。

二 试验用仪器设备

（1）煮沸箱有效容积为_____。箱中试件架与加热器之间的距离大于50mm。

（2）雷氏夹开口试模外侧带有两根长指针。当一根指针在根部悬挂在一根_____上，另一根指针的根部挂上_____质量的砝码时，两根指针的针尖距离增加值应为_____。而当去掉砝码后，针尖的距离应恢复到悬挂砝码之前的状态。

三 安定性的测定（标准法）

（1）雷氏法进行水泥安定性试验时，把制备好的_____水泥净浆装填在雷氏夹的试模里，并用小抹刀插捣3次，确保密实，然后抹平。每个水泥样品至少制备_____个，再盖上一块_____的玻璃板，放入湿气养护箱中养护_____。

（2）沸煮试验前，首先调整好箱内水位，要求在整个沸煮过程中箱里的水始终能够_____，不可中途补水，同时要保证水在_____内开始沸腾。

（3）从养护箱中取出雷氏夹，去掉玻璃板，测量雷氏夹指针尖端的距离（记作A）。随后将试件放入沸煮箱水中的试件架上，要求指针_____，然后开始加热，使箱中的水在_____内沸腾，并恒沸_____。

（4）沸煮结束后，立即放掉箱中的热水，打开箱盖，待冷却至室温，取出试件。再次测量雷氏夹指针尖端的距离（记作C）。当两个雷氏夹试件沸煮后指针尖端增加的距离（C-A）的平均值_____时，则认为该水泥安定性合格。当结果超出上述要求时，则应再做一次试验，以复检结果为准。

（5）试饼法进行水泥安定性试验时，将制备好的水泥_____净浆取出一部分，分成相同的两份，先团成球形，放在事先涂有一层黄油的玻璃板上，在桌面上轻轻振动，并通过小刀由外向里的抹动，使水泥浆形成一个直径_____、中心厚约_____而边缘渐薄且表面光滑的圆形试饼，养护_____。

（6）从玻璃板上取下试饼，先观察试饼外观有无缺陷，当无_____、_____等缺陷时，放在沸煮箱的试样架上，按与上述雷氏夹试验同样的方法进行沸煮。

（7）沸煮结束后，打开箱盖，待冷却至室温，取出试饼进行观察判断。当目测试饼_____，且用钢尺测量没有_____时，则认为相应水泥安定性合格。

（8）某水泥样品用雷氏法测定安定性沸煮前测定值 $A_1 = 11.0mm$，$A_2 = 10.5mm$，沸煮后测定值，$C_1 = 18.0mm$，$C_2 = 13.0mm$，计算并做出结论。

四 安定性的测定（代用法）

（1）将制备好的水泥标准稠度净浆取出一部分，分成相同的两份，先团成_____，放在事先涂有一层_____的玻璃板上，在桌面上轻轻振动，并通过小刀由外向里的抹动，使水泥浆形成一个直径_____、中心厚约_____，边缘渐薄、表面光滑的圆形试饼，放入湿气养护箱中养护24h±2h。

(2)调整好沸煮箱内的水位,使之在整个沸煮过程中都能没过试件,无须中途添补试验用水,同时保证水在_____内能沸腾。

脱去玻璃板取下试件,当用饼法测定时,先检查试饼是否完整(如已开裂、翘曲,要检查原因,确定无外因时,该试饼已属不合格品,不必沸煮),在试饼无缺陷的情况下将试饼放在沸煮箱的水中箅板上,然后在30min±5min内加热至水沸腾,并恒沸_____。

(3)沸煮结束后,立即放掉沸煮箱中的热水,打开箱盖,待箱体冷却至室温,取出试件进行判别。目测试饼未发现_____,用直尺检查也没有_____(使钢直尺和试饼底部紧靠,以两者间不透光为不弯曲)的试饼为安定性合格,反之为不合格。

(4)当雷氏夹法和试饼法试验结果相矛盾时,以_____的结果为准。

(5)在雷氏夹沸煮过程中,要避免雷氏夹指针_____,以免对试验结果造成不必要的影响。

任务3-6 水泥胶砂强度试验

一 试验的目的

通过采用_____法,测定水泥的_____和_____,并以此确定水泥强度等级。

二 试验用仪器设备与材料

(1)胶砂搅拌机由_____和_____以及_____组成,搅拌锅可自由挪动,但也可很方便地固定在搅拌机底座上。搅拌时,叶片按顺时针进行自转的同时,也沿锅边逆时针公转。

(2)胶砂振实台由_____和_____等组成。台盘上有固定试模用的卡具,并连有两根起稳定作用的臂,轮由电机带动,通过控制器控制按一定的要求转动并保证使台盘平衡上升至一定高度后自由下落,其中心恰好与_____撞击。振实台应安装在高度约_____的混凝土基座上。

(3)试模可同时成型三根尺寸为_____的棱柱体试件。

(4)压力试验机:包括_____和_____。

(5)抗压试验夹具:受压面积_____。

三 试验方法和步骤

1. 材料准备

胶砂的质量配合比为一份水泥、三份中国ISO标准砂和半份水(水灰比W/C为_____)。每锅材料需_____水泥、_____砂子和_____或225g±1g水[图3-6-6c)]。一锅胶砂成型_____条试体。

2. 胶砂制备

事先将搅拌锅和搅拌叶片用_____擦拭,再将所需水倒入搅拌锅内,随后加入_____,

将搅拌锅固定在机座上,上升至固定位置,立即开动机器,先低速搅拌_____s,在第二个_____开始的同时均匀地将砂子通过_____加到锅中,再高速搅拌_____,停拌_____后,再高速搅拌_____。注意在最后一分钟搅拌时,要将锅壁上粘的胶砂刮入锅内。

3. 试体的制备

先把试模和模套固定在振动台上,用小勺从搅拌锅中将胶砂分两层装入试模。装第一层时用_____垂直架在模套顶部,将料层播平,随后振实_____次。再装入第二层胶砂,用_____播平,再振实_____次。随后去掉_____,从振实台上卸下_____,用一金属直尺以近似垂直的角度在试模模顶的一端,沿试模_____以割锯动作慢慢向另一端移动,一次将试模上多余的胶砂刮去,并用直尺将试件表面抹平。

4. 试样养护

对试模作标记,带模放置在养护室或养护箱中养护,直到规定的脱模时间。脱模时先在试件上进行编号,注意进行两个龄期以上的试验时,要将一个试模中的三根试件分别编在两个以上的龄期内。随后将试件水平(也可竖直)放在_____的_____中养护,彼此间保持一定间隔。养护期间保证水面超过试件_____,需要时要及时补充水量,但不允许养护期间_____。

5. 强度试验

养护至_____时,从养护环境中取出待测试件,进行强度测定。

首先进行_____。将_____调平衡。试件的侧面朝上放在试验机的调整夹具内,旋紧夹具时调整杠杆的仰起高度,使杠杆在试件折断时尽可能地接近_____位置。接通开关,_____以_____的速率均匀施加荷载,直至试件折断,记录_____的荷载。

随后进行_____。将_____试件放在抗压夹具里,注意直接受压面为_____,然后放到_____以_____的速率加荷,直至试件破坏,记录_____。

6. 试验结果计算

抗折强度应以一组三个试件抗折结果的平均值作为试验结果。当三个试验结果中有个超出平均值_____时,应舍去,取其余两个测定值的_____,作为抗折强度试验结果。

抗压强度以一组三个试件得到的六个抗压强度算术平均值为试验结果,如六个测定值中还有一个超出六个平均值_____,舍去该结果,而以剩下五个的_____为结果。如五个测定值中还有一个超过五个结果的平均值_____,则_____。

某试验员在水泥胶砂强度的3d破型实验中测得以下数据:抗折强度(MPa)2.4、2.6、2.6,破坏载荷(KN)26.5、26.8、29.3、29.8、28.4、27.1,抗压强度(MPa)16.6、16.8、18.3、18.6、17.8、16.9,试求该水泥的3d抗折、抗压强度。如该水泥为32.5普通硅酸盐水泥,请问测得的3d抗折、抗压强度是否符合GBT 13693—2017道路硅酸盐水泥标准要求?

7. 说明与注意问题

(1)试件龄期是从_____算起,不同龄期强度试验按照不同的时间限定范围来确定。

(2)进行抗压试验时,要选择适宜的加载量程,使试件破坏时达到的最大加载值在所选量程的_____为宜。

报告编号:_____

项目 3　检测报告

委托单位:_____

样品名称:_____

检测类别:_____

检测中心:_____

年　　月　　日

水泥试验检测报告

检测单位名称(专用章):　　　　　　　　　　　报告编号:

施工/委托单位				工程名称			
工程部位/用途							
样品信息							
检测依据				判定依据			
主要仪器设备名称及编号							
水泥厂家				出厂编号			
品种强度等级				代表数量			
序号	检测项目		技术指标	试验检测结果			结果判定
1	细度	比表面积(m²/kg)					
		45μm筛筛余(%)					
2	凝结时间(min)	初凝					
		终凝					
3	密度(kg/m³)						
4	胶砂流动度(mm)						
5	标准稠度用水量(%)						
6	安定性(沸煮法)						
7	抗折强度(MPa)	3d		单值			
				平均值			
		28d		单值			
				平均值			
8	抗压强度(MPa)	3d		单值			
				平均值			
		28d		单值			
				平均值			
检测结论:							
附加声明:							

检测:　　　　审核:　　　　批准:　　　　日期:　　年　　月　　日

水泥细度、密度试验检测记录表

检测单位名称：　　　　　　　　　　　　　　记录编号：JXGLJC-(试)SN/JL-01

工程部位/用途						
样品信息	样品名称： 规格型号：		样品编号： 样品状态：		样品数量：	
试验检测日期			试验条件			
检测依据			判定依据			
主要仪器设备名称及编号						
水泥细度检测						
检测编号	试样 总质量 （g）	筛余物 质量 （g）	筛余 百分数 （%）	检测筛 修正 系数	修正后的筛余 百分数(%)	筛余百分数 测定值(%)
水泥密度检测						
检测编号	水泥质量 （g）	第一次 读数 （cm^3）	第二次 读数 （cm^3）	读数差 （cm^3）	水泥密度 （kg/m^3）	水泥密度测定值 （kg/m^3）
备注						

检测：　　　　　　记录：　　　　　　复核：　　　　　　日期：　　年　　月　　日

水泥标准稠度用水量、凝结时间、安定性试验检测记录表

检测单位名称： 记录编号：JXGLJC-(试)SN/JL-04

工程部位/用途					
样品信息	样品名称： 规格型号：		样品编号： 样品状态：		样品数量：
试验检测日期			试验条件		
检测依据			判定依据		
主要仪器设备名称及编号					
标准稠度用水量					
检测编号	水泥质量 （g）	水质量 （g）	试针距底板的深度 （mm）		标准稠度用水量 （%）
凝结时间测定					
检测编号	起始时间	初凝状态 时间	初凝时间 （min）	终凝状态 时间	终凝时间 （min）
安定性测定					
检测编号	针尖间距 A （mm）	针尖间距 C （mm）	$C-A$ 值 （mm）	平均值 （mm）	结果判定
备注					

检测： 记录： 复核： 日期： 年 月 日

水泥胶砂强度试验检测记录表

JGLQ04006

检测单位名称：　　　　　　　　　记录编号：JXGLJC-(试)SN/JL-05

工程部位/用途				
样品信息	样品名称： 规格型号：	样品编号： 样品状态：		样品数量：
试验检测日期		试验条件		
检测依据		判定依据		
主要仪器设备名称及编号				

水泥胶砂抗折强度

检测编号	龄期(d)	成型日期及时间(h:min)	破型日期及时间(h:min)	试件尺寸(mm)	支点间距(mm)	破坏荷载(kN)	抗折强度(MPa)	
							单值	测定值

水泥胶砂抗压强度

检测编号	龄期(d)	成型日期及时间(h:min)	破型日期及时间(h:min)	试件尺寸(mm)	支点间距(mm)	破坏荷载(kN)	抗折强度(MPa)	
							单值	测定值

备注	

检测：　　　　　记录：　　　　　复核：　　　　　日期：　　年　　月　　日

水泥混凝土　项目 4

任务 4-1　认识水泥混凝土的技术性质

一　新拌水泥混凝土的工作性

1. 混凝土定义

水泥混凝土是由_____、_____和_____按适当比例混合,在需要时掺加适宜的_____、_____等配制而成。其中_____起胶凝和填充作用,_____起骨架和密实作用。_____与_____发生化学反应生成具有胶凝作用的水化物,将_____颗粒紧密黏结在一起,经过一定凝结硬化时间后形成人造石材即混凝土。

2. 混凝土工作性的定义

（1）新拌混凝土的工作性又称_____,是综合评价混凝土_____、_____、_____、_____、_____性和_____状况的一项综合性质和指标。

（2）_____是指混凝土拌合物在自重或机械振捣作用下,能产生流动,并均匀密实地填满模板的性能。

（3）_____指拌合物在外力作用下产生塑性流动,不发生脆性断裂的性质。

（4）_____指拌合物在捣实或振动过程中克服摩阻力达到密实程度的能力。

3. 工作性检测方法

常用混凝土拌和物工作性的测定方法有_____试验和_____试验两种。_____试验适用于塑性混凝土,_____试验适用于干硬性混凝土,但无论哪种试验方法都还不是一个能够全面反映混凝土拌合物工作性的测定方法。目前只是在测出混凝土拌合物_____的同时,通过经验和观察,结合一定的辅助手段综合地评定混凝土的工作性。

4. 影响混凝土工作性的因素

（1）原材料特性。

水泥品种和细度将会影响混凝土拌和物的工作性。如普通硅酸盐水泥拌合物的工作性相对较好;矿渣水泥的流动性较大,但_____较差;火山灰水泥拌合物流动性小,但_____较好。另一方面,适当_____水泥细度可改善混凝土拌合物的_____和_____,减少泌水和离析的程度。

粗集料的_____和_____也直接影响到混凝土的工作性。如采用卵石配制混凝土的流动性比碎石混凝土_____;集料中针片状颗粒含量_____,接近立方体的颗粒_____,且级配较好时,在同样的水泥浆数量下,混凝土拌合物可获得较大的_____,同时_____和_____也较好。

当混凝土中使用_____时,会显著改善混凝土的工作性。

(2)单位用水量。

单位用水量的多少决定了混凝土拌合物中_____的数量。在组成材料一定的情况下,拌合物的流动性随单位用水量的增加而_____。当固定水和水泥用量的比例时,单位用水量过小,此时拌合物的_____较差,易发生_____和_____现象;单位用水量过大时,虽然混凝土的_____随之增加,但_____和_____却随之变差,会产生_____、_____、_____现象。同时单位用水量过大还会使混凝土易产生_____,影响到混凝土耐久性和造成水泥浪费等问题。

(3)水灰比(W/C)。

水灰比是指混凝土中所用的_____和_____之比。水胶比即混凝土中_____的质量与_____总质量之比。

水灰比的大小决定了水泥浆的稀稠程度。水灰比小,则水泥浆稠度_____,混凝土拌合物流动性_____。若水灰比过大,水泥浆稠度较_____,虽然混凝土拌合物的_____相比有一定增加,但可能引起混凝土拌合物_____和_____不良。而且当水灰比超过一定限度时,混凝土拌合物将产生严重的_____、_____现象。同时过大的水灰比在水泥混凝土硬化过程中随着多余水分的蒸发,形成大量_____,会导致混凝土_____和_____降低。因此,当混凝土拌合物的流动性不足或过大时,不能仅仅采用_____单位用水量的方法来改变混凝土的流动性,而是在保持原有水灰比_____的基础上,同时增加或减少水和水泥的用量,以控制水灰比处于适宜的状态。

(4)砂率。

砂率是指混凝土中_____占_____的百分率。当砂率不足时,混凝土拌合物的_____受到影响。因此,在一定范围内,混凝土拌合物的_____会随着砂率提高所产生的_____作用的增强而加大。但在水泥浆数量固定的情况下,随着砂率的增大,集料的总表面积随之_____,使水泥浆的数量相对_____,当砂率超过一定的限度后,就会_____由水泥浆所产生的_____作用,又会导致混凝土拌合物_____的降低。使混凝土拌合物获得最大_____而且保持良好_____和_____的砂率称为混凝土的最佳砂率。

二 硬化后混凝土的力学性质

1.强度

(1)强度是混凝土最主要的力学性质之一,工程实践中主要关注的有_____强度和_____强度。

(2)以标准方法制成边长 100mm、150mm 或 200mm 的立方体试件,其中边长为_____的立方体为标准尺寸,在标准条件下(_____,相对湿度_____以上)养护至_____龄期,用标准方法测定其_____,以此求得混凝土的抗压强度(MPa)称为立方体抗压强度。

(3)用于评价混凝土抗压强度的方式除采用立方体试件之外,还可采用圆柱体试件。圆柱体试件的尺寸有三种规格,分别是 φ100mm × 200mm, φ150mm × 300mm 和 φ200mm × 400mm,其中标准尺寸是_____。

(4)抗弯拉强度(抗折强度)(f_{cp})

将混凝土制成_____ × _____ × _____(或_____)的直角棱柱小梁试件,按照规定的养护方法养护到_____龄期。通过采用_____加荷方式进行试验,测得抗弯拉强度(MPa)。

2. 强度等级

(1)立方体抗压强度标准值是指按标准方法制作和养护的边长为_____的立方体试件,到_____龄期时,采用标准试验方式测得的抗压强度总体分布中的一个值,要求混凝土抗压强度低于标准值的百分率不超过_____(即具有_____保证率的抗压强度),以 MPa(N/mm^2)计。

(2)根据立方体抗压强度标准值来确定强度等级。表示方法是用符号"_____"和"_____"两项内容表示。如 C30 表示混凝土的立方体抗压强度标准值($f_{cu,k}$)不低于 30MPa。我国现行规范将混凝土立方体抗压强度等级设定为 14 个,分别是_____。

3. 影响混凝土强度的因素

(1)影响混凝土强度的因素很多,主要有_____的影响,包括_____和_____等内因,以及_____和_____等外因。

(2)水泥强度的高低是影响混凝土强度的最直接因素。当水泥的强度确定时,混凝土的强度主要取决于_____的大小,在一定范围内强度随_____的减少而有规律的_____。

(3)采用碎石拌制的混凝土,其形成的强度要比采用卵石拌制的混凝土强度_____,在相同的用水量情况下,流动性相对_____。由于针片状颗粒给施工带来不利影响,并引起混凝土_____的提高,所以混凝土中用的粗集料要限制针片状颗粒数量。粗集料的_____粒径对混凝土抗压强度和抗折强度均有影响,一方面随着粗集料粒径_____,单位用水量相应减少,在固定的用水量和水灰比条件下,_____粒径,可获得较好的工作性,或因水灰比而提高混凝土的强度和耐久性;随着粗集料_____粒径的增加,将会_____集料与水泥浆接触的总面积,使界面强度降低,同时还会因振捣密实程度的降低影响到混凝土强度的形成。所以粗集料_____粒径的增加,对混凝土强度带来双重影响,但这种不利的影响程度对混凝土抗折强度要比抗压强度更大一些。

(4)混凝土中_____和_____之比称为浆集比,该比值对混凝土的强度也有一定的影响。在水灰(胶)比相同的条件下,达到_____后,混凝土的强度随着混凝土浆集比的增加而降低。

(5)养护条件。

养护过程中_____、_____和_____影响混凝土强度形成的主要因素。混凝土在_____环境下养护,形成的强度要远高于在_____环境下形成的强度。在夏季高温季节,由于气温较高,水分蒸发迅速,更要特别注意经常_____养护。

确保一定的养护温度是混凝土强度形成的又一必要条件。如果混凝土养护温度_____,由于水泥的水化反应的停止,使混凝土的强度不再发展,甚至会因_____作用造成混凝土强度的损失。所以在相同_____条件下,适宜的_____养护温度,有利于混凝土强度的提高。

在标准养护条件下,混凝土强度与_____之间有较好的相关性,在对数坐标上呈直线关系。所以可利用这种相关性,根据早期结果来推算混凝土后期强度。

(6)试验条件。

试验时的试件尺寸、试件的_____和_____、_____和加载速率等都会影响同一混凝土最终强度结果。例如,同样的压力试验,尺寸_____的试件测得的结果就会愈高,因此不同尺寸抗压试件测得的结果要采用不同系数加以修正。加载速率快慢也会对强度结果带来直接影响,加载速率_____,测得的强度就会越高。

任务 4-2 坍落度试验

一 试验的目的与原理

1. 试验目的

坍落度试验可评价_____。坍落度试验适用于坍落度值大于_____,集料公称最大粒径不大于_____的混凝土。

2. 试验原理

坍落度试验是将待测混凝土拌合物装入标准圆锥筒中,再提起圆锥筒,在重力作用下混凝土会自动坍落,以_____与_____高差为坍落度。通过侧向敲击,观察混凝土坍落体的下沉情况。如混凝土拌合物在敲击下渐渐沉,并能较好的团聚在一起,表示混凝土具有良好的_____。如拌合物在敲击时突然折断倒坍,或有石子离析出来,则表示_____较差。通过察看拌合物均匀程度和水泥浆含水状况,判断混凝土的_____。

二 试验用仪器设备

(1)请填写表4-2-1。

坍落筒尺寸　　　　　　　　　　　　　　　　表4-2-1

集料最大粒径(mm)	坍落筒类型	筒的内部尺寸(mm)		
		底面直径	顶面直径	高度
	标准坍落筒			
	加大坍落筒			

(2)捣棒直径_____,长约_____,用于插捣的一端为半圆形。

三、试验步骤

（1）拌和。

①搅拌机拌和。

首先用_____的砂浆在拌和机内部进行涮膛，以避免正式拌和混凝土时水泥砂浆黏附在搅拌机上，改变原有混凝土的材料组成。将称好的_____、_____和_____分别加入到拌和机中，先搅拌均匀后，徐徐加入所需的水。继续搅拌_____，将拌合物倒在铁板上，人工再翻拌_____。

②用人工拌和。

先称取_____和_____倒在拌和板上搅拌均匀，再称出_____一起拌和。将料堆的_____扒开，倒入所需水的一半，仔细拌和均匀后，再倒入剩余的水，继续拌和至均匀。大约拌和时间为_____。

无论是机械拌和还是人工拌和，所需时间不宜超过_____。

（2）装筒。

用湿布抹湿_____和_____、_____等用具。将漏斗放在_____上，脚踩踏板，拌合物分_____层装入筒内，每层装填的高度稍大于筒高的_____。每层用捣棒沿螺旋线由边缘至中心插捣_____次，要求最底层插捣至底部，其他两层插捣至下层约_____。

（3）提筒。

装填插捣结束后，用镘刀刮去多余的拌合物，抹平筒口，清除筒底周围的混凝土。随即提起_____，操作过程在_____内完成，要注意提筒时防止对装填的混凝土产生_____作用。

（4）坍落度测量。

将坍落筒放在已坍落的拌合物一旁，筒顶平放一个朝向拌合物的_____，用钢尺量出_____到_____的垂直距离，该距离定义为混凝土拌合物的坍落度，以 mm 为单位，结果精确至 1mm。

（5）观察。

①观察黏聚性。

进一步观察坍落的拌合物，用捣棒轻轻_____拌合物。如在_____过程中坍落的混凝土体_____，表示黏聚性较好；如敲击时混凝土体_____，或_____、_____，则说明混凝土黏聚性差。

②观察保水性。

观察整个试验过程中是否有水从拌合物中析出，如混凝土体的底部_____，混凝土拌合物表面也无_____，则说明混凝土的保水性较好；否则如果底部明显有_____，或混凝土表面出现_____，则表示混凝土的保水性不好。

（6）坍落扩展度测量。

当混凝土拌合物的坍落度大于_____时，用钢尺测出混凝土坍落结束扩展后的_____和_____，在这两个直径之差小于_____的条件下，用其算术平均值作为坍落扩展度。但两者的差值超出_____时，此次试验无效。

任务4-3　维勃稠度试验

一、试验的目的与原理

1. 试验目的

维勃稠度试验是用于测定和评价_____混凝土工作性状态。

2. 试验原理

试验按与坍落度试验相同的操作将混凝土拌和物装填在维勃稠度仪上的圆锥筒中，提起圆锥筒后，将一_____放置在混凝土拌和物上。开启_____，同时开始计时，当_____底面_____的瞬间停止计时。这一过程所需的时间作为维勃试验的结果，以秒为单位。显然，维勃时间愈_____，混凝土拌合物的坍落度就愈小。

二、稠度仪的组成

简述稠度仪的主要组成部分。

三、试验步骤

（1）准备。

将_____牢固地用螺母固定在振动台上，放入_____，把_____转到坍落度筒上口，拧紧螺丝9，使坍落度筒不能漂离容器底面。

（2）装料。

按坍落度试验方法，分_____层装拌合物，每层捣_____次，抹平筒口。

（3）振动。

拧紧螺丝9，使圆盘顺利滑向容器，开动_____和_____。

（4）计时。

观察透明圆盘混凝土的振实情况，一到圆盘底面为_____时，即刻停表和关闭振动台，秒表所记时间，即表示混凝土混合料的_____，时间精确至1s。

任务4-4　水泥混凝土拌合物表观密度试验

一、试验的目的

通过新拌混凝土表观密度的测定，用_____。

二、试验仪器

试样筒应为刚性金属制成的圆筒。对于集料最大粒径不大于31.5mm的混凝土拌合物，宜采用容积不小于_____的容量筒。对于集料最大粒径大于31.5mm的拌合物所采用容量筒，其内径与内高均应大于_____。

三、试验步骤

(1)试验前应先进行_____。
(2)容量筒用湿布擦试干净，称出质量m_1，精确至_____。
(3)坍落度不大于_____宜用_____振实，应一次性将混凝土拌合物装填至高出容量筒筒口，装料时可用捣棒稍加插捣，振动直至_____为止。
(4)坍落度大于_____混凝土拌合物宜用_____密实。插捣时，应根据容量筒的大小决定分层与插捣次数：用5L容量筒时，混凝土拌合物应分_____层装入，每层的插捣次数应为_____次；用大于5L的容量筒时，每层混凝土的高度不应大于_____mm，每层插捣次数按每_____截面不小于_____次计算；用捣棒从边缘到中心沿_____均匀插捣；捣棒应垂直压下，不得_____，捣底层时应至_____，插捣第二层时，捣棒应插透本层至下一层的表面；每一层捣完后用橡皮锤沿容量筒外壁敲击_____次，进行振实，直至混凝土拌合物表面插捣孔消失并不见_____为止。
(5)_____混凝土应一次性填满，且不应进行振动和插捣。
(6)将筒口多余的混凝土拌合物刮去，表面有凹陷应填补，用抹刀抹平，并用_____检验；应将容量筒外壁擦净，称出混凝土拌合物试样与容量筒总质量m_2，精确至10g。

某水泥混凝土拌合物表观密度试验数据见表4-4-1，试计算水泥混凝土的表观密度。

试验数据 表4-4-1

容量筒和试样总质量（kg）	容量筒总质量（kg）	容量筒容积（L）	表观密度（kg/m³）	平均表观密度（kg/m³）
12.939	1.189	5		
12.944	1.189	5		

任务4-5　水泥混凝土拌合物凝结时间测定

一、试验的目的

通过采用_____的测定方法，明确混凝土拌合物在不同环境条件下的凝结时间变化规律，以此正确地控制_____。

二、试验用仪器设备

(1)贯入阻力仪最大测量值不小于_____,精度为_____。

(2)测针长度约_____,根据针头截面积的大小划分成_____、_____、_____三种型号,在距离贯入端_____处刻有标记,来指示操作时地贯入深度。

(3)圆形试模:上口径为_____,下口径为_____,净高_____的刚性容器,并配有盖子。

(4)标准筛为_____方孔筛。

三、试验步骤

1. 取

取有代表性的混凝土拌合物,用_____的标准筛尽快过筛,筛去_____以上的粗集料。

2. 装

经人工翻拌后,装入试模。每批混凝土拌和物取一个试样,共取_____个试样,分装到_____个试模中。

3. 振

(1)坍落度不大于90mm的混凝土宜采用_____振实砂浆,振动应持续到_____为止,但要避免振动过度。

(2)坍落度大于90mm的宜用捣棒入工捣实,沿螺旋线方向由外向中心均匀插捣25次,然后用橡皮棰轻击试模侧面,以排除在捣实过程中留下的孔洞。进一步整平砂浆表面,且表面要低于试模上沿约_____。

4. 盖

盖上_____,将试件静置于温度_____(或与现场相同)环境中,并在以后的试验中,环境温度始终保持在_____。除操作过程外,试筒应始终加盖。

5. 吸

约1h后,通过倾斜试模,将表面泌出的水集中起来,用_____吸出。在以后的操作过程中要多次进行类似的吸水工作,以免影响贯入阻力仪的使用。

6. 选

根据测试时间的长短,依次从粗到细选择合适的测针进行贯入阻力的测定。当观察到测针压入砂浆表面时,测孔周围出现_____,则应改换截面积_____的测针。也可参考表4-5-1选择测针,请补齐表4-5-1。

表4-5-1

单位面积贯入阻力(MPa)	0.2~3.5	3.5~20.0	20~28.0
平头测针圆面积(mm²)			

7. 测

(1)先将待测试件放在_____上,当测针刚刚接触砂浆表面时,转动手轮让测针在_____内垂直均匀地插入试样内至刻度处,深度为_____,记下刻度盘显示的增量,精确至_____。并记下_____和_____。

(2)每个试样作贯入阻力试验次数应不少于_____次,要求第一次测得的单位面积贯入阻力不大于_____,最后一次的单位面积贯入阻力应不小于_____。

(3)从_____时刻算起,常温下普通混凝土_____后开始测定,以后每隔_____测一次;快硬混凝土或气温较高时,则应在_____后开始测定,以后每隔_____测一次;缓凝混凝土或低温环境下,可_____后开始测定,以后每隔_____测一次。临近初凝或终凝时可增加测定次数。

四 试验结果计算

(1)单位面积贯入阻力按下式计算:

$$f_{PR} = \frac{P}{A}$$

式中:f_{PR}——单位面积贯入阻力,MPa;

　　　P——_____,_____,_____,_____;

　　　A——_____,_____,_____,_____。

(2)以_____为纵坐标,_____为横坐标,绘制两者的关系曲线。经_____MPa及_____MPa画两条与横坐标平行的直线,则该直线与关系曲线交点对应的横坐标分别为混凝土的初凝时间和终凝时间。

(3)凝结时间取_____个试样的平均值。三个测值中的最大值或最小值,如果有一个与中间值之差超过中间值的_____,则以中间值为试验结果;如最大值和最小值与中间值之差都超过中间值的_____,则_____。

任务 4-6　水泥混凝土抗压强度试验

一 试验的目的

混凝土强度试验是反应混凝土技术性能最重要的试验,通过强度试验,可以评价混凝土的_____,为混凝土结构设计_____,也是保证混凝土工程施工质量最重要的试验。主要包括_____、_____、_____等。

二 试验用仪器设备

(1)试模:请补齐表4-6-1。

常用水泥混凝土试模尺寸及换算系数　　　　表 4-6-1

试验内容		试模内部尺寸（mm）	集料公称最大粒径（mm）	尺寸换算系数 k
立方体抗应强度	标准试件			
	非标准试件			
抗折强度	标准试件			
	非标准试件			
立方体劈裂抗拉强度	标准试件			
	非标准试件			

（2）压力机或万能试验机：其测量精度为 ±1%，试件破坏荷载应大于压力机全程的_____且小于压力机全程的_____。压力机同时应具有_____指示装置或_____控制装置，上下压板平整并有足够_____，可均匀地连续_____，可保持固定荷载，开机停机均灵活自如，能够满足试件破型吨位要求。

三　试验方法与步骤

1. 试件制作

（1）装模。

装配好试模，避免_____或使用_____，并在试模内部涂抹薄薄一层_____。

（2）振捣。

将符合工作性要求的拌合物在_____之内装填入试模中。根据混凝土拌合物_____，选择合适的密实方法。

当坍落度小于_____时，可采用 $\phi 25mm$ 插入式振捣棒成型。将拌合物一次装入试模并适当高出，过程中还可用抹刀沿各试模壁插捣。用振捣棒距板底 10~20mm 插入振捣，直至表面_____为止。应避免_____，防止混凝土离析，振捣时间为_____。_____拔出振捣棒，避免留下孔洞。用抹刀刮去多余混凝土，在_____时，用抹刀抹平。

当坍落度大于_____且小于_____时，用_____成型。将已装满且稍有富余拌合物的试模固定在振动台上，接通电源振动至_____为止，时间一般控制在_____。振动结束后，用金属直尺沿试模边缘刮去多余混凝土，用抹刀抹平表面。待试件收浆后，再次用抹刀将试件表面仔细抹平。

当坍落度大于_____时，用人工成型。将拌合物分_____层装填在试模中，用捣棒以螺旋形从边缘向中心均匀插捣。插捣底层混凝土时，捣棒应达到模底；插捣上层时，捣棒应深入到下层_____处，注意插捣时要以用力下压而不是_____的方式。每振捣完一层，用橡皮锤敲击试模外壁_____次。_____截面积内每层插捣数不得少于_____次。每种方式成型的试件表面与试模表面边缘高低差不得超过_____。

当试样为自密实混凝土时，在新拌混凝土不离析的状态下，将自密实混凝土搅拌均匀后直接倒入试模内，不得使用_____和_____成型，但可以采用橡皮锤辅助振动。试样一次填满试模后,可用橡皮锤沿着试模中线位置轻轻敲击6次侧面。用抹刀将试件仔细抹平,使表面略低于试模边缘_____。

2.试件养护

(1)成型拆模。

成型好的试模上覆盖_____,防止水分蒸发。在室温_____、相对湿度大于_____的条件下静置_____时间到达后拆模,进行外观检查、编号,并对局部缺陷进行加工修补。

(2)养至龄期。

将试件移至标准养护室的架子上,彼此间应有30~50mm的间距。养护条件温度_____、相对湿度_____以上,直至到规定龄期。

3.测试

(1)检查。

将养护到指定龄期的混凝土试件取出,擦除表面水分。检查测量试件_____,看是否有_____。试件如有蜂窝缺陷,可以在试验前三天用水泥浆填补修整,但需在报告中加以说明。

(2)对中。

以成型时的_____作为受压面,将混凝土置于_____并位置对中。

(3)加载。

施加荷载时,对于强度等级小于C30的混凝土,加载速度为_____;对于强度等级大于C30小于C60的混凝土,取_____的加载速度;对于强度等级大于C60的混凝土,取_____的加载速度。

(4)破坏。

当试件接近破坏而开始迅速变形时,应停止调整试验机的_____,直到试件破坏,记录_____。

4.计算

(1)水泥混凝土抗压强度通过下式计算:

$$f_{eu} = k \frac{F_{max}}{A_0}$$

式中:f_{eu}——水泥混凝土抗压强度,MPa;

F_{max}——_____,N;

A_0——_____,mm²;

k——_____。

(2)以三个试件测量值的_____为测定值,结果精确至_____。三个试件测量值的最大值或最小值中如有一个与中间值之差超过中间值的_____,则取中间值为测定值;如最大值和最小值与中间值的差值均超过中间值的_____,则该组试验结果无效。

(3)某混凝土,取立方体试件一组,试件尺寸为100mm×100mm×100mm,标准养护28d所测得的抗压破坏荷载分别为356kN、285kN、340kN,计算该组试件标准立方体抗压强度值(精确到0.1MPa)。

任务 4-7　水泥混凝土抗弯拉强度试验

一　试验的目的

水泥混凝土抗弯拉强度,又称_____强度,是混凝土主要_____指标之一,通过试验取得的检测结果作为_____的重要参数。

二　试验用仪器设备

(1)万能试验机或具有_____的抗折机。
(2)抗折试验装置:能使_____个相等荷载同时作用在试件跨度_____分点处的抗折试验装置。

三　试验方法与步骤

1.检查

将达到规定龄期的抗折试件取出,擦干表面,检查试件,如发现试件中部_____长度内有蜂窝等缺陷,则该试件废弃。

2.标记

从试件一端量起,分别在距端部的 50mm、200mm、350mm 和 500mm 处圆出标记,分别作为支点(_____和_____处)以及加载点(_____和_____处)的具体位置。

3.对准

调整万能机上两个可移动支座,使其准确对准试验机下_____距离两侧各_____ mm,随后紧固支座。将抗折试件放在支座上,且侧面朝上。

4.加载

施加荷载时应保持均匀、连续。当混凝土的强度等级小于 C30 时,加荷速度为_____ MPa/s;当混凝土的强度等级大于等于 C30 且小于 C60 时,加荷速度为_____ MPa/s;当混凝土的强度等级大于等于 C60 时,加荷速度为_____;试件接近破坏而开始迅速变形时,不再增加油门,直至试件破坏。

5.计算

水泥混凝土抗折强度通过下式计算:

$$f_{ef} = \frac{FL}{bh^2}$$

式中:f_{ef}——抗折强度(MPa);
　　　F——_____,(N);

L——_____，_____；
b、h——_____，_____。

四 试验说明与注意问题

（1）试验结果的数据处理：无论是抗压强度还是抗折强度，试验结果均以_____个试件的_____作为测定值。如任一个测定值与中值的差超过中值的_____，取_____为测定结果；如两个测定值与中值的差都超过_____时，则该组试验结果作废。

（2）压力机通常有若干加载量程，试验时应选择合适的压力机加载量程，一般要求达到的最大破坏荷载是所选量程_____，否则可能引起较大的误差。选择的思路是根据_____（或判断可能达到的强度），通过强度计算公式反算出在此强度状况下达到的_____，而能够使该荷载进入某量程的20%以上、80%以下的，则是合适的加载量程。

（3）试验要求的加载速率单位是以MPa/s表示，并不是压力机施加的_____的单位。应根据加载速率要求和实际试验时试件的受_____将其换算成压力机可读的_____的单位。如常见的强度等级C30以上的150mm×150mm×150mm抗压试件，根据要求的加载速率0.5~0.8MPa/s，则换算成压力机上可读的加载速率为_____。

（4）试件从养护环境取出后要尽快进行试验，以免试件内部的_____发生显著改变而影响测定结果。

（5）对于抗弯拉试验，三个试件中如有一个断面位于_____，则混凝土抗折强度按另外两个试件的试验结果计算。如果这两个测值的差值不大于这两个测值中较小值的_____，则这两个测值的_____为测试结果，否则结果无效。如果有两根试件均出现断裂面位于_____，则该组结果也判为无效。

（6）水泥混凝土抗折强度计算，对一组三根标准水泥混凝土抗折试件进行抗折强度试验，其极限破坏荷载分别为35.7kN、37.5kN、43.2kN，则该组混凝土的抗折强度试验结果为（写出过程）。

任务4-8 无机结合料稳定材料无侧限抗压强度试验方法

一 无机结合料稳定材料取样方法

（1）本方法适用于无机结合料稳定材料_____、_____以及施工过程中的_____等。

（2）分料是将整个样品缩小到每个试验所需材料的合适质量，有四分法和_____两个方法。

（3）下列三个选项是四分法分料的试验过程，请填写空格后，将三个试验过程正确排序（　　）。

A. 在一块清洁、平整、坚硬的表面上将试料堆成一个圆锥体,用铲翻动此锥体并形成一个新锥体,这样重复进行____次。在形成每一个锥体堆时,铲中的料要放在锥顶,使滑到边部的那部分料尽可能分布_____,使锥体的中心_____

B. 将平头铲反复交错垂直插入锥体的顶部,使锥体顶____。沿两个垂直的直径,将已变成平顶的锥体料堆分成____部分,尽可能使这四部分料的质量相同

C. 将_____的一对料(如一、三象限为一对,二、四象限为另一对)铲到一边,将剩余的一对铲到一块。重复上述拌和以及缩小的过程,直到达到要求的试样质量

(4)图 4-8-1 是四分法中的试验图示,请将图示排序(　　　)

 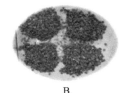 

A.　　　　　　　B.　　　　　　　C.

图 4-8-1　四分法

(5)堆取料时,要在料堆的_____、_____和_____各取一份试样,混合后按四分法分料取样。

(6)工过程中混合料取样。

①在进行混合料验证时,宜在摊铺机后取料,且取料应分别来源于_____台不同的料车,然后_____进行四分法取样,进行无侧限抗压强度成型及试验。

②在评价施工离散性时,宜在施工现场取料。应在施工现场的不同位置按随机取样原则分别取样品,对于结合料剂量还需要在同一位置的_____分别取样,试样应单独成型。

二　无机结合料稳定材料试件制作方法(圆柱体)

(1)本方法适用于无机结合料稳定材料的_____、_____、_____、_____、_____等试验的圆柱形试件的制作。

(2)根据图 4-8-2 中的图示,说一说无机结合料稳定材料圆柱体试件制作时用到的设备有哪些?

图 4-8-2

（3）试验准备。

①试件的径高比一般为_____。试件的成型根据需要的压实度水平，按照体积标准，采用_____制备。

②将具有代表性的风干试料（必要时，可以在50℃烘箱内烘干），用木锤捣碎或用木碾碾碎，但应避免破坏粒料的原粒径。

③在预定做试验的前一天，取有代表性的试料测定其_____；对于稳定细粒材料，试样应不少于_____；对于中、粗粒材料，试样应不少于_____。

④按照击实法或振动成型法确定无机结合料稳定材料的_____和_____。

⑤根据最大干密度的大小，称取一定质量的风干土，其质量随试件大小而变。对于100mm干密度的大小的试件，1个试件需干试料_____；对于中150mm×150mm的试件，一个试件需干试料_____。

⑥对于稳定细粒材料，一次可称取_____个试件所需的试料；对于稳定中粒材料，一次宜称取_____个试件所需的试料；对于粗粒材料，一次只称取_____个试件的试料。

⑦将准备好的试料分别装入_____中备用。

（4）试验步骤。

①检查设备、涂抹_____。

②准备被稳定试料、水、水泥。

根据最大干密度、最佳含水率以及无机结合料的配合比、压实度来计算每份料的加水量、无机结合料的质量。对于无机结合料稳定细粒材料，至少应该制备_____个试件；对于无机结合料稳定中粒材料或粗粒材料，至少应该分别制备_____试件。

③拌料、闷料。

将称好的试料放在长方盘内。向试料中加水_____、_____。将拌和均匀后的试料放在密闭容器或塑料袋（封口）内_____。

对于稳定细粒材料（特别是黏性土），浸润时的含水率应比最佳含水率小_____；对于稳定中粒和粗粒材料，可按最佳含水率加水；对于水泥稳定类材料，加水量应比最佳含水率小_____。浸润时间要求与"击实试验"相同。

④加入水泥拌和。

在试件成型前_____内，加入所需数量的水并拌和均匀。在拌和过程中，应将预留的水（对于细粒土为_____%，对于水泥稳定类为_____）一并加入土中，使混合料达到最佳含水率。加有水泥的混合料应在拌和后1h内按下述方法制成试件，超过1h的混合料应该_____。

⑤将稳定材料装入试模。

将试模配套的下垫块放入试模的下部，外露_____左右。将称量的规定数量的稳定材料混合料分_____次灌入试模中，每次灌入后用夯棒轻轻均匀插实。

⑥静压法成型试件。

将整个试模（连同上、下垫块）放到反力架内的千斤顶上（千斤顶下应放一扁球座）或压力机上，以_____的加载速率加压，直到上下压柱都压入试模为止。维持压力2min。

⑦试件脱模。

解除压力后,取下试模,并放到脱模器上将试件顶出。

在脱模器上取试件时,应用双手抱住试件侧面的_____,然后沿水平方向轻轻_____,待感觉到试件移动后,再将试件轻轻捧起,放置到试验台上。切勿直接将试件_____。

⑧检查试件的高度和质量。

称试件的质量 m_s,小试件精确至_____,大试件精确至_____,然后用游标卡尺测量试件高度 h,精确至_____。检查试件的高度和质量,不满足成型标准的试件作为废件。

⑨试件装袋养生。

试件称量后应立即放在_____中封闭,并用_____覆盖塑料袋,移放至养生室。

三 无机结合料稳定材料标准养生试验方法

1. 使用方法

(1) 本方法适用_____和_____的养生。

(2) 标准养生方法是指无机结合料稳定类材料在规定的标准温度和湿度环境下强度增长的过程。

2. 标准养生方法试验步骤

图 4-8-3 是无机结合料试件养生过程,请在每个图下写出该步骤的名称。

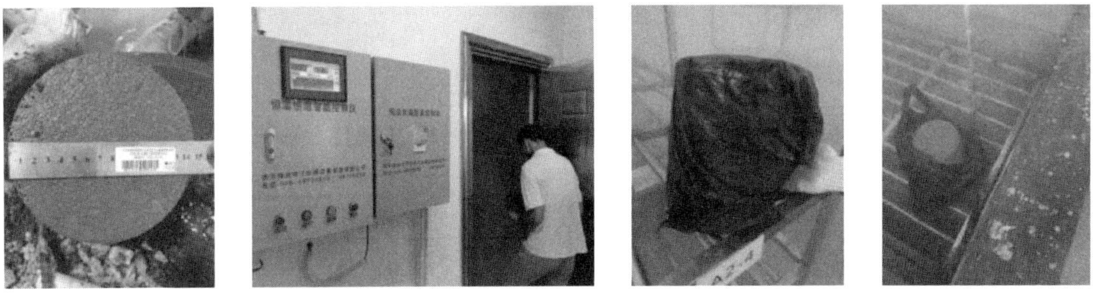

_____ _____ _____ _____

图 4-8-3

(1) 试件从试模内脱出并_____、_____后,稳定中粒和粗粒材料的大试件应装入_____内。试件装入塑料袋后,将袋内的空气_____,_____,将包好的试件放入_____。

(2) 标准养生的温度为 20℃±2℃,相对湿度 95%。试件宜放在铁架或木架上,间距至少_____ mm。试件表面应保持一层水膜,并避免用水直接冲淋。

(3) 对无侧限抗压强度试验,标准养生龄期是_____,其中最后一天浸于_____中。对弯拉强度、间接抗拉强度,水泥稳定材料类试件的标准养生龄期是_____,石灰稳定材料类试件的标准养生龄期是_____。

(4)在养生期的最后一天,将试件取出,观察试件的边角有无磨损和缺块,并量高称质量,然后将试件浸泡于_____的水中,应使水面在试件顶上约_____。

四 无机结合料稳定材料无侧限抗压强度试验方法

(1)本方法适用于测定无机结合料稳定材料(包括_____、_____和_____)试件的无侧限抗压强度。

(2)图4-8-4是无机结合料稳定材料无侧限抗压强度试验用到的试验设备,请在图示下写出该设备的名称。

图 4-8-4

(3)试件制备和养护。
①采用静压法或振动成型法成型径高比为_____的圆柱形试件。
②按照标准养生方法进行7d(_____、_____)的标准养生。
③将试件两顶面用刮刀_____,必要时可用_____抹平试件顶面。

(4)试验步骤。
①根据试验材料的类型和一般的工程经验,选择合适量程的测力计和压力机,试件破坏荷载应在测力量程的_____。球形支座和上下顶板涂上机油,使球形支座能够灵活转动。
②将已浸水一昼夜的试件从水中取出,用软布吸去试件表面的_____,并称试件的质量 m。
③用_____测量试件的高度 h,精确0.1mm。
④将试件放在路面材料强度试验仪或压力机上,并在升降台上先放一扁球座。试验过程中,应保持加载速率为_____,并记录试件破坏时的最大压力 P(N)。
⑤从试件内部取有代表性的样品(经过打破),测定其_____。

任务 4-9　普通水泥混凝土组成设计

一　普通水泥混凝土组成材料的技术要求

1. 水泥

（1）混凝土组成设计中,应从水泥_____和_____等级两个方面进行选择。

（2）五种常见水泥品种都可以配制普通水泥混凝土,但应根据工程性质和气候环境及施工条件进行合理选择,请将各品种水泥的适用性填入表 4-9-1。

表 4-9-1

	水泥品种	硅酸盐水泥	普通硅酸盐水泥	矿渣硅酸盐水泥	火山灰硅酸盐水泥	粉煤灰硅酸盐水泥
环境条件	普通气候环境					
	干燥环境					
	高湿度环境或水下环境					
	严寒地区露天条件或严寒地区处在水位升降范围内的混凝土					
工程特点	厚大体积混凝土					
	机场、道路混凝土路面					
	要求快硬的混凝土					
	C40 以上的混凝土					
	有抗渗要求的混凝土					
	有耐磨要求的混凝土（强度等级≥42.5MPa）					

（3）应合理选择水泥强度等级,使水泥的强度等级与配制的混凝土强度等级相匹配。一般以水泥强度等级为混凝土强度等级_____倍为宜。

2. 粗集料

（1）混凝土用粗集料包括_____和_____,是混凝土中用量最多的组成材料,对混凝土的_____形成起着重要作用。总体上讲,为保证混凝土的质量,对粗集料技术性能要求主要体现在具有良好的_____性能,以及稳定的_____性能,使集料与水泥不发生有害反应。

（2）粗集料在混凝土中起_____作用,必须具备足够的_____,即具有良好的_____和坚固性,这类性质通常采用岩石的_____或_____来表示。

（3）粒径、颗粒形状及级配。

混凝土用粗集料的最大粒径应不大于结构截面最小尺寸的_____,并且不超过钢筋最小净距的_____;对于实心混凝土板,集料的最大粒径不宜超过板厚的_____,且不得超过_____。

粗集料中针、片状颗粒对混凝土的强度带来_____影响。

连续级配矿料配制的混凝土较为_____,并具有优良的工作性,不易产生_____,是经常采用的级配形式。连续级配与间断级配相比,配制相同强度的混凝土,所需的水泥消耗量_____;而采用间断级配矿料配制混凝土,水泥消耗量_____,可以得到密实高强的混凝土。间断级配混凝土拌和物容易产生_____现象。

(4)有害物质。

粗集料中的有害杂质主要以_____、_____、_____及_____等形式存在,这些杂质会影响到水泥与集料之间的_____,对水泥的_____产生消极作用。另外,粗集料中的一些活性成分,如_____、_____等,在水存在的条件下可以与水泥中的碱性成分发生反应,引起混凝土_____、_____,甚至造成严重的破坏,这种现象称为_____。所以对这些有害物质要加以限制,防止这些成分对水泥水化效果产生消极作用。

3.细集料

(1)混凝土用细集料应采用_____、_____、_____的河砂或海砂。各类砂的技术指标必须合格才能使用。

(2)混凝土所用细集料也应具备一定的_____和_____等力学要求,不同强度等级的混凝土应选用不同技术等级的细集料。

(3)细集料根据_____将砂分成粗、中、细三种类型,再根据级配的不同分成Ⅰ、Ⅱ、Ⅲ个区。其中Ⅱ区的砂由_____和_____的细砂组成,采用Ⅱ区砂配制的混凝土有较好的_____和_____,且混凝土的_____小,_____高,是配制混凝土优先选用的级配类型;Ⅰ区的砂属_____范畴,当采用Ⅰ区的砂配制混凝土时,应比Ⅱ区的砂有_____的砂率,否则混凝土拌和物的内摩擦力_____、_____差、不易捣实成型;Ⅲ区的砂是由_____和_____的中砂组成,当采用Ⅲ区的砂配制混凝土时,应较Ⅱ区砂适当_____砂率,此时的拌合物较黏聚,易于振捣成型,但由于比表面积_____,要求适当_____水泥用量,且对工作性影响较为敏感。

4.拌和用水

混凝土拌和所用的水中,不应含有影响水泥_____和混凝土质量的有害物质。这些有害物质主要包括_____、_____、_____、_____等。海水可用于拌制素混凝土,但不得用于拌制_____或_____。

二 混凝土配合比设计概述

(1)混凝土配合比常用表示方法有哪两种,分别如何表示?

(2)混凝土配合比设计需满足哪些要求?

(3)混凝土配合比的设计步骤是什么

三 普通混凝土配合比设计方法(抗压强度为设计指标)

1. 配合比设计指标

(1)混凝土配合比设计指标主要包括_____、_____以及_____等。

(2)混凝土拌合物的工作性的选择取决于混凝土_____以及_____的特点,包括_____、_____及_____等。

(3)混凝土设计强度等级应根据实际工程构造物的_____、_____、_____等众多因素综合考虑决定。

(4)混凝土的耐久性主要取决于混凝土的密实程度,而密实度的高低又在于混凝土的_____的大小和_____多少。当_____偏大或_____偏少时,都有可能在硬化后的混凝土构件内部产生过多的毛细孔隙,为日后引起混凝土耐久性不良现象留下隐患。所以为了保证混凝土的耐久性,要对混凝土中的_____和_____做出限制规定。

2. 简述混凝土初步配合比设计步骤

3. 试拌调整提出混凝土基准配合比

初步配合比设计得到的结果,仅仅依靠的是一种经验方式,其结果必须通过实际检验来查看工作性是否满足施工和易性的要求。必要时进行适当调整,提出符合工作性要求的基准配合比。请简述工作性调整的具体步骤。

4. 检验强度、确定试验室配合比

(1)为验证混凝土强度,按照_____成型,进行标准的_____检测。该强度试验至少要采用三种不同的水灰(胶)比,其中一个是_____所确定的水灰(胶)比,另外两个水灰(胶)比分别较_____减少或增加_____(或_____),即维持_____不变,增加或减少_____,此时的水灰(胶)比的变化基本不会影响混凝土的_____。当不同水灰(胶)比混凝土的黏聚性和保水性仍然较好时,_____也可保持不变。

对三组不同水灰比的混凝土分别进行拌和,检验各自工作性。当不同水灰比的混凝土拌合物_____与要求值相差超过允许范围时,可以适当增、减_____进行调整,_____也可酌情分别增加或减少1%,以确保混凝土拌和物的工作性满足要求,同时测定混凝土拌合物的_____。

(2)强度测定和试验室配合比的确定。

按照标准方法,分别成型、养护和测定具有不同水灰(胶)比的三组混凝土_____强度。根据试验结果,建立_____和_____之间的关系。通过绘制关系图,选定能够达到_____的灰(胶)水比,再转换成所需的水灰比。

(3)混凝土配合比的密度调整。

当混凝土表观密度的实测值 ρ_t 与计算值 ρ_c 之差的绝对值不超过计算值的_____时,试验室配合比就是混凝土的最终设计配合;否则,需将试验室配合比各材料用量乘以_____,即为混凝土最终设计配合。

5. 换算施工配合比

如何根据试验室配合比换算施工配合比,请写出计算公式。

四 普通混凝土配合比设计案例

请根据以下材料完成普通混凝土配合比设计。

(1)组成材料。

普通硅酸盐水泥42.5级,实测28d抗压强度为47.3MPa,密度 $\rho_c=3100kg/m^3$,且不掺其他胶凝材料;中砂:表观密度 $\rho_s=2650kg/m^3$,施工现场砂含水率为3%;碎石:4.75~31.5mm,表观密度 $\rho_g=2700kg/m^3$,施工现场碎石含水率为1%;水:采用自来水。

(2)设计要求。

某桥梁工程桥台用钢筋混凝土(受冰雪影响),混凝土设计强度等级C40,要求强度保证率为95%,强度标准差为5.0MPa。混凝土由机械拌和和振捣,施工要求坍落度为55~70mm。粗、细集料用量按体积法计算,假设试拌时测得坍落度为95mm,试拌混凝土的黏聚性和保水性表现良好,调整后再经拌和重新测得坍落度为60mm,且黏聚性、保水性良好。强度检验时,三组配合比下标准方法测得其立方体抗压强度见表 4-9-2,试确定该混凝土的设计配合比及施工配合比。

不同水灰比测得混凝土强度　　　　表 4-9-2

组别	水灰比(W/C)	灰水比(C/F)	28d 立方体抗强度(MPa)
1	0.42	2.38	56.6
2	0.47	2.13	49.8
3	0.52	1.92	44.5

任务 4-10　面层水泥混凝土组成设计

一、面层水泥混凝土技术要求

1. 力学性能要求

由于面层混凝土直接承受车辆荷载的作用,其组成材料选择、配合比设计均应根据交通等级确定。在《公路水泥混凝土路面设计规范》(JTG D40—2011)中,按设计基准期内设计车道所承受的＿＿＿＿＿＿＿＿,将道路所承受的交通荷载分为＿＿＿＿级。针对不同道路等级,面层水泥混凝土＿＿＿＿应不低于规定。

2. 工作性要求

(1)面层混凝土施工可采用不同方式,因而工作性要求也有所区别。滑模摊铺时,对于碎石混凝土坍落度宜为＿＿＿＿ mm,卵石混凝土坍落度宜为＿＿＿＿ mm。

(2)三辊轴机组摊铺时,拌和物现场摊铺时坍落度宜为＿＿＿＿ mm。

(3)小型机具摊铺时,拌和物现场坍落度宜为＿＿＿＿ mm。

(4)采用拌和楼拌和时,应根据不同工艺摊铺时的坍落度值加上运输过程中＿＿＿＿予以确定。

3. 耐久性要求

为保证道路混凝土耐久性,各级面层水泥混凝土必须满足规定的最大＿＿＿＿和最小＿＿＿＿。同时,限定面层混凝土最大单位水泥用量不宜大于＿＿＿＿ kg/m³,使用掺合料时,最大胶凝材料不宜大于＿＿＿＿。

二 面层普通混凝土组成材料技术要求

1. 水泥

用于道路修筑的水泥含有较多的_____成分,通常不低于_____。正是这种高含量的_____使水泥具有更高的_____。同时,水泥中的_____成分含量较低,要求不得超过_____,从而有效降低了因该矿物成分产生的混凝土干缩、抗侵蚀能力较低的问题。

2. 粗、细集料

粗集料应使用质地_____、_____、_____的碎石、破碎卵石或卵石、极重、特重、重交通荷载等级公路面层混凝土用粗集料质量应不低于_____级要求,中、轻交通荷载等级公路可使用_____级粗集料。

细集料应使用质地_____、_____、_____的天然砂或机制砂,不宜使用_____。不同交通荷载等级公路对细集料的选用要求同粗集料。

为了防止集料离析,保证施工质量,路面用水泥混凝土中不得使用没有级配的_____。应按照最大公称粒径的不同,采用_____个粗级的集料进行掺配,合成级配应符合表5-36的要求,且碎卵石或碎石集料中粒径小于0.075mm的石粉含量不得大于_____。

粗集料级配对混凝土的弯拉强度影响很大,主要表现在振实后,粗集料能够逐级密实填充,形成高弯拉强度所要求的_____。同时,粗集料级配对混凝土的_____较为敏感,逐级密实填充的良好级配有利于减小混凝土的_____。

3. 水

符合现行《生活饮用水卫生标准》(GB 5749—2022)的_____可直接作为混凝土拌和与养护用水。

三 面层普通水泥混凝土配合比设计步骤

(1)面层普通混凝土配合比设计适用于_____、_____及_____等几种常用施工方式。各级公路面层水泥混凝土配合比设计宜采用正交试验法,二级及二级以下公路可采用_____。本节主要讨论采用_____进行配合比设计的内容。

配合比设计包括_____和_____两个阶段。

(2)简述面层普通水泥混凝土配合比设计基本步骤。

(3)配合比设计时,面层混凝土强度变异性一部分来自试验室的_____,另一部分来自_____的变异和_____的变异。在进行配合比设计时,应考虑这两部分因素对混凝土强度的影响。

(4)单位用水量根据选定_____、_____、_____及_____,按照经验公式计算确定。

(5)粗集料填充体积率是指,设计得到的_____除以_____,粗集料填充体积率不宜小于_____,以更好地保证混凝土内部骨架密实结构的形成,从而有利于面层混凝土路用性能。

四 面层普通水泥混凝土配合比设计案例

请根据以下材料完成面层混凝土配合比设计。

(1)设计要求。

某高速公路路面用混凝土(无抗冰冻性要求),要求混凝土设计弯拉强度标准值为,施工单位提供的混凝土弯拉强度样本的标准差 s 为_____($n=9$)。混凝土由机械搅拌并振捣,采用滑模摊铺机摊铺,施工要求坍落度为 10~30mm。试确定该路面混凝土配合比。

(2)组成材料。

硅酸盐水泥 P·Ⅱ52.5 级,实测水泥 28d 抗折强度为_____,水泥密度 ρ_c =_____;中砂;表观密度 ρ_s =_____,细度模数 2.6;碎石:5~40mm,表观密度 ρ_g = 2700kg/m³,振实密度 ρ_{gh} = 1701kg/m³;水:_____。

任务 4-11 无机结合料稳定材料配合比组成设计

一 无机结合料的剂量与比例

(1)水泥剂量:水泥稳定材料的水泥剂量是指水泥质量占_____的百分率。

(2)石灰剂量:石灰稳定材料的石灰剂量是指_____占全部被稳定材料干燥质量的百分率。

(3)石灰工业废渣混合料:石灰工业废渣混合料采用_____计算,以_____:_____:_____的质量比表示。

(4)水泥粉煤灰稳定材料:应采用_____计算,以水泥:粉煤灰:被稳定材料的质量比表示。

(5)查阅二维码资源,填写下表中无机结合稳定材料的质量比例?

①用于基层或底基层的硅铝粉煤灰的石灰粉煤灰类,其结合料间比例为石灰:粉煤灰 = _____:_____。

②用于基层或底基层的石灰粉煤灰土,其结合料间比例为石灰:粉煤灰 = _____:_____。

③用于基层或底基层的石灰煤渣稳定材料,其结合料与被稳定材料间比例为石灰∶煤渣∶被稳定材料 = _____ ∶ _____ ∶ _____。

二 无机结合料稳定材料配合比设计与要求

(1)图 4-11-1 是无机结合料稳定材料组成设计流程,请根据二维码学习内容,填写四个空格的工作内容。

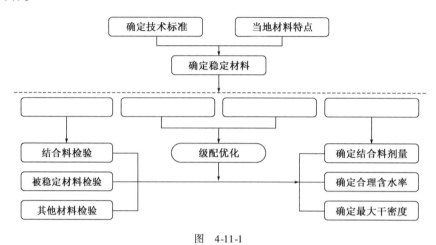

图 4-11-1

(2)目标配合比设计是根据强度标准(_____),确定最佳的无机结合料组成与剂量,验证混合料相关的设计及施工技术指标。设计内容包括:_____;_____;_____,共三方面工作内容。

(3)无机结合料稳定材料目标配合比组成设计详细流程如下:

①根据当地材料的特点,通过原材料性能的试验评定,选择适宜的结合料类型,确定混合料配合设计的_____。

②集料的_____优化设计。

目标级配曲线优化选择过程中,应选择不少于_____条级配曲线。

③选择不少于_____个结合料剂量,分别确定各剂量条件下混合料的_____和_____。

④根据试验确定的最佳含水率、最大干密度及压实度要求,用_____成型标准试件。

⑤试件在标准养生条件下养护6d,浸水_____h后,进行_____试验,计算强度代表值。

⑥强度代表值应不小于强度标准值,同时应验证不同结合料测量条件下混合料的技术性能,确定最佳的_____。

⑦用于基层的无机结合料稳定材料,强度满足要求时,尚宜检验其_____和_____性能。

(4)请写出无侧限抗压强度计算强度代表值就按公式中每个参数代表的意义。

$$R_d^0 = \bar{R} \times (1 - Z_\alpha C_V)$$

式中：Z_α——标准正态分布表中随保证率或置信度 α 而变的系数，高速公路和一级公路应取保证率95%，即 $Z_\alpha =$ _____，二级及二级以下公路应取保证率90%，即 $Z_\alpha =$ _____；

$\overline{R}$——_____；

C_V——_____。

三 生产配合比设计与技术要求（以水泥稳定类为例）

（1）试说明生产配合比设计应包括哪四项技术内容？

（2）混合料生产参数的确定应包括_____、_____和_____等指标，并应符合下列规定。

①对水泥稳定材料，工地实际采用的水泥剂量宜比室内试验确定的剂量多_____。采用集中厂拌法施工时宜增加_____；采用路拌法施工时宜增加_____。

②以配合比设计的结果为依据，综合考虑施工过程的气候条件，对水泥稳定材料，含水率可增加_____；对其他稳定材料，可增加_____。

报告编号：＿＿＿＿＿＿＿

项目4　检测报告一

委托单位：＿＿＿＿＿＿＿＿＿＿＿＿＿

样品名称：＿＿＿＿＿＿＿＿＿＿＿＿＿

检测类别：＿＿＿＿＿＿＿＿＿＿＿＿＿

检测中心：＿＿＿＿＿＿＿＿＿＿＿＿＿

年　　月　　日

水泥混凝土拌合物试验检测报告

检测单位名称(专用章):　　　　　　　　　　报告编号:JXGLJC-(试)SH/JL-02

施工/委托单位		委托编号	
工程名称		工程部位/用途	
样品名称		样品编号	
样品规格		样品数量	
来样时间		样品状态	
见证单位		见证人	
生产厂家		生产批号	—
取样位置		送(抽)样人及联系方式	
检测日期	年　月　日	检测条件	℃/　　%RH
检测项目			
检测依据			
判定依据			
主要仪器设备名称及编号			
检验结论			
附加声明	本检测结果仅对来样负责。		

检测:　　　　　审核:　　　　　批准:　　　　　日期:　年　月　日

水泥混凝土拌合物试验检测报告

检测单位名称:　　　　　　　　　　报告编号:JXGLJC-(试)SH/JL-02

序号	检测项目		技术要求	检测结果	结果判定	检测方法
1	坍落度(mm)					
2	坍落扩展度(mm)					
3	扩展度经时损失(mm)					
4	维勃稠度(s)					
5	表观密度(kg/m^3)					
6	混凝土凝结时间(min)	初凝				
		终凝				
以下空白						

第1页,共1页

项目④　水泥混凝土

水泥混凝土拌和物稠度、表观密度试验检测记录表(坍落度法)

检测单位名称： 记录编号：JXGLJC-(试)SH/JL-02

工程部位/用途					
样品信息	样品名称： 规格型号：	样品编号： 样品状态：		样品数量：	
试验检测日期			试验条件		
检测依据			判定依据		
主要仪器设备名称及编号					
结构物名称		结构部位		搅拌方式	
坍落度/坍落扩展度检测					
坍落度（mm）	坍落扩展度（mm）	棍度	含砂情况	黏聚性	保水性
平均值：	平均值：				
维勃稠度检测					
维勃稠度测值(s)			维勃稠度测定值(s)		
表观密度检测					
容量筒标定	检测编号	容量筒+玻璃板质量（kg）	容量筒+玻璃板+水质量（kg）	常温下水的密度（kg/m³）	容量筒容积（L）
检测编号					
容量筒质量(kg)					
筒和试样总质量(kg)					
试样质量(kg)					
容量筒容积(L)					
表观密度测值(kg/m³)					
表观密度测定值(kg/m³)					
备注					

检测： 记录： 复核： 日期： 年 月 日

水泥混凝土凝结时间试验检测记录表

检测单位名称：　　　　　　　　　　　记录编号：JXGLJC-(试)SH/JL-03

工程部位/用途											
样品信息	样品名称： 规格型号：			样品编号： 样品状态：			样品数量：				
试验检测日期							试验条件				
检测依据							判定依据				
主要仪器设备名称及编号											
试样筒规格					振实方式			加水时间			

试件编号检测次数	温度 (℃)	时间(h:min)			贯入压力(N)			贯入阻力(MPa)			选用测针 (mm²)
		1	2	3	1	2	3	1	2	3	
1											
2											
3											
4											
5											
6											
7											
8											
9											
10											

贯入阻力(MPa) 对 测试时间(min) 曲线图（试件1、试件2、试件3）

凝结时间	试件编号	检测结果
初凝时间 (h:min)	1	
	2	
	3	
	平均值	
终凝时间 (h:min)	1	
	2	
	3	
	平均值	

备注：

备注：

检测：　　　　　记录：　　　　　复核：　　　　　日期：　　年　　月　　日

报告编号：_____

项目4 检测报告二

委托单位：_____

样品名称：_____

检测类别：_____

检测中心：_____

年   月   日

硬化后水泥混泥土性能试验检测报告

检测单位名称(专用章):　　　　　　　　　报告编号:JXGLJC-(试)SH/JL-02

施工/委托单位		委托编号	
工程名称		工程部位/用途	
样品名称		样品编号	
样品规格		样品数量	
来样时间		样品状态	
见证单位		见证人	
生产厂家		生产批号	
取样位置		送(抽)样人及联系方式	
检测日期	年　月　日	检测条件	℃/　　%RH
检测项目			
检测依据			
判定依据			
主要仪器设备名称及编号			
检验结论			
附加声明		本检测结果仅对来样负责	

检测:　　　　　审核:　　　　　批准:　　　　　日期:　　年　月　日

硬化后水泥混泥土性能试验检测报告

检测单位名称：　　　　　　　　　　报告编号：JXGLJC-(试)SH/JL-02

序号	检测项目			技术要求	检测结果	结果判定	检测方法
1	立方体抗压强度(MPa)			—	—	—	—
2	圆柱体轴心抗压强度(MPa)			—	—	—	—
3	棱柱体轴心抗压强度(MPa)			—	—	—	—
4	棱柱体抗压弹性模量(MPa)			—	—	—	—
5	圆柱体抗压弹性模量(MPa)			—	—	—	—
6	抗弯拉强度(MPa)			—	—	—	—
7	抗弯拉弹性模量(MPa)			—	—	—	—
8	立方体劈裂抗拉强度(MPa)			—	—	—	—
9	圆柱体劈裂抗拉强度(MPa)			—	—	—	—
10	抗弯拉试件断块抗压强度(MPa)			—	—	—	—
11	动弹性模量(MPa)			—	—	—	—
12	抗冻性	相对动弹性模量(%)		—	—	—	—
		质量变化率(%)		—	—	—	—
		最大抗冻循环次数(次)		—	—	—	—
		相对耐久性指数(%)		—	—	—	—
		冻融循环结束时试件抗弯拉强度(MPa)		—	—	—	—
13	收缩试验	收缩率		—	—	—	—
		自收缩率		—	—	—	—
		干燥缩率		—	—	—	—
14	磨损量(kg/m²)			—	—	—	—
15	抗渗等级			—	—	—	—
16	平均渗水高度(cm)			—	—	—	—
17	相对渗透系数(mm/s)			—	—	—	—
18	氯离子扩散系数(10^{-12} m²/s)			—	—	—	—
19	电通量(C)			—	—	—	—

水泥混凝土抗压强度试验检测记录表

JGLQ05005

检测单位名称： 记录编号：JXGLJC-(试)SH/JL-06-1

工程部位/用途							
样品信息	样品名称： 规格型号：		样品编号： 样品状态：			样品数量：	
试验检测日期			试验条件				
检测依据			判定依据				
主要仪器设备 名称及编号							
结构物 名称			结构部位 (现场桩号)			设计强度 （MPa）	
检测编号	龄期 （d）	试件尺寸 （mm）	承压面积 （mm^2）	破坏荷载 （kN）	抗压强度（MPa）	换算系数	换算后的抗压强度 （MPa）
					单值 | 平均值		
备注							

检测： 记录： 复核： 日期： 年 月 日

水泥混凝土抗弯拉强度试验检测记录表

JGLQ05007

检测单位名称：　　　　　　　　　　　　记录编号：JXGLJC-(试)SH/JL-07

工程部位/用途								
样品信息	样品名称： 规格型号：		样品编号： 样品状态：			样品数量：		
试验检测日期					试验条件			
检测依据					判定依据			
主要仪器设备名称及编号								

加荷速度 （MPa/s）			试件尺寸 （mm）			支座间距离 （mm）		
检测编号	龄期 （d）	成型日期	极限荷载 （N）	抗弯拉强度(MPa)		换算系数	换算后的抗弯拉强度 （MPa）	试件下边缘断裂的位置
				单值	平均值			
备注								

检测：　　　　　记录：　　　　　复核：　　　　　日期：　　年　　月　　日

项目 5　沥青

任务 5-1　认识沥青的技术性质与技术要求

一　沥青概述

1. 沥青分类

沥青类型划分有多种不同的结果：

(1)沥青按产源不同划分为经地质开采加工后得到的_____和通过工业加工获得的_____。其中地沥青又分为直接开采得到的_____和对开采石油加工后得到的_____，而焦油沥青又根据工业加工原材料的不同，分为_____、_____和_____等。目前，道路工程中通常应用的沥青品种是_____。

(2)沥青按原油成分中所含石蜡数量的多少划分成_____，_____，_____等。

(3)沥青按常温下的稠度划分成_____、_____和_____。

(4)沥青按用途的不同分成_____和_____。

2. 沥青的化学组分

(1)通过一定的分离方法，将沥青分离成化学性质相近，并且和路用性质有一定联系的若干组，这些组就称为_____。沥青中各组分的多少与沥青的技术性质有直接关系。

(2)沥青中最主要的四个组分包括_____、_____、_____和_____。

(3)沥青质是不溶于正庚烷而溶于苯的黑褐色无定形固体物，约占沥青质量的5%~25%。沥青质和沥青的热稳定性、流变性和黏滞性有很大关系。其含量越高，沥青软化点越_____，黏度越_____，沥青就越_____、越_____。

(4)胶质能够溶于正庚烷，是深棕色固体或半固体，有很强的极性，影响沥青中沥青质的分散效果，突出的特征是具有很强的_____。胶质和沥青质之间的比例决定了沥青的_____。

(5)饱和分是由直链和支链饱和烃、烷基烃和一些烷基芳香烃组成，含量约占沥青的5%~20%，是非极性稠状油类，色较浅。随饱和分含量增加，沥青的稠度_____，温度感应性_____。

(6)除了四种主要组分外，在芳香分和饱和分中还存在另一个需要引起重视的成分——蜡。那么蜡对沥青性能的危害有哪些呢？

二　石油沥青主要技术性质

(1) 道路石油沥青的主要技术性质有哪五项？

(2) 沥青的黏滞性是指沥青材料在外力作用下，沥青粒子产生相互位移时抵抗_____的能力。黏滞性的强弱与沥青的_____有关，沥青质含量高的沥青黏滞性_____，环境温度升高时沥青的黏滞性_____。沥青的黏滞性与沥青路面的力学行为密切相关，例如高温时沥青路面产生_____程度的高低，与沥青的黏滞性有着直接关系。表现沥青黏滞性大小的指标为_____。

黏度的表达和测定有多种方式方法，如采用毛细管法测得沥青的_____来表示沥青的绝对黏度；采用旋转黏度计测得沥青的_____，该黏度可用来确定沥青施工应用时的拌和和碾压温度；或采用相对简单的针入度方法测得沥青的_____来表示沥青的稠度；同时作为等黏温度的_____，也可作为沥青黏滞性的一项技术指标。

(3) 沥青的延性是指当其受到外力的拉伸作用时，所能承受的_____的总能力，是表示沥青内部凝聚力——内聚力的一种量度。通常采用_____作为沥青的条件延性指标，并可通过试验测得相应的指标。

沥青的_____、_____、_____，传统上称之为沥青的"三大指标"，是目前我国针对沥青性能评价的核心指标。

(4) 沥青的感温性是在不同温度条件下，沥青黏度随温度的改变而改变，其他性能也呈现出明显的随温度变化而变化的规律。对于路用沥青，温度和黏度的关系是沥青的一项极其重要的性能。表示沥青这种感温性常用的指标是_____。

该指标越大，表明沥青对温度变化的敏感性越_____，也就是说该指标大的沥青在环境温度改变时，沥青性状改变的程度较小。这种低感温性的沥青在夏季高温季节_____，具有一定的抗车辙变形的能力；在冬季低温环境下，不会因降温_____，从而有利于其低温抗裂的需要。根据现行规范的要求，通常路用沥青的针入度指数宜为_____。

(5) 沥青的黏附性是指沥青克服外界不利影响因素(如_____、_____等)在集料表面的附着能力。

目前对沥青与集料之间黏附性优劣的常规评价方法是_____。

(6) 沥青的耐久性是指路用沥青在_____、_____、_____、_____、_____、_____和_____的作用下，会产生一系列的物理化学变化，从而使沥青原有组成成分逐渐改变，引起路用性能的劣化，这种现象称为沥青的老化。当今修筑的高速公路和一级公路沥青路面，其设计寿命要长达十年以上，因此要求沥青材料具有较好的抗老化性即良好的耐久性。

(7) 引起沥青老化的主要直接因素有哪五项？

三、道路石油沥青的技术要求

(1) 交通行业技术标准中,将沥青划分为三个质量等级,不同等级的沥青具有不同的适用范围。请完成表 5-1-1 中空白部分,填写 A 级沥青、B 级沥青、C 级沥青的适用范围。经建设单位同意,沥青的 PI 值、60℃动力黏度、10℃延度可作为选择性指标。

不同等级道路石油沥青的适用范围　　　　表 5-1-1

沥青等级	适用范围
A 级沥青	
B 级沥青	
C 级沥青	

(2) 30 号沥青仅适用于_____,130 号或 160 号沥青除寒冷地区可直接在中低级公路上直接应用外,通常用作乳化沥青、稀释沥青、改性沥青的_____。

(3) 请查《重交通道路石油沥青》(GB/T 15180—2010),确定 AH-90(重交 90 号沥青)的针入度(25℃,100g,5s)、延度(15℃)、软化点、溶解度、闪点、蜡含量指标的规范范围。

(4) 某个地区需要修建沥青混凝土路面,已知该地区七月份平均最高温度为 38℃,冬天极端最低气温为 -1℃,年降雨量达到 1800mm。请问按照沥青路面使用性能分区,该地区的沥青路面使用性能气候分区是(　　)。

A. 1-4-1　　　　B. 1-3-2　　　　C. 2-2-1　　　　D. 2-2-2

任务 5-2　认识其他品种沥青

一、乳化沥青

1. 概述

(1) 乳化沥青是将黏稠沥青加热至_____状态,再经高速离心、搅拌及剪切等机械作用,形成细小的微粒(2~5μm),使沥青以微粒状态均匀有乳化剂和稳定剂的水溶液之中,形成的_____。

(2) 请简述乳化沥青的优点。

(3)请简述乳化沥青的缺点。

(4)请简述乳化沥青的主要用途。

(5)简述乳化沥青主要由哪四部分组成?

(6)请简述乳化沥青的形成机理。

(7)沥青乳液能形成稳定的分散体系,主要是由于_____,
_____。

2.乳化沥青的技术性质与技术要求

乳化沥青在使用中,与砂、石集料拌和成型后,在空气中逐渐_____,水膜变薄,使沥青微粒靠拢,将乳化剂薄膜挤裂而凝成连续的_____。成膜后的乳化沥青具有一定的耐热性、黏结性、抗裂性、韧性及防水性。

3.乳化沥青在集料表面分裂机理

乳化沥青分裂是指从乳液中分裂出来的沥青微粒滴在集料表面聚结成一层连续的沥青薄膜,这一过程称为分裂(俗称破乳)。

路用乳化沥青要有足够的稳定性,以保证在运输和洒布过程中不致过早分裂,担当乳液洒布在路面上遇到集料时,则应立即分裂。乳液产生分裂的外观特征是它的颜色由棕褐色变成黑色,此时的乳化沥青还含有水分,需待水分完全蒸发后,才能产生黏结力。

路用沥青乳液的分裂速度,与_____、_____以及_____等因素有关。

4.乳化沥青的应用

当乳化沥青用于修筑路面时,不论是阳离子型乳化沥青或阴离子型乳化沥青,均有两种施工方法。

(1)_____:如透层、黏层、表面处治或贯入式沥青碎石路面。

(2)_____:如沥青碎石或沥青混合料路面。

二 再生沥青

（1）再生沥青是向已经老化的沥青，掺加_____后使其恢复到_____的一种沥青。

（2）沥青材料的老化是沥青材料在使用中受到_____的作用，随时间而产生_____的化学结构和物理—力学性能变化的过程。

三 改性沥青

1. 改性沥青概述

改性沥青是指掺加如_____，_____，_____或其他填料等外掺剂（改性剂），或采用对沥青轻度氧化加工等措施，使沥青的性能得以改善。

2. 改性沥青的分类及适用范围

（1）我国目前乃至今后相当长的一段时间内，可能使用的聚合物改性剂主要有 SBS、SBR、EVA、PE，因此可将其分为_____、_____、_____三类。其他未列入的改性剂，可以根据其性质，参照相应的类别执行。

（2）Ⅰ类，SBS 热塑性性橡胶类聚合物改性沥青。Ⅰ-A 型及Ⅰ-B 型适用于寒冷地区，Ⅰ-C 型用于较热地区，Ⅰ-D 型用于_____。

Ⅱ类，SBR 橡胶类聚合物改性沥青。Ⅱ-A 型用于寒冷地区，Ⅱ-B 型和Ⅱ-C 型用于较热地区。

Ⅲ类，EVA、PE 热塑性树脂类聚合物改性沥青。适用于较热和炎热地区。通常要求软化点温度比最高日空气温度要高 20℃ 左右。

3. SBS 改性沥青的应用和发展

SBS 改性沥青无论在高温、低温、弹性等方面都优于其他改性沥青，所以我国改性沥青的发展方向可能以_____作为主要方向。尤其是当前，SBS 的价格比以前有了大幅度的降低，仅考虑成本，它就可以和 PE、EVA 形成有力竞争。明确这一点，对于我国发展改性沥青十分重要。

任务 5-3　沥青试样准备

一 试验应用范围

本节内容适用于_____、_____等需要加热后才能进行试验的沥青样品，按此法准备的沥青供试验室进行的各项试验使用。

二 沥青试样准备时，需要用到以下设备

(1) 烘箱：_____℃，有温度调节装置。
(2) 加热炉具：电炉或其他燃气炉（丙烷石油气、天然气）。
(3) 石棉网：面积不小于炉具加热面积。
(4) 滤筛：筛孔孔径_____ mm。
(5) 烧杯：1000mL。
(6) 温度计：0~100℃及200℃，分度为0.1℃。
(7) 天平：称量2000g，感量不大于1g；称量100g，感量不大于0.1g。
(8) 沥青盛样器。
(9) 其他：玻璃棒、溶剂、洗油、棉纱等。

三 沥青试样准备的方法与步骤

(1) 利用烘箱对沥青加热，使沥青熔化。将装有试样的盛样器带盖放入恒温烘箱中，当石油沥青试样中含有水分时，将烘箱温度调至_____℃左右，加热至_____后供脱水用。当石油沥青中无水分时，烘箱温度宜为软化点温度以上90℃，通常为_____℃左右。制备好的沥青试样不得直接采用电炉或煤气炉明火加热。

(2) 随即对沥青试样进行脱水处理。将盛样器放在可控温的砂浴、油浴、电热套上加热脱水，不得已采用电炉、煤气炉直接加热、脱水时必须加放石棉垫，时间不超过_____ min，并用_____轻轻搅拌，防止局部过热。在沥青温度不超过_____℃的条件下，仔细脱水至_____为止，最后的加热温度不得超过石油沥青软化点以上100℃，不得超过煤沥青软化点以上50℃。

(3) 将盛样器中的沥青通过0.6mm的滤筛过滤，_____。根据需要也可将试样分装入擦拭干净且干燥的一个或数个沥青盛样器中，数量应满足_____。

(4) 在沥青灌模过程中如温度下降可放入烘箱中适当加热，试样冷却后反复加热的次数不得超过_____次，以防沥青老化影响试验结果。注意在沥青灌模时_____，避免混进气泡。

(5) 灌模剩余的沥青应立即清洗干净，不得重复使用。

四 沥青试验准备的说明与注意问题

(1) 沥青在装卸、运输和贮存过程中混入水和异物，会影响以后试验检测的结果。操作原理是通过_____和_____方式，将_____和_____分别除去。操作时注意温度控制，避免因温度过高造成_____。

(2) 为避免因多次加热造成沥青老化，每次制样前需清楚将要做的试验项目，_____将沥青样品制备出来，并按要求灌模成型。

任务 5-4　沥青密度与相对密度试验

一、试验目的与适用范围

本方法适用于使用_____测定沥青材料的_____与_____。如没有特殊要求,本方法宜在试验温度_____℃及_____℃下测定相应指标。

注:对液体石油沥青,也可以采用适宜的_____测定密度或相对密度。

二、理解试验过程

1．准备工作

(1)用_____、_____、_____先后仔细洗涤比重瓶,然后_____称其质量(m_1),精确至1mg。

(2)将盛有冷却蒸馏水的烧杯浸入恒温水槽中保温,在烧杯中插入温度计,水的深度必须超过比重瓶顶部_____mm以上。

(3)使恒温水槽及烧杯中的蒸馏水达到规定的试验温度±0.1℃范围内。

2．比重瓶水值的测定

(1)将_____及_____放入恒温水槽中的烧杯里,烧杯底浸没水中的深度应不少于_____mm,烧杯口_____水面,并用夹具将其_____。

(2)待烧杯中水温再次达到规定温度并保温_____min后,将_____塞入瓶口,使多余的水由瓶塞上的_____中排出。此时比重瓶内不得有_____。

(3)将烧杯从水槽中取出,再从烧杯中取出比重瓶,立即用干净软布将_____擦拭一次,再迅速擦干比重瓶外面的水分,称其质量(m_2),准确至1mg。瓶塞顶部只能擦拭_____次,即使由于膨胀瓶塞上有小水滴也不能再擦拭。

(4)以(m_2-m_1)作为试验温度时比重瓶的水值。

注:比重瓶的水值应经常校正,一般每年至少进行_____次。

3．液体沥青试样的试验步骤

(1)将试样过筛(_____mm)后注入干燥比重瓶中至_____,不得混入气泡。

(2)将盛有试样的比重瓶及瓶塞移入恒温水槽(测定温度±0.1℃)内盛有水的烧杯中,水面应在瓶口下约_____mm。不得使水_____。

(3)待烧杯内的水温达到要求的温度后保温_____min,然后将瓶塞塞上,使多余的_____由瓶塞的_____中排出。用蘸有_____的棉花擦净孔口排出的试样,并保持孔中_____。

(4)从水中取出比重瓶,立即用干净软布擦去瓶外的水分或黏附的试样(不得再擦孔口)后,称其质量(m_3),精确至0.001g。

4．黏稠沥青试样的试验步骤

(1)按任务5-1中所述方法准备沥青试样,沥青的加热温度宜不高于估计软化点以上

100℃（石油沥青或聚合物改性沥青），将沥青小心注入比重瓶中，约至_____高度。不得使试样_____或_____，并防止混入_____。

（2）取出盛有试样的比重瓶，移入_____中，在室温下冷却不少于_____ h，连同瓶塞称其质量（m_4），精确至0.001g。

（3）将盛有蒸馏水的烧杯放入已达试验温度的恒温水槽中，然后将称量后盛有试样的比重瓶放入烧杯中（瓶塞也放进烧杯中），等烧杯中的水温达到规定试验温度后保温_____ min，使比重瓶中气泡上升到水面，待确认比重瓶已经恒温且无_____后，再将比重瓶的瓶塞塞紧，使多余的水从塞孔中排出，此时应不得带入气泡。

（4）取出比重瓶，按前述方法迅速擦干瓶外水分后称其质量（m_5），精确至0.001g。

5．固体沥青试样的试验步骤

（1）试验前，如试样表面潮湿，可在干燥、洁净的环境中_____，或置于_____ ℃烘箱中烘干。

（2）将_____ ~ _____ g试样打碎，过_____ mm及_____ mm筛。取_____ ~ _____ mm的粉碎试样不少于_____ g放入_____、_____的比重瓶中，塞紧_____后称其质量（m_6），精确至0.001g。

（3）取下瓶塞，将恒温水槽内烧杯中的_____注入比重瓶，水面高于试样约_____ mm，同时加入几滴_____（如洗衣粉、洗涤灵），并摇动比重瓶使大部分试样_____，必须使试样颗粒表面所吸附的_____逸出。摇动时勿使试样摇出瓶外。

（4）取下瓶塞，将盛有试样和蒸馏水的比重瓶置真空干燥箱（器）中_____，达到真空度_____ kPa（735mmHg）不少于15min。当比重瓶试样表面仍有气泡时，可再加几滴表面活性剂溶液，摇动后再抽气至真空。必要时，可反复操作几次，直至无气泡为止。

注：抽真空不宜过_____，以防止样品被带出比重瓶。

（5）将保温烧杯中的蒸馏水再注入比重瓶中至_____，轻轻塞好瓶塞，再将带塞的比重瓶放入盛有蒸馏水的烧杯中，并_____瓶塞。

（6）将装有比重瓶的盛水烧杯再置恒温水槽（试验温度±0.1℃）中保持至少_____ min后，取出比重瓶，迅速擦干瓶外水分后称其质量（m_7），精确至0.001g。

6．试验数据处理

（1）下列两个公式是固体沥青试样的密度和相对密度计算公式，请写出 $m_2/m_7/m_6$ 代表的文字意义。

$$\rho_b = \frac{m_6 - m_1}{(m_2 - m_1) - (m_7 - m_6)} \times \rho_w$$

$$\gamma_b = \frac{m_6 - m_1}{(m_2 - m_1) - (m_7 - m_6)}$$

式中：m_2——
m_6——
m_7——

（2）表 5-4-1 是某高速公路道路固体石油沥青密度试验的试验数据，请计算该沥青的密度和相对密度。（列出计算过程）

表 5-4-1

试样编号	1	2
试验温度（℃）	15	15
比重瓶质量（g）	26.860	27.970
比重瓶与所盛满水的合计质量（g）	48.597	50.130
比重瓶的水值（g）	21.737	22.160
比重瓶与沥青试样合计质量（g）	42.358	43.526
比重瓶与试样和水合计质量（g）	49.199	50.753
相对密度测值		
相对密度平均值		
测试温度时水的密度（g/cm³）	0.9991	
密度（g/cm³）		

任务 5-5　沥青针入度试验

一　针入度试验目的与意义

（1）针入度试验的定义。

针入度是在一定的温度条件（＿＿＿＿℃）下，以规定质量（＿＿＿＿g）的标准针经历规定的贯入时间（＿＿＿＿s）后，标准针沉入到沥青试样中的深度值，以＿＿＿＿计。针入度值越大，表明沥青越＿＿＿＿。针入度是沥青条件黏度的一项指标表征，也是我国＿＿＿＿划分的依据。如 110 号道路石油沥青 25℃的针入度要在＿＿＿＿之间。

（2）通过针入度试验，可以得到哪些指标？

（3）针入度指数 PI 的意义。

针入度指数 PI 越大，表明＿＿＿＿＿＿＿＿，即针入度指数大的沥青在环境温度变化时，沥青性状改变的程度较＿＿＿＿。这种低感温性的沥青在夏季高温季节不易＿＿＿＿，具有一定的_____,在冬季低温环境下,不会因为降温变得_____,即可以_____。根据现行规范要求,通常路用沥青的针入度指数宜在_____之间。

二 认识针入度仪

请列出图5-5-1针入度仪的主要组成部分。

① _____
② _____
③ _____
④ _____
⑤ _____
⑥ _____
⑦ _____
⑧ _____
⑨ _____
⑩ _____
⑪ _____

图 5-5-1

三 理解试验过程

(1)熔——沥青加热融化。

将装有沥青试样的盛样器带盖放入恒温烘箱中,当石油沥青含有水分时,将烘箱温度调至80℃,加热至沥青全部融化,供脱水用。当石油沥青无水时,烘箱温度为软化点温度以上90℃,通常为_____。对于改性沥青,一般为_____。

(2)倒——沥青灌模过程。

①将沥青罐中沥青倒入中转容器中;

②将中转容器放入烘箱半小时去气泡;

③_____。

(3)养——沥青养护过程。

①将试样注入盛样器中,盖上盛样器玻璃盖,放在室温中冷却不少于_____(小盛样器);

②后移入规定试验温度的恒温水槽中,保温时间不少于_____(小盛样器)。

(4)准——试验设备准备。

①用三氯乙烯清洗标准针并擦干,安装标准针到配重连接杆上;

②调整标准针针尖,_____;

③将位移计底部推至刚好接触配重连接杆顶部位置;

④将位移计读数_____。

（5）测——试验测试过程。

① _____，配重砝码和标准针系统在重力作用下，沉入沥青；

② _____ s 后自动停止释放；

③读取位移针读数，精确至_____，该值为当前水浴温度下测试沥青的针入度值。

（6）算——试验数据处理。

表 5-5-1 是某高速公路道路沥青针入度试验的试验数据，请计算该沥青在不同温度下的针入度值和该沥青的针入度指数，并描述该沥青的沥青标号。（列出计算过程）

表 5-5-1

检测编号	检测温度（℃）	第一次测值（0.1mm）	第二次测值（0.1mm）	第三次测值（0.1mm）	针入度测值（0.1mm）	PI
1	15	19.1	20.6	18.9		
2	25	47.8	49.1	48.1		
3	30	74.2	75.1	74.1		

任务 5-6　沥青延度试验

一　延度试验目的与适用范围

（1）延度试验的定义。

沥青的延度是规定形状（_____形）的沥青试样，在规定_____温度下，以一定的_____延伸至_____时的长度，以_____表示。

（2）沥青延度的试验温度与拉伸速率可根据要求选定，通常采用的试验温度为_____、_____、_____、_____，拉伸速度为_____。在低温时采用 1cm/min ± 0.05cm/min 拉伸速度时，应在报告中注明。

（3）延度试验的目的。

通过沥青延度试验，测定沥青能够承受的塑性变形总能力，并用于评价沥青在低温状态下的抗裂性。

（4）延度试验的适用范围。

延度试验适用于测定_____、_____、_____和_____等材料的延度。

二　认识仪器设备

请列出延度试验的主要仪器设备。

三 理解试验过程

（1）取——领取待检沥青样品。

（2）熔——沥青加热融化。

将装有沥青试样的盛样器带盖放入恒温烘箱中,当石油沥青含有水分时,将烘箱温度调在80℃,加热至沥青全部融化,供脱水用。

（3）涂——将隔离剂涂于试模内侧。

将_____拌和均匀,涂于清洁干燥的试模底板和两个侧模的_____,并将试模在试模底板上安装稳妥。

（4）倒——沥青灌模过程。

将准备好的沥青试样仔细地在试模一端与另一端之间_____缓缓注入模中,最后略高出试模,灌模时应注意勿使_____混入。

（5）养——沥青养护过程。

试件在室温中冷却不少于_____h,然后置于规定试验温度±0.1℃的恒温水槽中,保持_____min后取出,用热刮刀刮除高出试模的沥青,使沥青面与试模面齐平。沥青的刮法应自试模的_____刮向_____,且表面应刮_____。将试模连同底板再浸入处于规定试验温度的水槽中保温_____h。

（6）装——试样模具装于延度仪上。

将盛有试样的试模自玻璃板或不锈钢板上取下,将试模两端的孔分别套在滑板及槽端固定板的金属柱上,并取下侧模。水面距试件表面应不小于_____。

（7）测——试验测试过程。

①开动延度仪,并注意观察试样的延伸情况。此时应注意,在试验过程中,水温应始终保持在试验温度规定范围内,且仪器不得有振动,水面不得有晃动,当水槽采用循环水时,应_____,停止水流。

②在试验中,如发现沥青细丝浮于水面时,则应在水中加入_____;沥青细丝沉入槽底时,则应在水中加入_____,调整水的密度与沥青试样的密度相近后,重新试验。

③试件拉断时,读取指针所指标尺上的读数,以_____表示,在正常情况下,试件延伸时应成锥尖状,拉断时实际断面接近于零。如不能得到这种结果,则应在报告中注明。

（8）算——试验数据处理。

①同一试样,每次平行试验不少于_____,如3个测定结果均大于100cm,试验结果记作"_____";特殊需要也可分别记录实测值。

②如3个测定结果中,有一个以上的测定值小于100cm时,若最大值或最小值与平均值之差满足重复性试验精密度要求,则3个测定结果的平均值取整作为延度试验结果。

若平均值大于100cm,记作">100cm";若最大值或最小值与平均值之差不符合重复性试验精度要求时,试验应重新进行。

③重复性试验精度要求为:当试验结果小于100cm时,重复性试验的_____为平均值的_____;再现性试验的_____为平均值的_____。

表 5-6-1 是三种道路沥青特定温度条件延度试验的试验数据,请计算三种道路沥青在特定温度的延度值(列出计算过程)

表 5-6-1

检测编号	检测温度（℃）	延伸速度（cm/min）	延度（cm）			
			试件 1 测值	试件 2 测值	试件 3 测值	延度测定值
沥青 1	5.0	5	20.6	18.9	17.3	
沥青 2	25.0	5	102.7	110.7	132.6	
沥青 3	15.0	5	75.1	74.1	70.9	

任务 5-7　沥青软化点试验

一　软化点试验目的与适用范围

（1）沥青的软化点试验是试样在规定尺寸的金属环内,置规定尺寸和质量的钢球于_____或_____中,以每分钟升高_____℃的速度加热沥青至软化,直到钢球下沉达规定距离的温度,以_____（单位）表示。

（2）本方法适用于测定_____、_____的软化点,也适用于测定_____、_____或_____的软化点。

二　认识仪器设备

（1）请列出沥青软化点试验的主要仪器设备。

(2)请指出软化点试验仪的部分构件名称。

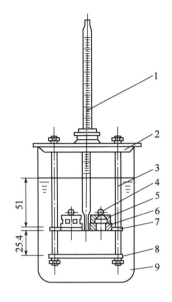

1. _____
2. _____
3. _____
4. _____
5. _____
6. _____
7. _____
8. _____
9. _____

三 理解试验过程

(1)将试样环置于涂有_____的试样底板上。按规定方法将准备好的沥青试样徐徐注入试样环内至_____为止。

如估计试样软化点高于120℃,则试样环和试样底板(不用玻璃板)均应预热至_____。

(2)试样在室温下冷却_____后,用环夹夹着试样杯,并用热刮刀刮除环面上的试样,务必使之与环面_____。

四 试验步骤

实际试验操作时,根据沥青实际软化点的高低分别采用试样软化点在80℃以下和试样软化点在80℃以上两种试验方式。

1. 试样软化点在80℃以下

(1)将装有试样的试样环连同试样底板置于有_____℃水的恒温槽中至少15min,同时将金属支架、钢球、钢球定位环等置于相同水槽中。

(2)向烧杯内注入新煮沸并冷却至5℃的蒸馏水,水面略低于立杆上的深度标记。

(3)从恒温水槽中取出盛有试样的试样环放置在支架中层板的圆孔中,套上定位环;然后将整个环架放入烧杯中,调整水面至深度标记,并保持水温为5℃±0.5℃。环架上任何部分不得附有气泡。将量程为0~100℃的温度计由上层板中心孔垂直插入,使端部测温头底部与试样环下面齐平。

(4)将盛有水和环架的烧杯移至放在石棉网的加热炉具上,然后将钢球放在定位环中间的试样中央,立即开动振荡搅拌器,使水微微振荡,并开始加热,在3min内将杯中水温上升速度调节至每分钟上升5℃±0.5℃。在加热过程中,应记录每分钟上升的_____。如温度上升速度超出此范围时,则试验应_____。

(5)试样受热软化逐渐下坠,至与_____接触时,立即读取温度,精确至_____℃。

2.试样软化点在80℃以上

(1)将装有试样的试样环连同试样底板置于装有_____℃_____的恒温槽中至少15min;同时将金属支架、钢球、钢球定位环等置于甘油中。

(2)向烧杯内注入预先加热至32℃的甘油,其液面略低于立杆上的深度标记。

(3)从恒温槽中取出装有试样的试样环,按上述方法进行测定,精确至1℃。

五 说明与注意事项

同一试样平行试验_____次,当这若干次测定值的差值符合重复性试验精密度要求时,取其平均值作为软化点试验结果,精确至0.5℃。

(1)当试样软化点小于80℃时,重复性试验的允许差为_____℃,复现性试验的允许差为_____℃。

(2)当试样软化点等于或大于80℃时,重复性试验的允许差为_____℃,复现性试验的允许差为_____℃。

(3)与针入度仪相似,目前软化点仪也有多种不同类型,如自动软化点测定仪等,自动软化点测定仪可自动控制升温速度和显示、记录试验结果,应用时应注意仪器的准确性,并对仪器经常进行校验。

(4)表5-7-1是某高速公路道路沥青软化点试验的试验数据,请计算该沥青的软化点测定值。(列出计算过程)

表5-7-1

检测编号	烧杯内液体	烧杯内液体温度上升记录(℃)												软化点测值(℃)	软化点测定值(℃)
		零分钟	一分钟末	二分钟末	三分钟末	四分钟末	五分钟末	六分钟末	七分钟末	八分钟末	九分钟末	十分钟末	十一分钟末	十二分钟末		
1	蒸馏水	5.4	12.3	18.2	22.8	27.4	32.0	37.0	41.9	47.0	51.9	56.9	61.9	—		
2		5.4	12.3	18.2	22.9	27.7	32.5	37.0	42.4	47.6	52.6	57.7	62.7	—		

任务 5-8　乳化沥青微粒离子电荷试验

一　试验目的

乳化沥青依据离子电荷不同,分为_____、_____和_____。本方法适用于测定各类乳化沥青微粒离子的电荷性质,即阳、阴离子的类型。

二　不同离子电荷乳化沥青的适用性

(1)阳离子乳化沥青(沥青微滴带正电荷)与带负电荷的_____(花岗岩、石英石等)、带正电荷的_____(石灰石、玄武石等)都有较好的亲和力,且能够增强与矿料表面的_____,提高路面的_____,因此阳离子目前在沥青道路施工的应用比较_____。

(2)阴离子乳化沥青(沥青微滴带负电荷)只与带正电荷的碱性集料具有较好的黏结性。因其_____,且沥青路面的基层多为材料,为了_____,也可使用阴离子乳化沥青。

(3)非离子型乳化沥青,乳化力强,价格较低,在乳化沥青生产厂家中也有一些应用。

三　乳化沥青离子电荷试验设备

请参照下图,说一说乳化沥青离子电荷试验用到的设备有哪些。

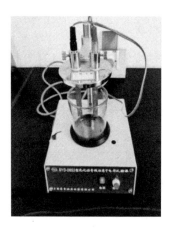 

图　5-8-1

(1)_____。
(2)_____:200mL 或 300mL。
(3)_____:2 块,铜制,每块极板长 100mm,宽 10mm,厚 1mm。
(4)_____:6V。
(5)_____:精确到秒。
(6)_____:筛孔为 1.18mm。
(7)其他:_____等。

四 乳化沥青微粒离子电荷试验的方法与步骤

（1）过滤——将乳化沥青试样用孔径_____ mm 滤筛过滤，并盛于一容器中。

（2）准备——将电极板洗净、干燥，并将两块电极板平行固定于框架上，其间距约_____ mm；然后将框架置于容积为200mL或300mL的洁净烧杯内，电极板要能够插入乳化沥青中约_____ mm。

（3）倾注——将过滤的乳液试样倾注入盛有电极板的烧杯内，其液面的高度至少使电极板顶端浸没约_____ mm。

（4）通电——将两块电极板的引线分别接于_____ V直流电源的正负极上，接通电源开关并按动秒表。接通电流_____ min后，关闭开关。

（5）取出——将固定有电极板的_____ 由烧杯内取出。

（6）观察——仔细观察电极板，如负极板上吸附有大量沥青微粒，说明沥青微粒带_____，则该乳液为_____；反之，阳极板上吸附有大量沥青微粒，说明沥青微粒带_____，则该乳液为_____。

任务 5-9　沥乳化沥青筛上剩余量

一 试验应用范围

本方法适用于测定各类乳化沥青的筛上剩余物含量，评定沥青乳液的_____。道路用乳化石油沥青技术要求中规定，乳化沥青筛上剩余物含量不能大于_____%。筛上剩余量越小，表示乳化沥青越_____，稳定性越_____。

二 试验设备

沥青试验准备时，需要用到以下设备。

(1) 滤筛：筛孔为_____ mm。

(2) 金属盘：尺寸不小于100mm。

(3) 天平：感量不大于_____ g。

(4) _____：750mL和2000mL各1个。

(5) _____溶液：含量2%。

(6) 蒸馏水。

(7) 烘箱：装有温度控制器。

(8) 其他：玻璃棒、溶剂、干燥器等。

三 试验方法与步骤

（1）备——将_____、_____用溶剂擦洗干净，再用水、_____洗涤后，用烘箱（_____℃）烘干，称取滤筛及金属盘质量（m_1），准确至0.1g。

(2)取——在一烧杯中称取_____的乳化沥青试样_____g(m),准确至0.1g。

(3)润——将_____用油酸钠溶液(_____乳液)或蒸馏水(_____乳液)润湿。

(4)滤——将滤筛支在烧杯上,再将烧杯中的乳液试样边_____边_____筛内过滤。在过滤畅通情况下,筛上乳液试样仅可保留一薄层;如发现筛孔有堵塞或过滤不畅,可用手轻轻拍打筛框。

(5)洗——用_____多次清洗烧杯,并将洗液过筛,再用_____冲洗滤筛,直至过滤后的水完全清洁为止。

(6)烘——将滤筛置于已称质量的金属盘中,一起置于烘箱(105±5℃)中烘干_____h。

(7)称——取出滤筛,连同金属盘一起置于_____中冷却至室温(一般时间为_____min 以上)后称其质量(m_2),精确至0.1g。

四 试验结果计算

(1)下列公式是乳化沥青筛上剩余量试验计算公式,请写出 m_1、m_2、P_τ 代表的文字意义。

$$P_\tau = \frac{m_2 - m_1}{m} \times 100$$

式中:m_1_____

m_2_____

P_τ_____

(2)表5-9-1是来样乳化沥青筛上剩余量试验的试验数据,请计算该样品的筛上剩余物含量(%)。(列出计算过程)

表5-9-1

检测编号	乳化沥青试样质量(g)	滤筛及金属盘质量(g)	滤筛、金属盘与筛上剩余物合计质量(g)	筛上剩余物含量(%)	筛上剩余物含量平均值(%)
1	500.2	1643.8	1674.8		
2	500.3	1574.4	1605.5		

报告编号：_____

项目 5　检测报告一

委托单位：_____

样品名称：_____

检测类别：_____

检测中心：_____

年　　月　　日

道路石油沥青试验检测报告

检测单位名称(专用章)：　　　　　　　　　　报告编号：

施工/委托单位		委托编号	
工程名称		工程部位/用途	
样品名称		样品编号	
样品规格		样品数量	
来样时间		样品状态	
见证单位		见证人	
生产厂家		生产批号	
取样位置		送(抽)样人及联系方式	
检测日期	年　月　日	检测条件	℃/　　%RH
检测项目			
检测依据			
判定依据			
主要仪器设备名称及编号			
检验结论			
附加声明			

检测：　　　　　审核：　　　　　批准：　　　　　日期：　年　月　日

道路石油沥青试验检测报告

检测单位名称：　　　　　　　　　　　　　　报告编号：

序号	检测项目			技术要求	检测结果	结果判定	检测方法
1	沥青密度(15℃)(g/cm³)						
2	沥青针入度(25℃)(0.1mm)						
3	针入度指数PI						
4	沥青延度(15℃)(cm)						
5	沥青软化点(℃)						
6	沥青溶解度(%)						
7	沥青旋转薄膜加热		质量变化(%)				
			残留针入度比(%)				
			延度(10℃)				
8	沥青闪点(℃)						
9	沥青含水量(%)						
10	沥青蜡含量(%)						
11	沥青与粗集料黏附性						
12	沥青动力黏度试验(pa·s)						
13	沥青黏韧性试验(N·m)						
14	沥青抗剥落剂性能评价	未老化	剥落剂沥青与粗集料黏附性(级)				
			浸水马歇尔残留度比(%)				
			冻融劈裂强度比(%)				
		薄膜加热老化	剥落剂沥青与粗集料黏附性				
		长期老化	浸水马歇尔残留度比(%)				
			冻融劈裂强度比(%)				
15	沥青化学组分试验（四组分法）		饱和分 S(%)				
			芳香分 A_r(%)				
			胶质 R(%)				
			沥青质 A_s(%)				
			实际回收率(%)				

第　　页,共　　页

沥青针入度、延度、软化点试验检测原始记录表

检测单位名称：　　　　　　　　　记录编号：

工程名称	
工程部位/用途	
样品信息	

试验检测日期		试验条件	
检测依据		判定依据	
主要仪器设备名称及编号			

试样准备

沥青准备过程(含加热工具/最高温度/时间)	加热次数(第一次)

沥青针入度(针入度指数)检测记录

检测编号	检测温度(℃)	针入度值(0.1mm)				PI	R
		第一次测值	第二次测值	第三次测值	针入度测定值		

沥青延度检测记录

检测编号	检测温度(℃)	延伸速度(cm/min)	延度(cm)			延度测定值
			试件1测值	试件2测值	试件3测值	

沥青软化点检测记录

检测编号	烧杯内液体种类	烧杯内液体温度上升记录(℃)													软化点测值(℃)	软化点测定值(℃)
		开始加热	1分钟末	2分钟末	3分钟末	4分钟末	5分钟末	6分钟末	7分钟末	8分钟末	9分钟末	10分钟末	11分钟末	12分钟末		

附加声明：

检测：　　　　　记录：　　　　　复核：　　　　　日期：　　年　月　日

JGLQ10001

沥青密度试验检测记录表

检测单位名称： 记录编号：JXGLJC-(试)LQ/JL-01

工程部位/用途			
样品信息	样品名称： 样品编号： 样品数量： 规格型号： 样品状态：		
试验检测日期		试验条件	
检测依据		判定依据	
主要仪器设备名称及编号			
试样准备			
沥青准备过程(含加热工具/最高温度/时间)		加热次数(第一次)	
检测编号			
检测温度(℃)			
比重瓶质量(g)			
比重瓶+水质量(g)			
比重瓶水值(g)			
比重瓶+试样质量(g)			
比重瓶+试样+水质量(g)			
试样相对密度测值			
试样相对密度测定值			
检测温度时水的密度(g/cm³)			
试样密度(g/cm³)			
备注			

检测： 记录： 复核： 日期： 年 月 日

报告编号：_____

项目 5　检测报告二

委托单位：_____

样品名称：_____

检测类别：_____

检测中心：_____

年　　月　　日

报告 BGLQ10002F

道路用乳化沥青试验检测

检测单位名称：　　　　　　　　　　　报告编号：

施工/委托单位		委托编号	
工程名称		工程部位/用途	
样品名称		样品编号	
样品规格		样品数量	
来样时间		样品状态	
见证单位		见证人	
生产厂家		生产批号	
取样位置		送(抽)样人及联系方式	
检测日期		检测条件	
检测项目			
检测依据			
判定依据			
主要仪器设备名称及编号			
检测结论			
附加声明			

检测：　　　　审核：　　　　批准：　　　　日期：　　年　　月　　日

报告 BGLQ10002F

道路用乳化沥青试验检测

检测单位名称：　　　　　　　　　　　报告编号：

序号	检测项目		技术要求	检测结果	结果判定	检测方法
1	密度(15℃)					
2	破乳速度(s)					
3	粒子电荷					
4	筛上剩余量(1.18mm筛)(%)					
5	恩格拉黏度 E_{25} (s)					
6	沥青标准黏度 $C_{25,3}$ (s)					
7	蒸发残留物	残留物含量(%)				
		溶解度(%)				
		针入度25℃(0.1mm)				
		延度5℃(cm)				
8	与粗集料的黏附性(裹覆面积)					
9	与粗、细集料试验					
10	与水泥拌和试验(筛上剩余)(%)					
11	常温贮存稳定性	1d不大于(%)				
		5d不大于(%)				
以下空白						

JGLQ10015
JGLQ10016

项目 ⑤ 沥青

乳化沥青蒸发残留物含量、筛上剩余量试验检测记录表

检测单位名称：　　　　　　　　　　　　　　　　记录编号：JXGLJC-(试)LQ/JL-17

工程部位/用途						
样品信息	样品名称： 规格型号：		样品编号： 样品状态：		样品数量：	
试验检测日期				试验条件		
检测依据				判定依据		
主要仪器设备 名称及编号						

			蒸发残留物含量检测			
检测编号	容器+ 玻璃棒+ 温度计 质量(g)	容器+ 玻璃棒+ 温度计+ 试样 总质量(g)	容器+ 玻璃棒+ 温度计+ 残留物 总质量(g)	试样质量 (g)	残留物质量 (g)	蒸发残留 物含量测值 (%)	蒸发残留物 含量 测定值 (%)

			筛上剩余量检测			
检测编号	试样质量 (g)	滤筛+ 金属盘质量 (g)	滤筛+ 金属盘+ 筛上残留物 总质量 (g)	残留物 质量 (g)	筛上剩余量 测值 (%)	筛上剩余量 测定值 (%)
备注						

检测：　　　　　记录：　　　　　复核：　　　　　日期：　　年　　月　　日

JGLQ10021
JGLQ10017

乳化沥青破乳速度、微粒离子电荷试验检测记录表

检测单位名称：　　　　　　　　　　　记录编号：JXGLJC-(试)LQ/JL-16

工程部位/用途						
样品信息	样品名称： 规格型号：		样品编号： 样品状态：		样品数量：	
试验检测日期				试验条件		
检测依据				判定依据		
主要仪器设备名称及编号						
破乳速度检测						
矿料准备						
矿料规格(mm)	2.36~4.75	0.6~2.36	0.3~0.6	0.075~0.3	<0.075	矿料总质量(g)
A 组						
B 组						
检测记录						
检测组别	乳化沥青类型	矿料拌和情况			破乳速度	代号
A 组						
B 组						
离子电荷检测						
检测编号						
样品数量(mL)						
电极板插入乳液深度(mm)						
结果描述						
电荷测值						
电荷测定值						
备注						

检测：　　　　　记录：　　　　　复核：　　　　　日期：　　年　　月　　日

项目 6 沥青混合料

任务 6-1　认识沥青混合料的技术性质与技术要求

一、沥青混合料的概念与分类

（1）沥青混合料的概念：沥青混合料是矿料（包括碎石、石屑、砂和填料）与沥青经混合拌制而成的混合料的总称，其中粗细集料起＿＿＿＿＿＿作用，沥青与填料起＿＿＿＿＿＿作用。

（2）沥青混合料的分类：

①按沥青类型分类，沥青混合料分为＿＿＿＿＿＿和＿＿＿＿＿＿两类。

②按施工温度分类，沥青混合料分为＿＿＿＿＿＿、＿＿＿＿＿＿和＿＿＿＿＿＿三类。其中，热拌热铺沥青混合料是在＿＿＿＿＿＿完成摊铺和碾压施工过程的混合料；常温沥青混合料是在＿＿＿＿＿＿完成摊铺碾压过程的混合料；温拌沥青混合料是拌和、碾压时的温度比普通热拌热铺型沥青混合料降低约＿＿＿＿＿＿的沥青混合料。

③按矿质集料级配类型分类，沥青混合料分为＿＿＿＿＿＿、＿＿＿＿＿＿和＿＿＿＿＿＿三类。

④按矿料的最大粒径分类，沥青混合料分为＿＿＿＿＿＿、＿＿＿＿＿＿、＿＿＿＿＿＿、＿＿＿＿＿＿和＿＿＿＿＿＿五类。

（3）结合书本外延，写一写，目前我国在沥青路面中采用最多的沥青混合料是哪种类型？

（4）沥青混合料是现代高等级道路应用的主要路面材料，写一写它具有哪些优点？存在哪些缺点？

二、沥青混合料结构类型

结合图 6-1-1 中三个图示，分别写出这三个图示属于哪种沥青混合料结构类型？

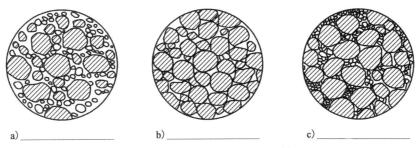

a) _____ b) _____ c) _____

图 6-1-1 沥青混合料的类型组成结构

三 沥青混合料路用技术性质

1. 沥青混合料的路用技术性质——高温稳定性

（1）沥青混合料的强度与刚度是随温度升高而显著_____的。在夏季高温季节，路面在行车荷载反复作用下，沥青混合料所具有的抵抗诸如车辙、推移、波浪、拥包、泛油等病害的性能，称为沥青混合料的_____。对于沥青混合料高温稳定性的评价，我国现行规范采用的方法是_____和_____。

（2）马歇尔试验是将沥青混合料制成直径为 101.6mm、高为 63.5mm 的_____体试件，在高温_____的条件下，保温 30~40min，然后将试件放置于马歇尔稳定度仪上，以_____的形变速度加荷，直至试件破坏，同时测定稳定度（MS）、流值（FL）、马歇尔模数（T）三项指标。

稳定度是在规定的加载速率条件下试件破坏前所能承受的_____（kN）；流值是达到最大破坏荷载时试件的_____（以 0.1mm 计）；而马歇尔模数为稳定度除以流值的商。马歇尔稳定度越大、流值越小，说明高温稳定性越_____。

（3）试指出图 6-1-2 马歇尔稳定度仪各部分的名称_____。

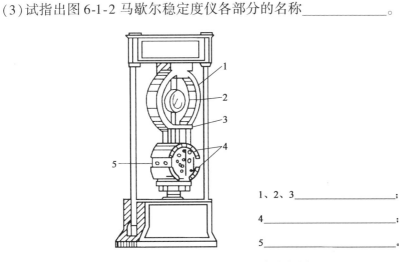

1、2、3_____；

4_____；

5_____。

图 6-1-2 马歇尔稳定度仪

（4）某试验室成型一圆柱体试件，尺寸是直径为 101.6mm、高为 63.5mm，在标准条件下做马歇尔试验，试件破坏时，得到马歇尔稳定度（MS）为 6.17，流值（FL）为 57，试计算该试件的马歇尔模数(kN/mm)。

(5)车辙试验的目的是测定沥青混合料的_____,可供沥青混合料配合比设计的高温稳定性检验。

目前通常是采用_____成型,将沥青混合料制成300mm×300mm×50mm大小的试件,在_____℃的温度条件下,让试验轮对板块状试件产生_____MPa的压强,在同一轨迹上作一定时间的反复行走,形成一定程度的车辙深度,试验过程中记录绘制时间-变形曲线。

动稳定度越大,沥青混合料高温稳定性越_____。

通过车辙试验可以得到沥青混合料的动稳定度,请简要回答动稳定度的含义是什么?

(6)算一算:某车辙试验试件采用轮碾法成型,将沥青混合料制成300mm×300mm×50mm大小的试件,在60℃的温度条件下,让试验轮对板块状试件产生0.7MPa的压强。试验完毕后,在试验变形曲线的直线段上,取45min、60min的对应车辙变形2.132和5.341,试计算该试件的动稳定度DS。

(7)影响沥青混合料高温稳定性的主要因素有_____,_____,_____等。

2. 沥青混合料的路用技术性质——低温抗裂性

(1)沥青混合料抵抗_____的能力称为低温抗裂性。

(2)沥青混合料路面低温收缩开裂主要有两种形式,分别是_____和_____。

(3)沥青混合料的低温抗裂性能可通过_____、_____、_____及等试验来评价。

3. 沥青混合料的路用技术性质——耐久性

(1)沥青混合料的耐久性有多方面的含义,其中较为重要的是_____、_____、_____。

(2)请写出沥青混合料的水稳定性的概念?

(3)下列哪些措施可以提高沥青混合料的水稳定性?

    A. 选择表面粗糙、洁净、有微孔的矿料

    B. 选择黏度较高的沥青

    C. 选择碱性集料,碱性集料可与沥青之间产生强烈的化学吸附作用,使沥青与矿料间遇水不易分离

    D. 选择较小的沥青混合料的空隙率,且残留一定空隙,以备夏季沥青材料膨胀,不致造成路面泛油

(4)我国现行规范采用_____和_____来检验沥青混合料的水稳定性。

(5)算一算:某组沥青混合料试件做浸水马歇尔试验,测得浸水48h马歇尔试件的稳定度为7.65kN,未浸水的马歇尔试件的稳定度为9.84kN,试计算该组试件的残留稳定度(%)。

(6)导致沥青混合料老化的因素有哪些?请简要阐述。

(7)下列情况中,哪些会导致沥青混合料中的沥青老化?

    A. 沥青化学组分中轻质成分、不饱和烃含量多

    B. 沥青用量小,在集料表面形成特别薄的沥青膜

    C. 空隙率很大,沥青与空气、水接触的范围大

    D. 过高的拌和温度、过长时间的加热

4. 沥青混合料的路用技术性质——抗滑性

(1)沥青用量对抗滑性的影响非常敏感,沥青用量超过最佳用量时的_____即可使抗滑系数明显降低。

(2)含蜡量对沥青混合料抗滑性也有明显影响,我国《公路沥青路面施工技术规范》(JTG F40—2004)中"道路石油沥青技术要求"提出,A级沥青含蜡量应不大于_____,B级沥青不大于_____,C级则不大于_____。

5. 沥青混合料的路用技术性质——施工和易性

(1)沥青混合料应具备良好的施工和易性,使混合料易于_____、_____和_____。

(2)下列情况中,哪些会影响沥青混合料中的施工和易性?

    A. 粗细集料的颗粒大小相距过大,缺乏中间尺寸,混合料分层层积(粗粒集中表面,细粒集中底部)

    B. 细集料太少,沥青层没有均匀地分布在粗颗粒表面

    C. 细集料过多,使拌和困难

    D. 沥青用量过少,或矿粉用量过多,混合料产生疏松

E. 沥青用量过多,或矿粉质量不好,混合料黏结成团块

四 沥青混合料的技术要求

我国《公路沥青路面施工技术规范》(JTG F40—2004)对热拌沥青混合料的马歇尔试验技术标准的规定。请查阅表格,选择下列条件下密级配沥青混凝土混合料的马歇尔试验技术指标:击实次数(双面)、试件尺寸、稳定度 MS、流值 FL、矿料间隙率 VMA(%)、沥青饱和度 VFA(%)。

(1)案例一。某地区修建沥青路面,当地条件为:夏炎热(1-4 区)、重载交通、高速公路、结构层为上面层(路表面 0~50mm)、公称最大粒径 16mm、设计孔隙率 4%。

(2)案例二。某地区修建沥青路面,当地条件为:夏炎热(1-4 区)、中轻交通、二级公路、结构层为上面层(路表面 0~50mm)、公称最大粒径 19mm、设计孔隙率 5%。

五 沥青混合料组成材料的技术要求

(1)沥青混合料的技术性质决定于_____、_____和_____等因素。

(2)沥青路面采用的沥青标号,宜按照_____、_____、_____、_____、_____、_____等,结合当地的使用经验确定。按《公路沥青路面施工技术规范》(JTJ F40—2004),沥青标号根据道路所属的气候分区可查_____选用。

(3)沥青混合料用粗集料包括_____、_____、_____、_____、_____等,但高速公路和一级公路不得使用筛选砾石和矿渣。粗集料应该洁净、干燥、表面粗糙。

(4)沥青路面的细集料包括_____、_____、_____,细集料应洁净、干燥、无风化、无杂质,并有适当的颗粒级配。细集料的洁净程度,天然砂以小于 0.075mm 含量的百分数表示,石屑和机制砂以_____(适用于 0~4.75mm)或_____(适用于 0~2.36mm 或 0~0.15mm)表示。

(5)沥青混合料的填料是_____,必须采用石灰岩或岩浆岩中的强基性岩石等_____经磨细得到的矿粉,原石料中的泥土杂质应除净。

任务 6-2　沥青混合料取样与试件制作

一　沥青混合料的取样

1. 写一写

工程中一般有三种情况需要用到沥青混合料取样，分别是拌和场及道路施工现场采集热拌沥青混合料或常温沥青混合料取样、供施工过程中的_____或指导_____，以及室内进行沥青混合料的各项物理力学指标的检测。

2. 写一写

请列出沥青混合料取样时用到的仪器设备名称。

3. 沥青混合料取样方法与步骤

(1) 取样数量。

取样数量应根据试验目的决定，宜不少于试验用量的_____倍。平行试验应_____取样。

所取试样用于仲裁试验时，取样数量除应满足本取样方法规定外，还应保留一份有代表性试样，直到_____。

(2) 取样方法。

沥青混合料取样应是_____，并具有充分的_____。

以检查_____（如油石比、矿料级配）为目的时，应从拌和机一次放料的下方或提升斗中取样，不得多次取样混合后使用。以_____为目的时，必须分几次取样，拌和均匀后作为代表性试样。对热拌沥青混合料每次取样时，都必须用温度计测量温度，准确至1℃。

①在沥青混合料拌和厂取样时，取样顺序是：

每放一次料取一次样、顺次装入试样容器中、倒在清扫干净的平板上、连续几次取样、_____、_____取样至足够数量。

②在沥青混合料运料车上取样时，宜在汽车装料后，在汽车车厢内分别用铁锹从_____方向的_____个不同高度处取样，然后混在一起用铲子适当拌和均匀，取出规定数量。

③在道路施工现场取样时，应在摊铺后、未碾压前，于摊铺宽度的两侧_____位置处取样。

(3) 试样的保存与处理。

①热拌热铺的沥青混合料试样需送至中心试验室或质量检测机构做质量评定，且二次加热会影响试验结果（如车辙试验）时，必须在取样后_____保温桶内，送试验室_____成型试件，试件成型温度不得低于规定要求。

②热混合料需要存放时,可在温度下降至_____后装入塑料编织袋内,扎紧袋口,并宜_____保存,应防止潮湿、淋雨等,且时间不应太长。

③在进行沥青混合料质量检验或进行物理力学性质试验时,由于采集的热拌混合料试样温度下降或稀释沥青溶剂挥发结成硬块已不符合试验要求时,宜用微波炉或烘箱适当加热重塑,且只允许加热_____,不得_____加热。

(4)样品的标记。

取样后当场试验时,可将必要的项目一并记录在试验记录报告上。此时,试验报告必须包括_____、_____、_____、_____、_____等栏目。

二 沥青混合料试件制作方法

1. 试验方法一:击实法

(1)采用标准击实法或大型击实法制作沥青混合料试件,用于进行_____、_____和_____。

(2)图 6-2-1 中仪器设备是成型沥青混合料试件时用的马歇尔击实仪,请在依次填上它们的名称。

a_____
b_____
c_____

图 6-2-1 马歇尔击实仪

(3)试验方法与步骤。

①成型准备工作:

a. 将各种规格的矿料置于_____℃的烘箱中烘干至恒重(一般不少于 4~6h)。

b. 按规定试验方法分别测定不同规格粗、细集料及填料(矿粉)的_____,以及测定沥青的相对密度。

c. 将烘干分级的粗细集料,按每个试件_____要求称其质量,在一金属盘中混合均匀(矿粉单独放入容器备用)后,置于烘箱中预热至沥青拌和温度以上约_____℃(石油沥青通常为 163℃;改性沥青通常需 180℃)备用。一般按一组试件(每组_____个)准备。

d. 将沥青试样用恒温烘箱或油浴、电热套熔化加热至规定的沥青混合料拌和温度备用,但不得超过 175℃。

e. 用沾有少许机油的棉纱擦净试模、套筒及击实座等,置于_____℃左右烘箱中加热 1h 备用。

②拌制沥青混合料。(以黏稠石油沥青为例)

a. 预热:将沥青混合料拌和机_____至拌和温度以上 10℃ 左右备用。

b. 加料搅拌:将每个试件预热的粗细集料置于拌和机中,用小铲子适当混合,然后再加入需要数量的已加热至拌和温度的沥青。开动拌和机搅拌,时间 1~1.5min。然后暂停搅拌,加入备好的矿粉,继续拌和至均匀为止,并使沥青混合料保持在要求的拌和温度范围内。总的拌和时间为 3min。

c. 加料顺序是:粗集料与细集料、_____、_____。

③击实成型操作。

a. 根据经验,称取拌好的沥青混合料一个试件所需的用量(标准马歇尔试件约_____g,大型马歇尔试件约_____g)。为防止混合料温度下降,应将盛放混合料的盘子放在烘箱中保温。

b. 从烘箱中取出预热的试模及套筒,擦少许黄油,将试模装在底座上,垫滤纸,将混合料铲入试模中,用插刀或大螺丝刀沿周边插捣_____次,中间_____次。

c. 待混合料温度符合要求的击实温度,将试模连同底座一起放在击实台上固定,在混合料上垫滤纸,将装有击实锤及导向棒的压实头插入试模中,开启电动机或人工将击实锤从_____mm 的高度自由落下击实规定的次数(_____次或_____次)。对大型马歇尔试件,击实次数为 75 或 112 次。

d. 完成一面的击实操作,取下套筒,颠倒试模,装上套筒,以同样方法和次数击实另一面。

e. 试件击实结束后,立即用镊子取掉上下面的纸片,用卡尺量取试件离试模上口的高度,并由此计算试件高度,如高度不符合要求时,试件应作废,并调整试件的混合料质量,以保证高度符合 63.5mm±1.3mm(标准试件)或 95.3mm±2.5mm(大型试件)的要求。

2. 试验方法二:轮碾法

(1)采用轮碾方式成型沥青混合料试件,常见尺寸为_____试件,用于室内沥青混合料车辙试验、力学以及其他试验。

(2)图 6-2-2 和图 6-2-3 的仪器设备是在轮碾法成型沥青混合料试件时用到,请填上它们的名称。

图 6-2-2　　　　　图 6-2-3

项目 ❻　沥青混合料

(3)试验方法与步骤。

①备料、拌和。

以马歇尔击实法中所述方法准备一块沥青混合料板型试件所需原料。其中,混合料总数量、各档矿料数量由试件的体积、级配等,按马歇尔标准密度乘以1.03的系数求得。按成型马歇尔试件同样的方法进行拌和。

②成型。

将预热试模从烘箱中取出,铺滤纸,将试模全部遮盖,防止混合料与试模的粘连。

将拌好的混合料小心倒入试模中,用小铲整理成中间高、四周低的凸形状态后,用小型击实锤夯实一遍,连同试模放置在轮碾机平台上。

在试模中的混合料上铺一张隔离纸,启动轮碾机,先在一个方向碾压____个往返(碾压4次);卸荷,抬起碾压轮,将试模调转方向,然后继续碾压____个往返(24次),使试件达到马歇尔标准密度100%±1%压实后揭去表面纸,用粉笔标出____。

③试件脱模。

连同试模将成型好的试件放置____h,然后脱模。

针对不同试验,成型好的板可直接用于____、____等或用切割机将板型试件切割成所需尺寸,用于不同试验。

3. 做一做

已知某高速公路沥青路面下面层需要用到70号沥青,应该查阅哪本规范?你查到的该沥青在成型马歇尔圆柱试件时,沥青加热温度、集料加热温度、混合料加热温度和试件击实温度分别是多少?

任务6-3　沥青混合料试件密度测定

一　压实沥青混合料密度试验

1. 试验方法一:表干法——沥青混合料毛体积密度测定

(1)试验目的与适用范围。

采用马歇尔试件,测定吸率不大于____%沥青混合料试件的毛体积相对密度及毛体积密度,并用于计算沥青混合料试件的空隙率、饱和度和矿料间隙率等各项体积指标。

(2)图6-3-1中的仪器设备是表干法测定沥青混合料毛体积密度试验时用到的,请观察该图片,写出图片中包含的测量试件毛体积密度用到的设备名称。

(3)请依照图6-3-2~图6-3-5顺序,写出每个图示的试验步骤:

设备名称

1.＿＿＿＿＿＿＿＿

2.＿＿＿＿＿＿＿＿

3.＿＿＿＿＿＿＿＿

4.＿＿＿＿＿＿＿＿

5.＿＿＿＿＿＿＿＿

图 6-3-1　压实沥青混合料密度试验仪器

1＿＿＿＿＿＿＿＿

图 6-3-2　表干法试验步骤一

2＿＿＿＿＿＿＿＿

图 6-3-3　表干法试验步骤二

3＿＿＿＿＿＿＿＿

图 6-3-4　表干法试验步骤三

4＿＿＿＿＿＿＿＿

图 6-3-5　表干法试验步骤四

（4）算一算：

某 AC-13 沥青混合料圆柱体试件,共四个试件,用表干法检测试件毛体积密度,请根据表 6-3-1 中的数据列式计算每个试件的毛体积相对密度,并计算毛体积相对密度平均值。

项目 6　沥青混合料　135

表干法检测试件毛体积密度　　　　表 6-3-1

检测编号	A1		A2		A3		A4	
油石比(%)	5		5		5		5	
试件高度(mm)	62.82	63.20	63.64	63.78	64.64	63.78	63.82	63.56
	62.64	62.34	64.00	63.22	63.56	64.02	64.64	64.00
试件平均高度(mm)								
试件空气中质量(g)	1195.2		1187.3		1180.6		1186.4	
试件水中质量(g)	699.3		696.5		692.7		695.3	
试件表干质量(g)	1198.0		1190.2		1183.4		1189.4	
毛体积相对密度								
毛体积相对密度平均值								

2.试验方法二:水中重法——沥青混合料表观密度的测定

(1)试验目的与适用范围。

本试验用于测定几乎不吸水的密级配沥青混合料试件的表观相对密度及表观密度。

(2)水中重法测定沥青混合料表观密度试验时使用的设备有哪些?

(3)试验方法与步骤。

①除去试件表面的浮粒,在适宜的电子秤上称取干燥试件的＿＿＿＿＿＿(m_a),根据选择的天平的感量读数,准确至 0.1g、0.5g。

②挂上网篮,浸入溢流感箱中,调节水位,将天平调平或复零。把试件置于网篮中,待天平稳定后立即读数,称取＿＿＿＿＿＿(m_w)。若天平读数持续变化,不能很快达到稳定,说明试件吸水较明显,不适用于此法测定,应改用＿＿＿＿＿＿。

③对从路上钻取的非干燥试件,可先称取＿＿＿＿＿＿(m_a),然后用电风扇将试件吹干至恒重(一般不少于 12h,当无须进行其他试验时,也可用＿＿＿＿＿＿℃烘箱烘干至恒重),再称取＿＿＿＿＿＿(m_a)。

(4)算一算:

某 AC-13 沥青混合料圆柱体试件,共四个试件,用水中重法测试件毛体积密度,一个干燥标准马歇尔试件质量约 1200g,现有 1000g、2000g、5000g 的电子天平共选择使用,请问应该优选哪个电子天平? 写出你的理由。

3.试验方法三:蜡封法——沥青混合料毛体积密度的测定

(1)试验目的与适用范围。

本试验用于测定吸水率大于 2% 沥青混合料试件的毛体积相对密度及毛体积密度。

(2)蜡封法测定沥青混合料表观密度试验时用到的溶剂和设备有哪些?

4. 试验方法四:体积法

(1)试验目的与适用范围。

本试验用于测定空隙率很高(往往在18%以上),不适宜采用上述方法的沥青混合料的毛体积相对密度及毛体积密度,用于沥青混合料体积参数的计算。

(2)试验方法与步骤。

①选择适宜的天平,称取待测圆柱体沥青混合料_____记作 m_d。

②用卡尺测定试件圆柱体试件_____、_____等几何尺寸,准确至0.01cm。注意高度以十字对称方式测定取平均值。

5. 说明与注意问题

沥青混合料特别是室内进行配合比设计时的混合料试件,其吸水率往往处于0.5%~2.0%范围,且空隙率在3%~5%,所以采用_____较为常见,应更多关注该方法的操作要领。

二 沥青混合料理论最大相对密度测定(真空法)

1. 试验目的与适用范围

采用真空法测定沥青混合料理论最大相对密度,用于配合比设计过程中沥青混合料空隙率的计算、路况调查中的压实度计算等目的。适用于集料的吸水率不大于_____%非改性沥青混合料。

2. 试验设备

图6-3-6中的仪器设备是沥青混合料理论最大相对密度测定(真空法)试验时用到的,请写出它的名称。

图 6-3-6

3. 试验方法与步骤

(1)将分散完毕的干燥沥青混合料放在天平上,称取沥青混合料净质量(m_a)。在负压容

项目 6 沥青混合料

器中注入约_____℃的水,要将混合料全部浸没。将负压容器与真空设备连接起来,开动真空泵,使真空度达到_____±0.3kPa(730mL)并持续_____±2min。

(2)取出负压容器,将负压容器连带里面的沥青混合料和水一起放入天平下面的浸水吊篮中(浸水吊篮中的水温稳定在25℃),读取_____+_____的水中重(m_2)。

(3)将混合料倒出扔到废料桶内,_____再次放入浸水吊篮中,称量得到吊篮在水中重(m_1)。

4. 算一算

某 AC-13 沥青混合料配合比设计中,需要检测沥青混合料的理论最大相对密度,采用真空法。试验过程中测得数据为:分散的干燥沥青混合料 1622.3g,负压容器水中重 523.3g,负压容器 + 沥青混合料的水中重为 1505.1g,请计算该沥青混合料的理论最大相对密度。

任务 6-4　沥青混合料马歇尔试验

一　沥青混合料马歇尔稳定度试验

1. 目的与适用范围

沥青混合料马歇尔稳定度试验包含马歇尔稳定度试验和浸水马歇尔稳定度试验两种,是用于进行沥青混合料的_____或沥青路面_____。

浸水马歇尔稳定度试验(根据需要,也可进行真空饱水马歇尔试验)检验沥青混合料抵御_____的能力,并以此检验配合比设计的可行性。

2. 试验仪器

图 6-4-1 ~ 图 6-4-3 中的仪器设备是在沥青混合料马歇尔稳定度试验时用到的,请在填上它们的名称。

　　图 6-4-1　　　　　　　　　图 6-4-2　　　　　　　　　图 6-4-3

3. 试验方法与步骤

（1）准备工作。

①制备符合要求的马歇尔试件，一组试件的数量最少不得少于_____个。

②量测试件的直径及高度：用卡尺测量试件中部的直径，用马歇尔试件高度测定器或用卡尺在十字对称的_____个方向量测离试件边缘10mm处的高度，准确至_____mm，并以其_____作为试件的高度。如试件高度不符合63.5mm±1.3mm（标准马歇尔试件）或95.3mm±2.5mm（大马歇尔试件）要求或两侧高度差大于_____mm时，此试件应作废。

③将恒温水槽调节至要求的试验温度，对黏稠石油沥青或烘箱养护过的乳化沥青混合料为_____℃。

④将马歇尔试验仪的上下压头放入水槽或烘箱中达到同样温度。

（2）马歇尔试验步骤。

①将试件置于已达规定温度的恒温水槽中保温，保温时间对标准马歇尔试件需_____min，对大型马歇尔试件需_____min。试件之间应有间隔，底下应垫起，离容器底部不小于_____cm。

②当采用自动马歇尔试验仪时，将自动马歇尔试验仪的压力传感器、位移传感器与计算机或X-Y记录仪正确连接，调整好适宜的放大比例。压力和位移传感器调_____。

③启动加载设备，使试件承受荷载，加载速度为_____mm/min。计算机或X-Y记录仪自动记录传感器压力和试件变形曲线，并将数据自动存入计算机。

④当试验荷载达到最大值的瞬间，读取压力环中百分表读数及流值计的流值读数。从恒温水箱取出试件至测出最大荷载，试验不得超过_____s。

（3）浸水马歇尔试验方法。

浸水马歇尔试验方法与标准马歇尔试验方法的不同之处在于：试件在已达规定温度恒温水槽中的保温时间为_____h，其余均与标准马歇尔试验方法相同。

（4）说明与注意问题。

①当马歇尔试件放入已恒温60℃的水箱中时，水温会下降。严格讲应从水温达到60℃时开始计时。为避免水温下降，可根据室温以及经验总结，将水箱中的水温适当_____若干度，使得放入马歇尔试件时的水温能够尽快达到60℃要求。

②从恒温水槽中取出试件至测出最大荷载值的时间，不得超过_____s。

二 沥青路面芯样马歇尔试验

（1）试验目的与适用范围。

用于从沥青路面钻取的芯样进行马歇尔试验，供评定_____或进行_____。标准芯样钻孔试件的直径为_____mm，适用的试件高度为_____mm；大型钻孔试件的直径为_____mm，适用的试件高度为_____mm。

（2）下列仪器设备是在沥青混合料马歇尔稳定度试验时用到的，请在填上它们的名称。

（3）试验方法与步骤。
①按《_____》（JTG 3450—2019）的方法用钻孔机钻取压实沥青混合料路面芯样试件。
②适当整理混合料芯样表面，如果底面沾有基层泥土则应洗净，若底面凹凸不平严重，则应用锯石机将其_____。
③用卡尺测定试件的直径，取_____个方向的平均值。
④测定试件的高度，取_____个对称位置的平均值，准确至 0.1mm。
⑤按标准方法进行马歇尔试验，由试验实测稳定度乘以教材中表 6-4-1 或表 6-4-2 的试件高度修正系数 K 得到芯样试件的稳定度。其余内容与标准马歇尔试验方法相同。

（4）算一算。
某 AC-13 沥青路面上面层，在施工完毕后需要检测现场路面结构层的马歇尔稳定度，现场用取芯机取得 6 个芯样，取芯机内径是 100mm，6 个芯样的试件高度和马歇尔稳定度测值见表 6-4-1，请计算该评价路段的上面层马歇尔稳定度。

马歇尔试验稳定度测值　　　　　　　　　表 6-4-1

芯样名称	A1		A2		A3		A4		A5		A6	
芯样高（mm）	4.73	4.78	5.11	5.10	4.93	4.96	5.24	5.31	4.93	4.85	5.24	5.27
	4.81	4.80	5.03	5.08	4.99	5.03	5.30	5.33	4.73	4.90	5.24	5.30
马歇尔模数（kN/mm）	8.17		9.66		7.98		10.32		8.77		8.97	

任务 6-5　沥青混合料冻融劈裂试验

一、试验目的与适用范围

通过冻融循环，测定沥青混合料在受到水损害前后劈裂破坏的_____，以评价沥青混合料_____。试验用试件为_____试件，击实次数为双面各_____次，集料最大粒径不超过 26.5mm。

二、试验方法与步骤

（1）按马歇尔试件成型方法成型试件，尺寸为直径_____ mm、高_____ mm。成型两组，每组不少于_____个。
（2）将成型好的试件随机分组，将第一组试件置于平台上，在_____下保存待用。
（3）第二组按如下程序进行操作：
①将马歇尔试件浸入水中，进行真空饱水操作_____ min，要求真空度 97.3 ~ 98.7kPa（730 ~ 740mmHg）；随后恢复常压，并在水中浸泡_____ h。
②取出试件，放入塑料袋中。在袋中加入 10mL 的水，扎紧袋口，放入恒温冰箱，冷冻温度为_____ ℃，保持_____ h。
③从袋中取出试件，立即放入已保温为_____ ℃的恒温水箱中，撤去塑料袋，时间

不少于_____h。

④将两组试件全部浸入_____℃的恒温水箱中浸泡2h,各试件之间留出10mm以上的间距。

⑤随后以_____mm/min速率用劈裂试验夹具分别对两组试件进行劈裂试验操作,得到各组试件_____。

三 依据所学知识,请做如下计算

某 AC-13 普通沥青混合料配合比设计中,进入配合比验证阶段,做冻融劈裂试验验证混合料的水稳定性,测得8个试件的劈裂抗拉强度试验数据见表6-5-1,请计算该混合料的劈裂抗拉强度比,评价该混合料的水稳定性是否合格。

试件劈裂抗拉强度试验数据   表 6-5-1

试件编号	A1	A2	A3	A4	B1	B2	B3	B4
试验荷载峰值(N)	9140	8130	9050	9260	1072	1023	983	1024
试件平均高度(mm)	63.7	63.4	63.9	63.5	63.7	63.9	63.7	63.8

任务 6-6   沥青混合料车辙试验

一 试验目的与适用范围

用于测定沥青混合料的_____能力,供沥青混合料配合比设计的_____检验使用。试验基本要求是在规定温度条件下(通常为_____℃),用一块碾压成型的板块试件(通常尺寸为_____),以轮压_____MPa的实心橡胶轮胎在其上往复碾压行走,测定试件在变形稳定期时,每增加_____mm变形需要碾压行走的次数,以此作为沥青混合料车辙试验结果,称为_____,以_____表示。

二 车辙试验仪的组成

请列出图 6-6-1 中车辙试验仪的组成部件。

① _____;
② _____;
③ _____;
④ _____;
⑤ _____;
⑥ _____。

图 6-6-1   车辙试验仪

三、试验方法与步骤

1. 准备工作

（1）在_____℃下，试验轮的接地压强为_____MPa。

（2）试件成型后，连同试模一起在常温条件下放置的时间不得少于_____h。对于聚合物改性沥青混合料试件，放置时间以_____h 为宜，使聚合物改性沥青充分固化后再进行车辙试验，但在室温中放置时间不得长于_____d。

2. 试验过程

（1）将试件连同试模一起，置于已达到试验温度（_____℃）的恒温室中，保温不少于_____h，也不得多于_____h。在试件的试验轮不行走的部位上，粘贴一个热电隅温度计，以检测试件温度。

（2）将试件连同试模移置于轮辙试验机的试验台上，试验轮在试件的中央部位，其行走方向须与试件碾压或行车方向一致。开动车辙变形自动记录仪，然后启动试验机，使试验轮往返行走，时间约_____h，或最大变形达到_____mm 时为止。

四、试验数据评价

某 AC-13 普通沥青混合料配合比设计中，进入配合比验证阶段，做车辙试验验证混合料的高温稳定性，测得三块车辙板的车辙试验数据见表 6-6-1，请计算该混合料的动稳定度，评价该混合料的高温稳定性是否合格。

车辙板的车辙试验数据　　　　表 6-6-1

检测编号	45min 时的变形量（mm）	60min 时的变形量（mm）	试件系数	动稳定度测值（次/mm）	动稳定度测定值（次/mm）
1	3.503	3.668	1.0		
2	3.123	3.291	1.0		
3	2.325	2.456	1.0		
平均值		标准差		变异系数	

任务 6-7　热拌沥青混合料配合比组成设计

一、沥青混合料配合比设计简介

（1）沥青混合料必须在_____和_____的基础上，充分借鉴成功的经验，选用符合要求的材料前提下进行配合比设计。

（2）沥青混合料的配合比设计结果与沥青路面的使用性能材料用量及工程造价关系密切。全过程的沥青混合料配合比设计包括三个阶段：_____、

_____和_____。只有通过三个阶段的配合比设计,才能真正提出工程上实际使用的沥青混合料组成配合比。

(3)沥青混合料配合比设计工作的中心就是进行_____和两部分;即设计出一个具有足够_____,并具有较高_____的矿料组成,在此前提下确定相应的_____,从而获得一个能够满足特定交通要求、适应环境特点的沥青混合料。

二 确定工程设计级配范围

(1)沥青面层中集料的公称最大粒径应与该层压实后的结构成厚度相匹配,即要求压实厚度不宜小于_____,对 SMA 或 OGFC 等嵌挤型混合料不宜小于公称最大粒径的 2~2.5 倍,从而有利于避免施工时的混合料离析现象,便于更好压实。

如:某二级公路面层采用普通热拌沥青混合料,设计厚度5cm,则选择集料的工程最大粒径是_____cm,即公称最大粒径不能大于_____。

(2)设计的矿料级配范围要与规范要求相一致,参考规范是_____(JTG F40—2004)。实践证明,同一种矿料级配针对不同的道路等级、气候和交通特点时,适宜的级配有粗型(C 型)和细型(F 型)之分。通常对夏季气温高且高温持续时间长、重载交通多的路段,宜选用_____,并取较高的_____;对冬季温度低持续时间长的地区,或重载交通少的路段,宜选用_____,并取较低的_____。

(3)为确保高温抗车辙能力,兼顾低温抗裂性能的需要,配合比设计时宜适当减少_____的粗集料用量,减少_____以下部分细粉的用量,使中等粒径集料较多,形成_____型级配曲线,并取中等或偏高水平的设计空隙率。

(4)对高速公路和一级公路,宜在工程选定的设计级配范围内计算 1~3 组粗细不同的配合比,绘制设计级配曲线,要求这些合成级配曲线分别在设计级配范围的_____、_____和_____。设计合成级配不得有太多的锯齿形交错,且在 0.3~0.6mm 范围内不出现"_____"。

三 确定最佳沥青用量(沥青混合料马歇尔试验)

1.沥青用量表示方法

现行规范采用_____确定沥青混合料的最佳沥青用量(以 OAC 表示)。沥青用量可以采用沥青含量或油石比两种方式来表达,前者是指沥青占沥青混合料的百分数,后者是指_____,在配合比设计过程中多采用油石比。

2.制备试样

(1)根据经验确定沥青大致预估用量。

计算题:已知江西某地区高速公路已建的类似工程所采用的油石比为5%,集料的合成毛体积相对密度为2.701;该地区要新建一条高速公路,新路结构层的集料合成毛体积相对密度为2.689,试计算该新建高速公路沥青混合料配合比的预估油石比。

(2)以预估沥青用量为中值,按一定间隔(对密级配沥青混合料通常为_____%,对 SMA 混合料可适当缩小间隔为 0.3% ~0.4%)取_____不同的油石比分别成型马歇尔试件。

每一组试件的试样数按现行规程的要求确定(通常不少于_____个),对粒径较大的沥青混合料宜增加试件数量。当缺少可参考的预估沥青用量时,可以考虑以_____%沥青用量为基准,从两侧等间距地扩展沥青用量,直至在所选的沥青用量范围中能够确定出最佳沥青用量。

(3)计算出一个或一组马歇尔试件的沥青用量(通常采用油石比),按要求拌和沥青混合料,以规定的击实次数和操作方法成型马歇尔试件。

计算题:已知某沥青混合料配合比设计时,计算所得预估油石比为 4.5%,成型马歇尔试件采用 3.9%、4.2%、4.5%、4.8%、5.1% 油石比,已知一个试件的沥青混合料质量为 1200g,试计算这五组油石比试件中每个试件所用集料和沥青用量。

3. 测定试件的物理力学指标

通过测定沥青混合料马歇尔试件的毛体积相对密度,再通过试验或公式计算出沥青混合料的理论最大相对密度,并计算试件的_____、_____、_____等参数。

在测定沥青混合料相对密度时,应根据沥青混合料类型吸水率的大小及密实程度选择合适的密度测试方法。在工程中,吸水率小于 0.5% 的密实型沥青混合料试件应采用_____测定;吸水率小于 2% 的密实沥青混合料试件应采用_____测定;吸水率大于 2% 的沥青混合料、沥青碎石混合料等不能用表干法测定的试件应采用_____测定;空隙率较大的沥青碎石混合料、开级配沥青混合料试件采用_____测定。除了水中重法测得的是混合料试件的表观密度之外,其他几种方法测得的是混合料的毛体积密度。

随后,在马歇尔试验仪上,按照标准方法测定沥青混合料试件的_____和_____。

4. 确定最佳沥青用量

以沥青用量(通常采用油石比表示)为横坐标,以沥青混合料试件的_____、_____、_____和_____等指标为纵坐标,将试验结果绘制成关系曲线。

确定最佳沥青用量的初始值 OAC_1 和 OAC_2,并根据 OAC_1 和 OAC_2 综合确定最佳沥青用量 OAC。

计算题:请根据表 6-7-1 和表 6-7-2 配合比设计马歇尔试验得到的试验结果,计算确定最佳沥青用量的初始值 OAC,并给于图 6-7-1 中。

配合比设计试验结果表

表 6-7-1

油石比 P_a(%)	4.0	4.5	5.0	5.5	6.0	技术要求
沥青用量 P_b(%)	3.85	4.31	4.76	5.21	5.66	
毛体积相对密度	2.384	2.386	2.389	2.387	2.378	—
计算最大理论相对密度	2.533	2.515	2.497	2.488	2.463	—
空隙率 VV(%)	5.9	5.1	4.3	4.1	3.5	4~6
稳定度 MS(kN)	8.66	9.74	10.46	9.68	8.52	≥8
流值 FL	2.59	2.81	2.97	3.45	3.83	1.5~4.0
矿料间隙率 VMA(%)	14.2	14.5	14.8	15.3	16.1	—
沥青饱和度 VFA(%)	58.6	64.7	70.9	73.5	78.2	60~75

各指标对应油石比计算结果

表 6-7-2

指标	单位	规范范围	目标值	目标测值	对应油石比符号	目标测值对应油石比	规范范围的油石比区间
毛体积相对密度	—	—	最大值		a_2		
稳定度 MS	kN	≥8	最大值		a_1		
空隙率 VV	%	4~6	中值		a_3		
流值 FL	mm	1.5~4	—		—		
矿料间隙率 VMA	%	—	—		—		
沥青饱和度 VFA	%	65~75	中值		a_4		

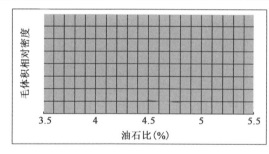

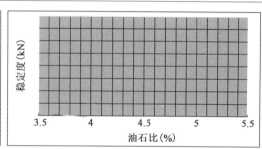

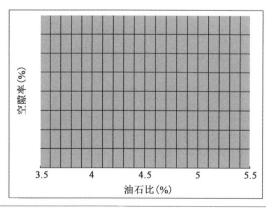

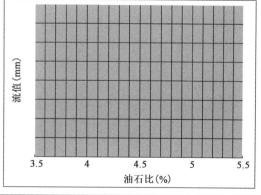

图 6-7-1

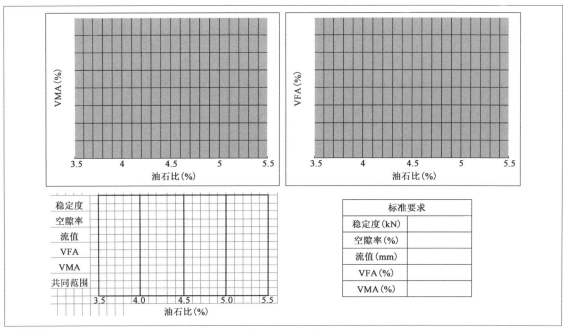

图 6-7-1 沥青用量与各马歇尔指标关系

最佳沥青用量 OAC 的选择应通过对沥青路面的类型、工程实践经验、道路等级、交通特性、气候条件等诸多因素综合考虑分析后,加以确定。一般情况下,当 OAC_1 及 OAC_2 的结果接近时(差值不超过 0.3% 个单位),可取两者的平均值作为最佳沥青用量 OAC。

当 OAC_1 和 OAC_2 结果有一定差距,则不宜采用平均的方法确定最终的 OAC,而是分别通过随后的_____和_____试验,综合考察后决定。

对炎热地区公路以及高速公路、一级公路的重载交通路段,山区公路的长大坡度路段,预计有可能出现较大车辙时,宜在空隙率符合要求的范围内,将计算得到的最佳沥青用量减少_____,作为设计沥青用量。

对寒区公路、旅游公路、交通量极少的公路,最佳沥青用量可以在 OAC 的基础上增加_____,并适当减少设计空隙率,但注意不得降低压实度要求。

四 配合比设计检验

(1)沥青混合料的水稳定性检验。

以 OAC 的沥青用量制作马歇尔试件,进行浸水马歇尔试验或冻融劈裂试验,检验试件的_____或_____是否满足水稳性要求。

(2)沥青混合料的高温稳定性检验制作车辙试验试件,采用规定的方法进行车辙试验,检验设计沥青混合料的高温抗车辙能力,是否达到规定的_____。当其动稳定度不符合要求时,应对矿料级配或沥青用量进行调整,重新进行配合比设计。

(3)其他性能检验。

对沥青混合料进行低温弯曲应变试验,以检验所设计的沥青混合料低温性能是否满足要求。同时,采用车辙板进行室内渗水试验,进一步检验沥青混合料空隙率的状况,以保证得出的配合比满足各项路用技术性能要求。

报告编号:_____

项目 6　检测报告

委托单位:_____
样品名称:_____
检测类别:_____
检测中心:_____

年　　月　　日

道路石油沥青试验检测报告

BGLQ11001F

检测单位名称(专用章)：　　　报告编号：

施工/委托单位		委托编号	
工程名称		工程部位/用途	
样品名称		样品编号	
样品规格		样品数量	
来样时间		样品状态	
见证单位		见证人	
生产厂家		生产批号	
取样位置		送(抽)样人及联系方式	
检测日期		检测条件	
检测项目			
检测依据			
判定依据			
主要仪器设备名称及编号			
检验结论			
附加声明			

检测：　　　　　审核：　　　　　批准：　　　　　日期：　　年　　月　　日

AC-20C 沥青混合料目标配合比设计书

1. 委托项目概况

受_____分中心委托,_____检测中心承担了_____沥青混合料目标配合比设计工作。

委托单位:
工程名称:
委托编号:
委托人:
检测项目:
检测单位:
见证单位:
取(送)样人:
见证人:
检测日期:
设计依据:
(1)《公路工程沥青及沥青混合料试验规程》(JTG E20—2011)
(2)《公路工程集料试验规程》(JTG E42—2005)
(3)《公路沥青路面施工技术规范》(JTG F40—2004)
(4)委托书

2. 原材料检测

2.1 沥青

按《公路工程沥青及沥青混合料试验规程》(JTG E20—2011)对沥青样品进行常规检测,其检测结果见表1。

SK-70#A 级道路石油沥青检测结果 表1

检测项目	单位	技术要求	检测结果	检测方法
针入度(25℃,100g,5s)	0.1mm	60~80		T 0604
延度(15℃)	cm	≥100		T 0605
软化点(环球法)	℃	≥46		T 0606
密度(25℃)	g/cm^3	—		T 0603
TFOT 后残留物				
质量变化(%)	%	±0.8		T 0610
残留针入度比(25℃)	%	≥61		T 0604
残留延度(10℃)	cm	≥6		T 0605

2.2 集料

本次检测所用粗、细集料的规格、产地或厂家可见表2。

集料基本信息表 表2

材料	规格(mm)	岩性	产地或厂家
粗集料	9.5~19		
	9.5~16		
	2.36~9.5		
细集料	0~4.75		

2.2.1 物理及力学性质指标检验

按集料检测规程对粗、细集料部分性能指标进行检测,其检测结果见表3和表4,原材料外观见图1。

粗、细集料部分性能指标试验结果 表3

集料名称	检测项目		技术要求	单位	检测结果	检测方法
粗集料 (2.36~19mm)	石料压碎值		≤28	%		T 0316
	洛杉矶磨耗损失		≤30	%		T 0317
	与沥青的粘附性		≥4级	—		T 0616
	针片状颗粒含量	(9.5~19)mm	≤15	%		T 0312
		(9.5~16)mm	≤15			
		(2.36~9.5)mm	≤20			
	软弱颗粒含量	(9.5~19)mm	≤5	%		T 0320
		(9.5~16)mm	≤5			
		(2.36~9.5mm)	≤5			
细集料 (0~4.75mm)	砂当量		≥60	%		T 0334
	棱角性(流动时间法)		≥30	s		T 0345

集料密度的试验结果 表4

规格(mm)	检测项目					
	毛体积相对密度		表观相对密度		吸水率(%)	
	技术要求	检测结果	技术要求	检测结果	技术要求	检测结果
9.5~19	—		≥2.50		≤3.0	
9.5~16	—		≥2.50		≤3.0	
2.36~9.5	—		≥2.50		≤3.0	
0~4.75	—		≥2.50		—	

图1 原材料外观图

2.2.2 筛分检测

分别对各规格石料进行筛分检测,其试验结果见表5。

集料筛分试验结果　　　　表5

规格(mm)	通过下列筛孔(mm)的质量百分率(%)											
	26.5	19.0	16.0	13.2	9.5	4.75	2.36	1.18	0.6	0.3	0.15	0.075
9.5~19												
9.5~16												
2.36~9.5												
0~4.75												

3. 矿料级配的确定

依据《公路沥青路面施工技术规范》(JTG F40—2004)的设计要求,在选择集料结构时,根据集料的筛分结果首先初选出粗、中、细三个级配(级配 A、级配 B、级配 C),然后根据当地的工程实际应用情况选择油石比,分别制作马歇尔试件,得出试件的体积指标,根据体积指标初选一组满足或接近设计要求的级配作为设计级配。表6为三个级配的矿料比例明细表,表7为级配合成表,图2为三种级配曲线图。

矿料配合比设计结果 表6

规格(mm)		9.5~19	9.5~16	2.36~9.5	0~4.75
初试级配 A	质量百分比(%)				
初试级配 B	质量百分比(%)				
初试级配 C	质量百分比(%)				

合成级配及规范级配要求 表7

级配类型			通过下列筛孔(mm)的质量百分率(%)									
			26.5	19	16.0	13.2	9.5	4.75	2.36	1.18	0.6	0.3	0.15	0.075
AC-20C	初试级配 A													
	初试级配 B													
	初试级配 C													
	设计级配	上限	100	100	92	80	72	56	44	33	24	17	13	7
		下限	100	90	78	62	50	26	16	12	8	5	4	3

初试级配与规范级配的级配曲线可见图2。

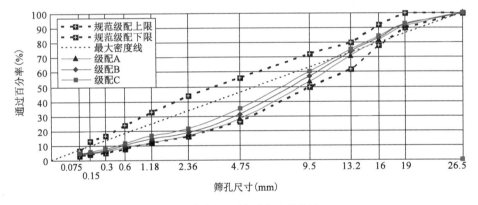

图2 合成级配及规范级配曲线图

4. 目标级配 VMA 检验

根据江西省气候条件和工程实际应用情况,选择4.5%的油石比,分别制作3组目标级配的马歇尔试件,并测定其 VMA 及稳定度,其结果见表8。

目标级配检验结果 表8

级配类型	VMA(%)	空隙率(%)	稳定度(kN)	流值(mm)
初试级配 A				
初试级配 B				
初试级配 C				
技术要求	—	4~6	≥8	1.5~4

注:要求空隙率4%、5%、6%所对应的VMA最小值分别为13%、14%、15%,当空隙率不是整数时,由内插确定要求的VMA最小值。

由表8可以看出级配 B 体积指标、稳定度和流值较好,结合本省情况及实践经验,本次设计选择级配 B 为设计级配。

5. 确定最佳油石比(沥青用量)

按设计矿料比例配料,分别按油石比为 3.5%、4.0%、4.5%、5.0% 和 5.5% 的比例进行掺配,按《公路工程沥青及沥青混合料试验规程》(JTG E20—2011)中 T 0702—2011 成型马歇尔试件(击实法,双面各击实 75 次)。试件成型后放置 1d 后测量试件尺寸及密度后,按试验规程进行沥青混合料马歇尔稳定度试验,试验结果见表9。

不同油石比下的马歇尔试验结果　　　　　　　　　　　　　　　　表9

油石比 P_a(%)	3.5	4.0	4.5	5.0	5.5	技术要求
沥青用量 P_b(%)						
毛体积相对密度						—
实测理论最大相对密度						—
空隙率 VV(%)						4~6
稳定度 MS(kN)						≥8
流值 FL(mm)						1.5~4
沥青饱和度 VFA(%)						65~75
矿料间隙率 VMA(%)						—

根据马歇尔稳定度试验结果,分别绘制稳定度、流值、空隙率、饱和度与油石比的关系曲线,见检图3,从曲线上找出相应与最大密度、最大稳定度、空隙率范围中值及沥青饱和度范围中值对应的四个油石比,求出四者的平均值作为最佳油石比初始值 OAC_1,但如果对选择试验的油石比范围,密度或稳定度没有出现峰值,可直接以目标空隙率所对应的油石比作为 OAC_1;作图求出满足沥青混凝土各项指标要求的油石比范围(OAC_{max},OAC_{min}),该范围的中值为 OAC_2,如果最佳油石比的初始值 OAC_1 在 OAC_{max} 与 OAC_{min} 之间,则认为设计结果是可行的,可取 OAC_1 与 OAC_2 的中值作为目标配合比的最佳油石比 OAC,并结合当地的气候特点和实际情况论证地取用,最终得出最佳油石比。

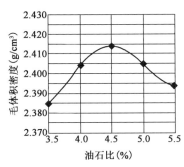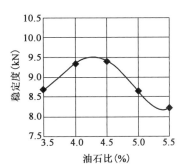

图3

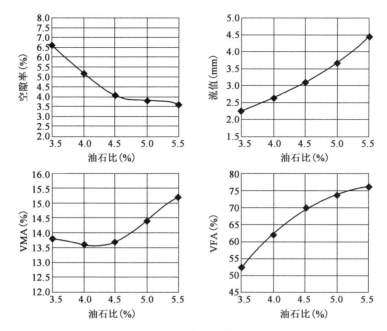

图3 马歇尔试验结果

各指标允许油石比范围或目标值对应油石比结果可见表10。

各指标对应油石比计算结果 表10

指标	单位	规范范围	目标值	油石比允许范围(%)		目标值对应油石比(%)
				下限	上限	
毛体积相对密度	—	—	最大值			
稳定度 MS	kN	≥8	最大值			
空隙率 VV	%	4～6	4.5			
流值 FL	mm	1.5～4	—			
矿料间隙率 VMA	%	—	—			
沥青饱和度 VFA	%	65～75	中值			

最终油石比确定结果可见表11。

最终油石比确定结果 表11

各指标允许油石比共同范围(%)			各目标值对应油石比平均值(%)	最终油石比(%)
最小值	最大值	平均值		

6. 设计结果

根据上述试验分析,选择级配 B 为设计级配,矿料比例为 9.5～19mm 碎石:9.5～16mm 碎石:2.36～9.5mm 碎石:0～4.75mm 石屑 = 26%:28%:24%:22%,油石比为4.4%,相对应的沥青混合料性质见表12。

沥青混合料体积性质 表12

混合料特性	单位	设计结果	技术要求
试件毛体积相对密度	—		—
理论最大相对密度	—		—
空隙率VV	%		4~6
矿料间隙率VMA	%		—
沥青饱和度VFA	%		65~75
稳定度MS	kN		≥8
流值FL	mm		1.5~4

7.目标配合比的验证

根据设计油石比及级配进行水稳定性能、高温稳定性等相关性能检测,其结果如下。

7.1 水稳定性检验

根据设计油石比及级配进行浸水马歇尔和冻融劈裂试验来检验设计沥青混合料的水稳定性能。试验结果见表13、表14。

浸水马歇尔稳定度试验结果 表13

混合料类型	马歇尔稳定度(kN)	浸水马歇尔稳定度(kN)	残留稳定度MS_0(%)	要求(%)

冻融劈裂试验结果 表14

混合料类型	非条件劈裂强度(MPa)	条件劈裂强度(MPa)	冻融劈裂强度比TSR(%)	要求(%)

7.2 高温稳定性试验

试验条件:在60℃、0.7MPa条件下进行车辙试验以检验沥青混合料的高温稳定性,动稳定度试验结果见表15。

车辙试验动稳定度 表15

混合料类型	油石比(%)	动稳定度(次/mm)					变异系数(%)	要求(%)
		1	2	3	平均	要求		
						≥1000	≤20	

8.目标配合比设计结论

江西省公路工程检测中心根据委托方送检的原材料,对吉安县G105线路面应急水毁抢通工程、吉安县S223线路面修复养护工程AC-20C沥青混合料进行了目标配合比设计。通过混合料的各项性能试验,表明所设计的AC-20C沥青混合料的抗水损害性能、高温稳定性能等指标均满足《公路沥青路面施工技术规范》(JTG F40—2004)中相关要求,本目标配合比设计所得结果可用于生产配合比的调试。目标配合比设计结果见表16。

设计沥青用量及矿料比例　　表16

混合料类型	沥青用量(%)	矿料规格及比例(%)			
		9.5~19mm 碎石	9.5~16mm 碎石	2.36~9.5mm 碎石	0~4.75mm 石屑

项目 7　钢材

任务 7-1　认识钢材及了解钢材性能

一、钢材的分类及建筑钢材的类属

（1）钢的分类方法很多，较常用的有下列分类方法：

①按脱氧程度分类：_____、_____和_____。脱氧程度由不充分到彻底的顺序为：沸腾钢_____镇静钢_____特殊钢。（用＞或＜号连接。）

②按化学成分的不同可分为碳素钢和合金钢。其中碳素钢依照含碳量不同，分为_____（含碳量小于0.25%）、_____（含碳量为0.25%～0.60%）、_____（含碳量大于0.60%）。合金钢按合金元素含量可不同，分为_____（合金元素总含量小于5%）、_____（合金元素总含量为5%～10%）、_____（合金元素总含量大于10%）。

③碳素钢按供应的钢材化学成分中有害杂质（硫和磷）的含量不同，又可划分为：

a._____钢中磷含量不大于0.045%，硫含量不大于0.050%；

b._____钢中磷含量不大于0.035%，硫含量不大于0.035%；

c._____钢中磷含量不大于0.025%，硫的含量不大于0.025%；

d._____钢中磷含量不大于0.025%，硫含量不大于0.015%。

（2）钢材按用途的不同可分为_____（用于建筑结构、机械制造等，一般为低、中碳钢）；_____（用于各种工具、量具及模具，一般为高碳钢）；_____（具有各种特殊物理化学性能的钢材，如不锈钢、磁性钢等，一般为合金钢）。

（3）公路结构需要承受车辆等荷载的作用，同时需要经受各种大气因素的考验，对于公路用钢材要求具有高的强度和良好的塑性、韧性和可焊性。桥梁结构用钢和混凝土用钢筋是属于_____或_____。

二、建筑钢材的技术性质

（1）屈服强度。

屈服强度是钢材开始丧失对变形的抵抗能力，并开始产生大量塑性变形时所对应的应力。在屈服阶段，锯齿形的最高点（B）所对应的应力称为_____；锯齿形的最低点（B'）所对应的应力称为_____。因为上屈服点与试验过程中的许多因素有关，而下屈服点较为稳定，所以我国现行规范规定以下屈服点（B'）的应力作为钢材的_____。屈服强度是确定钢结构容许应力的主要依据。

（2）抗拉强度。

抗拉强度是钢材所能承受的最大拉应力（C），即当拉应力达到强度极限时，钢材完全丧失了对变形的抵抗能力而断裂。抗拉强度虽然不能直接作为计算依据,但_____和_____的比值,即屈强比(f_y/f_b),对使用有较大的意义。此值越_____,则结构的可靠性越_____,即延缓结构损坏过程的潜力越大,但此值太小时,钢材强度的_____。

(3)请在图7-1-1中写出 B、B'、C 位置标示的应力名称。

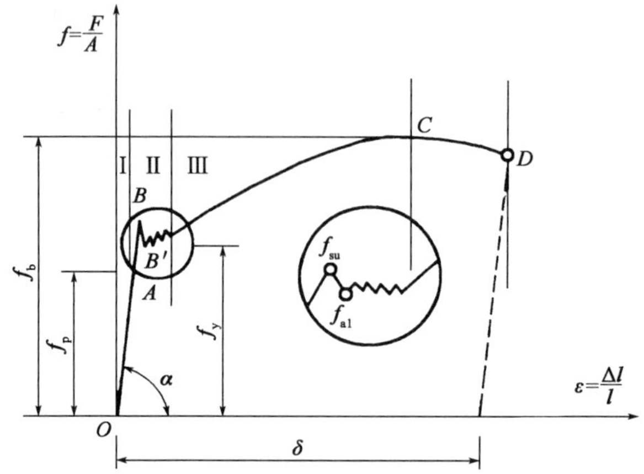

图7-1-1　碳素结构钢的应力-应变图

B:_____
B':_____
C:_____

(4)断后伸长率。

断后伸长率是钢材发生断裂时所能承受的永久变形的能力。断后标距的_____($L_u - L_0$)与_____(L_0)之比的百分率即为断后伸长率。

(5)最大力伸长率。

最大力伸长率是_____时原始标距的伸长与原始标距之比的百分率。

(6)我国现行国家标准测定金属硬度的方法有:布氏硬度、洛氏硬度和维氏硬度等三种,最常用的为_____和_____。

(7)冲击韧性是钢材在_____作用下,抵抗破坏的能力。

(8)冷弯性能是钢材在_____下承受规定弯曲程度的弯曲变形的能力,并且是显示缺陷的一种工艺性能。

钢材的冷弯性能是以规定尺寸的试件,在常温条件下进行弯曲试验。弯曲的指标与试件被弯曲的角度、弯心的直径与试件的厚度(或直径)的比值有关。_____越大,弯心直径与试件厚度比越小,则表示弯曲性能的要求越_____。按我国现行国家标准有下列三种类型:①达到某规定的角度的弯曲;②绕着弯心弯到两面平行;③弯到两面接触的重合弯曲。按规定试件弯曲处不产生_____、_____和_____等现象即认为合格。

(9)请写出钢筋拉伸试验检测指标屈服强度 R_{eL}、抗拉强度 R_m、断后伸长率 A 的计算公式。

（10）表 7-1-1 是 Q235 螺纹钢筋拉伸试验的试验数据，请根据表中数据，计算该钢筋的屈服强度 R_{eL}、抗拉强度 R_m 的平均值。

Q235 螺纹钢筋拉伸试验数据　　　　表 7-1-1

试样编号	试样直径（mm）	试样截面积（mm²）	最大力（kN）	抗拉强度 R_m（MPa）	抗拉强度平均值（MPa）	下屈服力（kN）	屈服强度 R_{eL}（MPa）	屈服强度平均值（MPa）
1	28	615.8	387.16			251.92		
2	28	615.8	381.43			241.66		
3	28	615.8	388.54			265.01		

任务 7-2　认识桥梁用钢材制品及其技术性质

一　桥梁建筑用钢的技术要求

（1）桥梁建筑用钢应具有哪三种技术要求？

（2）桥梁结构在使用中承受复杂的交通荷载，同时在无遮盖的条件下还要经受大气条件的严酷环境考验，为此必须具有良好的综合力学性能，即除具有较高的_____与_____外，还应具有良好的_____、_____、_____和抵抗振动应力的_____，以及低温(-40℃)时的_____。

二　桥梁建筑用主要钢材

1. 桥梁建筑用钢材

桥梁建筑用主要钢材有_____、_____和_____等。

2. 碳素结构钢

（1）碳素结构钢按化学成分和力学性能（屈服点）分为_____、_____、_____和_____四个牌号。

（2）碳素结构钢的牌号由代表_____的字母、_____、_____和等四个部分按顺序组成。例如 Q215AF 表示屈服点为 215MPa 的_____级沸腾钢_____。

（3）由于四个牌号的性能不同，碳素结构钢的用途也不同。

①Q195、Q215 号钢塑性高，易于冷弯和焊接，但强度较低，故多用于_____

及_____。

②Q235号钢具有较高的强度和良好的塑性、韧性,易于焊接,且经焊接及气割后力学性能亦仍稳定,有利于冷热加工,故广泛地用于_____及_____等,是目前应用_____的钢种。

③Q275号钢的屈服强度较高,但塑性、韧性和焊接性较差,可用于钢筋混凝土结构中配筋及_____和_____。

3. 优质碳素结构钢

(1)优质碳素结构钢简称优质碳素钢。这类钢与碳素结构钢相比,由于允许的硫、磷含量比碳素钢要_____,所以综合力学性能比普通碳素结构钢_____。

(2)按国家标准《优质碳素结构钢》(GB/T 699—2015)规定,优质碳素结构钢根据冶金质量等级分为_____、_____(代号为A)和_____(代号为E)。

(3)优质碳素结构钢适合于热处理后使用,但也可不经过热处理而直接使用。这种钢在建筑上应用不太多。

4. 低合金结构钢

(1)在碳素结构钢的基础上,加入少量或微量的合金元素,可大大改善其性能,从而获得高强度、高韧度和可焊性良好的低合金钢。这类钢称为低合金结构钢(简称"普低钢")。

(2)写一写低合金结构钢具有哪三个主要的优点?

(3)低合金结构钢最适用于_____。

(4)现行国标《低合金高强度结构钢》(GB/T 1591—2018)共分为Q355、Q390、Q420、Q460、Q500、Q550、Q620、Q690八个牌号,其命名方法由代表_____(Q)、规定的_____、_____(热轧时,交货状态代号AR或WAR可省略;交货状态为正火或正火轧制状态代号均为N)、_____(B、C、D、E、F)四个部分按顺序排列。例如:Q355ND中Q为钢材_____汉语拼音的首位字母;355表示最小上屈服强度值,单位MPa;N为交货状态为正火或正火轧制;D为_____。

5. 桥梁用结构钢

桥梁用钢的牌号由代表屈服强度的汉语拼音字、屈服强度数值、桥字的汉语拼音字母、质量等级符号等四个部分组成,如Q345qC,其中Q表示_____;345代表屈服点数值,单位MPa;q为_____的钢的桥字汉语拼音首位字母;C为_____。

6. 写一写

请你根据学习内容,写出图7-2-1和图7-2-2中钢筋简图的名字。

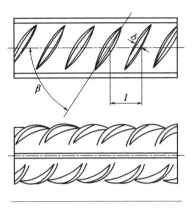

图 7-2-1

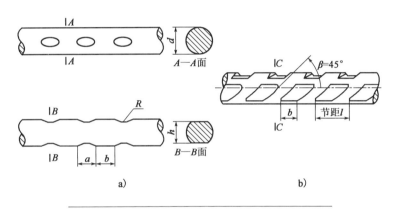

图 7-2-2

三 钢筋混凝土和预应力用钢筋和钢丝

1. 钢筋混凝土用钢筋

(1) 热轧带肋钢筋

根据《钢筋混凝土用钢 第2部分:热轧带肋钢筋》(GB/T 1499.2—2018)的规定,热轧带肋钢筋(包括普通热轧带肋钢筋和细晶粒热轧带肋钢筋)按屈服强度特征值分为400级、500级、600级,普通热轧带肋钢筋的牌号为HRB400、HRB500和HRB600,细晶粒热轧带肋钢筋的牌号为HRBF400和HRBF500。H、R、B分别为_____、_____、_____三个词的英文首位字母。

(2) 钢筋混凝土结构对热轧钢筋的要求是:_____强度较高,具有一定的_____、_____和_____。光圆钢筋的强度较低,但塑性及焊接性好,便于冷加工,广泛用作普通钢筋混凝土中的_____;热轧带肋钢筋的强度较高,塑性及焊接性也较好,广泛用作大、中型钢筋混凝土结构的_____以及_____。

2. 预应力混凝土用钢绞线

（1）_____和_____均由优质碳素结构钢经过冷加工、热处理、冷轧、绞捻等过程制得。它们的特点是强度高、安全可靠、便于施工，一般用于预应力混凝土结构中。

（2）钢丝由含碳量不低于_____的优质碳素结构钢盘条，经冷拔及回火制成，具有较好的力学性能。将钢丝表面沿长度方向压出刻痕钢丝。这种钢丝应用于钢筋混凝土结构中可以增加钢丝与混凝土之间的摩擦阻力，改善钢筋混凝土结构的受力性能。

（3）预应力钢绞线按结构分别用_____、_____和_____圆形断面的高强度钢丝捻制而形成，根据其应力松弛性能又可将其分为Ⅰ级松弛（代号Ⅰ）和Ⅱ级松弛（代号Ⅱ）两种。钢绞线的标记反映了钢绞线的分类情况。例如："预应力钢绞线 1×7—15.20—1860—GB/T5224—2003"表示_____为15.20mm、_____为1860MPa、_____捻制而成的标准型钢绞线。

（4）预应力钢丝和钢绞线主要用于_____、_____的桥梁、电杆、轨枕、屋架、大跨度吊车梁等，安全可靠，节约钢材，且无须冷拉、焊接接头等加工，因此在土木工程中得到广泛应用。